法大法考

2023年国家法律职业资格考试

通用教材

商法·经济法·知识产权法
（第六册）

李文涛 ◎编著

中国政法大学出版社

2023·北京

图书在版编目（C I P）数据

2023 年国家法律职业资格考试通用教材. 第六册, 商法·经济法·知识产权法/李文涛编著.—北京：中国政法大学出版社，2023.1

ISBN 978-7-5764-0771-6

Ⅰ.①2… Ⅱ.①李… Ⅲ.①商法－中国－资格考试－教材②经济法－中国－资格考试－教材③知识产权法－中国－资格考试－教材 Ⅳ.①D920.4

中国国家版本馆 CIP 数据核字(2023)第 008934 号

出 版 者　　中国政法大学出版社

地　　址　　北京市海淀区西土城路 25 号

邮寄地址　　北京 100088 信箱 8034 分箱　　邮编 100088

网　　址　　http://www.cuplpress.com（网络实名：中国政法大学出版社）

电　　话　　010-58908285(总编室) 58908433（编辑部）58908334(邮购部)

承　　印　　固安华明印业有限公司

开　　本　　787mm×1092mm　1/16

印　　张　　21

字　　数　　579 千字

版　　次　　2023 年 1 月第 1 版

印　　次　　2023 年 1 月第 1 次印刷

定　　价　　68.00 元

前　言
Preface

　　2001 年《中华人民共和国法官法》《中华人民共和国检察官法》《中华人民共和国律师法》修正案相继通过。其中规定，国家对初任法官、检察官和取得律师资格实行统一的司法考试制度，这标志着我国正式确立了统一的司法考试制度，这是我国司法改革的一项重大举措。党的十八大以来，党中央和习近平总书记高度重视司法考试工作。2015 年 6 月 5 日，习近平总书记主持召开中央深化改革领导小组第十三次会议，审议通过了《关于完善国家统一法律职业资格制度的意见》，明确要将现行司法考试制度调整为国家统一法律职业资格考试制度。2017 年 9 月 1 日《全国人民代表大会常务委员会关于修改〈中华人民共和国法官法〉等八部法律的决定》审议通过，明确法律职业人员考试的范围，规定取得法律职业资格的条件等内容，定于 2018 年开始实施国家统一法律职业资格考试制度。这一改革对提高人才培养质量，提供依法治国保障，对全面推进依法治国，建设社会主义法治国家具有重大而深远的意义。

　　中国政法大学作为国家的双一流重点大学，以拥有作为国家一级重点学科的法学学科见长，其法学师资队伍汇集了一大批国内外知名法学家。他们不仅是法学教育园地的出色耕耘者，也是国家立法和司法战线的积极参与者。他们积累了法学教育和法律实践的丰富经验，取得了大量有影响的科研成果。

　　国家统一司法考试实施以来，我校专家学者在参与司法考试的制度建设和题库建设中做出了许多贡献，在此期间我校不仅有一批长期参加国家司法考试题库建设和考题命制的权威专家，也涌现出众多在国家司法考试培训中经验丰富和业绩突出的名师。伴随着司法考试改革，我校对法律职业资格考试进行更深入的分析研究，承继司法考试形成了强大的法律职业资格考试研究阵容和师资团队。

　　2005 年我校成立了中国高校首家司法考试学院。该院本着教学、科研和培训一体化的宗旨，承担着在校学生和社会考生司法考试培训任务。司法考试学院成立后，选拔了一批在司法考试方面的权威专家和名师，精心编写了中国政法大学《国家司法考试通用教材》作为校内学生司法考试课程教学及社会考生培训的通用教材。伴随着 2018 年司法考试改革，我院根据法律职业资格考试内容及大纲对本书进行了全面修订，本书更名为《国家法律职业资格考试通用教材》。

法律职业资格考试中心（原司法考试学院）组织编写的此教材紧扣国家法律职业资格考试大纲，体系完整、重点突出、表述精准，伴随着司法考试的改革，本书以大纲为依托，增加实战案例，更加符合法律职业资格考试要求。全书渗透着编写教师多年的教学经验，体现着国家法律职业资格考试的规律，帮助考生精准把握考试内容。该套教材将会对广大备考人员学习、理解和掌握国家法律职业资格考试的知识内容和应试方法具有积极的引导与促进作用，为考生提高考场实战能力以及未来的从业能力提供有力的支持和帮助。最后，对编写本套教材的各位老师的辛勤付出表示感谢！编委会成员（按姓氏笔画排序）：方鹏、兰燕卓、叶晓川、刘家安、李文涛、杨秀清、邹龙妹、宋亚伟、肖沛权、贾若山。

在此预祝各位考生在国家法律职业资格考试中一举通过。

中国政法大学法律职业资格考试中心

（原中国政法大学司法考试学院）

目 录
Contents

商 法

第一章　公司法 ………………………………………………………… 1

　第一节　公司概述 ……………………………………………………… 2

　第二节　公司的基本制度 ……………………………………………… 8

　第三节　有限公司 …………………………………………………… 44

　第四节　股份公司 …………………………………………………… 56

第二章　合伙企业法 ………………………………………………… 63

　第一节　普通合伙企业 ……………………………………………… 63

　第二节　有限合伙企业 ……………………………………………… 73

第三章　个人独资企业法 …………………………………………… 79

　第一节　个人独资企业法的基本制度 ……………………………… 79

　第二节　外商投资法 ………………………………………………… 81

第四章　企业破产法 ………………………………………………… 86

　第一节　破产程序的通用规则 ……………………………………… 88

　第二节　破产程序的类型 …………………………………………… 108

第五章　票据法 ……………………………………………………… 114

　第一节　票据法总则 ………………………………………………… 115

　第二节　汇票、本票、支票 ………………………………………… 124

第六章　证券法 ……………………………………………………… 132

第七章　保险法 ……………………………………………………… 143

　第一节　保险法总则 ………………………………………………… 144

　第二节　人身保险合同 ……………………………………………… 151

　第三节　财产保险合同 ……………………………………………… 158

第八章　海商法 ……………………………………………………… 165

　第一节　海商法概述 ………………………………………………… 166

第二节　船舶所有权 ··· 166

第三节　船舶担保物权 ·· 166

第九章　信托法 ··· 169

第一节　信托的概念和设立 ·· 169

第二节　信托财产（信托财团） ··· 171

第三节　信托当事人 F19－49 ··· 172

第四节　信托的变更与终止 F50－58 ··· 174

经济法

第一章　反垄断法 ··· 175

第二章　反不正当竞争法 ··· 185

第一节　不正当竞争行为 ·· 186

第二节　对涉嫌不正当竞争行为的调查 ······································ 193

第三节　法律责任 ··· 194

第三章　消费者法 ··· 195

第一节　消费者的权利与经营者的义务 ······································ 195

第二节　产品质量责任与产品缺陷（损害赔偿）责任 ···················· 200

第三节　食品安全法 ·· 202

第四节　食品药品纠纷司法解释 ··· 203

第四章　土地法 ··· 206

第一节　土地所有权 ·· 206

第二节　土地使用权 ·· 208

第三节　农村土地承包法 ·· 210

第四节　房地产管理法 ··· 217

第五章　银行业法 ··· 220

第一节　商业银行 ··· 221

第二节　银行业监督管理法 ·· 225

第六章　财税法 ··· 230

第一节　实体税法 ··· 231

第二节　程序税法（税收征管法及其细则） ································ 236

环境资源法

第一章　环境保护法 ··· 241

第一节　环境保护法的基本制度 ··· 242

　　第二节　环境法的基本规则 ·· 244

　　第三节　环境法律责任和处理程序 ······························ 245

第二章　矿产资源法 ·· 248

劳动与社会保障法

第一章　劳动合同法 ·· 254

第二章　劳动基准法 ·· 271

第三章　社会保险法 ·· 272

第四章　劳动争议 ·· 275

第五章　军人保险法 ·· 278

知识产权法

第一章　著作权法 ·· 281

　　第一节　著作权 ·· 282

　　第二节　邻接权 ·· 297

　　第三节　权利保护 ·· 300

第二章　专利法 ·· 304

　　第一节　专利权 ·· 304

　　第二节　专利侵权 ·· 312

第三章　商标法 ·· 316

　　第一节　商标注册 ·· 316

　　第二节　商标侵权 ·· 322

商　法

第一章　公司法

> 【复习提要】

　　以公司设立——股东出资——章程——公司治理——三会——合并分立解散——清算（由生到死）的逻辑线索为主线，全面掌握公司共通的基本制度。以有限公司和股份公司的区分为主线，分别记忆和理解有限公司和股份公司的不同规则。以公司内部关系和外部关系为主线，区分公司内部的法律关系和外部的法律关系。公司法的复习需要深入学习掌握民法的基本原理，尤其是在股东出资、股权转让法律关系中区分债权关系和物权关系，区分负担行为和处分行为，深入学习善意取得制度。此处主观题的命题会密切结合民法、民事诉讼法的相关考点。

> 【知识框架】

公司法总论	公司的基本概念	公司、法人人格否认
	公司的基本制度	设立、公司资本、公司治理、公司合并分立变更、公司解散和清算
公司法分论	有限公司	设立、三会、股权转让和回购； 一人公司、国独公司
	股份公司	设立（募集设立）、三会、股份发行、转让和回购； 上市公司

> 【特别提示】
> 　　1. 公司内部关系：公司与股东、董事、监事、高管（经理）关系；股东与股东之间的关系；
> 　　2. 公司外部关系：公司与其债权人；股东与其债权人；董事、经理与其债权人。

公司法考点思维导图

```
公司设立  →  公司资本  →  公司治理  →  公司变更  →  公司解散清算
```

公司设立	公司资本	公司治理	公司变更	公司解散清算
• 发起人 • 公司章程 • 股东 • 公司人格否认	• 股东出资 • 股权代持 • 股权转让 • 股权质押 • 股权回购 • 增减资 • 利润分配 • 公积金	• 股东会 • 董事会 • 监事会 • 经理 • 股东权利 • 股东资格继承 • 股东义务 • 公司担保 • 公司投资	• 公司合并 • 公司分立 • 公司形式变更	• 自愿解散 • 行政解散 • 破产解散 • 司法解散 • 公司清算

第一节　公司概述

（一）公司的特征

1. 公司具有独立的法人资格（F3）：★★★

（1）公司是以其全部财产承担无限责任的营利性社团法人；

> 【特别提示】营利是指公司经营的目的是为了给股东分红。公司经营的目的是为了股东利益，而不是公益目的。如果公司有利润，应当分配给股东。如果公司解散清算，还有剩余财产，该财产依然需要分配给股东。

（2）股东以认缴的出资为限承担有限责任。

> 【特别提示】公司对其财产享有所有权。
> 1. 公司具有独立的财产，对其财产享有物权法意义上的所有权。股东出资时，股东需要转移出资的所有权给公司，股东获得股权。
> 2. 公司具有独立的名义，可以以自己的名义独立参与民事活动和诉讼活动，在诉讼中可以做原告和被告。公司的三会（股东会、董事会和监事会）是公司的机关，三会不能作为原告和被告。如公司股东会决议内容违法无效，股东以公司为被告起诉，而不是起诉股东会。
> 3. 公司独立承担责任，股东仅仅以出资为限承担有限责任。如张三投资10万设立甲有限公司，甲公司亏损100万，甲公司独立承担全部责任。张三以10万元出资为限承担责任，如张三完成10万元出资，则一般不再承担责任。

【举例说明】

某公司共8个非发起人股东，除股东甲外，其余股东都已足额出资。后公司资产不足以赔偿，此时是否只应由甲承担相应的责任，其他7个股东不承担责任？

其他7个股东不承担责任。一般而言，股东的责任即出资责任，一旦出资完成，没有责任。

【特别提示】认缴出资在公司法上具有非常重要的意义，公司法上最重要的法律关系就是股东和公司之间的认缴出资关系。股东认缴出资首先是股东和公司之间的出资约定，是出资合同的订立，属于负担行为。认缴出资既是约定债务关系，又同时会发生法定债务关系。约定债务关系是股东和公司之间形成认缴合同关系，股东违反认缴合同约定，须承担违约责任。法定债务关系是股东认缴出资构成公司的注册资本，直接构成对债权人的保护。股东未履行出资义务或抽逃出资，同时构成违法行为；情节严重的，可以构成犯罪，须承担刑事责任（如抽逃出资罪）。股东出资在公司法上有极其重要的意义，内部是股东权责分配的依据，外部是债权人保护的基础。

实缴出资是对认缴出资合同的履行，一般属于处分行为，其针对的法律效果是转移出资的所有权。实缴出资是股东获得财产权的前提，但是全体股东约定不按照实缴出资享有财产权的除外。

1. 股东认缴出资 —— 约定的法律关系——合同关系：公司与股东的合意
   —— 法定的法律关系——注册资本：直接保护债权人利益

2. 股东认缴出资＝注册资本 —— 内部：股东权责分配的依据
   —— 外部：债权人保护

3. 认缴——合同订立——负担行为

4. 实缴——合同实际履行——处分行为

2. 公司法人人格否认（F20）★

（1）在**特定**的法律关系中，公司**股东**滥用公司法人独立地位和股东有限责任，逃避债务，严重损害公司债权人利益的，应对公司债务承担**连带责任**。

（2）否认公司法人人格的典型情形：

①股东**转移公司财产**；

②股东与公司**人格混同**。

（3）公司股东滥用股东权利给公司或其他股东造成损失的，应当依法承担赔偿责任。

【特别提示】

1. 公司法人人格否认的构成要件

（1）主体要件：股东

（2）行为要件：滥用公司人格（核心内容是减少公司财产）

（3）结果要件：损害债权人利益

2. 公司法人人格否认的法律效果：区分内部关系和外部关系

（1）内部：滥用公司人格的股东对公司、其他股东承担赔偿责任。

（2）外部：滥用公司人格的股东就公司债务对债权人承担连带责任。

【经典真题】

零盛公司的两个股东是甲公司和乙公司。甲公司持股70%并派员担任董事长，乙公司持股30%。后甲公司将零盛公司的资产全部用于甲公司的一个大型投资项目，待债权人丙公司要求零盛公司偿还货款时，发现零盛公司的资产不足以清偿。关于本案，下列哪一选项是正确

的？（2016 - 3 - 27）[1]

    A. 甲公司对丙公司应承担清偿责任

    B. 甲公司和乙公司按出资比例对丙公司承担清偿责任

    C. 甲公司和乙公司对丙公司承担连带清偿责任

    D. 丙公司只能通过零盛公司的破产程序来受偿

【举例说明】

    如果张三（湘西有限公司股东）擅自挪用湘西有限公司资金250万元，导致公司债权人不能受偿债权，债权人如何主张权利？

    债权人可请求公司与张三承担连带责任，张三在250万元的范围内承担连带责任。

    如果张三成为湘西有限公司的唯一的股东，其个人财产和公司财产无法分清，届期无法受偿的债权人如何主张权利？

    债权人可请求公司与张三承担连带责任，张三以其个人全部财产承担连带责任。

（二）公司分类★

1. 以公司组织关系为标准

    （1）总公司和分公司：分公司不是独立的法人，分公司财产不独立、责任不独立。

    （2）母公司和子公司：子公司是独立的法人，包括：A. 全资子公司；B 绝对控股（母公司持股超过50%）；C 相对控股（虽然母公司持股不超过50%，但是由于股权分散，母公司可以实现对子公司的控制）。

> 【特别提示】虽然分公司不具有独立法人资格，但是分公司可以从事民事活动。
>
>   分公司具有缔约能力，其订立的合同一般有效。分公司可以作为用人单位与劳动者订立劳动合同。分公司未经股东会或董事会决议提供担保的，相对人不得请求总公司或分公司承担责任，相对人善意除外；相对人非善意，担保合同无效的，请求公司担责的，按照过错分担责任。
>
>   分公司具有诉讼能力，在诉讼中可以作为原告和被告。
>
>   分公司无法独立承担责任，没有独立的财产所有权，其财产属于总公司所有。
>
>   分公司名称应当冠以总公司名称，并缀以"分公司"等字词。
>
>   子公司具有独立的法人资格，独立参与民事活动，独立承担责任。

> 【特别提示】
>
>   1. 金融机构的分支机构提供担保
>
>   （1）金融机构的分支机构在经营范围内开立保函或经授权开立保函，该保函有效。
>
>   （2）金融机构的分支机构未经授权开立保函，金融机构或其分支机构可主张不承担担保责任，相对人善意除外。
>
>   2. 担保公司的分支机构提供担保
>
>   担保公司的分支机构未经授权提供担保，担保公司或其分支机构可主张不承担担保责任，相对人善意除外。

---

    [1] A【解析】公司股东滥用公司法人独立地位和股东有限责任，逃避债务，严重损害公司债权人利益的，应当对公司债务承担连带责任。

2. 以信用基础为标准

（1）人合公司：以股东个人信用为公司信用基础

（2）资合公司：以公司资本和资产为信用基础

（3）人合兼资合公司：以股东个人信用、公司资本和资产为信用基础

【特别提示】人合性是指公司以股东个人信用为基础，其典型的特征是股权外转受到限制，如有限公司的股权外转需要经过其他股东人数过半同意。

资合性是指公司以资本信用为基础，不考虑股东的个人信用，甚至可以匿名持股，其典型的特征是股权（份）可以自由转让，资合公司具有社会性和开放性。

有限公司人合性高于资合性，不上市的股份公司有一定的人合性，上市公司是典型的资合公司。在公司法上，调整有限公司的任意性规范更多，调整股份公司的强制性规范更多。

3. 以是否公开发行股份及股份是否可以自由转让为标准

（1）封闭公司：不上市公司——有限公司、不上市的股份公司

（2）开放公司：上市的股份公司

【经典真题】

植根农业是北方省份一家从事农产品加工的公司。为拓宽市场，该公司在南方某省分别设立甲分公司与乙分公司。关于分公司的法律地位与责任，下列哪一选项是错误的?（2017 - 3 - 25）[1]

A. 甲分公司的负责人在分公司经营范围内，当然享有以植根公司名义对外签订合同的权利

B. 植根公司的债权人在植根公司直接管理的财产不能清偿债务时，可主张强制执行各分公司的财产

C. 甲分公司的债权人在甲分公司直接管理的财产不能清偿债务时，可主张强制执行植根公司的财产

D. 乙分公司的债权人在乙分公司直接管理的财产不能清偿债务时，不得主张强制执行甲分公司直接管理的财产

---

[1]　D【解析】依据《中华人民共和国公司法》（以下简称《公司法》）第 14 条的规定，分公司虽然不具有法人资格，但是可类推适用公司法的规则，分公司负责人在分公司的经营范围内，可以以公司名义对外订立合同，A 选项正确，不选。

依据《公司法》第 14 条的规定，分公司不具有法人资格，系总公司的分支机构，分公司与总公司为同一个法律人格，同一个责任财产。在总公司不能偿债时，分公司的财产当然构成总公司的责任财产，此时总公司债权人可以执行分公司的财产，B 选项正确，不选。

依据《公司法》第 14 条的规定，分公司不具有法人资格，其民事责任由总公司承担，因此在分公司不能偿债时，分公司的债权人可以主张执行总公司的财产，C 选项正确，不选。

依据《公司法》第 14 条的规定，分公司不具有独立法人资格，各分公司财产都统一构成对总公司和其他各分公司的债权人的责任财产，因此，乙分公司不能偿债时，其债权人可以主张执行其他分公司的财产，D 选项错误，要选。

【法条】

《公司法》第14条。

（三）关联交易

关联交易损害公司利益	公司起诉的，被告不得以履行信息披露、经股东会同意等法定章定程序为由抗辩； 公司怠于起诉的，股东可以依法提起代表诉讼。 关联交易损害公司利益，原告公司依法请求控股股东、实际控制人、董事、监事、高级管理人员赔偿所造成的损失，被告仅以该交易已经履行了信息披露、经股东会或者股东大会同意等法律、行政法规或者公司章程规定的程序为由抗辩的，法院不予支持。 公司没有提起诉讼的，股东可以依法提起代表诉讼。
关联交易合同	关联交易合同无效或可撤销的，公司怠于起诉的，股东可以依法提起代表诉讼。 关联交易合同存在无效或者可撤销或对公司不发生效力的情形，公司没有起诉合同相对方的，股东可以依法提起代表诉讼。

【特别提示】 关联关系是指公司控股股东、实际控制人、董事、监事、高级管理人员与其直接或者间接控制的企业之间的关系，以及可能导致公司利益转移的其他关系。但是，国家控股的企业之间不因为同受国家控股而具有关联关系。

关联关系的判断标准是实质重于形式，即只要在实质上存在可能导致公司利益转移的关系，都可以依法认定为关联关系。

【经典习题】

甲系A公司的控股股东，以A公司向B公司订立买卖合同的方式将A公司的主要财产低价卖给到B公司（甲设立的一人公司），A公司请求甲承担损害赔偿责任。下列表述错误的是？[1]

A. A公司依法请求甲承担赔偿责任，甲可以该交易经A公司股东会同意为由抗辩

B. 如A公司怠于向甲起诉，则A公司的股东乙可以依法向甲提起股东代表诉讼

C. 如A公司与B公司的买卖合同存在无效情形，而A公司怠于起诉B公司，则A公司的股东丙可依法向B公司提起股东代表诉讼

D. 如甲的行为造成A公司债权人的损害，甲需要对A公司的债务承担连带责任

（四）公司担保

内部	外保		章程规定，董事会或股东会	
	内保	1. 为股东	股东会决议	除去接受担保的股东，出席会议股东所持表决权过半数决。
		2. 为实际控制人	股东会决议	除去实际控制人支配的股东，出席会议股东所持表决权过半数决。
外部	公司与外部善意第三人订立的投资合同、担保合同有效。			

---

[1] A【解析】关联交易之判断实质重于形式，程序合法的抗辩理由不成立。

请区分担保法律关系中的债权关系和物权关系。保证合同、抵押合同、质押合同属于债权合同关系，而抵押权、质权属于物权关系。如甲公司将其房屋抵押给乙公司，双方订立抵押合同（负担行为），并办理抵押登记（处分行为），抵押合同的订立系负担行为，产生债务关系，而抵押权的设定系处分行为，产生物权关系。又如甲公司将其设备抵押给乙公司，双方订立抵押合同。动产抵押合同的订立属于负担行为，产生债务关系，同时设定了抵押权，则又发生了处分行为，产生物权关系。还需要注意的是，在抵押人和抵押权人之间还存在法定债务关系。

【经典真题】

王某向银行申请贷款，需要他人担保。陈某系甲有限公司的控股股东和董事长，是王某多年好友。王某求助于陈某，希望得到甲公司的担保。甲公司章程规定，公司对外担保须经股东会决议。下列哪一选项是正确的？（08－3－25）[1]

A. 甲公司不能为王某提供担保，因为陈某不能向甲公司提供反担保

B. 甲公司不得为王某提供担保，因为公司法禁止公司为个人担保

C. 甲公司可以为王某提供担保，但须经股东会决议通过

D. 甲公司可以为王某提供担保，但陈某不得参加股东会表决

【法条】

《公司法》第16条。

【经典习题】

甲上市公司拟为乙公司对丙银行的1000万债务提供担保，并经过公司股东会决议，甲上市公司将该担保事宜的信息予以公开披露，丙银行基于该公开披露的担保信息与甲上市公司订立保证合同。后查明，该股东会决议因为召集程序违法被撤销。下列表述正确的是？[2]

A. 因股东会决议被依法撤销，该保证合同无效

B. 如丙银行未根据甲上市公司公开披露的关于担保事项已经股东会决议通过的信息，与甲上市公司订立担保合同，但该担保经过了甲公司股东会决议，则该保证合同依然有效

C. 如甲公司在1年内担保金额超过甲公司资产总额的30%，应当由公司股东会决议，并经出席会议的股东所持表决权的2/3以上通过

---

[1] C【解析】依据《公司法》第16条的规定，公司担保分为内保和外保，内保是公司为公司股东或为公司的实际控制人提供担保，外保是公司为股东或实际控制人以外的人提供担保。外保由公司章程规定，内保必须经过股东会决议且有表决权回避规则。甲公司为王某提供担保，王某不是公司的股东，也不是公司的实际控制人，该担保属于外保，由公司章程规定。甲公司章程规定，公司对外担保必须经过股东会决议，因此甲公司为王某提供担保，须经股东会决议通过，外保没有表决权回避规则，C正确。

[2] CD【解析】依据《最高人民法院关于适用〈中华人民共和国公司法〉若干问题的规定（四）》（以下简称《公司法解释四》）第6条的规定，股东会决议仅仅具有内部效力，股东会决议的效力瑕疵，不影响公司和外部善意第三人订立的保证合同的效力，A错误。

依据《最高人民法院关于适用〈中华人民共和国民法典〉有关担保制度的解释》（以下简称《民法典担保制度解释》）第9条第1款和第2款的规定，第三人未根据上市公司公开披露的担保事项的信息与上市公司订立担保合同的，上市公司可主张该担保合同对其不生效力，B错误。

依据《公司法》第121条的规定，上市公司在1年担保金额超过公司资产总额30%的，应当经过股东会决议，并经过出席会议股东所持表决权的2/3以上通过，C正确。

依据《公司法解释四》第4条的规定，股东会决议召集程序和主持程序有轻微瑕疵，对决议未造成实质影响的，不能撤销该决议，D正确。

D. 如股东会决议召集程序有轻微瑕疵，对股东会决议未产生实质影响，股东不能撤销该股东会决议

【法条】

《公司法》第121条，《公司法解释四》第4、6条，《民法典担保制度解释》第9条。

【经典习题】

甲公司在北京设立乙分公司，乙分公司以自己名义与张三订立保证合同，为李四对张三的100万债务提供担保。乙分公司向张三提供了甲公司同意其提供担保的股东会决议。后查明，该股东会决议系乙分公司伪造，对此张三并不知情。

下列表述正确的是？[1]

A. 乙分公司不具有法人资格，不能以自己名义提供担保

B. 如张三对乙分公司伪造甲公司股东会决议的事实知情，该保证合同依然有效

C. 如该保证合同无效，张三与乙分公司均有过错，乙分公司承担的赔偿责任不应超过债务人不能清偿部分的1/3

D. 如乙分公司应承担责任，可以先由乙分公司承担，不足承担的，由甲公司承担

【法条】

《民法典》第74条，《公司法》第14条，《民法典担保制度解释》第11、17条。

第二节　公司的基本制度

公司基本制度（设立、运作、合并分立、解散清算）

（一）公司设立 ★★★

发起人	为设立公司而签署章程、向公司认购出资或股份并履行公司设立职责的人，应认定为公司的发起人。 包括有限责任公司设立时的股东。

【特别提示】公司设立的两个阶段：成立社团 + 设立登记

1. 成立社团。设立公司需要人（股东）、财（股东出资）、物（章程、组织机构）的条件。设立公司首先需要成立社团，确立公司章程、公司组织机构，然后才能去办理设立登记。

2. 办理设立登记获得法人资格。在未办理设立登记前，不具有法人资格，不具有权利能力，因此被称为无权利能力社团。

---

[1] D【解析】依据《中华人民共和国民法典》（以下简称《民法典》）第74条第2款第1分句的规定，法人的分支机构可以以自己的名义从事民事活动，产生的民事责任由法人承担，经过公司股东会或董事会决议，公司的分支机构可以为他人提供担保，A错误。

依据《民法典担保制度解释》第11条第1款的规定，相对人知道分支机构对外提供担保未经公司决议程序的，不受保护，公司可主张保证合同无效，B错误。

依据《民法典担保制度解释》第17条的规定，如果担保合同无效，则当事人按照过错分担责任。债权人和担保人都有过错的，担保人承担的责任不超过债务人不能清偿部分的1/2，C错误。

依据《民法典》第74条第2款第2分句的规定，公司分支机构应当承担的责任，可以先由分支机构承担，甲公司承担补充责任，D正确。

【特别提示】发起人系合伙关系，发起人之间存在连带关系，如：其对于公司设立出资瑕疵需承担连带责任。如果公司设立失败，发起人对因公司设立产生的债务负连带责任，对公司设立产生的债权享有连带债权。

设立失败	**（1）外部** 发起人对设立公司产生的费用与债务、发起人因履行公司设立职责造成他人的损害承担连带责任。 法人未成立的，其法律后果由设立人承受。 设立人为二人以上的，享有连带债权，承担连带债务。 **（2）内部** 约定——约定的出资比例——均分责任。 因过错导致公司未成立，按照过错担责。
设立成功	**（1）合同责任（解释三 F2、3）** A. 对外合同（发起人名义）： 发起人担责。发起人为设立公司缔约的，相对人可向公司主张合同责任。 B. 对外合同（设立中公司名义）： 公司担责。 **（2）侵权责任** 外部：发起人履职造成第三人损害的，公司承担雇主责任。 内部：公司向发起人追偿。

【特别提示】设立中公司不具有法人资格，系无权利能力社团，但是可参照法人规则，设立中公司可以从事民事活动，其订立的合同有效。设立成功的，由公司承担责任。设立失败的，债务由发起人承担连带责任，债权由发起人享有连带债权。

【经典真题】

1. 李某和王某正在磋商物流公司的设立之事。通大公司出卖一批大货车，李某认为物流公司需要，便以自己的名义与通大公司签订了购买合同，通大公司交付了货车，但尚有 150 万元车款未收到。后物流公司未能设立。关于本案，下列哪一说法是正确的？ （2016－3－25）[1]

A. 通大公司可以向王某提出付款请求

B. 通大公司只能请求李某支付车款

C. 李某、王某对通大公司的请求各承担 50% 的责任

D. 李某、王某按拟定的出资比例向通大公司承担责任

2. 甲、乙、丙、丁拟设立一家商贸公司，就设立事宜分工负责，其中丙负责租赁公司运营所需仓库。因公司尚未成立，丙为方便签订合同，遂以自己名义与戊签订仓库租赁合同。关

---

[1] A【解析】公司因故未成立，债权人有权请求全体或者部分发起人对设立公司行为所产生的费用和债务承担连带清偿责任，即全体发起人系合伙关系，对外承担无限连带责任。债权人可向王某主张无限连带责任。

于该租金债务及其责任，下列哪些表述是正确的？（2011－3－68）[1]

　　A. 无论商贸公司是否成立，戊均可请求丙承担清偿责任

　　B. 商贸公司成立后，如其使用该仓库，戊可请求其承担清偿责任

　　C. 商贸公司成立后，戊即可请求商贸公司承担清偿责任

　　D. 商贸公司成立后，戊即可请求丙和商贸公司承担连带清偿责任

（二）公司章程（F11、25、81）★★★

1. 设立公司必须依法制定公司章程

概念	债务合同
必备性	设立公司必须依法制定公司章程。
效力	（1）章程只对公司、股东、董事、监事、高级管理人员有约束力。 （2）章程对法定代表人代表权的限制，不得对抗善意相对人。
章程规定	（1）**有限公司**：分红（全体股东约定除外）、股东会表决、股东会会议通知、股东资格继承、股权转让）；
	（2）**股份公司**：分红、累积投票、临时股东会召开

【经典习题】

下列表述正确的是？[2]

　　A. 甲有限公司全体股东可约定，公司按照股东贡献大小分红；戊股份公司章程可规定，公司不按照持股比例分红

　　B. 乙有限公司章程可规定，股东会按照股东人头数表决

　　C. 丙有限公司章程可约定，股东可自由外转股权，但股东资格不能继承

　　D. 丁股份公司章程可规定临时股东会的召开情形以及实行累积投票制

【法条】

《公司法》第34、43、71、75、100、105条

【特别提示】公司章程在理论上被称为"债务合同"，系约束公司、股东、董事、监事、高管的债务合同。公司章程在公司内部具有最高的"法律效力"，类似公司自治的"宪法"。

股东会决议、董事会决议违反公司章程的，股东享有撤销股东会决议或董事会决议的撤销权。

【特别提示】章程修改需要股东会的特别多数决，即表决权之2/3以上通过。

---

[1] ABC【解析】发起人为设立公司以自己名义对外订立合同，基于合同相对性，相对人可以向发起人主张权利，但公司享有该合同权利的，类推间接代理，相对人有选择权，也可以向公司主张合同责任。

发起人以设立中公司名义对外缔约的，基于合同相对性，相对人可向公司主张权利，但发起人为自己利益的，类推无权代理的，相对人恶意的，对公司不生效，由发起人自己承担合同责任。

[2] ABCD【解析】分红属于任意性规范，允许全体股东或章程规定。有限公司表决方式允许章程规定。有限公司股权转让、股东资格继承事由可由章程规定。股份公司累积投票、临时股东会召开等事宜可由章程规定。

2. 章程应当载明事项：股东应在章程上签名、盖章。

		有限公司	股份公司
公司概况	公司人格	公司名称和住所、经营范围、法定代表人	公司名称和住所、经营范围、法定代表人、设立方式、解散事由与清算办法
	公司资本	注册资本	公司股份总数、每股金额和注册资本、公司利润分配办法
	公司治理	公司的机构及其产生办法、职权、议事规则	董事会、监事会的组成、职权和议事规则
股东概况		股东姓名或名称、股东的出资方式、出资额和出资时间	
发起人概况			发起人的姓名或名称、认购的股份数、出资方式和出资时间
其他事项		股东会会议认为需要规定的其他事项	股东会会议认为需要规定的其他事项

【经典真题】

1. 张某与潘某欲共同设立一家有限责任公司。关于公司的设立，下列哪一说法是错误的？（2015－3－25）[1]

A. 张某、潘某签订公司设立书面协议可代替制定公司章程

B. 公司的注册资本可约定为 50 元人民币

C. 公司可以张某姓名作为公司名称

D. 张某、潘某二人可约定以潘某住所作为公司住所

2. 科鼎有限公司设立时，股东们围绕公司章程的制订进行讨论，并按公司的实际需求拟定条款规则。关于该章程条款，下列哪些说法是正确的？（2016－3－68）[2]

A. 股东会会议召开 7 日前通知全体股东

B. 公司解散需全体股东同意

C. 董事表决权按所代表股东的出资比例行使

D. 全体监事均由不担任董事的股东出任

---

[1] A【解析】依据《公司法》第 11 条的规定，设立公司必须依法制定公司章程，不能以公司设立书面协议代替公司章程，A 错误，要选。

《公司法》取消了最低注册资本的要求，注册资本可以是 50 元，B 正确，不选。

依据《企业名称登记管理实施办法》第 15 条的规定，股东的姓名可作为公司名称，法律不禁止即许可，C 正确，不选。

依据《公司法》第 10 条的规定，股东的住所可作为公司主要办事机构所在地，即公司住所，D 正确，不选。

[2] AB【解析】依据《公司法》第 41 条第 1 款的规定，召开股东会会议，应当于会议召开 15 日前通知全体股东；但是，公司章程另有规定或者全体股东另有约定的除外。所以章程规定，提前 7 日通知股东是可以的，因此 A 正确。

依据《公司法》第 43 条的规定，股东会的议事方式和表决程序，除本法有规定的外，由公司章程规定。公司解散必须经过代表 2/3 以上表决权的股东通过，章程规定全体股东一致同意也是可以的，所以 B 正确。

依据《公司法》第 48 条的规定，董事会的议事方式和表决程序，除本法有规定的外，由公司章程规定。董事会决议的表决，实行一人一票。因此董事会决议应当实行一人一票，而不能按照出资比例决表，所以 C 错误。

依据《公司法》第 51 条第 2 款和第 55 条第 2 款的规定，监事会的议事方式和表决程序，除本法有规定的外，由公司章程规定。如果采取监事会形式，应包括职工代表，因此 D 错误。

1. 关于甲有限公司章程的规定，下列该章程中规定的内容违法的是？[1]

A. 股东的继承人不得继承股东资格

B. 甲公司全体股东可约定，公司分红按照认缴出资比例分配

C. 甲公司股东对外转让股权时，其他股东不享有优先购买权

D. 甲公司董事会可直接决定监事的报酬

【法条】

《公司法》第34、37、71、75条。

2. 关于甲有限公司章程的规定，下列该章程中规定的内容违法的是？[2]

A. 股东的继承人不得继承股东资格

B. 甲公司全体股东可约定，公司分红按照认缴出资比例分配

C. 甲公司股东对外转让股权时，其他股东不享有优先购买权

D. 甲公司董事任期5年，可以连选连任

【法条】

《公司法》第34、45、71、75条。

【考点】

公司章程、股东会职权

（三）公司注册资本（股东出资）★★★

【特别提示】股东出资制度是公司法上最重要的考点，是考生必须掌握的最核心考点，没有之一。

在公司成立时，股东认缴出资直接构成公司的注册资本。公司法上的资本确定、资本维持、资本不变的三个资本原则（资本恒定），主要是针对股东认缴出资的恒定。所谓一旦出资、永久出资；一旦认缴，永久认缴。由于股东认缴出资直接构成公司的注册资本，直接构成了对公司债权人的担保。因此股东的出资义务不适用诉讼时效，无法随意免除。由于股东出资义务不仅是对公司的出资义务，同时也是对公司债权人的资本维持义务，因此在公司进入破产程序后，股东不能以该出资义务抵销其对公司的债权，即股东不能以其公司债权人负担的资本维持债务抵销自己对公司的债权。

---

[1] D【解析】股东资格继承事项，可以由公司章程另行规定；公司分红事项，可以由全体股东约定；有限公司股权转让事宜，可以由公司章程另行规定；董事监事（非职工董事监事）的报酬，由股东会决议。

[2] D【解析】依据《公司法》第75条但书之规定，公司章程可规定股东继承人不得继承股东资格，A合法，不选。

依据《公司法》第34条但书之规定，全体股东可约定不按照出资比例分取红利或者不按照出资比例优先认缴出资，B合法，不选。

依据《公司法》第71条第4款之规定，公司章程可对股权转让另有规定，公司章程可排除其他股东的优购权，C合法，不选。

依据《公司法》第45条第1款第1句之规定，董事任期不得超过3年，D违法，要选。

1. 出资缴纳（F26）

出资缴纳	设立类型	验资
认缴	发起设立（增资）	约定
实缴	募集设立（增资）：发起人认购的股份缴足前，不得向他人募集股份。	法定
法律、行政法规及国务院决定对注册资本实缴、最低限额另有规定的除外。		

> 【特别提示】认缴系负担行为（产生债权债务关系）、实缴系处分行为（转移权利之归属：从股东到公司）。认缴可解释为合同订立环节，实缴可解释为合同履行环节。股东一旦认缴出资，合同有效，产生债务关系（约定＋法定）；股东未实缴出资，既要承担违约责任，也需要承担违法责任。

（1）认缴制

A. **有限公司**注册资本为在公司登记机关登记的全体股东认缴的出资额。

股东认足公司章程规定的出资后，由全体股东指定的代表或共同委托的代理人申请设立登记。

B. **股份公司发起设立的**，注册资本为在公司登记机关登记的全体发起人认购的股本总额。

发起人认足公司章程规定的出资后，应选举董事会和监事会，由董事会申请设立登记。

> 【特别提示】认缴制是指以股东认缴的出资额作为公司注册资本，股东无需在公司成立时实缴出资。股东缴纳出资的时间由认缴协议和公司章程具体规定。

（2）实缴制（F80）

股份公司募集设立的，注册资本为在公司登记机关登记的实收股本总额。

发起人认购的股份缴足前，不得向他人募集股份。

发行股份的股款缴足后，必须经依法设立的验资机构验资并出具证明。

> 【特别提示】实缴制是指以股东实缴的出资额为公司注册资本，股东需在公司成立时实缴全部出资。只有募集设立或募集增资的股份公司才采取实缴制，而且必须经过法定的验资机构验资。募集设立（增资）的股份公司具有开放性和社会性，涉及社会利益，因此公司法对其作出实缴制的严格规定。

（3）法定资本除外：

法律、行政法规及国务院决定对注册资本实缴、最低限额另有规定的除外。如银行、保险公司。

【经典真题】

2014年5月，甲乙丙丁四人拟设立一家有限责任公司。关于该公司的注册资本与出资，下

列哪些表述是正确的？（2014 - 3 - 68）[1]

    A. 公司注册资本可以登记为 1 元人民币

    B. 公司章程应载明其注册资本

    C. 公司营业执照不必载明其注册资本

    D. 公司章程可以要求股东出资须经验资机构验资

（4）增资、减资

	内部程序	外部程序
增资	①股东会特决，修改章程（2/3 资本多数决） 内部增资、外部增资。 【特别提示】 无论内部增资或外部增资，有限公司股东都享有优先认股权。 ②优先认购新股权：（F34） 有限公司新增资本时，股东有权优先按照实缴的出资比例认缴出资，全体股东约定不按照出资比例优先认缴出资的除外。 ③增资缴纳（F178）发起增资或募集增资 ④增资瑕疵（解释三 F13′4） 股东在公司增资时未履行或未全面履行出资义务，未尽法定注意义务和勤勉义务而使出资未缴足的董事、高管承担相应责任（内部＋外部）。 董高承担责任后，可向该股东追偿。	依法登记（生效要件）。
减资	股东会特决。	通知公告债权人。 债权人有权请求担保或偿债。 依法登记（生效要件）。

【特别提示】

  1. 股东会特决：有限公司：代表 2/3 以上表决权以上的股东通过；股份公司：出席股东会股东所持表决权的 2/3 以上通过。

  2. 股东的优先认股权系财产权，可自由处分，其他股东对该优先认股权不享有优购权。

  3. 股东违法增资的，为保护债权人利益，增资依然有效，通过依法减资程序处理。

  4. 请考生全面把握增资或减资的内部程序和外部程序

  （1）内部程序：保护股东利益

  （2）外部程序：保护债权人利益

【经典真题】

  1. 湘星公司成立于 2012 年，甲、乙、丙三人是其股东，出资比例为 7∶2∶1，公司经营状况良好。2017 年初，为拓展业务，甲提议公司注册资本增资 1000 万元。关于该增资程序的有

---

[1] ABD【解析】新《公司法》取消了最低注册资本的要求，公司注册资本可以是 1 元，A 正确，要选。

公司章程应当载明注册资本这一重大事项，B 正确，要选。

公司营业执照也应当载明注册资本这一重大事项，C 错误，不选。

虽然《公司法》取消了有限公司法定验资的要求，但是公司章程当然可以要求股东出资时必须验资，D 正确，要选。

效完成，下列哪些说法是正确的？（2017－3－68）[1]

    A. 三位股东不必按原出资比例增资   B. 三位股东不必实际缴足增资

    C. 公司不必修改公司章程   D. 公司不必办理变更登记

【法条】

《公司法》第25、34、178、179条。

    2. 泰昌有限公司共有6个股东，公司成立两年后，决定增加注册资本500万元。下列哪一表述是正确的？（2013－3－26）[2]

    A. 股东会关于新增注册资本的决议，须经2/3以上股东同意

    B. 股东认缴的新增出资额可分期缴纳

    C. 股东有权要求按照认缴出资比例来认缴新增注册资本的出资

    D. 一股东未履行其新增注册资本出资义务时，公司董事长须承担连带责任

【经典习题】

大昌有限公司决定减资100万，下列表述错误的是？[3]

A. 公司章程可规定，股东会关于减资的决议必须经过代表3/4以上表决权的股东同意

B. 鉴于公司减资数额不高，可不通知公司债权人

C. 债权人有权对该公司的减资行为提出异议

D. 经过公司股东会决议后，减资发生法律效力

---

    [1] AB【解析】依据《公司法》第34条的规定，公司新增资本时，股东有权优先按照实缴的出资比例认缴出资。但是，全体股东约定不按照出资比例分取红利或者不按照出资比例优先认缴出资的除外。因此公司增资，不必按照原来的出资比例增资，而是依据实缴的出资比例，而且允许全体股东约定除外，A选项正确。

    依据《公司法》第178条的规定，公司增资时，股东缴纳出资的方式因发起增资和募集增资不同而不同，发起增资的，可认缴出资；募集增资的，实缴出资，因此公司增资，不一定必须实缴出资，B选项正确。

    依据《公司法》第25条第1款第3项的规定，有限责任公司章程应当载明公司注册资本，因此增减资应当修改公司章程，C选项错误。

    依据《公司法》第179条第2款的规定，公司增加或者减少注册资本，应当依法向公司登记机关办理变更登记，D选项错误。

    [2] B【解析】增减资改章程、合分散改形式，有限公司须经代表表决权2/3以上的股东通过，股份公司须经出席会议的股东所持表决权的2/3以上通过，A错误。

    有限公司实行认缴制，股东可以分期缴纳出资，B正确。

    有限公司增资，股东按照实缴出资比例增资，约定除外，C错误。

    有限公司增资，公司董事长有过错的，才承担相应的责任，D错误。

    [3] BCD【解析】减资必须通知债权人，债权人无异议权，减资在办理工商登记后生效。

2. 出资形式

出资形式	
货币出资	以贪污、受贿、侵占、挪用等违法犯罪所得的货币出资后取得股权的，应采取拍卖或变卖的方式处置其股权。 【特别提示】 1. 股东以现金出资，将现金实物交付给公司，该行为属于转移货币所有权的处分行为。 2. 股东以银行转账方式出资的，则属于事实行为。 3. 银行转账的法律性质——民法理论认为，银行转账行为系事实行为。由于并不存在有体的实物货币，因此不涉及物权变动，而是事实行为，其涉及付款人、付款人开户行、收款人、收款人开户行之间的债权债务关系的变化。如果发生错误转账行为，可以通过不当得利规则解决。 举例说明：如张三以挪用资金之犯罪行为获得的100万元作为出资设立了一家有限公司，虽然该出资的货币来源非法，但该公司设立有效、张三获得的股东有效，应当通过拍卖或变卖的方式处置该股权。
非货币出资	（1）出资条件 ①可依法转让（处分）（F27、28）：以非货币财产出资的，应依法办理其财产权的转移手续。 【特别提示】股东出资时一般应当通过处分行为移转该出资的所有权给公司，并向公司移转该出资的占有（即交付）。 股东出资的处分主要包括： （1）物权的处分：所有权的处分（动产——交付；不动产——登记） （2）债权的处分：债权让与 （3）其他财产的处分：知识产权让与、股权让与、净资产让与、其他权利让与 ②可评估（解释三F9）：应评估作价，不得高估或低估。 【特别提示】 非货币出资应当评估，而且不能高估或低估。高估会虚增资本，损害债权人利益；低估则会影响股东利益。 出资贬值的风险负担（解释三F15）——实缴 出资人以符合法定条件的非货币财产出资后，因市场变化或其他客观因素导致出资财产贬值，公司、其他股东或债权人请求该出资人承担补足出资责任的，法院不予支持，约定除外。 【特别提示】 出资之标的物贬值的风险以实缴为界，实缴出资以前，标的物贬值的，该风险由股东负担；实缴出资以后，标的物贬值的，该风险由公司负担。举例说明如张三以某设备出资，认缴申报其价值为120万元，实缴出资时，因市场变化，该设备贬值为100万元，出资以后，因市场变化，该设备贬值为70万元。张三负担实缴以前设备贬值之风险，张三需要补缴20万元。实缴以后的风险，由公司负担。 ③不违法： A 一般允许：可用货币以及实物、知识产权、土地使用权等可以用货币估价可依法转让的非货币财产出资，法律、行政法规禁止除外； B 六种出资禁止：劳务、自然人姓名、信用、商业信誉、特许经营权、设置担保的财产； C 无处分权财产出资（解释三F7）：以不享有处分权的财产出资的，参照善意取得。 【主观题点睛】 善意取得制度是法考必考的重点，而且经常在公司法主观题中涉及。 1. 法考常考公司的善意判断。公司是法人，善恶意的判断依然是要回到自然人，核心是参与无权处分行为的自然人的善恶意判断。张三擅自将李四的家具出资给甲公司，公司能否善意取得该家具的所有权，则需要分析从事家具交易行为的当事人是否是善意。如

果公司法定代表人代表公司取得家具，则需要分析法定代表人是否是善意，如果公司代理人代理公司取得家具，则需要分析公司代理人是否是善意。如果公司代理人受到公司代表人的指示从事交易，则需要分析公司代表人是否是善意。如张三擅自将李四的家具出资给甲公司，而张三同时又是甲公司的法定代表人，显然甲公司的法定代表人张三属于恶意，甲公司无法善意取得该家具的所有权。

2. 法考常考可归责性的判断。善意取得包括动产物权的善意取得和不动产物权的善意取得。不动产物权的善意取得以登记簿的公信为基础，一般不考虑该登记簿错误是否可归责于所有人，只要善意第三人对登记簿产生信赖，即可依法适用善意取得。动产物权的善意取得则需要考虑动产的占有脱离是否是基于所有人的意思，是否可归责于所有人，如果不可归责于所有人，则不能适用善意取得。如盗赃物，其占有脱离违反了所有人的意思，不可归责于所有人，不能适用善意取得。但是租赁物，其占有脱离是基于所有人意愿转移占有，可以适用善意取得。

举例说明：张三去世，张四继承了张三的财产，包括张三的一套家具。张四将其出资给甲公司。后查明，张四并非张三的继承人，真正的继承人是王二。甲公司是否可善意取得该家具的所有权呢？答案是否定的。对于真正的所有人王二而言，该家具的占有脱离属于非自愿的脱离占有，该占有脱离不可归责于王二，甲公司无法善意取得家具的所有权。如果张四继承的是张三的房屋，情况就不一样了。张四登记为房屋所有人后，将该房屋出资给甲公司，甲公司基于对登记簿的信赖可以善意取得房屋的所有权。登记簿的错误一般不考虑是否可归责于所有人，而需要保护善意第三人对登记簿的信赖。

甲以乙所有的家具出资给丙有限公司，下列哪些情形丙公司对该家具之所有权可适用善意取得?[1]

A. 知情的丙公司经理丁受领了该家具

B. 知情的丙公司法定代表人戊指派善意的丁受领了该家具

C. 乙将该家具以所有权保留方式出售给甲，甲指令乙向不知情的丙公司交付了家具

D. 甲对丙谎称其对该家具享有所有权并出租给乙，并以指示交付方式将家具所有权让与给不知情的丙。据此丙向乙请求交付家具，乙受甲欺骗向丙交付了家具

E. 借用该家具的甲对丙谎称其系该家具 1/2 份额的按份共有人，并将 1/2 份额转让给丙公司

(2) 出资类型

①土地使用权（解释三 F8）：划拨——出让；附抵押——涤除抵押权。

出资人以划拨土地使用权出资，或者以设定权利负担的土地使用权出资，公司、其他股东或者公司债权人主张认定出资人未履行出资义务的，人民法院应当责令当事人在指定的合理期间内办理土地变更手续或者解除权利负担；逾期未办理或者未解除的，人民法院应当认定出资人未依法全面履行出资义务。

②不动产和知识产权（解释三 F10）：登记＋交付（处分行为＋转移占有）

A. 一般规则：登记和交付都完成后，才享有股东权利（财产权）

已登记未交付的，在实际交付之前不享有相应股东权利。

B. 追溯规则：先交付，后登记——追溯到交付，享有股东权利（财产权）

已交付未登记的，依法补办登记的——自其实际交付时享有相应股东权利。

---

[1] CD【解析】存在代理关系的，善意取得中善意的判断以代理人为准，存在指示关系的，以指示人为准。公司经理系恶意，公司为恶意，不能适用善意确定，A 不选。

如存在指示关系，以指示人的善恶意来判断，指示人系恶意，公司为恶意，不能适用善意取得，B 不选。

善意取得的实质在于善意第三人对无权处分人具有所有权之信赖，并经由交付取得物之所有权，无权处分人是否享有物的占有，无关紧要，因此 CD 要选。

动产的按份所有之份额缺乏公示，无法足以让第三人产生无权处分人享有该份额所有权之信赖，不能适用善意取得，E 不选。

	【特别提示】
	以不动产和知识产权出资的，股东负担两个出资义务：既要转移所有权，又要交付。有其一义务未履行的，构成出资瑕疵，承担出资责任。
	③股权
	A 可转让：出资的股权由出资人合法持有并依法可以转让；
	B 无瑕疵和负担：出资的股权无权利瑕疵（如未实缴出资）或者权利负担（如股权质押）；
	C 已转让：出资人已履行关于股权转让的法定手续；
	D 已评估：出资的股权已依法进行了价值评估。
	【特别提示】
	被扣押冻结的股权无法完成出资；未实缴出资的股权导致股权价值缩水，造成出资不实；被设定质权的股权会导致股权被质权人拍卖，造成出资瑕疵。

【举例说明】

甲公司股东张三以房屋出资，1 月 2 日交付房屋，并于 4 月 8 日依法补办了房屋过户手续，其股权权利何时获得？

1 月 2 日

甲公司股东李四以专利出资，2 月 6 日办理专利权转让手续，但是 5 月 19 日才实际交付该专利技术给公司，其何时开始享有股东权利？

5 月 19 日

【经典真题】

甲有限责任公司成立于 2014 年 4 月，注册资本为 1000 万元，文某是股东之一，持有 40% 的股权。文某已实缴其出资的 30%，剩余出资按公司章程规定，应在 2017 年 5 月缴足。2015 年 12 月，文某以其所持甲公司股权的 60% 作为出资，评估作价为 200 万元，与唐某共同设立乙公司。对此，下列哪一选项是正确的？（2017－3－27）[1]

A. 因实际出资尚未缴纳完毕，故文某对乙公司的股权出资存在权利瑕疵

B. 如甲公司经营不善，使得文某用来出资的股权在 1 年后仅值 100 万元，则文某应补足差额

C. 如至 2017 年 5 月文某不缴纳其对甲公司的剩余出资，则甲公司有权要求其履行

D. 如至 2017 年 5 月文某不缴纳其对甲公司的剩余出资，则乙公司有权要求其履行

【法条】

《公司法》第 27、28 条，《公司法解释三》第 11、13、15 条。

---

[1] C【解析】依据《公司法》第 27 条、《最高人民法院关于适用〈中华人民共和国公司法〉若干问题的规定（三）》（以下简称《公司法解释三》）第 11 条的规定，虽然股东文某未实缴出资，但其未实缴出资符合公司章程规定，而且文某的股权也以其实缴情况结合该股权的市场价值依法作出评估，将其 60% 的股权评估为 200 万，因此文某对乙公司的股权出资不存在权利瑕疵，A 选项错误。

依据《公司法解释三》第 15 条的规定，股东非货币出资在实缴出资后，由于市场原因而贬值的风险由公司负担，股东不需要承担补缴出资的义务，B 选项错误。

依据《公司法》第 28 条第 2 款、《公司法解释三》第 13 条的规定，股东未履行或者未全面履行出资义务，公司或者其他股东请求其向公司依法全面履行出资义务的，人民法院应予支持，C 选项正确。

依据《公司法解释三》第 13 条的规定以及合同相对性的基本原理，乙公司没有直接请求文某向甲公司履行出资义务的请求权基础，D 选项错误。

3. 出资责任

出资责任	一般责任	发起人连带责任（设立出资瑕疵）
内部	股东不按照章程缴纳出资的，除应向公司足额缴纳外（承担债务不履行的责任），还应向已按期足额缴纳出资的股东承担违约责任。 【特别提示】 股东不履行出资债务，需要承担债务不履行之责任（类推买卖合同之违约责任），包括继续履行、赔偿迟延履行造成的损害等等。	
	补缴：公司或其他股东可请求其向公司履行补缴责任。 【特别提示】 公司成立后，发现作为设立公司出资的非货币财产的实际价额显著低于公司章程所定价额的，应当由交付该出资的股东补足其差额；公司设立时的其他股东承担连带责任。	发起人对此承担连带责任 【特别提示】 发起人履行设立职责，应当对设立时出资瑕疵承担连带责任。
外部	补充：债权人可请求其在未出资本息范围内对公司债务不能清偿的部分承担补充赔偿责任。 债权人————债务人（公司）————次债务人（股东） 【特别提示】 股东出资涉及外部关系，公司债权人、公司、公司股东构成了债权人————债务人————次债务人的连环债务关系。债权人向次债务人主张权利，受到债权人和债务人之债务关系，债务人和次债务人之债务关系，双重债务关系的抗辩约束。因此债权人只能在公司不能偿债的范围内就股东未出资的本息部分主张权利。未出资本息中的息的实质涵义包括迟延履行出资义务造成的损害赔偿责任。	发起人对此承担连带责任
特殊责任	①验资机构责任（F207'3）： 验资机构在验资不实的范围内对债权人承担过错推定的赔偿责任。 ②替代出资责任： 由被替代的股东承担出资责任。 【特别提示】 如张三用房屋以李四的名义替李四向甲公司出资，李四公司是认缴出资合同的当事人，李四应当承担合同责任。张三仅仅是合同履行辅助人，不是合同当事人，无需承担出资责任。李四承担出资责任后，可基于李四和张三的内部关系追偿。 【主观题点睛】 在主观题中往往会考查股东安排、指示、指令第三人来履行出资义务，第三人作为股东的履行辅助人来履行出资义务，该出资行为可归属于股东，如果出资存在瑕疵，还是由股东承担出资责任。但是，当第三人未受股东指示而主动为股东履行出资义务，则构成第三人代为清偿（民法理论称为：类法律行为之接触），该出资行为不能归属于股东，如出资存在瑕疵，则由第三人承担相应责任。 ③恶意受让人的连带责任（解释三 F18）： 有限公司股东未履行出资义务即转让股权，恶意受让人对该出资义务承担连带责任。受让人可向该股东追偿。	
	出资债务不适用诉讼时效，不能随意免除，公司进入破产程序后不能抵销。	

【特别提示】 需要从债法原理来学习和理解出资责任制度。股东和公司之间存在出资债务关系。股东出资瑕疵包括履行不能（出资不能）、迟延履行（迟延出资）、不完全履行（出资不实）等，股东出资责任包括继续履行（补缴出资）、采取补救措施、赔偿损失（迟延损害赔偿）等等。如果股东不履行出资义务，经公司催告无果的，公司可依法解除股东资格。

1. 出资责任需要区分约定责任和法定责任。

股东不履行出资义务或抽逃出资，既是违反股东和股东、公司之间约定的违约行为，同时也是违反公司法的违法行为，甚至可以构成犯罪。

2. 出资责任需要区分内部责任和外部责任。

股东违反出资义务，既有内部对公司、股东的责任，也有外部对债权人的责任。

3. 出资责任需要明确几个连带责任。

（1）发起人对设立出资瑕疵的连带责任

（2）恶意受让人的连带责任

（3）协助抽逃出资者的连带责任

【经典真题】

1. 甲、乙二公司与刘某、谢某欲共同设立一注册资本为 200 万元的有限责任公司，他们在拟订公司章程时约定各自以如下方式出资。哪些说法或做法是不合法的？（2006-3-68）[1]

A. 甲公司以其企业商誉评估作价 80 万元出资

B. 乙公司以其获得的某知名品牌特许经营权评估作价 60 万元出资

C. 刘某以保险金额为 20 万元的保险单出资

D. 谢某以其设定了抵押担保的房屋评估作价 40 万元出资

E. 刘某以房屋替谢某出资，如果房屋的实际价额显著低于章程所定价额的，则由谢某承担出资不实的补缴责任，甲乙刘某承担连带补缴责任

2. 甲、乙设立注册资本为 400 万元的丙有限责任公司，章程规定：甲以现金出资 280 万元，乙以现金出资 40 万元，专利作价 40 万元，机器设备作为实物出资作价 40 万元。公司成立后，甲按期足额缴纳现金 280 万元，乙只缴纳了 20 万元现金，其专利的实际市场价额为 20 万元，机器设备虽然已实际移交给公司，但该设备属于丁所有，系丁委托乙保管。下列哪些选项是正确的？（2008 川-3-70）[2]

A. 乙应当履行其余 20 万元现金出资的义务，并应当向甲承担违约责任

B. 乙应当补足其专利权出资的实际价额与作价金额之间的差额，甲对此承担连带责任

C. 丙公司应根据丁的请求向其返还机器设备

D. 甲、乙达成协议，可以通过依法减少资本程序免除乙对差额部分的出资责任

【举例说明】

张三将股权转让给李四，但张三出资存在瑕疵，李四明知该出资瑕疵而受让股权。李四又将股权转让给知情的王二。此时，债权人可请求谁承担连带责任？

李四和王二须对张三的出资瑕疵责任承担连带责任。

---

[1] ABD【解析】商誉、特许经营权不得出资。专利出资后，出资人不得再使用。以附担保的财产出资行为是不合法的。

[2] ABD【解析】以不享有所有权的财产出资的，参照善意取得。

4. 抽逃出资责任

抽逃出资	法律责任	连带责任
情形	①虚构债之关系；②虚假分红；③关联交易；④其他抽回出资行为。	
内部	**返还责任：** 公司、其他股东可请求该股东向公司返还出资本息。	协助抽逃出资的其他股东、董事、高管或实际控制人对此承担连带责任。
外部	**补充责任：** 公司债权人可请求抽逃出资的股东在抽逃出资本息范围内对公司债务不能清偿的部分承担补充赔偿责任。 债权人—债务人（公司）—次债务人（股东） 债权人向次债务人主张权利时，次债务人保留其对债务人，以及债务人对债权人，两个债务关系的抗辩，因此次债务人（股东）在抽逃出资本息范围内就公司不能偿债的部分对债权人承担补充责任。抽逃出资本息中的息的实质涵义包括抽逃出资造成的损害赔偿责任。	协助抽逃出资的其他股东、董事、高管或实际控制人对此承担连带责任。

【经典真题】

1. 张三、李四、王五成立天问投资咨询有限公司，张三、李四各以现金50万元出资，王五以价值20万元的办公设备出资。张三任公司董事长，李四任公司总经理。公司成立后，股东的下列哪些行为可构成股东抽逃出资的行为？（2011-3-70）[1]

A. 张三与自己所代表的公司签订一份虚假购货合同，以支付货款的名义，由天问公司支付给自己50万元

B. 李四以公司总经理身份，与自己所控制的另一公司签订设备购置合同，将15万元的设备款虚报成65万元，并已由天问公司实际转账支付

C. 王五擅自将天问公司若干贵重设备拿回家

D. 3人决议制作虚假财务会计报表虚增利润，并进行分配

2. 榴风公司章程规定：股东夏某应于2016年6月1日前缴清货币出资100万元。夏某认为公司刚成立，业务尚未展开，不需要这么多现金，便在出资后通过银行的熟人马某将这笔钱转入其妻的理财账户，用于购买基金。对此，下列哪些说法是正确的？（2017-3-70）[2]

A. 榴风公司可要求夏某补足出资

B. 榴风公司可要求马某承担连带责任

C. 榴风公司的其他股东可要求夏某补足出资

D. 榴风公司的债权人得知此事后可要求夏某补足出资

---

[1] ABD【解析】贵重设备不是出资，不是抽逃出资。

[2] ABC【解析】依据《公司法解释三》第14条的规定，股东抽逃出资，公司可请求该股东补足出资，A选项正确。

依据《公司法解释三》第14条的规定，协助抽逃出资的其他股东、董事、高管或实际控制人对抽逃出资的责任承担连带责任，马某协助夏某抽逃出资，主观上存在故意，可以类推适用协助抽逃出资的规定也可以适用共同侵权的规则，追究马某的连带责任，B选项正确。

依据《公司法解释三》第14条的规定，股东抽逃出资的，公司的其他股东可主张其向公司补足，C选项正确。

依据《公司法解释三》第14条的规定，股东抽逃出资的，公司的债权人在公司不能偿债的范围内就股东抽逃出资的部分向其主张补充责任，而不能在得知后直接要求股东向公司补足出资，D选项错误。

【法条】

《公司法解释三》第 14 条。

5. 出资不履行的法律后果

出资不履行	法律后果
财产权的限制	根据公司章程或股东会决议可对其利润分配请求权、新股优先认购权、剩余财产分配请求权等股东权利作出相应的合理限制。 **【特别提示】** 相应——全部不出资、全部限制；部分不出资、部分限制。
除名（民法典 F563）	未履行出资义务或抽逃全部出资，经公司催告在合理期间内无果的，股东会决议可解除该股东的股东资格，公司应依法减资或由其他股东或第三人出资。 **【特别提示】** 解除股东资格的实质要件（完全不出资、完全抽逃出资）和程序要件（催告、股东会决议），内部适用合同解除规则（损害赔偿）；外部保护债权人利益（依法减资、依法转股）。
举证责任倒置	原告提供对股东履行出资义务产生合理怀疑证据的，被告股东应当就其已履行出资义务承担举证责任。

【经典习题】

1. 某公司股东甲未履行出资义务，依据公司法及其解释，下列错误的是？[1]

A. 公司董事会可直接作出决议，限制甲的表决权和财产权

B. 如果甲未履行部分出资义务，公司股东会可直接决议将其开除，甲认缴的出资由其他股东出资

C. 如果股东乙提出对股东甲未履行出资义务的合理怀疑的证据，甲应就其已经履行出资义务承担举证责任

D. 如果股东甲被公司开除股东资格，则其所有的法律责任自动免除

2. 张一、张二、张三投资设立甲公司，张一认缴出资 10 万元，只缴纳了 2 万，剩余出资一直迟延。张二将出资款转入公司账户后，虚构买卖合同，将该出资款转出。下列表述正确的是？[2]

A. 甲公司股东会可直接解除张一的股东资格

---

〔1〕 ABD【解析】出资争议时，股东承担完成出资义务的举证责任。

〔2〕 D【解析】依据《公司法解释三》第 17 条第 1 款的规定，股东完全不履行出资义务或抽逃全部出资，才可依法解除股东资格，而且需要经过催告和股东会决议程序，A 错误。

依据《公司法解释三》第 17 条第 1 款的规定，股东资格解除由公司股东会决议，B 错误。

参照《民法典》第 566 条第 2 款的规定，违约解除，不影响违约责任的承担，C 错误。

依据《公司法解释三》第 17 条第 2 款的规定，解除股东资格不能损害债权人利益，债权人依然可向出资存在瑕疵的股东主张权利，D 正确。

B. 甲公司董事会可解除张二的股东资格

C. 如张二的股东资格被解除，则张二无需承担法律责任

D. 如张二的股东资格被解除，在甲公司依法减资前，甲公司债权人可依法向张二主张法律责任

【法条】

《公司法解释三》第 17 条，《民法典》第 566 条。

（四）股东权利的取得

1. 股东范围：

（1）自然人、法人、其他组织、国家都可以充当股东，无行为能力要求。

【特别提示】

1. 股东没有行为能力要求，婴儿可以成为股东，精神病人可以作为股东。

2. 分公司可以投资到公司做股东。但是不具有法人资格的企业或组织不能投资设立一人公司，因一人公司的股东只能是一个法人或一个自然人。因此，分公司、合伙企业、个人独资企业不能设立一人公司。

3. 股东没有国籍的限制。外国人可以成为我国公司的股东。

2. 股东权利的取得（F31、32、33、128、130）★★★

股权	
取得方式	**原始取得**：认缴出资，公司成立后即取得股东资格，无需考虑出资来源。 **【特别提示】** 1. 认缴出资系负担行为，股东负担出资债务，即可获得股东资格，承担有限责任。 2. 股东实缴出资系处分行为，股东可基于出资合同之约定，请求公司履行义务、签发出资证明书、变更股东名册并办理工商登记。
	继受取得：因转让、继承、公司合并等方式取得公司股权（份）成为公司股东。
取得手续	当事人依法履行出资义务（合同）或依法继受取得股权（如继承、裁判）后，公司未依法签发出资证明书、记载于股东名册并办理公司登记机关登记，当事人可请求公司履行上述义务。
证明	**出资证明书**：证权证书 **【特别提示】** 股权处分的要件：1. 股权特定；2. 股权处分之意思表示合意；3. 有股权之处分权；4. 股东名册变更系生效要件。
生效	**股东名册**（生效要件）——对公司 记载于股东名册的股东，可以依股东名册向公司主张行使股东权利。
对抗	**工商登记**（对抗要件）——对第三人 公司应当将股东的姓名或名称向公司登记机关登记；登记事项发生变更的，应当办理变更登记。未经登记或变更登记的，不得对抗第三人。 法人的实际情况与登记的事项不一致的，不得对抗善意相对人。

【特别提示】股东名册变更是股权变动的生效要件，工商登记仅仅是股东变动的对抗要件，其无法发生股权变动的法律效果，但是可以为股权善意取得提供信赖基础。因此，判断股权归属应当以股东名册为准。正如机动交通工具的物权变动，登记仅仅系对抗要件，无法发生物权变动的效果，而交付可以产生物权变动之法律效果。

3. 名义股东与实际股东（解释三 F24、25、26）★★★
股权代持、冒名出资

股权代持	实体	股权代持合同具有相对性	有限公司的实际出资人与名义股东之间因投资权益的归属发生争议，法院支持实际出资人。
		公司——股东名册	A. 保护公司对于股东名册的信赖，公司基于股东名册向股东分红。 【特别提示】 名义股东与公司形成股权投资关系（认缴出资：负担行为），并达成股权投资合意转移出资权利（实缴出资：处分行为）。名义股东是公司的股东，其处分股权系有权处分。 B. 实际出资人未经公司其他股东半数以上同意，请求公司变更股东、签发出资证明书、记载于股东名册、记载于公司章程并办理公司登记机关登记的，法院不予支持。 【特别提示】 名义股东将股权转让给实际出资人属于股权外传，会影响公司内部的人合性。 C. 例外规则：实际出资人实际参与了公司治理，公司和其他股东对股东代持事实知情，并同意实际出资人享有公司股东权益的，实际出资人可直接向公司主张股东权利（参照间接代理中的直接介入权规则：《民法典》第925条）。 实际出资人能够提供证据证明有限责任公司过半数的其他股东知道其实际出资的事实，且对其实际行使股东权利未曾提出异议的，对实际出资人提出的登记为公司股东的请求，人民法院依法予以支持（参考《九民纪要》第28条）。
		第三人——工商登记	名义股东处分股权的，参照适用善意取得（有权处分）。 实际股东未履行出资义务的，债权人可请求名义股东对公司债务不能清偿的部分在未出资本息范围内承担补充赔偿责任。名义股东赔偿后，可向实际出资人追偿。
	程序	确权之诉	（1）实际出资人可依法主张股东资格确权之诉，实际出资人为原告，公司为被告，名义股东做第三人。 （2）当事人之间对股权归属发生争议，一方请求法院确认其享有股权的，应证明以下事实之一： A 已经依法向公司出资或认缴出资，且不违反法律法规强制性规定； B 已经受让或以其他形式继受公司股权，且不违反法律法规制强性规定。

冒名出资	冒用他人名义出资并工商登记的，冒名登记行为人担责。<mark>类推无权代理，对被冒名人不发生效力。</mark> 冒用他人名义出资并将该他人作为股东在公司登记机关登记的，冒名登记行为人应当承担相应责任；公司、其他股东或者公司债权人以未履行出资义务为由，请求被冒名登记为股东者承担补足出资责任或者对公司债务不能清偿部分的赔偿责任的，人民法院不予支持。冒名行为，冒名人拟将法律效果归属给自己，不是无权代理。但是冒名行为可类推无权代理的相关规则，对被假冒人不生法律效力。我国公司法上明确规定冒名出资行为，由冒名人承担责任。

【经典习题】

张石是甲有限公司的实际出资人，让王明做甲有限公司的名义股东。下列正确的是？[1]

A. 张石和王明关于分红发生争议，法院应支持名义股东王明

B. 王明将股权转让给单英，单英可以参照适用善意取得规则获得股权

C. 张石出资不实，债权人可要求王明对公司债务不能清偿的部分在张石出资不实的本息范围内承担补充责任

D. 如果张石未经公司其他股东半数以上同意，请求公司变更股东、签发出资证明书、记载于股东名册、记载于公司章程并办理公司登记机关登记的，法院不予支持

【经典真题】

胡铭是从事进出口贸易的茂福公司的总经理，姚顺曾短期任职于该公司，2016年初离职。2016年12月，姚顺发现自己被登记为贝达公司的股东。经查，贝达公司实际上是胡铭与其友张莉、王威共同设立的，也从事进出口贸易。胡铭为防止茂福公司发现自己的行为，用姚顺留存的身份信息等材料，将自己的股权登记在姚顺名下。就本案，下列哪些选项是错误的？（2017-3-69）[2]

A. 姚顺可向贝达公司主张利润分配请求权

B. 姚顺有权参与贝达公司股东会并进行表决

C. 在姚顺名下股权的出资尚未缴纳时，贝达公司的债权人可向姚顺主张补充赔偿责任

D. 在姚顺名下股权的出资尚未缴纳时，张莉、王威只能要求胡铭履行出资义务

---

[1] BCD【解析】股权代持时，基于股权代持协议的约定，实际出资人可以获得股权投资收益，A不准确。

名义股东处分股权的，善意第三人可参照适用善意取得制度获得股权，善意第三人对工商登记的信赖受到保护。B正确。

由于股权代持合同具有相对性，债权人基于对工商登记之信赖，可向名义股东主张出资瑕疵责任，C正确。

由于股权代持合同具有相对性，名义股东将其股权转让给实际出资人，属于股权外传，应当其他股东过半数同意，D正确。

[2] ABC【解析】依据《公司法解释三》第28条的规定和民法的基本原理，冒用他人名义出资并将该他人作为股东在公司登记机关登记的，冒名登记行为人应当承担相应责任。冒名出资行为，可类推无权代理，对被假冒人（被代理人）不发生法律效力，而应当由假冒人承担责任，并享有相应权利。因此，该案中的被假冒人姚顺不承担责任，也不享有权利，当然没有分红权。

甲捡了乙遗失的身份证，利用乙的信息注册成股东。下列表述正确的是？[1]

A. 债权人可请求乙承担出资责任　　　　B. 公司应请求甲承担股东义务

C. 乙可以行使股东权利　　　　　　　　D. 乙可以申请注销错误的股权登记

【法条】

《公司法解释三》第 28 条。

一股二卖（解释三 F27）

一股二卖		
实体	**股权转让合同具有相对性**	原股东与受让股东之间的股权转让合同具有相对性。
	公司——股东名册	**【特别提示】** 受让人与股东签订股权买卖合同，达成股权转让之合意，并经其他股东同意，可请求股东履行买卖合同，配合办理股东名册变更。 当事人依法继受取得股权后（依法办理股权转让手续，如：外转时，经其他股东同意后），公司未依法签发出资证明书、记载于股东名册并办理公司登记机关登记，当事人请求公司履行上述义务的，法院应予支持。
	第三人——工商登记	A 保护第三人对于工商登记的信赖。 B 股权转让后未办理工商登记变更的，原股东处分股权的，参照适用善意取得。 C 对此有过错的董事、高管或实际控制人承担相应责任，受让股东对此也有过错的，适当减轻董事、高管或实际控制人的责任。
程序	**确权之诉**	受让股东依法起诉请求确认其股东资格的，受让股东做原告，应当以公司为被告，原股东作为第三人参加诉讼。

甲有限公司股东黄先生将其持有的甲公司股权对外转让给陈先生，双方订立股权转让协议，陈先生支付了全部价款。该股权转让得到其他股东的一致同意，并依法办理了股东名册变更，但由于董事刘某未尽勤勉义务，一直未办理公司登记机关登记。后基于公司登记机关的登记，黄先生将股权出质给不知情的杜女士。下列说法错误的是？[2]

A. 如果甲公司未依法办理股东名册变更，陈先生可依法请求公司履行该义务

B. 杜女士不能取得股权质权

C. 董事刘某需要对陈先生的损失承担相应的过错责任

D. 如果陈先生对未办理公司登记机关登记也有过错，要适当减轻刘某的责任

---

〔1〕 BD【解析】依据《公司法解释三》第 28 条第 2 分句的规定，冒名出资的，被冒名出资人不承担出资瑕疵责任，A 错误。

依据《公司法解释三》第 28 条第 1 分句的规定，冒名出资的，假冒行为人应当承担责任，包括承担股东出资义务，被冒名出资人不承担责任，也不享有义务，冒名行为对被冒名出资人不发生效力，B 正确，C 错误。

冒名出资的，被假冒人不承担责任，不享有权利，其不是股东。因此，关于股东的工商登记出现了错误，乙可申请注销错误的股权登记，D 正确。

〔2〕 B【解析】原股东基于工商登记处分股权的，第三人可参照适用善意取得。

（五）股东权利总论

1. 财产权★

(1) 分红权：股息红利分配请求权（F34、166'4）

①有限公司股东按照**实缴的出资比例**分取红利，全体股东约定不按照出资比例分红除外；

②股份公司按照股东持有的股份比例分配，章程规定不按持股比例分配的除外。

(2) 优先认股权：（F34）

有限公司新增资本时，股东有权优先按照**实缴的出资比例**认缴出资，全体股东约定不按照出资比例优先认缴出资的除外。

(3) 公司剩余财产分配权：（F186'2）

①有限责任公司按照股东的出资比例分配；

②股份有限公司按照股东持有的股份比例分配。

2. 管理权★

（1）知情权（F33、97）

（2）股东会的提议召开权、召集主持权（F39、40）

A. 代表 1/10 以上表决权的股东可以提议召开临时股东会；

B. 董事会──监事会──代表 1/10 以上表决权的股东可以自行召集和主持。

（3）诉权

①代表诉（F151）

②直接诉（F152）

董事、高级管理人员违反法律、行政法规或公司章程的规定，损害股东利益的，股东可起诉。

③撤销（无效）诉（F22）：

诉讼类型	原告	被告	第三人
代表诉	股东	害公司的人	公司
直接诉	股东	害股东的董事、高管	
撤销诉、无效诉	股东	公司	
知情诉	股东	公司	
退股诉	股东	公司	
解散诉	股东	公司	其他股东、利害关系人（也可为共同原告）
股东资格确权诉	实际出资人、股权受让人	公司	利害关系人（名义股东）

（六）股东权利分论（《公司法解释四》）

1. 分红权★

（1）分红案件的被告——公司；（解释四 F13）

股东请求公司分配利润案件，应列公司为被告。

一审法庭辩论终结前，其他股东基于同一分配方案请求分配利润并申请参加诉讼的，应列为共同原告。

（2）提交股会决议，请求分红——公司抗辩理由不成立，判决分红；（解释四 F14）

股东提交载明具体分配方案的股东会的有效决议，请求公司分配利润。

公司拒绝分配利润且其关于无法执行决议的抗辩理由不成立的，法院应判决公司按照决议载明的具体分配方案向股东分配利润。

(3) 未提交股会决议，请求分红——驳回诉讼请求，滥用股东权利分红的除外；（解释四F15）

股东未提交载明具体分配方案的股东会决议，请求公司分配利润的，法院应驳回其诉讼请求。

但违反法律规定滥用股东权利导致公司不分配利润，给其他股东造成损失的除外。

(4) 分红决议作出后，在决议载明时间内分红——未载明时间，以章程规定的时间为准——决议、章程均未规定或超过1年的，在决议作出1年内完成分红；

分配利润的股东会决议作出后，公司应当在决议载明的时间内完成利润分配。决议没有载明时间的，以公司章程规定的为准。决议、章程中均未规定时间或时间超过一年的，公司应当自决议作出之日起一年内完成利润分配。

【特别提示】公司财务结算是以年为单位进行结算的，如果超过1年不分红，则有可能在年度财务结算后，无盈可分了。

(5) 决议载明的分红时间超过章程规定——股东可依法撤销该时间的规定。

决议中载明的利润分配完成时间超过公司章程规定时间的，股东可以依据《公司法》第22条第2款规定请求法院撤销决议中关于该时间的规定。

【经典习题】

1. 关于甲公司的分红问题，下列表述错误的是？[1]

A. 股东李某请求公司分配利润案件，以公司为被告，其他股东应当作为第三人

B. 只要股东张某提交载明具体分配方案的有效股东会决议，请求分红的，公司应当依据该决议分配

C. 股东王某虽未提交载明具体分配方案的股东会决议，但其证明其他大股东周某隐瞒公司利润和收益，导致公司不分配利润，其可请求公司依法分配利润

D. 公司违法向股东林某分配的利润，为保护信赖利益，林某无需返还

【法条】

《公司法解释四》第13、14、15条。

2. 有限责任公司，公司章程约定前三年不分红。后公司连续五年盈利，某股东请求分红被拒。后来很多股东提出抗议，请求公司分红。下列表述正确的是？[2]

A. 对不分红持异议的股东可请求公司回购其股权

B. 如公司决定分红，股东可对外转让利润分配请求权

C. 某股东未实缴出资，该股东的分红权可受到相应的限制

D. 公司全体股东可约定不按出资比例分红

---

[1] ABD【解析】分红案件，其他股东有相同诉求的，为共同原告。股东会决议无法执行的，公司可不分红。

[2] ABCD【解析】依据《公司法》第74条第1款第1项的规定，公司连续5年盈利，但连续5年不分红的，异议股东可请求公示回购其股权，A正确。

利润分配请求权系财产权，不涉及有限公司内部的人合性，可以自由处分，B正确。

依据《公司法》第34条的规定，股东按照实缴的出资比例分取红利，依据《公司法解释三》第16条的规定，股东未实缴出资，公司可依据公司章程或股东会决议对其财产权做出相应的限制，C正确。

依据《公司法》第34条但书的规定，全体股东可约定不按照出资比例分红，D正确。

《公司法》第 34、74 条，《公司法解释三》第 16 条。

2. 知情权 ★

范围	**①有限公司股东查阅复制权、查账权** **A. 查阅、复制**公司章程、股东会会议记录、董事会会议决议、监事会会议决议和财务会计报告。 **B. 查阅**公司会计账簿的，应向公司提出书面请求。 公司有合理根据认为其有不正当目的，可能损害公司利益的，可拒绝，应自股东提出 书面请求之日起 15 日内书面答复该理由； 公司拒绝的，股东可请求法院要求公司提供查阅。
	②股份公司股东查阅权 **查阅**公司章程、股东大会会议记录、董事会会议决议、监事会会议决议、财务会计报告、股东名册、公司债券存根，对公司的经营提出建议或质询。
主体	**股东；持股期间受害的，除外（解释四 F7）** 原告不是股东的，驳回起诉，原告证明持股期间受害的，除外
行使	**判决明确查阅范围、辅助查阅（解释四 F10）** 股东在场，可由中介机构执业人员辅助
限制	**不正当目的（解释四 F8）** 有证据证明股东存在下列情形之一的，法院应认定股东有"不正当目的"： （1）竞业 （2）为了向他人通报信息，可能损害公司利益 （3）查阅请求之日 3 年内，曾向他人通报信息，损害公司利益 （4）其他：股东有不正目的的其他情形。
滥用	**侵害商业秘密（解释四 F11）** （1）泄密——损害赔偿 股东行使知情权后泄露公司商业秘密导致公司合法利益受到损害，公司请求该股东赔偿相关损失的，法院应予以支持。 （2）中介机构执业人员泄密——损害赔偿
保护	**1. 协议剥夺知情权——违法（解释四 F9）** 章程、股东之间的协议等实质性剥夺股东依法规定的查阅或复制公司文件材料的权利，公司以此为由拒绝股东查阅或复制的，法院不予支持。 **2. 董高未依法制作或保存法定文件的——损害赔偿（解释四 F12）**

【特别提示】知情权属于股东的固有权，不能剥夺。

请注意区分股东的固有权和非固有权，固有权不能剥夺，如诉权、知情权、股权外转权等；非固有权可以剥夺和限制，如分红权。

【经典习题】

某有限公司股东甲欲向法院起诉，行使知情权，查阅公司相关文件，下列表述错误的是？[1]

A. 如公司证明甲在起诉时不具有股东资格，但甲证明在持股期间其合法权益受到损害，

---

[1] BD【解析】股东查阅公司文件，应当在场。公司章程不得实质性剥夺股东知情权。

甲可请求依法查阅或复制其持股期间的公司特定文件材料

B. 如甲依法查阅公司文件材料的，可委托律师单独前往公司档案室查阅

C. 如甲在向公司提出查阅请求之日前的 3 年内，曾通过查阅公司会计账簿，向他人通报有关信息损害公司合法利益的，公司可依法拒绝甲的查阅请求

D. 公司章程可以规定甲不得查阅公司的股东会会议记录、财务报告，但可以规定甲可查阅公司财务的原始凭证

【法条】

《公司法解释四》第 7、8、9、10、11 条。

【经典真题】

张某是红叶有限公司的小股东，持股 5%；同时，张某还在枫林有限公司任董事，而红叶公司与枫林公司均从事保险经纪业务。红叶公司多年没有给张某分红，张某一直对其会计账簿存有疑惑。关于本案，下列哪一选项是正确的？（2016 - 3 - 26）[1]

A. 张某可以用口头或书面形式提出查账请求

B. 张某可以提议召开临时股东会表决查账事宜

C. 红叶公司有权要求张某先向监事会提出查账请求

D. 红叶公司有权以张某的查账目的不具正当性为由拒绝其查账请求

3. 代表诉权 ★★

（1）概念

代表诉权	
概念	当公司的合法利益受到董监高或他人（股东、第三人）的不法侵害而公司却怠于起诉时，公司股东即以自己的名义起诉，起诉害公司的人，所获赔偿归于公司的一种诉讼制度。 股东（债权人）————公司（债务人）————害公司的人（次债务人）
原告	有限公司：任一股东；相同诉求的其他股东做共同原告 股份公司：连续 180 天持股，且持股比例 1% 以上。
前置程序	董高害公司——监事会；监事害公司——董事会；股东害公司、第三人害公司——两会都可以 ①拒绝提起诉讼；②自收到请求之日起30 日内未提起诉讼；③情况紧急、不立即提起诉讼将会使公司利益受到难以弥补的损害的，股东有权为了公司的利益以自己的名义直接起诉。
被告	害公司的人
第三人	公司

【特别提示】

1. 股东代表诉实质上是债法上代位权之诉的具体适用。

2. 情况紧急包括诉讼时效期间即将届满、形成权之除斥期间即将届满。

---

〔1〕 D【解析】依据《公司法》第 33 条第 2 款的规定，有限公司股东查账，应当向公司提出书面请求，所以 A 错误。

依据《公司法》第 39 条第 2 款的规定，代表 1/10 以上表决权的股东才有召开临时股东会的提议权，而且查账事宜也不是股东会法定职权，张某持股只有 5%，没有召开股东会的提议权，所以 B 错误。

依据《公司法》第 33 条第 2 款的规定，有限公司股东的查账权的行使没有先向监事会提出查账请求的前置程序，所以 C 错误。

依据《公司法》第 33 条第 2 款的规定，公司有合理根据认为股东查阅会计账簿有不正当目的，可能损害公司合法利益的，可以拒绝提供查阅，所以 D 正确。

（2）诉讼当事人（解释四 F23－24）

①监事告董高——公司为原告

监事会或不设监事会的监事依法对董高起诉的，应列公司为原告，依法由监事会主席或不设监事会的有限公司的监事代表公司进行诉讼。

②董事告监事——公司为原告

董事会或执行董事依法对监事提起诉讼的，或依法对他人提起诉讼的，应列公司为原告，依法由董事长或执行董事代表公司进行诉讼。

③股东直接告董监高他人——公司为第三人，相同诉求的其他股东：共同原告

A. 股东，依法直接对董监高或他人提起诉讼的，应列公司为第三人参加诉讼。

B. 一审法庭辩论终结前，符合公司法规定的其他股东，以相同的诉讼请求申请参加诉讼的，应列为共同原告。

（3）胜诉利益归公司（解释四 F25－26）

①利益归公司

股东依法直接起诉的案件，胜诉利益归属于公司。股东请求被告直接向其承担民事责任的，法院不予支持。

②公司承担参加诉讼的合理费用

其诉讼请求部分或全部得到法院支持的，公司应承担股东因参加诉讼支付的合理费用。

> 【特别提示】公司只承担股东参加诉讼发生的合理费用，而不承担其参加诉讼的全部费用。法考命题出现全部费用的表述，一般存在问题。一般只有合理费用，才能在法律上得到支持。

【经典习题】

关于股东代表诉，下列表述错误的是？[1]

A. 监事会依据公司法关于股东代表诉的规定对董事、高管起诉的，应以监事会为原告

B. 董事会依据公司法关于股东代表诉的规定对监事起诉的，应以公司为原告

C. 股东依法直接向董事、高管提起股东代表诉的，应以公司为第三人

D. 股东依法提起代表诉的，胜诉利益归属于公司，股东因参加诉讼而支付的全部费用，均由公司负担

【法条】

《公司法解释四》第23、24、25、26条。

【经典真题】

1. 刘某是甲有限责任公司的董事长兼总经理。任职期间，多次利用职务之便，指示公司会计将资金借贷给一家主要由刘某的儿子投资设立的乙公司。对此，持有公司股权 0.5％的股东王某认为甲公司应该起诉乙公司还款，但公司不可能起诉，王某便自行直接向法院对乙公司提起股东代表诉讼。下列哪些选项是正确的？（2008－3－75）[2]

A. 王某持有公司股权不足 1％，不具有提起股东代表诉讼的资格

B. 王某不能直接提起诉讼，必须先向董事会或监事会提出请求

C. 王某应以甲公司的名义起诉，但无需甲公司盖章或刘某签字

---

[1] AD【解析】监事会、董事会是公司的机关，代表公司起诉，以公司为原告。股东代表诉的利益归公司，参加诉讼支付的合理费用由公司负担。

[2] BD【解析】第三人害公司，先找董事会或监事会。

D. 王某应以自己的名义起诉，但诉讼请求应是将借款返还给甲公司

2. 明星股份公司董事长艾某自行决定以公司财产为股东黄某提供担保，后又利用职务之便，将原本以公司名义谈好的一笔交易让给其亲戚经营的公司。加入公司刚满 1 个月的股东范某（持股 0.5%）和陈某（持股 0.5%）对此表示不满。下列说法正确的是？[1]

A. 艾某是董事长，也必然是法定代表人，其行为应视为公司的行为

B. 以公司财产为黄某提供担保应当经公司董事会同意

C. 公司监事会若起诉艾某，应当列公司为原告

D. 范某和陈某在穷尽公司内部救济的情况下可以联合起诉艾某

【法条】
《公司法》第 13、16、23、151 条

4. 公司决议诉权 ★★★

	股东会、董事会决议存在下列情形之一，当事人主张决议不成立的，法院应予以支持：
不成立	**（1）未开会** 公司未召开会议的，但依法或章程规定可不召开股东会而直接作出决定，并由全体股东在决定文件上签名、盖章的除外；
	（2）未表决 会议未对决议事项进行表决的；
	（3）出席人数或表决权违法违章 出席会议的人数或股东所持表决权不符合公司法或章程规定的；
	（4）表决未通过 会议的表决结果未达到公司法或章程规定的通过比例的；
	（5）其他 导致决议不成立的其他情形。 下列表述中股东会、董事会决议不成立的是？[2] A. 出席甲股份公司董事会的董事人数不足全体董事的半数 B. 乙公司股东会决议的表决结果未达到公司章程规定的通过比例 C. 丙公司股东会的召集程序违法、董事会表决方式违法 D. 丁公司董事会决议内容违反公司章程的规定、股东会决议内容违法

---

[1] C【解析】依据《公司法》第 13 条第 1 句，依据公司章程规定，公司董事长、执行董事或经理都可以担任公司法定代表人，A 错误。

依据《公司法》第 16 条第 2 款，公司为股东或实际控制人提供担保，必须经过股东会决议，而且接受担保的股东或实际控制人控制的股东不能参加股东会决议，B 错误。

依据《公司法解释四》第 23 条第 1 款，监事会起诉损害公司利益的董事，公司作为原告，C 正确。

依据《公司法》第 151 条第 1 款，股份公司股东提起代表诉的前提条件是 1801，持续持股 180 天且单独或合计持股达到 1%，D 错误。

[2] AB【解析】股份公司董事会必须由全体董事过半数出席才能召开，否则，董事会决议无法做出，该决议不成立。股东会决议的表决结果未达到公司章程规定的通过比例，说明股东会决议无法做出，该决议不成立。因此 AB 正确。

无效	**1. 内容违法——无效** 股东会、董事会的决议内容违反法律、行政法规的，无效。
	2. 主张无效或不成立的主体——股东、董事、监事 公司股东、董事、监事等请求确认股东会、董事会决议无效或不成立的，法院应依法予以受理。
可撤销	**1. 程序违法、程序和内容违章——可撤销；60 日；担保** 股东会、董事会的会议召集程序、表决方式违反法律、行政法规或公司章程，或决议内容违反公司章程的，股东可以自决议作出之日起60 日内，请求法院撤销。 法院可以应公司的请求，要求股东提供相应担保。
	2. 撤销权的主体——股东 （1）依法请求撤销股东会、董事会决议的原告，应在起诉时具有公司股东资格。 **（2）当事人恒定和诉讼结果继承** 起诉后股权转让的，原告不变，诉讼效果可由受让股东承继
	3. 撤销权的限制——召集程序和表决方式轻微瑕疵、对决议没实质影响的，不得撤销 会议召集程序或表决方式仅有轻微瑕疵，且对决议未产生实质影响的，法院不予支持撤销请求。
诉讼主体	**1. 公司为被告——否定决议效力者为原告；利害关系人为第三人** 原告请求确认股东会、董事会决议不成立、无效或撤销决议的案件，应列公司为被告。对决议涉及的其他利害关系人，可依法列为第三人。
	2. 共同原告 一审法庭辩论终结前，其他有原告资格的人以相同的诉讼请求申请参加前款规定诉讼的，可列为共同原告。
外部善意相对人	股东会、董事会决议被法院判决确认无效或撤销的，公司依据该决议与善意相对人形成的民事法律关系不受影响。

【特别提示】公司决议不成立是指公司未能做出意思表示，意思表示不成立。公司决议属于民事法律行为上的决议行为，需要多个意思表示指向一致才能发生法律效力。

【经典习题】

下列表述中股东会、董事会决议不成立的是？[1]

A. 出席甲股份公司董事会的董事人数不足全体董事的半数

B. 乙公司股东会决议的表决结果未达到公司章程规定的通过比例

C. 丙公司股东会的召集程序违法、董事会表决方式违法

D. 丁公司董事会决议内容违反公司章程的规定、股东会决议内容违法

【法条】

《公司法解释四》第 5 条。

---

[1] AB【解析】股份公司董事会必须由全体董事过半数出席才能召开，否则，董事会决议无法做出，该决议不成立。股东会决议的表决结果未达到公司章程规定的通过比例，说明股东会决议无法做出，该决议不成立。因此 AB 正确。

【举例说明】

甲乙丙丁戊五人共同组建一有限公司。出资协议约定甲以现金十万元出资，甲已缴纳六万元出资，尚有四万元未缴纳。某次公司股东会上，甲请求免除其四万元的出资义务。股东会五名股东，其中四名表示同意。该股会决议无效。

【特别提示】 撤销权系形成权，为限制该形成权的行使，存在4个限制：1. 必须起诉；2. 除斥期间60天；3. 公司可要求股东提供担保；4. 决议程序有轻微瑕疵，对决议未造成实质影响的，不撤销。

【特别提示】 需要区分公司股东会决议的内部效力，公司股东会、董事会决议仅仅具有内部效力，无法对外。公司对外部第三人发生合同关系，必须以公司名义与外部第三人单独订立合同。因此，公司与外部第三人订立的合同属于另一法律关系，公司股东会决议效力瑕疵，不影响公司与外部第三人订立的合同之效力。

【经典习题】

下列关于公司股东会、董事会决议的表述，错误的是？[1]

A. 甲公司董事张某和曾任甲公司股东的赵某可直接向法院主张撤销召集程序存在瑕疵的股东会决议

B. 乙股份公司出席董事会的董事人数不足半数，该董事会决议无效

C. 丙公司股东会决议表决方式存在轻微瑕疵，但其对该决议产生了实质影响，该决议可依法被撤销

D. 丁公司股东李某作为原告提起公司某股东会决议无效之诉，股东王某主张撤销该决议，股东周某主张该决议不成立，股东吴某主张该决议有效，股东刘某觉得无所谓。王某和周某可依法作为共同原告，吴某和刘某可依法作为第三人参加诉讼

【法条】

《公司法解释四》第1、2、3、4、5、6条。

【经典真题】

泰瑞有限公司于2017年3月成立，章程规定公司对外投资比例不得超过公司注册资本的60%。2018年2月，在未召开股东会的情况下，以全体股东在决定文件上签名、盖章的形式通过了与鸿盛公司合并的1号决议。2018年9月，泰瑞公司召开股东会，准备对外投资新能源汽车业务，投资额达到公司注册资本的80%，全体股东一致同意并通过该2号决议。关于这两个决议，下列说法错误的是？[2]

A. 1号决议不成立

---

[1] AB【解析】公司决议的撤销权限于股东。出席会议人数或股东所持表决权不合法或不合章的，该决议不成立。程序的轻微瑕疵，且未对决议造成实质影响的，不得撤销公司决议。依据最高院《公司法解释四》的理解与适用意见，无效、撤销、不成立可以归为相同诉讼请求，可作为共同原告。

[2] ABCD【解析】依据《公司法》第37条第2款，股东以书面形式一致表示同意的，可以不召开股东会会议，直接作出决定，并由全体股东在决定文件上签名、盖章。A错误，要选。

依据《公司法》第22条第2款，股东会决议内容违反章程的，股东享有撤销权，而是无效，B错误，要选。

依据《公司法》第22条第3款，股东主张撤销股东会决议的，法院可以应公司的请求，要求股东提供相应担保，而不是法院应当要求股东提供担保，C错误，要选。

依据《公司法解释四》第6条，股东会决议仅仅具有内部效力，股东会决议之效力瑕疵不影响公司与外部善意第三人订立之合同的效力，D错误，要选。

B. 2 号决议无效

C. 如股东对 2 号决议提起撤销之诉，法院应当要求股东提供相应担保

D. 如 2 号决议无效，则泰瑞公司对外投资新能源汽车业务，与善意第三人形成的合作研发协议无效

【法条】

《公司法》第 22、37 条，《公司法解释四》第 6 条

（七）公司董事、监事、高级管理人员的任职资格和义务

1. 董监高任职禁止（F146）

有下列情形之一的，不得担任公司的董事、监事、高级管理人员：

（1）无民事行为能力或者限制民事行为能力；

（2）因贪污、贿赂、侵占财产、挪用财产或者破坏社会主义市场经济秩序，被判处刑罚，执行期满未逾 5 年，或者因犯罪被剥夺政治权利，执行期满未逾 5 年；

（3）担任破产清算的公司、企业的董事或者厂长、经理，对该公司、企业的破产负有个人责任的，自该公司、企业破产清算完结之日起未逾 3 年；

（4）担任因违法被吊销营业执照、责令关闭的公司、企业的法定代表人，并负有个人责任的，自该公司、企业被吊销营业执照之日起未逾 3 年；

（5）个人所负数额较大的债务到期未清偿。

公司违反上述规定选举、委派董事、监事或者聘任高级管理人员的，该选举、委派或者聘任无效。董事、监事、高级管理人员在任职期间上述情形的，公司应当解除其职务。

【经典真题】

某股份有限公司股东大会在审议董事会人选时，有下列四人的任职资格受到股东质疑。其中哪些不属于公司法规定不得担任董事的情形？[1]

A. 张某，五年前因对一起重大工程事故负有责任，被判处有期徒刑一年

B. 李某，两年前被任命为一家长期经营不善、负债累累的国有企业的厂长，上任仅三个月，该企业被宣告破产

C. 陈某，曾独资开办一家工厂，一年前该厂因无力清偿大额债务而倒闭，债权人至今仍在追讨

D. 刘某，66 岁，曾任市政府副秘书长，现退休在家

【法条】

《公司法》第 146 条。

---

[1] ABD【解析】非经济犯罪，任职资格没有限制，A 要选。李某对企业破产没有个人责任，B 要选。陈某大额债务到期未还，不能担任董事，C 不选。退休人员的任职资格没有限制，D 要选。

2. 董高行为禁止（F148、149、150）★

内部关系	绝对禁止	①挪钱：挪用公司资金； ②公款私存：将公司资金以其个人名义或者以其他个人名义开立账户存储； ③侵占佣金：接受他人与公司交易的佣金归为己有； ④泄密：擅自披露公司秘密；
	相对禁止	⑤借贷担保 违反公司章程的规定，未经股东会、股东大会或者董事会同意，将公司资金借贷给他人或者以公司财产为他人提供担保； ⑥自我交易 违反公司章程的规定或未经股东会、股东大会同意，与本公司订立合同或者进行交易； ⑦竞业、侵占商业机会 未经股东会或者股东大会同意，利用职务便利为自己或者他人谋取属于公司的商业机会，自营或者为他人经营与所任职公司同类的业务。
	法律效果	公司的归入权和介入权 董事、高管违反前款规定所得的收入应当归公司所有，并承担损害赔偿责任。
外部		董高与外部善意相对人从事的法律行为有效 （1）以公司名义——表见代理 （2）以自己名义无权处分公司财产——善意取得

【特别提示】董高从事违反公司法之行为：

1. 外部：与善意第三人从事之法律行为有效；

2. 内部：公司有归入权，董高需承担赔偿责任，如公司怠于主张，股东可提起代表诉。

【经典真题】

1. 烽源有限公司的章程规定，金额超过 10 万元的合同由董事会批准。蔡某是烽源公司的总经理。因公司业务需要车辆，蔡某便将自己的轿车租给烽源公司，并约定年租金 15 万元。后蔡某要求公司支付租金，股东们获知此事，一致认为租金太高，不同意支付。关于本案，下列哪一选项是正确的？（2016 - 3 - 28）[1]

    A. 该租赁合同无效   B. 股东会可以解聘蔡某

    C. 该章程规定对蔡某没有约束力   D. 烽源公司有权拒绝支付租金

2. 李方为平昌公司董事长。债务人姜呈向平昌公司偿还 40 万元时，李方要其将该款打到自己指定的个人账户。随即李方又将该款借给刘黎，借期一年，年息 12%。下列哪些表述是正确的？（2013 - 3 - 70）[2]

    A. 该 40 万元的所有权，应归属于平昌公司

    B. 李方因其行为已不再具有担任董事长的资格

    C. 在姜呈为善意时，其履行行为有效

    D. 平昌公司可要求李方返还利息

---

[1] D【解析】公司高管与公司进行的自我交易，可类推适用自我代理，其效力待定，而非无效。

[2] CD【解析】董高的内部违章行为不影响公司外部与第三人的交易行为。

【经典习题】

出卖人甲股份公司和买受人乙有限公司订立某汽车的买卖合同，乙公司按约定向甲公司支付100万价款，甲公司的董事长兼任经理张三指示乙公司将该款项转入了李四的账户。后查明，张三欠李四100万一直未归还，因此指示乙公司将100万价款转入李四的账户。乙公司对此情况毫不知情。

下列表述正确的是？[1]

A. 乙公司的付款债务消灭

B. 甲公司可向李四主张返还不当得利

C. 如果甲公司怠于向张三主张权利，甲公司的股东可依法向张三提起代表诉讼

D. 甲公司股东会可做出决议，直接免除张三的董事长和经理职务

【法条】

《公司法》第44、46、109、151条。

（八）公司盈利分配与公积金★★

1. 公积金的概念和种类

> **【特别提示】** 公积金是指为了增强公司财产能力，扩大生产经营和预防意外亏损，保护债权人利益，依法从公司利润、资本收益或其他形式依法提取的一种款项。
>
> 公积金的核心立法目的在于保护债权人利益。

法定公积金	①**资本公积金**（F167）——**资本收益**——**资本用途，不补亏** 溢价款以及国务院财政部门规定列入资本公积金的其他收入。
	②**法定盈余公积金**（F166）——**利润10%**；**法定公积金达到资本50%以上，可不提取** 公司分配当年（税后）利润时，应当提取利润的10%列入公司（法定公积金）。 公司法定公积金累计额为公司注册资本的50%以上的，可以不再提取。 法定公积金不足弥补以前年度亏损的，在提取法定公积金之前，应先用当年利润补亏。
任意公积金	公司从税后利润中提取法定公积金后，经股东会决议，还可以从税后利润中提取任意公积金。

---

[1]　AC【解析】债务人乙公司向甲公司偿债，首先，从清偿行为来看，转账行为属于事实行为，客观上发生转账行为，即产生法律效果，乙公司已经将款项转入李四账户，该转账行为发生法律效果。其次，从清偿效果来看，张三以甲公司名义受领该清偿，善意的乙公司有理由相信张三有受领之代理权，可类推表见代理规则获得保护，乙公司可主张甲公司受领有效，乙的付款债务消灭，A正确。

张三指示乙公司向李四转账，该行为系张三挪用甲公司资金的行为，同时又是张三清偿自己对李四之债务的清偿行为，李四获得该利益基于张三与李四的债务关系，存在正当法律依据，不属于不当得利，B错误。

依据《公司法》第151条第1款之规定，甲公司股东可向损害公司利益的张三主张代表诉讼，C正确。

依据《公司法》第44、46、109条之规定，股份公司董事长由全体董事过半数选举，股东会并无任免经理的职权，D错误。

公积金的用途	①补亏： 弥补公司的<mark>亏损</mark>；<mark>资本公积金不得用于弥补公司的亏损</mark>。
	②扩营： 扩大公司生产经营；
	③增资 转为<mark>增加公司资本</mark>。但，法定公积金转为资本时，所留存的该项公积金不得少于（转增前）公司注册资本的<mark>25%</mark>；

【特别提示】 公积金不能用于回购公司股份。公积金的用途有严格的限制。

【经典真题】

1. 某公司注册资本为 500 万元，该公司年终召开董事会研究公司财务问题。在该董事会的决议内容中，下列哪一项是不合法的？（2008 四川 - 3 - 27）[1]

A. 鉴于公司历年的法定公积金已达 300 万元，决定本年度不再提取法定公积金

B. 鉴于法定公积金达到注册资本的 50%，决定本年度税后利润全部由股东按持股比例分配

C. 为扩大生产，将该公司历年的法定公积金全部用于转增股本

D. 公司合法转增部分的股本由各股东按原持股比例无偿取得

2. 某网络游戏有限公司注册资本 100 万元，2015 年亏损 100 万元，法定公积金不足以弥补该笔亏损。进入 2016 年后，市场行情陡然好转，当年收益 2000 万元。该公司的下列做法正确的是？[2]

A. 2000 万元盈利应当先弥补 2015 年的亏损

B. 应当按照税前利润的 10% 提取法定公积金

C. 如公司法定公积金累计额达到 50 万元以上，可以不再提取

D. 如 2017 年有亏损，可以用公积金弥补

【法条】

《公司法》第 166、168 条

---

[1] C【解析】法定公积金不能全部转增股本。

[2] AC【解析】依据《公司法》第 166 条第 2 款，公司的法定公积金不足以弥补以前年度亏损的，在提取法定公积金之前，应当先用当年利润弥补亏损。A 正确。

依据《公司法》第 166 条第 1 款第 2 句和第 2 款的规定，当公司法定公积金累计达到公司注册资本 50% 以上的，可以不再提取利润的 10% 作为法定公积金；当公司有亏损时，应当先用利润补亏，B 错误。

依据《公司法》第 166 条第 1 款第 2 句，法定公积金累计额达到注册资本 50% 以上的，可以不再提取，C 正确。

依据《公司法》第 168 条但书，资本公积金不能弥补亏损，法定公积金包括资本公积金在内，因此 D 错误。

（九）公司合并、分立和变更 ★★★

	概念	内部	外部
合并	两个或两个以上的公司，订立合并协议，不经过清算，直接结合为一个公司。吸收合并（A＋B＝A）；新设合并（A＋B＝C）。	A. 股会特决；2/3 资本多数决B. 资产清理。	A. 通知公告债权人（公司应自作出合并决议之日起10日内通知债权人，并30日内在报纸上公告）；B. 债权人有权要求担保或偿债（债权人自接到通知书之日起30日内，未接到通知书的自公告之日起45日内，可以要求公司清偿债务或提供相应的担保）；C. 办理登记：吸收合并的，吸收公司的注销登记；新设合并，被合并的公司注销登记，新设的公司设立登记；D. 债权债务关系由合并后的公司承继。【特别提示】债权债务由合并后的公司承继，涉及债权让与和债务承担。债权让与是针对债权的处分行为，债权人与受让人达成让与合意即生效；免责的债务承担是针对债务的处分行为，该处分权属于债权人，因此需要债权人同意才能生效。公司合并涉及的免责债务承担（债务转移），其本质上属于对债务的无权处分，会影响债权人利益，因此债权人有权要求担保或偿债。

【特别提示】

公司合并不是股权收购，公司合并会导致公司人格发生变化，而股权收购仅仅是股权买卖关系，公司人格不发生变化。如果东方航空公司收购了上海航空公司的100%的股份，上海航空公司成为东方航空公司的全资子公司，这属于股权收购，而不是公司合并。但是国美公司吸收合并了永乐公司，永乐公司被注销了，永乐公司的股东成为国美公司的股东，这就属于公司的合并。

	概念	内部	外部
分立	一个公司，订立分立协议，不经过清算，分为两个或两个以上的公司。派生分立（A＝A＋B）；新设分立（A＝B、C、D、E、F……）。	A 股会特决；2/3 资本多数决B 资产清理；	A. 通知公告债权人（公司应自作出分立决议之日起10日内通知债权人，并30日内在报纸上公告）；B. 办理登记：派生分立的，派生的公司设立登记；新设分立的，原公司注销登记，新设公司设立登记。C. 债权债务关系由分立后的公司（有连带关系）承担连带责任，享有连带债权，公司分立时与债权人有约定除外。各分立公司之间对债权债务关系约定有内部效力。

【特别提示】

公司分立不是公司转投资设立子公司。公司分立导致公司人格发生变化，会产生新公司，而且公司股东持有的股份会发生变化。如东北高速公司分立为吉林高速和龙江高速，东北高速注销，东北高速的股东持有的东北高速的股份会被置换成吉林高速和龙江高速的股份。但是公司投资设立子公司，公司股东持有的股份没有变化，而是公司作为股东会持有子公司的股份。

	概念	内部	外部
变更	有限公司变更为股份公司，股份公司变更为有限公司。	2/3 资本多数决股会特决	有限公司变更为股份公司时，折合的实收股本总额（注册资本）不得高于公司净资产额。公司变更前的债权、债务由变更后的公司承继。

【经典真题】

华昌有限公司有 8 个股东，麻某为董事长。2013 年 5 月，公司经股东会决议，决定变更为股份公司，由公司全体股东作为发起人，发起设立华昌股份公司。下列哪些选项是正确的？（2013 – 3 – 69）[1]

A. 该股东会决议应由全体股东一致同意

B. 发起人所认购的股份，应在股份公司成立后两年内缴足

C. 变更后股份公司的董事长，当然由麻某担任

D. 变更后的股份公司在其企业名称中，可继续使用"华昌"字号

【法条】

《公司法》第 43、95 条

【特别提示】

请考生特别注意公司合并分立的内部程序和外部程序

1. 内部程序：保护股东利益；异议股东有股份回购请求权。

2. 外部程序：保护债权人利益；公司合并的，债权人可请求合并前的公司担保或偿债；公司分立的，债权人可请求分立后的公司承担连带责任。

【经典真题】

1. 张某、李某为甲公司的股东，分别持股 65% 与 35%，张某为公司董事长。为谋求更大的市场空间，张某提出吸收合并乙公司的发展战略。关于甲公司的合并行为，下列哪些表述是正确的？（2015 – 3 – 69）[2]

　　A. 只有取得李某的同意，甲公司内部的合并决议才能有效

　　B. 在合并决议作出之日起 15 日内，甲公司须通知其债权人

　　C. 债权人自接到通知之日起 30 日内，有权对甲公司的合并行为提出异议

　　D. 合并乙公司后，甲公司须对原乙公司的债权人负责

2. 庐阳公司系某集团公司的全资子公司。因业务需要，集团公司决定庐阳公司分立为两个公司。鉴于庐阳公司已有的债权债务全部发生在集团公司内部，下列哪些是正确的？[3]

　　A. 庐阳公司的分立应当由庐阳公司的董事会作出决议

　　B. 庐阳公司的分立应当由集团公司作出决议

　　C. 庐阳公司的分立只需进行财产分割，无需进行清算

　　D. 因庐阳公司的债权债务均发生于集团公司内部，故其分立无需通知债权人

3. 西南公司经决议分立为西云公司和南树公司，西云公司与西南公司的债权人彭某达成书面协议，西云公司承担 50% 的债务。后南树公司决定减资 80 万元，账务处理为偿还李某对

---

　　[1]　D【解析】公司形式变更，2/3 资本多数决即可，A 错误。发起设立公司，注册资本无需实缴，B 错误。股份公司董事长由全体董事过半数选举，C 错误。公司形式变更，字号可继续保留，D 正确。

　　[2]　AD【解析】依据《公司法》第 43、173 条的规定，公司合并包括内部程序和外部程序，内部需要股东会的特别多数决，即须经代表 2/3 以上表决权的股东通过，张某持股只有 65%，不足 2/3，所以需要取得李某同意，才能达到 2/3 以上，合并决议才能生效，A 正确。

　　依据《公司法》第 173 条的规定，公司应当自作出合并决议之日起 10 日内通知债权人，并于 30 日内在报纸上公告，B 错误。

　　依据《公司法》第 173 条的规定，债权人自接到通知书之日起 30 日内，未接到通知书的自公告之日起 45 日内，可以要求公司清偿债务或者提供相应的担保，而不是异议，C 错误。

　　依据《公司法》第 174 条的规定，合并后，债务债权由合并后的公司承继，甲公司吸收合并乙公司，甲公司承继乙公司的债务，D 正确。

　　[3]　BC【解析】分立由股东会特决，并应当通知债权人。

公司的债权 80 万元，以满足其之前提出的退股要求。对此，下列说法正确的是？[1]

　　A. 西南公司应当变更登记为西云公司与南树公司

　　B. 西云公司与彭某的书面协议对南树公司有约束力

　　C. 彭某在南树公司减资时有权要求南树公司提前清偿债务

　　D. 彭某有权要求季某在 80 万元本息范围内对南树公司不能清偿的债务承担补充赔偿责任

【法条】

《公司法》第 35、176、177、179 条，《公司解释三》第 14 条

（十）公司解散★

公司解散	
自愿解散	A. 公司章程规定的营业期限届满或者公司章程规定的其他解散事由出现；公司营业期限届满，公司修改章程延期经营的，异议股东享有股份回购请求权。 B. 股东会或者股东大会决议解散；须经 2/3 以上表决权决议通过。 C. 因公司合并或者分立需要解散。合并分立的解散无需清算，可直接解散。通过合并分立的内部程序和外部程序来保护股东利益、债权人利益。
强制解散	A. 行政解散：依法被吊销营业执照、责令关闭或被撤销； B. 破产解散：适用破产法； C. 司法解散（F182）。
司法解散	**(1) 司法解散的条件：司法解散请求权** **①僵局（解释二 F1）：** 公司经营管理发生严重困难（僵局），继续存续会使股东利益受到重大损失； **A 股东会僵局—2 年未开会、2 年未形成决议** 公司持续 2 年以上无法召开股东会或者股东大会，公司经营管理发生严重困难的； 股东表决时无法达到法定或者公司章程规定的比例，持续 2 年以上不能做出有效的股东会或者股东大会决议，公司经营管理发生严重困难的； **B 董事会僵局** 公司董事长期冲突，且无法通过股东会或者股东大会解决，公司经营管理发生严重困难的； **C 其他僵局** 经营管理发生其他严重困难，公司继续存续会使股东利益受到重大损失的情形。 **②用尽内部救济（解释二 F5）：** **通过其他途径不能解决的；** 法院审理解散公司诉讼案件，应当注重调解。当事人可依法协商同意由公司或者股东收购股份，或者以减资等方式使公司存续。 法院审理涉及有限责任公司股东重大分歧案件时，应当注重调解。当事人协商一致以下列方式解决分歧，且不违反法律、行政法规的强制性规定的，法院应予支持：

---

〔1〕 CD【解析】依据《公司法》第 179 条第 1 款，公司解散的，应当依法办理公司注销登记；设立新公司的，应当依法办理公司设立登记，A 的表述不准确，错误。

依据《公司法》第 176 条，公司分立前的债务由分立后的承担连带责任，但公司分立前与债权人另有约定除外。基于合同的相对性，分立后的公司与债权人的约定只能约束分立后的某公司和某债权人，无法约束分立后的其他公司。分立后的公司之间的内部债务关系首先按照其内部约定处理，B 错误。

依据《公司法》第 177 条第 2 款，公司减资的，公司债权人可依法请求清偿债务或提供担保，C 正确。

依据《公司法》第 35 条、《公司法解释三》第 14 条第 2 款，公司成立后，股东不能随意退股，退股属于变相抽逃出资行为，股东抽逃出资的，债权人可请求股东在抽逃出资本息范围内对公司不能偿债的部分承担补充责任，D 正确。

公司**回购**部分股东股份；其他**股东受让**部分股东股份；**他人受让**部分股东股份；公司**减资**；公司**分立**；其他**能够解决分歧**，恢复公司正常经营，**避免公司解散**的方式。

【特别提示】

解散公司是最后一步，首先应当考虑通过其他途径来拯救公司，如转让股权、减资、派生分立等等。

【经典习题】

法院审理股东甲申请司法解散乙有限公司诉讼案例，哪些措施可采取，以避免公司解散？[1]

A. 乙公司回购甲的股权

B. 其他股东受让甲的股权或由第三人受让甲的股权

C. 乙公司依法减资

D. 乙公司派生分立

③10% 表决权股东请求：（解释二 F1、4）

A. 请求

持有公司全部股东表决权**10%**上的股东请求法院解散公司。

B. 被告（解释二 F4）：

股东提起解散公司诉讼应当以**公司为被告**。

原告提起解散公司诉讼应当告知其他股东，或法院通知其参加诉讼。其他股东或利害关系人申请可以**共同原告**或**第三人**身份参加诉讼。

（2）司法解散的程序

①先解散、后清算；

②财产保全、证据保全：股东提起解散公司诉讼时，向法院申请财产保全或证据保全的，在**股东提供担保且不影响公司正常经营的情形下**，法院可予以保全。

（3）司法解散判决的效力（解释二 F6）：

法院关于解散公司诉讼作出的判决，对**公司全体股东**具有法律约束力。

【经典真题】

李桃是某股份公司发起人之一，持有 14% 的股份。在公司成立后的两年多时间里，各董事之间矛盾不断，不仅使公司原定上市计划难以实现，更导致公司经营管理出现严重困难。关于李桃可采取的法律措施，下列哪一说法是正确的？（2015－3－27）[2]

A. 可起诉各董事履行对公司的忠实义务和勤勉义务

B. 可同时提起解散公司的诉讼和对公司进行清算的诉讼

---

[1] ABCD【解析】股东请求司法解散时，可通过回购股权、转让股权、减资、派生分立等方式让公司存续。

[2] D【解析】依据《公司法》第147条的规定，董事之间矛盾不断，并不表明董事违反对公司的忠实义务和勤勉义务，股东起诉董事，没有请求权基础，A错误。

依据《最高人民法院关于适用〈中华人民共和国公司法〉若干问题的规定（二）》（以下简称《公司法解释二》）第2条的规定，解散公司之诉和对公司进行清算是两个程序，解散公司是诉讼程序，清算是非诉程序，先申请解散，解散裁判生效后，进入清算程序。股东提起解散公司诉讼，同时又申请人民法院对公司进行清算的，人民法院对其提出的清算申请不予受理。人民法院可以告知原告，在人民法院判决解散公司后，依法自行组织清算或另行申请人民法院对公司进行清算。B错误。

依据《公司法解释二》第3条的规定，股东提起解散公司诉讼时，向法院申请财产保全或者证据保全的，在股东提供担保且不影响公司正常经营的情形下，法院可予以保全。C错误。

依据《公司法解释二》第4条第1款的规定，股东提起解散公司诉讼应当以公司为被告。D正确。

C. 在提起解散公司诉讼时，可直接要求法院采取财产保全措施

D. 在提起解散公司诉讼时，应以公司为被告

（十一）清算★

> **【特别提示】** 清算需要区分内部关系和外部关系
>
> 1. 内部关系：保护公司利益、股东利益、利害关系人利益。清算组成员损害公司利益的，公司怠于起诉，股东可依法提起代表诉。
>
> 2. 外部关系：保护债权人利益。

清算程序	
成立清算组	**（1）自行清算：** 有限公司：股东组成； 股份公司：董事或股东大会确定的人员组成。 **（2）指定清算：** 逾期不成立清算组进行清算（包括拖延清算、违法清算）的——债权人可申请法院指定有关人员组成清算组进行清算——债权人未申请，股东可申请。 **（3）诉讼代表（解释二F10）：** 清算组代表公司参与民事诉讼活动，民事诉讼应当以公司名义进行，由清算组负责人代表公司参加诉讼； 尚未成立清算组的，由原法定代表人代表公司参加诉讼。
财产清理	**（1）认缴出资＝清算财产** 公司解散时，股东尚未缴纳的出资均应作为清算财产。 **（2）发起人连带责任** 公司财产不足以清偿债务时，债权人可主张未缴出资股东，以及发起人在未缴出资范围内对公司债务承担连带责任。 **【特别提示】** 发起人的连带责任：生和死。 公司设立时出资有瑕疵，发起人连带；公司清算时发现出资有瑕疵，公司财产不足偿债，发起人连带。
资不抵债	**（1）资不抵债时——申请破产（F187）** 清算组发现公司财产不足偿债的，应向法院申请宣告破产。 **（2）资不抵债时——协商机制、制定债务清偿方案（解释二F17）** 法院指定的清算组发现公司资不偿债时，可与债权人协商制作有关债务清偿方案。 债务清偿方案经全体债权人确认且不损害其他利害关系人利益的，法院可认可，否则依法宣告破产。
清算责任	**财产文件灭失、无法清算的连带责任（解释二F18）** 有限公司股东、股份公司董事和控股股东因怠于履行义务，导致公司主要财产、账册、重要文件等灭失、无法进行清算，债权人可主张其对公司债务承担连带清偿责任。 上述情形系实际控制人原因造成，债权人可主张实际控制人对公司债务承担相应民事责任。 **【特别提示】** 这是唯一一个有限公司股东、股份公司董事和控股股东、实际控制人在清算过程中的连带责任。

【经典真题】

甲、乙、丙、丁4人共同出资设立华光有限公司，出资比例分别为60%、20%、15%、5%。因产品质量好、价格优惠，自开始经营起持续盈利。但甲、乙不和，公司已连续3年未

召开股东会。下列选项错误的是?[1]

　　A. 即使乙尚未完全履行出资义务，乙仍可申请法院解散公司

　　B. 丁可单独申请法院解散公司

　　C. 华光有限公司持续盈利，因此公司经营管理不存在严重困难

　　D. 若公司解散，应由董事组成清算组进行清算

【法条】

《公司法》第182、183条

【经典习题】

甲有限公司营业期限届满，股东打算通过解散方式取回财产，在清算过程中，依据公司法及其司法解释，下列正确的是?[2]

　　A. 民事诉讼可以清算组名义进行，由清算组负责人代表公司参加诉讼；尚未成立清算组的，由股东推选的代表公司参加诉讼。

　　B. 甲公司股东张三尚未缴纳的出资可以不再出资。甲公司财产不足以清偿债务时，债权人可主张未缴出资股东，以及发起人在未缴出资范围内对公司债务承担连带责任

　　C. 甲公司股东李四操纵公司，使其未经清算即办理注销手续，公司债权人可以向李四主张赔偿责任

　　D. 甲公司未经清算即注销，甲公司股东王二作出承担公司债务的承诺，该承诺因为公司注销而失效

第三节　　有限公司

一、有限责任公司

有限公司的股东人数有限制（1人～50人）、设立手续简易、外转出资受到严格限制、封闭性。

（一）有限责任公司组织机构★★

1. 股东会（F36－43）（权力机关、意思机关）

（1）召开

代表1/10以上表决权的股东，1/3以上的董事，监事会或者不设监事会的公司的监事提议召开临时会议的，应当召开临时会议。

（2）召集和主持

首次股东会会议由出资最多的股东召集和主持。

董事会召集、董事长主持（副董事长——半数以上董事推举一名董事）——监事会召集

---

　　[1]　BCD【解析】依据《公司法》第182条，公司出现僵局（经营管理发生严重困难），公司连续2年未召开股东会，持有公司全部股东表决权10%的股东，可以依法请求司法解散公司，A正确，不选。

　　依据《公司法》第182条，享有司法解散请求权的股东必须持股10%以上（股东表决权10%），丁持股5%，不能请求司法解散，B错误，要选。

　　依据《公司法》第182条，公司持续盈利时，公司依然可能存在经营管理的严重困难，二者并不排斥，C错误，要选。

　　依据《公司法》第183条第2句，有限公司清算组由股东组成，D错误，要选。

　　[2]　C【解析】清算期间，民事诉讼以公司名义进行；尚未出资应当补缴；股东作出的偿债承诺继续有效。

主持——代表 1/10 以上表决权的股东。

（3）通知股东

召开股东会会议，应当于会议召开 15 日前通知全体股东；但是，公司章程另有规定或者全体股东另有约定的除外。

股东会应当对所议事项的决定作成会议记录，出席会议的股东应当在会议记录上签名。

（4）决议

股东会会议由股东按照出资比例行使表决权，公司章程另有规定的除外。

股东会的议事方式和表决程序由公司章程规定，法定除外。

特别多数决事项（F43'2）：增减资改章程、合分散改形式

股东会会议作出**修改**公司**章程**、**增加**或者**减少**注册**资本**的决议，以及公司**合并**、**分立**、**解散**或者变更公司形式的决议，必须经**代表 2/3 以上表决权**的股东通过。

> 【特别提示】特别多数决事项是法考必考的考点，考生必须牢记！

（5）职权（F37）（股东会中心主义）

A. 人事权

选举和更换非由职工代表担任的**董事**、**监事**，决定有关董事、监事的**报酬**事项。

注意：股东会解除董事职务（类推解除委托合同），解除后的补偿纠纷依法依章依合同约定处理，综合考虑解除原因、剩余任期、薪酬等确定补偿数额（民法典 F933）。

董事任期届满前被股东会**有效决议解除**职务，不得主张解除不发生法律效力。

董事职务被解除后，因补偿与公司发生纠纷提起诉讼的，法院应当依据法律、行政法规、公司章程的规定或者合同的约定，综合考虑**解除的原因**、**剩余任期**、**董事薪酬**等因素，确定是否补偿以及补偿的**合理数额**。

【经典习题】

甲在乙有限公司担任董事，任期 3 年，年薪 100 万。在任期届满前，乙公司股东会将甲解任，下列表述错误的是？[1]

A. 乙公司解除甲董事职务的行为无效

B. 乙公司只能依据公司章程的规定解除甲的董事职务

C. 甲与乙公司的委托合同因乙公司的解除而自始无效

D. 甲董事职务被解除后，因补偿与乙公司发生纠纷的，在确定补偿以及补偿的合理数额时，应当依据法律、行政法规、公司章程或者合同的约定，综合考虑解除原因、剩余任期、董事薪酬等因素

B. 财务权

批准年度**财务预决算**方案，**利润分配和弥补亏损**方案，**发行债券**；批准董事会、监事会的报告。

C. 决策权

增减资改章程、合分散改形式；**清算**；决定公司的**经营方针**和**投资计划**。

【经典真题】

钱某为益扬有限公司的董事，赵某为公司的职工代表监事。公司为钱某、赵某支出的下列

---

[1] ABC【解析】董事与公司之间系委托合同关系，公司可以依法依约解除合同，但需要对赔偿董事的相关损失。

哪些费用须经公司股东会批准？（2015－3－68）[1]

    A. 钱某的年薪   B. 钱某的董事责任保险费

    C. 赵某的差旅费   D. 赵某的社会保险费

2. 董事会（执行机关、行政机关）

组成	**执行董事** 股东人数较少（或者）规模较小的有限责任公司，可以设一名执行董事，不设董事会。执行董事可以兼任公司经理。
留守董事	**任期届满未及时改选、任期内辞职导致董事低于法定人数** 董事任期届满未及时改选，或董事在任期内辞职导致董事会成员低于法定人数的，在改选出的董事就任前，原董事仍应依照法律、行政法规和章程的规定，履行董事职务。
职权	**A 执行权** 执行股东会的决议 **B 管理权** 经营管理（经营计划、投资方案、内部管理机构设置、基本管理制度）； **C 聘任权：经理、财务负责人** 决定聘任或者解聘公司经理、副经理、财务负责人及其报酬事项；

> 【特别提示】董事会主要职权是任免经理和财务负责人，该考点是法考的必考考点，考生必须牢记！

【经典真题】

    彭兵是一家（非上市）股份有限公司的董事长，依公司章程规定，其任期于 2017 年 3 月届满。由于股东间的矛盾，公司未能按期改选出新一届董事会。此后对于公司内部管理，董事间彼此推诿，彭兵也无心公司事务，使得公司随后的一项投资失败，损失 100 万元。对此，下列哪一选项是正确的？（2017－3－26）[2]

    A. 因已届期，彭兵已不再是公司的董事长

---

    [1] AB【解析】依据《公司法》第 37 条第 2 项的规定，有关董事的报酬事项由股东会批准，钱某的年薪由股东会批准，A 正确。

    依据《公司法》第 37 条第 2 项的规定，公司为钱某支付的董事责任保险费也属于有关董事的报酬事项，也须经股东会批准，B 正确。

    依据《公司法》第 56 条的规定，监事行使监事职权所发生的费用，法律规定由公司负担，无需经股东会批准，C 错误。

    依据《中华人民共和国社会保险法》（以下简称《社会保险法》）第 60 条的规定，赵某作为公司的劳动者，公司应当依法为其支付社会保险费，不需要经股东会批准，D 错误。

    [2] B【解析】依据《公司法》第 109 条第 1 款的规定，董事会设董事长一人，可以设副董事长。董事长和副董事长由董事会以全体董事的过半数选举产生。董事长的任免有法定程序，因此 A 选项错误。

    依据《公司法》第 45 条第 2 款的规定，董事任期届满未及时改选，或者董事在任期内辞职导致董事会成员低于法定人数的，在改选出的董事就任前，原董事仍应当依照法律、行政法规和公司章程的规定，履行董事职务。董事依然需要尽对公司的善管义务，因此 B 选项正确。

    依据《公司法》第 149 条的规定，董事违反忠实义务和勤勉义务，造成公司的损失的，应当承担损害赔偿责任，但是 100 万损失并不是彭兵一人所导致，由彭兵承担全部赔偿责任，显然是错误的，C 选项错误。

    依据《公司法》第 151 条的规定，股东提起股东代表诉讼，有前置程序，即董事损害公司利益，必须先找监事会，因此 D 选项错误。

B. 虽已届期，董事会成员仍须履行董事职务

C. 就公司100万元损失，彭兵应承担全部赔偿责任

D. 对彭兵的行为，公司股东有权提起股东代表诉讼

【法条】

《公司法》第45、109、149、151条。

【经典习题】

某有限公司董事会拟作出如下决议，在公司章程未明确规定的情形下，下列决议违法的是？[1]

A. 召集临时股东会

B. 制订公司的年度财务预算方案、决算方案

C. 决定设置公关部，便于开展各项业务

D. 决定投资10亿，入股某知名房地产企业

【法条】

《公司法》第37、46条。

3. 监事会（F51－56、216）：（监督机关）

组成	股东代表＋职工代表
	不得少于3人。股东人数较少或规模较小的有限公司，可设1至2名监事，不设监事会。监事会应包括股东代表和职工代表（其比例不得低于1/3、由职代会民选）
兼任	兼任禁止
	董事、高级管理人员不得兼任监事。 高管是指公司的经理、副经理、财务负责人，上市公司董事会秘书和公司章程规定的其他人员。
职权	A 监督权（检查财务权、罢免建议权、要求纠正权、诉权）——董高
	检查公司财务。监督董高，对董高提出罢免的建议、要求董高纠正损害公司利益的行为、依法代表公司对损害公司利益的董高起诉。
	B 提议、召集主持权——股东会
	提议召开临时股东会会议，在董事会不作为时召集和主持股东会会议。
	C 提案权
	向股东会会议提出提案。
	D 其他职权
	章程规定的其他职权。
费用	监事会行使职权所必需的费用，由公司承担。
	监事会、不设监事会的公司的监事发现公司经营情况异常，可以进行调查；必要时，可以聘请会计师事务所等协助其工作，费用由公司承担。

---

〔1〕 D【解析】股东会决定：人（任免董事、监事并决定其报酬）、财（预决算、利润分配、补亏、发行债券）、重大决策（增减资改章程、和分散改形式、投资计划、审批董事会监事会报告）。

董事会：任免经理、日常管理（决定内部管理机构设置、制定基本管理制度）；制订方案、报批；

【经典真题】

紫云有限公司设有股东会、董事会和监事会。近期公司的几次投标均失败，董事会对此的解释是市场竞争激烈，对手强大。但监事会认为是因为董事狄某将紫云公司的标底暗中透露给其好友的公司。对此，监事会有权采取下列哪些处理措施？（2016-3-69）[1]

A. 提议召开董事会   B. 提议召开股东会

C. 提议罢免狄某   D. 聘请律师协助调查

4. 经理（F49）：具体实施机关

概念	**具体实施机关**：公司可以设经理，由董事会任免，对董事会负责，列席董事会会议。
职权	**A 主持实施权**：主持公司生产经营管理工作，组织实施董事会决议、公司年度经营计划和投资方案；
	B 拟订制定权：拟订公司内部管理机构设置方案、基本管理制度；制定公司的具体规章；
	C 聘任权：决定聘任或解聘由董事会任免以外的负责管理人员；

【经典真题】

1. 茂森股份公司效益一直不错，为提升公司治理现代化，增强市场竞争力并顺利上市，公司决定重金聘请知名职业经理人王某担任总经理。对此，下列哪些选项是正确的？（2017-3-71）[2]

A. 对王某的聘任以及具体的薪酬，由茂森公司董事会决定

---

〔1〕 BCD【解析】依据《公司法》第53条的规定，法定的监事会职权不包括提议召开董事会，所以A错误。

依据《公司法》第53条第1款第4项的规定，监事会职权包括提议召开临时股东会，所以B正确。

依据《公司法》第53条第1款第2项的规定，监事会的职权包括对董事提出罢免的建议，所以C正确。

依据《公司法》第54条第2款的规定，监事会、不设监事会的公司的监事发现公司经营情况异常，可以进行调查；必要时，可以聘请会计师事务所等协助其工作，费用由公司承担。通过对该"等"的解释，可以得知也包括聘请律师协助工作，所以D正确。

〔2〕 AB【解析】依据《公司法》第46条第1款第9项的规定，董事会任命经理并决定经理的报酬，A选项正确。

依据《公司法》第49条的规定，经理是公司的具体实施机关，在其职权范围，有权以公司名义对外签订合同，B选项正确。

依据《公司法》第49条第1款第7项的规定，经理可以任免副经理和财务负责人以外的负责管理人员，而不能任免财务总监，C选项错误。

依据《公司法》第46条第1款第9项的规定，董事会任免经理，而不是股东会，D选项错误。

B. 王某受聘总经理后，就其职权范围的事项，有权以茂森公司名义对外签订合同

C. 王某受聘总经理后，有权决定聘请其好友田某担任茂森公司的财务总监

D. 王某受聘总经理后，公司一旦发现其不称职，可通过股东会决议将其解聘

【法条】

《公司法》第46、49条。

2. 荣吉有限公司是一家商贸公司，刘壮任董事长，马姝任公司总经理。关于马姝所担任的总经理职位，下列哪一选项是正确的？（2015－3－26）[1]

A. 担任公司总经理须经刘壮的聘任

B. 享有以公司名义对外签订合同的法定代理权

C. 有权制定公司的劳动纪律制度

D. 有权聘任公司的财务经理

(二) 有限责任公司股东的股权转让与异议股东股权回购权 ★ ★ ★

1. 自愿转让——章程另有规定除外

内转	自由
外转	

【特别提示】

股权转让规则属于任意性规范，公司章程可对股权转让另行做出其他规定。如公司章程可规定股权可自由转让，或者可规定其他股东不享有优购权。

需要区分股权转让中的债权关系（负担行为）和股权变动（处分行为）

1. 股权转让合同系负担行为，产生债权债务关系。

2. 股权转让行为属于处分行为，发生股权变动的法律效果。股权处分行为生效要件包括4个：

(1) 特定股权

(2) 处分股权的意思表示

(3) 公示（生效要件：股东名册变更）

(4) 处分权

---

[1] C【解析】依据《公司法》第46条第9项的规定，聘任公司总经理、副经理、财务负责人由董事会决定，A错误。

依据公司法的基本原理，公司法定代表人是公司的代表机关，依法享有法定代表权（类推适用法定代理权），而经理没有法定代理权，B错误。

依据《公司法》第49条第5项的规定，公司经理有权制定公司的具体规章，包括公司的劳动纪律制度，C正确。

依据《公司法》第46条第9项的规定，公司财务经理由经理提名，由董事会决定聘任，D错误。

同意权	**(1) 书面通知或其他合理方式——经其他股东过半数同意** 股东外转股权，应就其股权转让事项以书面或其他能确认收悉的合理方式通知其他股东征求同意。 **(2) 视为同意** **A. 不答复——视为同意** 30 日未答复的，视为同意转让； **B. 不同意、应购买，不购买——视为同意** 其他股东半数以上不同意转让的，不同意的股东应当购买——不购买的，视为同意转让。 **【特别提示】** 其他股东的同意权是对处分权的限制。视为同意规则又对其他股东的同意权做出了限制，即30 日不答复，视为同意；不同意的，应购买，不购买的，视为同意。由于不同意的，要负担强制购买义务，因此只要存在买受人，转让股东就可以退出公司，要么转让给买受人，要么转让给其他股东。
优购权	**(1) 行使** 经同意转让的股权，其他股东有同等条件下的优先购买权。 **①通知"同等条件"** 经股东同意转让的股权，其他股东主张转让股东应向其以书面或其他能够确认收悉的合理方式通知转让股权的同等条件的，法院应予以支持。 **②同等条件——数量、价格、支付方式、付款期限（解释四 F18）** 法院在判断"同等条件"时，应考虑转让股权的数量、价格、支付方式及期限等因素。 **③多个股东主张优购权的，按出资比例行使** 两个以上股东主张优先购买权的，协商不成，按照转让时各自的出资比例行使优先购买权。 **(2) 除斥期间** **①正常通知** **章程——通知——通知短于 30 日或不明的：30 日。** 股东主张优先购买转让股权的，应在收到通知后，在章程规定的行使期间内提出购买请求。章程没有规定行使期间或规定不明确的，以通知确定的期间为准，通知确定的期间短于 30 日或未明确行使期间的，行使期间为 30 日。 **②损害优购权而违法不通知** **明知或应知之日（主观）：30 日；股权登记之日（客观）：1 年。** 股东外转股权，未就其股权转让事项征求其他股东意见，或以欺诈、恶意串通等手段，损害其他股东优先购买权，其他股东主张按照同等条件购买该转让股权的，法院应予以支持； 但其他股东自知道或应知道行使优先购买权的同等条件之日起 30 日内没有主张，或自股权变更登记之日起超过 1 年的除外。

	（3）保护 ①不主张优购权的——不保护 其他股东仅提出确认股权转让合同及股权变动效力等请求，未同时主张按照同等条件购买转让股权的，法院不予支持。 ②非自身原因无法行使优购权的——损害赔偿 其他股东非因自身原因导致无法行使优先购买权，可请求损害赔偿。 ③第三人的保护——向转让股东主张权利 股东以外的股权受让人，因股东行使优先购买权而不能实现合同目的的，可依法请求转让股东承担相应民事责任。
	（4）排除 ①继承 自然人股东因继承发生变化时，其他股东主张行使优先购买权的，法院不予支持，但章程另有规定或全体股东另有约定的除外。 ②转让股东的反悔权 A 转让股东的反悔权 转让股东，在其他股东主张优先购买后又不同意转让股权的，对其他股东优先购买的主张，法院不予支持，但章程另有规定或全体股东另有约定的除外。 B 转让股东的信赖赔偿 其他股东主张转让股东赔偿其合理损失的，法院应予以支持。 【特别提示】 优购权系形成权，因此存在除斥期间的限制。 如果其他股东主张优购权，则买受人无法获得股权，但是可以基于股权转让合同向转让股东主张违约责任。 公司法理论认为，优购权的效力类似撤销权，其可以撤销股东与买受人的处分行为，但不影响股东与买受人的股权买卖合同（负担行为）的效力。因此，其他股东主张优购权的，股权无法转移给买受人，但股权买卖合同依然有效，买受人可向转让股东主张违约责任。

2. 强制转让

优购权	①优购权 人民法院强制执行程序转让股东的股权时，应当通知公司及全体股东，其他股东在同等条件下有优先购买权。 ②除斥期间 其他股东自人民法院通知之日起满 20 日不行使优先购买权的，视为放弃优先购买权。 【特别提示】 强制转让时，其他股东没有同意权，但是有优购权，除斥期间 20 天，不行使优购权的，视为放弃优购权，优购权消灭。

3. 继承

继承	自然人股东死亡后，其合法继承人可继承（股东资格）；章程规定除外。

【经典习题】

2017 年 12 月 8 日，张三、李四、王五共同出资成立英华装饰有限公司。2018 年 6 月 80，李四不幸因病去世，李四之妻华晓文欲继承李四名下的股权，张三、王五主张优先购买该股权。关于继承问题，该公司章程没有规定，下列选项正确的是？[1]

A. 李四之妻华晓文能够依法继承李四的股东资格

B. 李四之妻华晓文继承李四的股东资格需要张三、王五一致同意

C. 张三、王五不能主张优先购买权

D. 如公司章程规定继承时有优先购买权，则张三、王五能主张优先购买权

【法条】

《公司法》第 75 条

【经典真题】

1. 甲乙丙是某有限公司的股东，各占 52%、22% 和 26% 的股份。乙欲对外转让其所拥有的股份，丙表示同意，甲表示反对，但又不愿意购买该股份。乙便与丁签订了一份股份转让协议，约定丁一次性将股权转让款支付给乙。此时甲表示愿以同等价格购买，只是要求分期付款。对此各方发生了争议。如何处理？（2007 - 3 - 30）[2]

A. 甲最初表示不愿意购买即应视为同意转让

B. 甲后来表示愿意购买，则乙只能将股份转让给甲，因为甲享有优先购买权

C. 乙与丁之间的股份转让协议有效

D. 如果甲丙都行使优先购买权，就购买比例而言，章程可以约按平等比例购买

2. 汪某为兴荣有限责任公司的股东，持股 34%。2017 年 5 月，汪某因不能偿还永平公司的货款，永平公司向法院申请强制执行汪某在兴荣公司的股权。关于本案，下列哪一选项是正确的？（2017 - 3 - 28）[3]

A. 永平公司在申请强制执行汪某的股权时，应通知兴荣公司的其他股东

B. 兴荣公司的其他股东自通知之日起 1 个月内，可主张行使优先购买权

C. 如汪某所持股权的 50% 在价值上即可清偿债务，则永平公司不得强制执行其全部股权

D. 如在股权强制拍卖中由丁某拍定，则丁某取得汪某股权的时间为变更登记办理完毕时

---

[1] ACD【解析】依据《公司法》第 75 条，自然人股东死亡后，其继承人可以继承股东资格，公司章程另有规定除外，不需要经过其他股东同意，A 正确，B 错误。

股东资格继承属于法定之股权变动，不是基于买卖合同而发生之股权变动，不存在购买之价格，其他股东无法主张同等条件下之优购权，C 正确。

依据《公司法》第 75 条，公司章程可以规定其他的股东之优购权排除股东资格之继承，D 正确。

[2] ACD【解析】其他股东享有的是同等条件下的优购权。

[3] C【解析】依据《公司法》第 72 条的规定，人民法院依照法律规定的强制执行程序转让股东的股权时，应当通知公司及全体股东，而不是其他股东，还应当包括被强制执行的汪某，A 选项错误。

依据《公司法》第 72 条的规定，强制执行股权时，其他股东自人民法院通知之日起满 20 日不行使优先购买权的，视为放弃优先购买权。优购权行使的期间是 20 天，而不是 1 个月，B 选项错误。

依据债法的基本原理，债的目的已经实现，则债权消灭，债权人不能继续执行债务人的财产，因此债务人汪某所持股权的 50% 在价值上可偿债时，则债权人永平公司不能强制执行其全部股权，C 选项正确。

依据《民法典》第 229 条，人民法院在执行程序中作出的拍卖成交裁定书、以物抵债裁定书，直接导致股权设立、变更、转让或消灭，系非法律行为的股权变动，而不需要变更股权登记，D 选项错误。

【法条】

《公司法》第72条,《民法典》第229条。

【经典习题】

有限责任公司有股东甲乙丙丁戊5人,股东甲拟将其股权转让给庚,关于其他股东的优购权以及相关问题的表述,错误的是?[1]

A. 甲可以以能够确认收悉的合理方式通知其他股东征求同意。如该股权转让获得其他股东同意,其他股东可主张甲应向其通知转让股权的同等条件,包括转让股权的数量、价格、支付方式及期限等

B. 其他股东行使优购权的期间为收到股权外转通知之日起30日

C. 如甲未通知其他股东,直接将股权全部转让给庚。则在该股权变更登记1年后,其他股东无法行使优购权,但可以依法请求损害赔偿

D. 如在甲知悉其他股东主张优购权之后,甲不愿意转让该股权,则其他股东可以强制购买甲的股权

【法条】

《公司法解释四》第16、17、18、19、20、21条。

4. **股权让与担保——股东出资有瑕疵的,作为名义股东的债权人不承担连带责任**

股东以将其股权转移至债权人名下的方式为债务履行提供担保,公司或公司的债权人以股东未履行或未全面履行出资义务、抽逃出资等为由,请求作为名义股东的债权人与股东承担连带责任的,法院不予支持。

【特别提示】 股权让与担保,名为让与,实为担保。股权受让人实质上系股权担保权人,可参照股权质权其享有优先受偿权,而不承担股东出资瑕疵责任。通过转让股权来提供担保时,其他股东不享有优购权。

【经典习题】

张一、张二投资设立甲有限公司。张一通过股权让与担保方式将股权转让给李一担保自己对李一的100万债务,双方明确约定,如果张一届期不能偿债,则该股权确定归属李一。现查明,张一出资存在瑕疵,李一对此知情。

下列表述正确的是?[2]

A. 李一需要对张一的出资瑕疵责任承担连带责任

B. 李一享有股东的各项权利并承担股东的各项义务

C. 张一和李一关于股权确定归属李一的约定无效,但是不影响张一提供担保的意思表示之效力

---

[1] BD【解析】有限公司股东股权外转时,转让股东负有通知义务,其他股东享有同意权。其他股东同意转让的(包括视为同意),享有优购权,转让股东负有通知同等条件的义务。转让股东侵害其他股东的优购权时,在其他股东明知或应知该事实之日起30日或股权变更登记之日1年内未主张优购权的,该权利消灭。转让股东反悔的,其他股东没有强制优购的权利。

[2] C【解析】依据《民法典担保制度解释》第68、69条之规定,股权让与担保并非真正的股权转让关系,其实质是股权担保关系,不适用恶意受让人对出资瑕疵承担连带责任的规则,A错误。

依据《民法典担保制度解释》第68、69条之规定,股权让与担保实质是担保关系,其并未使李一获得股权并承担责任,B错误。

依据《民法典担保制度解释》第68条第2款第1句之规定,如果债务人不偿债,则担保物所有权直接归给担保物权人的流担保约定无效,但该无效约定可转换为担保物权之约定,C正确,D错误。

D. 张一和李一关于股权确定归属李一的约定有效

【法条】

《民法典担保制度解释》第 68、69 条。

5. 异议股东股权回购权（F74）

异议股东股权回购权	对股东会决议投反对票的股东可以请求公司按照合理的价格收购其股权。
有限公司	**(1) 5 年不分红** 公司连续5 年不向股东分配利润，而公司该 5 年连续盈利，且符合本法规定的分配利润条件的；
	(2) 合并分立重大处分 公司合并、分立、转让主要财产的；
	(3) 延期经营 章程规定的营业期限届满或规定的其他解散事由出现，股东会通过决议修改章程使公司存续的。
股份公司	合并、分立
回购权行使的期间	自股东会决议通过之日60 日内达成股权收购协议——否则，90 日内起诉。

【特别提示】

1. 异议股东的股权（份）回购请求权，俗称退股权，其类似合同解除请求权，具有形成权的性质，其法律效果是解除股东和公司之间的股东关系，返还财产恢复原状，即股东取回投资，公司需要依法办理减资手续。因此异议股东的股权（份）回购请求权的行使有严格的限制，一般只有在法定的情形下股东才能享有该权利，股东不能随意行使股权（份）回购请求权。

2. 在职工持股案例中，职工离职时，可以请求公司回购其持有的公司股份。

3. 只有对股东会决议投反对票的股东才享有回购权。

【举例说明】

甲乙等六位股东各出资 30 万元于 2004 年 2 月设立一有限责任公司，5 年来公司效益一直不错，但为了扩大再生产一直未向股东分配利润。2009 年股东会上，乙提议进行利润分配，但股东会仍然作出不分配利润的决议。

乙可主张异议股东股权回购请求权。

【经典真题】

香根餐饮有限公司有股东甲、乙、丙三人，分别持股 51%、14% 与 35%。经营数年后，公司又开设一家分店，由丙任其负责人。后因公司业绩不佳，甲召集股东会，决议将公司的分店转让。对该决议，丙不同意。下列哪一表述是正确的？（2013 - 3 - 28）[1]

A. 丙可以该决议程序违法为由，主张撤销

B. 丙可以该决议损害其利益为由，提起解散公司之诉

---

[1] C【解析】该股东会决议不存在程序违法，A 错误。

目前公司不存在"僵局"，解散公司主张不成立，B 错误。

有限公司股东会决议转让公司主要财产的，股东对此有异议的，可主张异议股东股权回购请求权，C 正确。

题目并未提及丙不履行股东出资义务事实，解除其股东资格没有法律依据，D 错误。

C. 丙可以要求公司按照合理的价格收购其股权

D. 公司可以丙不履行股东义务为由，以股东会决议解除其股东资格

（三）一人公司

1. 含义（F57）：

只有一个自然人股东或者一个法人股东的有限责任公司。

应当在公司登记中注明自然人独资或法人独资，并在公司营业执照中载明。

2. 风险防范措施

（1）投资人的限制（适宜原则）（F58）：

一个自然人只能投资设立一个一人有限责任公司。

该一人有限责任公司不能投资设立新的一人有限责任公司。

> 【特别提示】设立一人公司的限制仅仅针对自然人，对于法人没有限制。一个法人可以设立多个一人公司，一个法人设立的一人公司，也可以设立新的一人公司。

（2）组织机构（书面原则）（F61）：

不设股东会。

股东作出决定时，应采用书面形式，并由股东签名后置备于公司。

（3）强制审计（第三人核算原则）（F62）：

在会计年度终了时编制财务会计报告，并经会计师事务所审计。

（4）人格混同推定（推定原则）（F63）：

股东不能证明公司财产独立于股东自己的财产，应对公司债务承担连带责任。

（5）一人公司为股东提供的担保有效。

公司因承担担保责任，无法清偿其债务的，提供担保时股东不能证明公司财产独立于自己财产的，股东对债权人承担连带责任。

【经典习题】

张三独资设立甲有限公司。张三向乙银行贷款买房，拟让甲公司提供担保。甲公司与乙银行订立保证合同。因甲公司承担保证责任，导致甲公司不能偿债。此时，张三将股权转让给李四。

下列表述正确的是？[1]

A. 因甲公司系一人公司，一人公司为股东提供担保属于内保，股东无法参加表决，因此该保证合同无效

B. 如张三不能证明甲公司财产独立于其个人财产，甲公司债权人可请求张三承担连带责任

C. 如张三不能证明甲公司财产独立于其个人财产，由于李四受让股权，李四也需要承担连带责任

D. 张三不能为甲公司提供担保

---

[1] B【解析】依据《民法典担保制度解释》第10条第1句之规定，一人公司可以为股东提供担保，A错误。

依据《民法典担保制度解释》第10条第2句之规定，公司因承担担保责任导致无法清偿其他债务，提供担保时的股东不能证明公司财产独立于自己的财产，其他债权人可请求该股东承担连带责任的，B正确。

依据《民法典担保制度解释》第10条第2句之规定，设立担保时的股东需要承担连带责任，不包括受让股东，C错误

我国公司法并未禁止股东为公司提供担保，D错误。

【法条】

《民法典担保制度解释》第 10 条。

【经典真题】

2016 年 7 月，张某出资 100 万元，成立恒润有限责任公司（自然人独资），2017 年 8 月，张某又出资设立复星制衣厂（个人独资企业），2018 年 6 月，恒润公司欠刘某货款 80 万元，关于本案，下列哪一选项是正确的？[1]

　　A. 恒润公司可以和复星制衣厂共同出资设立一家有限责任公司

　　B. 刘某可以张某为恒润公司唯一股东为由，要求张某承担连带责任

　　C. 张某在设立恒润公司后可以再投资设立一人公司

　　D. 张某在设立恒润公司后不得再投资设立复星制衣厂

【法条】

《公司法》第 58 条。

第四节　股份公司

股份有限公司

股份公司是指全部资本分为等额股份，股东以所持股份为限承担有限责任的公司。等额股份；开放性与社会性。

（一）设立 ★★

1. 设立方式

（1）发起设立（F77）：

发起人认购公司发行的全部股份而设立公司。

（2）募集设立（F77）：

发起人认购部分股份，其余股份向社会公开募集或向特定对象募集而设立公司。

（3）违约缴纳：另行募集 + 损害赔偿

认股人未按期缴纳所认股份的股款，催缴后在合理期间内仍未缴，发起人对该股份另行募集的，该行为有效。认股人延期缴纳股款给公司造成损失，公司可请求该认股人承担赔偿责任。

2. 设立条件和程序

（1）发起人人数（F78）：

200 ≥ 发起人 ≥ 2，且半数以上在中国境内有住所。

（2）发起设立的程序：

发起人认购全部股份→董事会申请设立登记→公告成立。

（3）募集设立的程序（F84 - 92）：

发起人认购股份（不低于公司股份总数的 35%）→制作招股说明书（要约邀请），并制作认股书→发起人签订证券公司承销协议和银行代收股款协议→申请募股→公开募股→召开创立

---

〔1〕　A【解析】一人公司和个人独资企业可以共同出资设立有限公司，A 正确。

　　刘某的主张没有请求权基础。一人公司系具有独立法人资格的公司，独立承担责任，B 错误。

　　依据《公司法》第 58 条第 2 句的规定，自然人设立的一人公司实施"绝育手术"，即不能再设立新的一人公司，C 错误。

　　自然人虽然只能设立一家一人公司，但可以同时设立个人独资企业，D 错误。

大会→选举董监会（创建社团）→董事会申请设立登记（办理登记）→公告成立。

（4）创立大会（F89、90）：

A. 时间：

发起人应当自股款缴足之日起30日内主持召开公司创立大会，创立大会由发起人、认股人组成。

B. 出席：

创立大会应有代表股份总数过半数的发起人、认股人出席，方可举行。

C. 决议：

创立大会的决议，必须经出席会议的认股人所持表决权过半数通过。

D. 职权：

审核权

审议发起人关于公司筹办情况的报告；对公司的设立费用进行审核；对发起人用于抵作股款的财产的作价进行审核；

通过权

通过公司章程；

选举权

选举董事会、监事会成员；

发生不可抗力或者经营条件发生重大变化直接影响公司设立的，可以作出不设立公司的决议。

【特别提示】创立大会的两大职权：

1. 创立社团：通过章程、选举董事会、监事会

2. 审批发起人：审核设立费用、审核发起人的非货币出资的评估作价

【经典真题】

甲、乙、丙等拟以募集方式设立厚仉股份公司。经过较长时间的筹备，公司设立的各项事务逐渐完成，现大股东甲准备组织召开公司创立大会。下列哪些表述是正确的？（2016－3－70）[1]

A. 厚仉公司的章程应在创立大会上通过

B. 甲、乙、丙等出资的验资证明应由创立大会审核

C. 厚仉公司的经营方针应在创立大会上决定

D. 设立厚仉公司的各种费用应由创立大会审核

3. 设立失败（F91）：

未按期募足股份、发起人未按期召开创立大会或创立大会决议不设立公司，公司未设立时，发起人、认股人不得抽回股本。

---

[1] AD【解析】依据《公司法》第90条第2款第2项的规定，股份公司募集设立的，由创立大会通过公司章程，所以A正确。

依据《公司法》第90条第2款第6项的规定，创立大会对发起人用于抵作股款的财产的作价进行审核，甲、乙、丙等非货币出资的验资证明应由创立大会审核，而非所有出资的验资证明，因此B错误。

依据《公司法》第90条的规定，创立大会没有决定公司经营方针的法定职权，所以C错误。依据《公司法》第37条第1款第1项的规定，决定公司的经营方针是股东会的职权。

依据《公司法》第90条第2款第5项的规定，创立大会对公司的设立费用进行审核，所以D正确。

1. 甲、乙二公司拟募集设立一股份有限公司。他们在获准向社会募股后实施的下列哪些行为是违法的？（2006－3－71）[1]

A. 其认股书上记载：认股人一旦认购股份就不得撤回

B. 与某银行签订承销股份和代收股款协议，由该银行代售股份和代收股款

C. 在招股说明书上告知：公司章程由认股人在创立大会上共同制订

D. 在招股说明书上告知：股款募足后将在60日内召开创立大会

2. 顺昌有限公司等五家公司作为发起人，拟以募集方式设立一家股份有限公司。关于公开募集程序，下列哪些表述是正确的？（2014－3－72）[2]

A. 发起人应与依法设立的证券公司签订承销协议，由其承销公开募集的股份

B. 证券公司应与银行签订协议，由该银行代收所发行股份的股款

C. 发行股份的股款缴足后，须经依法设立的验资机构验资并出具证明

D. 由发起人主持召开公司创立大会，选举董事会成员、监事会成员与公司总经理

（二）组织机构

1. 股东大会

决议

股东出席股东大会会议，所持每一股份有一表决权。（一股一权）

公司持有的本公司股份没有表决权和分红权。

股东大会作出决议，必须经出席会议的股东所持表决权过半数通过。（出席过半数）

【特别提示】 股份公司的股东会决议须经出席股东会的股东所持表决权过半数通过，其决议的标准是出席表决权，而有限公司表决标准是全体股东的表决权。

2. 董事会（F108－116）

（1）组成及董事长

股份有限公司设董事会，其成员为5人~19人，董事长由全体董事过半数选举。

（2）出席

股份公司应有全体过半数的董事出席方可举行。股份公司董事只能书面委托其他董事代为出席，委托书中应载明授权范围。

（3）提议权——临时董事会

代表1/10以上表决权的股东、1/3以上董事或者监事会，可以提议召开董事会临时会议。

（4）决议

股份公司决议须经全体董事的过半数通过。

董事会应当把会议所议事项的决定做成会议记录，出席会议的董事应当在会议记录上签名。决议违法违章，董事对公司负赔偿责任，异议记载于会议记录的免责。

【举例说明】

华胜股份有限公司于2006年召开董事会临时会议，董事长甲及乙、丙、丁、戊等共5位董事出席，董事会中其余4名成员未出席。董事会表决之前，丁因意见与众人不合，中途退席，但董事会经与会董事一致通过，最后仍作出决议。因董事人数未超过全体董事的半数，该董事会决议不成立。

---

[1] ABCD【解析】股款募足30日内开创立大会。

[2] AC【解析】发起人与银行签订代收股款协议。

于甲股份公司的股东会、董事会、监事会等公司治理问题，下列表述正确的是？[1]

A. 公司董事人数不足本法规定人数或公司章程所定人数的2/3时，甲公司应当在2个月内召开临时股东会

B. 董事会不召集股东会，监事会也不召集和主持的，连续90日以上单独或者合计持有公司10%以上股份的股东可以自行召集和主持

C. 董事会会议应有过半数的董事出席方可举行。董事会作出决议，必须经全体董事的过半数通过

D. 董事会会议，应由董事本人出席；董事因故不能出席，可以书面委托其他人代为出席。董事应当对董事会的决议承担责任，但经证明在表决时曾表明弃权并记载于会议记录的，该董事可以免除责任

【法条】

《公司法》第100、101、111、112条。

> 【特别提示】股份公司董事会的3个全体董事过半数规则：
>
> 1. 董事长的选举：全体董事过半数
>
> 2. 董事会举行：全体董事过半数
>
> 3. 董事会决议通过：全体董事过半数
>
> 由于股份公司股权分散，相比有限公司而言，董事会发挥了更重要的作用，因此对董事会有更多强制性规范。
>
> 董事会的决议规则是人头决，而股东会的决议规则是资本多数决。

3. 监事会

（三）股份发行与转让★★

1. 股份转让

（1）发起人持有的本公司股份，自公司成立之日起1年内不得转让。

（2）公司公开发行股份前已发行的股份，自公司股票在证券交易所上市交易之日起1年内不得转让。

> 【特别提示】为防止发起人圈钱逃跑，发起人持有公司的股票自公司成立之日起锁定1年。
>
> 为防止公司私募股权的内幕交易，私募股权自公司股票上市之日起锁定1年。

（3）对公司董事、监事、高级管理人员所持本公司股票的转让限制（F141）

①公司董事、监事、高级管理人员应当向公司申报所持有的本公司的股份及其变动情况；

②在任职期间每年转让的股份不得超过其所持有本公司股份总数的25%；

③所持本公司股份自公司股票上市交易之日起1年内不得转让；

④上述人员离职后半年内，不得转让其所持有的本公司股份；

⑤章程可对公司董事、监事、高管转让其所持有的本公司股份作出其他限制性规定。

---

[1] **ABC【解析】** 股份公司董事会双过半规则。董事投反对票并记载于会议记录的，可以免责。

【经典真题】

唐宁是沃远股份有限公司的发起人和董事之一，持有公司15%的股份。因公司未能上市，唐宁对沃运公司的发展前景担忧，欲将所持股份转让。关于此事，下列哪一说法是正确的？（2016-3-29）[1]

A. 唐宁可要求沃运公司收购其股权

B. 唐宁可以不经其他股东同意对外转让其股份

C. 若章程禁止发起人转让股份，则唐宁的股份不得转让

D. 若唐宁出让其股份，其他发起人可依法主张优先购买权

2. 股份回购（F142）★★★

（1）公司一般不得收购本公司股份。

（2）允许公司收购本公司股份的例外情形：

收购情形	收购程序	收购后的处理
减资 减少公司注册资本；	股东会决议（减资程序）	应当自收购之日起10日内注销；
合并 与持有本公司股份的其他公司合并；	股东会决议（合并程序）	应当在6个月内转让或者注销；
股权激励 将股份用于员工持股计划或者股权激励； **股转债** 将股份用于转换上市公司发行的可转换为股票的公司债券； **保值** 上市公司为维护公司价值及股东权益所必需。	可以依照公司章程的规定或者股东大会的授权，经2/3以上董事出席的董事会会议决议。 上市公司因该情形收购本公司股份的，应当通过公开的集中交易方式进行。	公司合计持有的本公司股份数不得超过本公司已发行股份总额的10%，并应当在3年内转让或者注销。
异议回购权 股东因对股东大会作出的公司合并、分立决议持异议，要求公司收购其股份。		应当在6个月内转让或者注销。
特别注意：上市公司收购本公司股份的，应当依照《证券法》的规定履行信息披露义务。		

---

[1] B【解析】依据《公司法》第142条第1款第4项的规定，股份公司股东的异议回购权仅限于对合并分立有异议的情形，因此A错误。

依据《公司法》第141条的规定，股份公司发起人和董事持有本公司的股份的转让存在一定限制，在法定期限内，不能自由转让，但是其转让股份并不需要经过其他股东同意，所以B正确。

依据《公司法》第141条第2款第3句的规定，公司章程可以对公司董事、监事、高级管理人员转让其所持有的本公司股份作出其他限制性规定。因此公司章程可限制发起人转让股权，但是股份转让权是股东的固有权，章程不能剥夺和禁止该权利，民商法理论认为，股份禁止外转约定，禁止权之处分，限制股权流转自由，在准物权（股权）领域无效，股份可外转。但股份禁止外转约定具有债法效力，当事人违反该约定，须承担违约责任。所以C错误。

依据《公司法》第71条的规定，优购权适用于有限公司的股权外转，而股份公司的股权转让，公司法没有明确规定优购权，所以D错误。

（3）公司不得接受本公司的股票作为质押权的标的。

【经典习题】

某上市公司拟回购自己公开发行的股份，依据《公司法》，下列表述错误的是？[1]

A. 公司为维护公司价值之需要可回购本公司已发行股份总额的20%，并应当在1年内转让

B. 公司可回购股份用于转换公司发行的可转换股票之债券，该事项可直接由董事会决议

C. 公司因为股权激励而回购本公司股份的，应当通过公开的集中交易方式进行

D. 公司收购本公司股份的，依据我国《公司法》的规定履行信息披露义务即可

【法条】

《公司法》第142条。

有限公司与股份公司的比较表格

区别特征		有限公司	股份公司
设立		发起设立	发起设立或募集设立
发起人		1人～50人	2人～200人
股东人数		1人～50人	2人以上
分红		实缴出资比例，全体股东约定除外	持股比例，章程规定除外
股东会	表决	出资比例表决，章程规定除外	一股一权；出席表决权过半决议
	议事方式和表决程序	除公司法有规定的外（特决事项），由公司章程规定。	章程可规定应召开临时股东会的情形。选举董事、监事，可依照章程的规定或股东大会的决议实行累积投票。
董事会	人数	3人～13人	5人～19人
	议事方式和表决程序	除公司法有规定的外（一人一票规则），由公司章程规定。	全体过半数出席开会；全体过半数通过决议；代表1/10以上表决权的股东、1/3以上董事或监事会，可提议召开董事会临时会议。
	董事长	章程规定	全体董事过半数选举产生
监事会	议事方式和表决程序	除公司法有规定的外（半数以上人头决），由公司章程规定。	同有限公司
	职工比例	职工代表的比例不得低于1/3，具体比例由公司章程规定。	同有限公司
股权质押		自由	自由
股权转让		外转限制（优购权）；章程规定除外	自由，例外主体限制、章程可加重！

---

[1] ABD【解析】上市公司为维护公司价值及股东权益所必需可回购本公司股份，公司合计持有的本公司股份数不得超过本公司已发行股份总额的10%，并应当在3年内转让或者注销。公司可回购股份用于转换公司发行的可转换股票之债券，可以依照公司章程的规定或者股东大会的授权，经2/3以上董事出席的董事会会议决议。上市公司收购本公司股份的，应当依照《证券法》的规定履行信息披露义务。

区别特征	有限公司	股份公司
股东资格继承	自动，章程规定除外	自动、章程规定除外；上市公司适用上市公司规则
异议回购权	5 年利；合并分立转；延期	合并分立
公司类型	一人公司；国独公司	上市公司

【主观题解析】

公司法主观题的命题思路：

1. 按照公司设立、公司资本、公司治理、公司合并、公司分立、公司变更、公司解散和清算的逻辑线索，设计题目。

2. 会涉及意思表示、债权、物权、侵权、不当得利等民法制度的考点。

3. 会涉及票据法、破产法的考点，如票据背书、破产重整等。

4. 会涉及民事诉讼法的考点，如原告和被告的确定、诉讼管辖等等。

5. 深入考查学员对公司内部关系和外部关系，债权关系和股权关系的区分和理解。

6. 公司法属于特别债法之领域，公司法的命题会结合债法规则展开，如股东出资会考查履行辅助人、第三人代为清偿、债务不履行、连带债务等知识点。

第二章 合伙企业法

> **【复习指南】**

以合伙企业的设立、管理、合伙人权利和义务、合伙人入伙退伙、合伙企业解散清算为逻辑线索，全面掌握合伙企业的各项基本制度。以有限合伙和普通合伙的区分为主线，理解两个合伙之间的区别和关联。以合伙企业内部关系和外部关系为区分，全面理解合伙企业内部法律关系和外部法律关系。

> **【知识框架】**

普通合伙	1. 设立、管理、普通合伙人的权利和义务、入伙和退伙、解散和清算 2. 特殊的普通合伙
有限合伙	设立、管理、有限合伙人的权利和义务、入伙和退伙、解散和清算

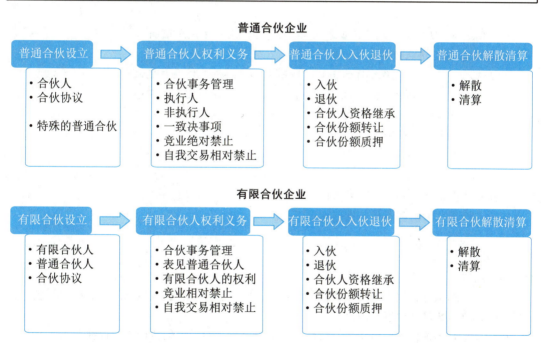

第一节 普通合伙企业

普通合伙企业是指合伙人以合伙协议为基础，共同出资、共担盈亏、对外承担无限连带责任的高度人合性的无法人资格的企业组织。

合伙企业不缴纳企业所得税。

（一）普通合伙企业设立（《合伙企业法》F14、15、16、17）

1. 合伙人

有二个以上合伙人。合伙人为自然人的，应当具有完全民事行为能力；

法律、行政法规禁止从事营利性活动的人不得做合伙人，包括国家公务员、法官、检察官。

【特别提示】国有独资公司、国有企业、上市公司以及公益性的事业单位、社会团体不得成为普通合伙人。

2. 出资

合伙人可以用使用权出资。

普通合伙人可以用劳务出资。

合伙人按照合伙协议的约定或经全体合伙人决定，可以增加或减少对合伙企业的出资。

【特别提示】合伙企业没有公司法上的法定资本制度，合伙企业的信用基础在于合伙人的个人信用，因此合伙人出资灵活，劳务也可以出资。但要注意，有限合伙人不得以劳务出资。

【经典真题】

甲、乙、丙、丁打算设立一家普通合伙企业。下列哪一表述是正确的？（2011－3－29）[1]

A. 各合伙人不得以劳务作为出资

B. 如乙仅以其房屋使用权作为出资，则不必办理房屋产权过户登记

C. 该合伙企业名称中不得以任何一个合伙人的名字作为商号或字号

D. 合伙协议经全体合伙人签名、盖章并经登记后生效

（二）普通合伙企业的经营（事务执行、忠实义务、盈亏分担、债务清偿）★★

1. 合伙事务执行（F26－30）

（1）执行方式

全体合伙人执行；一人或数人执行；

执行人代表权的限制不得对抗善意第三人。

（2）执行事务合伙人的权利

A. 执行权

B. 异议权

合伙人分别执行合伙事务的，执行事务合伙人可以对其他合伙人执行的事务提出异议。提出异议时，应当暂停该项事务的执行。

执行人享有异议权的理由在于，执行人提出异议后，被异议的执行人暂停执行事务，提出异议的执行人可继续执行事务，这样就不影响合伙事务管理。

（3）不执行事务合伙人的权利

A. 监督权（F27）

委托一个或者数个合伙人执行合伙事务的，其他合伙人不再执行合伙事务。不执行合伙事务的合伙人有权监督执行事务合伙人执行合伙事务的情况。

---

[1] B【解析】普通合伙人可以用劳务出资，可以用使用权出资，合伙企业名称当然可以包含合伙人名字，合伙协议是法律行为，成立即生效，无需登记。

B. 撤销权（F29' 2）

受委托执行合伙事务的合伙人不按照合伙协议或者全体合伙人的决定执行事务的，其他合伙人可以决定撤销该委托。

C. 知情查账权（F28）

执行人应定期向其他合伙人报告事务执行情况以及合伙企业的经营和财务状况。

合伙人有权查阅企业会计账簿等财务资料。

> 【特别提示】合伙人的查账权会结合股东的查账权考查。

【经典真题】

通源商务中心为一家普通合伙企业，合伙人为赵某、钱某、孙某、李某、周某。就合伙事务的执行，合伙协议约定由赵某、钱某二人负责。下列哪些表述是正确的？（2014 - 3 - 73）[1]

A. 孙某仍有权以合伙企业的名义对外签订合同

B. 对赵某、钱某的业务执行行为，李某享有监督权

C. 对赵某、钱某的业务执行行为，周某享有异议权

D. 赵某以合伙企业名义对外签订合同时，钱某享有异议权

2. 合伙事务的决议

（1）合伙事务争议的决议：

约定——一人一票并经全体合伙人过半数同意（法定除外）

（2）一致决事项，合伙协议约定除外（F31）：

A. 改变：

改变合伙企业的名称；改变合伙企业的经营范围、主要经营场所的地点；

B. 处分：

处分合伙企业的不动产；转让或者处分合伙企业的知识产权和其他财产权利（债权、股权等）；

> 【特别提示】
>
> 1. 负担行为：产生债权债务关系的行为，也被称为债权行为。
>
> 2. 处分行为：转让、削弱、消灭特定权利的行为。处分行为的类型是法定的，其包括：
>
> （1）权利的转让
>
> 其一，全部转让：转让权利的所有权（房屋所有权转移、债权让与、知识产权让与）
>
> 其二，部分转让：设定用益物权（设定居住权、地役权、土地承包经营权）；设定担保物权（设定抵押权、设定质权）
>
> （2）权利的抛弃
>
> 其一，全部抛弃：抛弃全部权利（丢弃废旧家具）
>
> 其二，部分抛弃：抛弃部分权利（放弃部分债权）

C. 担保：

以合伙企业名义为他人提供担保（物保 + 人保）；

---

[1] BD【解析】执行人：执行权、异议权；非执行人：监督权、撤销权、查账权。

D. 聘任：

聘任合伙人以外的人担任合伙企业的经营管理人员。

【经典真题】

张、王、李、赵各出资四分之一，设立通程酒吧（普通合伙企业）。酒吧开业1年后，经营环境急剧变化，全体合伙人开会，协商对策。按照《合伙企业法》规定，下列事项的表决属于有效表决的是：（2011-3-93）[1]

A. 张某认为"通程"没有吸引力，提议改为"同升"。王某、赵某同意，但李某反对

B. 鉴于生意清淡，王某提议暂停业1个月，装修整顿。张某、赵某同意，但李某反对

C. 鉴于酒吧之急需，赵某提议将其一批咖啡机卖给酒吧。张某、王某同意，李某反对

D. 鉴于4人缺乏酒吧经营之道，李某提议聘任其友汪某为合伙经营管理人。张某、王某同意，但赵某反对

3. 忠实义务（F32）★★

(1) 自我交易一致决：

除合伙协议另有约定或者经全体合伙人一致同意外，合伙人不得同本合伙企业进行交易。

(2) 竞业绝对禁止：

合伙人不得自营或者同他人合作经营与本合伙企业相竞争的业务。

4. 盈亏分担（F33）：★★

(1) 顺序

约定→协商决定→实缴出资→平均分配、分担

> 【特别提示】无论合伙企业盈利或亏损，都按照这个顺序处理。注意这个是合伙企业的内部分担规则，在合伙企业外部，对于合伙企业不能偿债的部分，合伙人依然承担无限连带责任。

(2) 独占盈亏禁止

合伙协议不得约定将全部利润分配给部分合伙人或由部分合伙人承担全部亏损。

> 【特别提示】有限合伙允许约定：部分合伙人独占盈利。
>
> 但是共担亏损是合伙企业的本质特征，任何合伙企业的合伙人都必须共担亏损。有限合伙企业，有限合伙人对亏损以出资为限承担有限责任，普通合伙人对亏损承担无限连带责任。

【经典真题】

甲与乙、丙成立一合伙企业，并被推举为合伙事务执行人，乙、丙授权甲在3万元以内的开支及30万元内的业务可以自行决定。甲在任职期间内实施的下列行为哪些是法律禁止或无效的行为？（2003-3-62）[2]

A. 自行决定一次支付广告费5万元

B. 未经乙、丙同意，与某公司签订50万元的合同

C. 未经乙、丙同意，将自有房屋以1万元租给合伙企业

---

[1] B【解析】装修整顿不是法定的重大事项，不需要一致决。

[2] CDE【解析】合伙企业授权仅仅具有内部效力，以合伙企业名义对外从事的法律行为有效。普通合伙人自我交易相对禁止，竞业绝对禁止。普通合伙人必须共担盈亏。

D. 与其妻一道经营与合伙企业相同的业务

E. 约定利润平均分配但是甲不承担亏损

【经典习题】

关于某合伙企业合伙人甲、乙、丙、丁的忠实义务和法律后果，下列表述正确的是?[1]

A. 甲擅自挪用合伙企业资金炒股，获益100万，甲应当将该获益退还合伙企业

B. 乙未经合伙人一致同意，擅自将合伙企业的房屋设定抵押，造成合伙企业损失，乙应当承担损害赔偿责任

C. 丙擅自将自有房屋出租给合伙企业，造成合伙企业损失1万元，只要经合伙人一致同意该租赁行为的，即可免除该赔偿责任

D. 丁从事与合伙企业相竞争的经营活动，只要其他多数合伙人同意即可

【法条】

《合伙企业法》第32条第1款，第96~99条

5. 债务清偿（F39、41、42）：双重优先原则——合同相对性

（1）合伙财产优先清偿（合伙）债务：

不能清偿的——合伙人承担无限连带责任。

（2）个人财产优先清偿（个人）债务：

不能清偿的——合伙收益——或强制执行企业中的财产份额（优先购买权）。

合伙人发生与合伙企业无关的债务，相关债权人不得以其债权抵销其对合伙企业的债务；也不得代位行使合伙人在合伙企业中的权利。

人民法院强制执行合伙人的财产份额时，应当通知全体合伙人，其他合伙人有优购权；其他合伙人未购买，又不同意将该财产份额转让给他人的，依法为该合伙人办理退伙结算，或者办理削减该合伙人相应财产份额的结算。

【特别提示】合伙人的债务和合伙企业债务的清偿应当坚持合同的相对性原理，合伙企业债务首先通过合伙企业财产清偿，合伙企业财产不足清偿的，合伙人承担无限连带责任。合伙人的个人债务由合伙人的个人财产清偿。

合伙人的个人财产不足清偿的，债权人可以执行合伙人在合伙企业的收益，还可以执行合伙人在合伙企业的份额。

【经典真题】

张某向陈某借款50万作为出资，与李某、王某成立一家普通合伙企业。二年后借款到期，张某无力还款。对此，下列哪些说法是正确的?（2010－3－74）[2]

A. 经李某和王某同意，张某可将自己的财产份额作价转让给陈某，以抵销部分债务

B. 张某可不经李某和王某同意，将其在合伙中的份额出质，用获得的贷款偿还债务

C. 陈某可直接要求法院强制执行张某在合伙企业中的财产以实现自己的债权

D. 陈某可要求李某和王某对张某的债务承担连带责任

---

[1] AB【解析】合伙人造成合伙企业损失的，应当承担赔偿责任。合伙企业享有归入权。

普通合伙人的竞业行为，绝对禁止。

[2] AC【解析】合伙人可以依法通过外转份额的对价来偿债，合伙人的债权人可以通过执行该合伙人的财产份额偿债。

普通合伙人不能擅自将其份额出质，否则，行为无效。

（三）普通合伙企业的入伙、退伙（份额处分、身份变更）★★★

1. 份额处分：转让与质押

（1）转让财产份额（F22、23、24）

A. 对内转让：通知

合伙人之间转让财产份额——通知其他合伙人。

B. 对外转让：一致决、优购权、约定除外

除合伙协议另有约定外，其他合伙人一致同意（同等条件下"优先受让权"），经修改合伙协议即成为合伙企业的合伙人（合伙份额变动：合伙协议记载生效、工商登记对抗）。

> 【特别提示】
>
> 1. 合伙份额之处分包括负担行为和处分行为两个法律行为。
>
> 合伙份额转让之行为包括合伙份额买卖合同（负担行为）和合伙份额转让（处分行为）；
>
> 合伙份额出质之行为包括合伙份额质押合同（负担行为）和合伙份额出质（处分行为）。
>
> 2. 合伙份额的处分行为的生效要件：
>
> （1）特定的合伙份额
>
> （2）处分合伙份额的意思表示
>
> （3）公示（修改合伙协议）：合伙协议记载系生效要件；工商登记系对抗要件
>
> （4）处分权（其他合伙人一致同意）
>
> 3. 如果合伙人转让其全部合伙份额给外部第三人，则转让合伙人退伙，买受人入伙，形成老人退伙、新人入伙的双重法律关系。老人对退伙前，新人对入伙前的合伙企业债务都对债权人承担无限连带责任。

离婚案件涉及分割夫妻共同财产合伙份额的，其他合伙人既不同意转让，也不行使优先受让权，又不同意该合伙人退伙或退还部分财产份额的，视为同意转让，配偶取得合伙人地位。

（2）出质财产份额（F25）：

以其在合伙企业中的财产份额出质的，须经其他合伙人一致同意，否则行为无效。

由此给善意第三人造成损失的，由行为人依法承担赔偿责任。

> 【特别提示】合伙份额质押包括合伙份额质押合同（负担行为）和合伙份额质权设定（处分行为）两个法律关系。
>
> 合伙份额出质未经其他合伙人同意，合伙份额质权设定无效，但是合伙份额质押合同依然有效，第三人可按约定向出质人主张违约责任。

【经典真题】

高崎、田一、丁福三人于2011年4月设立"高田丁科技投资中心（普通合伙）"，丁福为向钟冉借钱，作为担保方式，而将自己的合伙财产份额出质给钟冉。下列说法正确的是

（2013－3－92）〔1〕

A．就该出质行为，高、田二人均享有一票否决权

B．该合伙财产份额质权，须经合伙协议记载与工商登记才能生效

C．在丁福伪称已获高、田二人同意，而钟冉又是善意时，钟冉善意取得该质权

D．在丁福未履行还款义务，如钟冉享有质权并主张以拍卖方式实现时，高、田二人享有优先购买权

2. 入伙

（1）入伙的条件与程序（F43）：一致决，并订立书面入伙协议

除合伙协议另有约定外，合伙人一致同意，并订立书面入伙协议。订立书面入伙协议时，原合伙人应向新合伙人如实告知合伙企业的经营状况和财务状况。

（2）入伙后果（F44）

A 外部：无限连带保护债权人利益

对入伙前合伙企业债务承担无限连带责任

B 内部：约定除外

入伙的新合伙人与原合伙人享有同等权利，承担同等责任。入伙协议另有约定的，从其约定。

【举例说明】

丁小磊 2012 年 5 月以 100 头猪加入杨缘庆和王识的"加多宝"养猪场（普通合伙企业），对入伙前的合伙企业债务明确约定不承担责任，该约定效力如何？如果加入有限合伙做有限合伙人呢？

约定有效，不能对抗外部债权人；做有限合伙人，承担有限责任。

3. 退伙 ★★★

自愿退伙	单方退伙（定期）：单方退伙权——约定：一致决、约定的事由出现	
	——法定：难再续、严重违约	
	通知退伙（不定期）：任意退伙权——不造成不利影响，提前 30 日通知	
强制退伙	当然退伙（事件）：人亡、财灭、资格无——退伙事由实际发生之日为退伙生效日	
	除名退伙（过错）：损害合伙企业利益——接到书面通知之日、一致决	

（1）自愿退伙（声明退伙）

①单方退伙：（F45）

约定期限的，符合下列情形的，可以退伙：

A．约定

合伙协议约定的退伙事由出现；

经全体合伙人一致同意；

---

〔1〕 **AD【解析】**普通合伙人合伙份额质押，须经过合伙人一致决，否则绝对无效，合伙人有一票否决权，A 正确。

合伙份额转让时，合伙协议修改是生效要件，工商登记是对抗要件，合伙份额质押适用合伙份额转让规则。因此合伙份额质权记载合伙协议是生效要件，工商登记是对抗要件，B 错误。

一般情况下，善意取得的信赖基础是所有权，而非处分权。丁某伪称获得高、田二人同意，制造有处分权的外观，信赖处分权的第三人无法善意取得质权。而且，合伙企业人合性保护由于交易安全，第三人无法善意取得合伙份额质权。C 错误。

如果合伙人合伙份额依法出质，强制执行合伙人份额时，其他合伙人享有优先购买权，D 正确。

B. 法定

发生合伙人难以继续参加合伙的事由（客观事由）；

其他合伙人严重违反合伙协议约定的义务。

②**通知退伙：**（F46）

未约定期限的，不造成不利影响的，提前30天通知。

【特别提示】对于不定期合同关系，当事人可以享有任意解除权（《民法典》第563条第2款：以持续履行的债务为内容的不定期合同，当事人可以随时解除合同，但是应当在合理期限之前通知对方）。

【经典真题】

张、王、李、赵各出资四分之一，设立通程酒吧（普通合伙企业）。合伙协议未约定合伙期限。酒吧开业半年后，张某在经营理念上与其他合伙人冲突，遂产生退出想法。下列说法正确的是：（2011 - 3 - 92）[1]

A. 可将其份额转让给王某，且不必事先告知赵某、李某

B. 可经王某、赵某同意后，将其份额转让给李某的朋友刘某

C. 可主张发生其难以继续参加合伙的事由，向其他人要求立即退伙

D. 可在不给合伙事务造成不利影响的前提下，提前30日通知其他合伙人要求退伙

【经典习题】

2015年1月张某、王某、李某、赵某共同出资设立某餐饮企业（普通合伙企业），四人约定合伙期限2年，四人共同执行合伙事务。2015年4月，张某以经营理念与其他合伙人差距太大为由，提出退伙，并提前30天通知其他合伙人。同年5月，未经其他合伙人同意，王某将其合伙份额出质给吴某，为周某对吴某的负债提供担保。下列表述错误的是？[2]

A. 如果对合伙企业未造成不利影响，张某提前30天通知其他合伙人后，可主张退伙

B. 张某可主张解散合伙企业

C. 王某与吴某订立的合伙份额质押合同无效；如吴某善意，则吴某可善意取得合伙份额质权

D. 如经其他合伙人同意，吴某可就该合伙份额的收益优先受偿

【法条】

《合伙企业法》第25、45、46条

（2）**强制退伙（法定退伙）**

①**当然退伙**（F48）：

因客观情况，退伙事由实际发生之日为退伙生效日。

A. 作为合伙人的自然人死亡或者被依法宣告死亡；

【举例说明】

张三1月1日死亡，其他合伙人于2月1日才知悉并同意办理退伙结算，何时为张三的退伙生效日？

1月1日。

---

[1] D【解析】不定期的合伙协议，合伙人不给合伙事务造成不利影响的情况下，提前30日通知退伙。

[2] ABC【解析】约定合伙期限的，合伙人不享有任意预告退伙权。解散合伙企业应当符合法定或约定的情形。未经合伙人一致决，擅自出质合伙份额的，质权绝对无效，但债权（质押合同）有效。如果质权有效，则质权人的权利及于合伙份额的孳息（合伙份额的收益）。

B. 作为合伙人的法人或其他组织依法被吊销营业执照、责令关闭、撤销，或者被宣告破产；

C. 个人丧失偿债能力；

D. 法律规定或者合伙协议约定合伙人必须具有相关资格而丧失该资格；

E. 合伙人在合伙企业中的全部财产份额被人民法院强制执行。

合伙人被依法认定为"无限人"的：经其他合伙人一致同意，可依法转为有限合伙人，普通合伙企业依法转为有限合伙企业；其他合伙人未能一致同意的，该合伙人当然退伙。退伙时间是合伙人实际成为"无限人"之日。

【经典真题】

甲、乙、丙于2010年成立一家普通合伙企业，三人均享有合伙事务执行权。2013年3月1日，甲被法院宣告为无民事行为能力人。3月5日，丁因不知情找到甲商谈一笔生意，甲以合伙人身份与丁签订合同。下列哪些选项是错误的？（2013－3－71）[1]

A. 因丁不知情，故该合同有效，对合伙企业具有约束力

B. 乙与丙可以甲丧失行为能力为由，一致决议将其除名

C. 乙与丙可以甲丧失行为能力为由，一致决议将其转为有限合伙人

D. 如甲因丧失行为能力而退伙，其退伙时间为其无行为能力判决的生效时间

②除名退伙（F49）——实质要件：因过错，损害合伙企业利益；程序要件：一致决、送达书面通知

合伙人有下列情形的，经其他合伙人一致同意，可决议将其除名：

A. 未履行出资义务；

B. 因故意或者重大过失给合伙企业造成损失；

C. 执行合伙事务时有不正当行为；

D. 发生合伙协议约定的事由。

除名决议应当书面通知，自接到除名通知之日起除名生效。有异议的，自接到除名通知之日起三十日内起诉。

【经典习题】

甲乙丙丁开办一司法培训机构（普通合伙企业），约定经营期限5年，下列错误的是？[2]

A. 因甲严重违反合伙协议的约定，乙可主张退伙

B. 在不给合伙事务造成不利影响的前提下，乙可提前30日通知其他合伙人要求退伙

C. 丙完全丧失了偿债能力，在其他合伙人一致同意丙退伙之日，丙当然退伙

D. 因丁吸毒嫖娼破坏婚姻家庭稳定，甲乙可直接将其除名

（3）合伙人的资格继承（F50）：★★

①手动继承

合伙人死亡或被依法宣告死亡的，其继承人按照合伙协议的约定或者经全体合伙人一致同意，从继承开始之日起，取得该合伙企业的合伙人资格。

---

〔1〕 **ABD【解析】**无行为能力人从事的法律行为一般无效，无限人保护优于交易安全，所以合同无效，A错误，要选。

普通合伙人丧失行为能力，并不当然退伙，而且除名退伙的条件是合伙人损害合伙企业利益，B错误，要选。

普通合伙人丧失行为能力，经过合伙人一致决，可以转为有限合伙人，C正确，不选。

普通合伙人丧失行为能力，并不当然退伙，而且退伙事由实际发生之日为退伙生效日，D错误，要选。

〔2〕 **BCD【解析】**定期合伙的，其他合伙人严重违约的，合伙人可主张退伙权。

② "无限人"继承

合伙人的继承人为"无限人"的：经全体合伙人一致同意，可依法成为有限合伙人，普通合伙企业依法转为有限合伙企业；未能一致同意的，应将被继承合伙人的财产份额退还该继承人。

③不能继承——份额退还

有下列情形之一的，合伙企业应向合伙人的继承人退还被继承合伙人的财产份额：

A. 主观：继承人不愿意成为合伙人；

B. 客观：法律规定或合伙协议约定合伙人必须具有相关资格，而该继承人未取得该资格；

C. 合伙协议约定不能成为合伙人的其他情形。

（4）退伙的后果（F51－54）

①内部：退伙结算，退还退伙人的财产份额。

②外部：对基于其退伙前的原因发生的合伙企业债务，承担无限连带责任。

【经典真题】

2007年3月，甲、乙、丙开办一普通合伙企业，同年6月甲与丁结婚。2007年10月，甲与丁生女戊。2008年8月，甲因车祸去世。合伙协议对合伙人资格取得或丧失未作约定。下列哪些说法不正确？（2005－3－63、2008－3－26、2009－3－28）[1]

A. 合伙企业中甲的财产份额属于夫妻共同财产

B. 丁依法自动取得合伙人地位

C. 如乙、丙同意，丁、戊依法取得普通合伙人的地位

D. 只能由合伙企业向丁、戊退还甲在合伙企业中的财产份额

E. 如果庚是甲的唯一继承人，而庚不愿意成为合伙人的，合伙企业应向庚退还甲的财产份额

【经典习题】

甲乙丙丁设立某城市互动文化媒体企业（普通合伙企业），某日，甲因车祸身亡，其儿子小甲16周岁，其妻子因受惊吓而丧失行为能力。某日，乙因航空事故成为植物人。丙下落不明达到法定期限，被宣告死亡。下列错误的是？[2]

A. 甲当然退伙，其儿子妻子经过合伙人一致同意可继承普通合伙人资格

B. 乙仍可作为普通合伙人

C. 丙的继承人依然要对合伙企业不能清偿的债务承担无限连带责任

D. 如合伙企业长达30天只有一个合伙人乙，则合伙企业应当依法解散

【法条】

《合伙企业法》第50、85条。

（四）特殊的普通合伙企业 ★★

1. 特殊行业限制（F55、56、59）：

以专业知识和专门技能为客户提供有偿服务的专业服务机构，可以设立为特殊的普通合伙企业。名称中应当标明"特殊普通合伙"字样。

特殊的普通合伙企业应当建立执业风险基金、办理职业保险。执业风险基金用于偿付合伙

---

〔1〕 ABCD【解析】普通合伙人死亡的，其继承人"手动"继承合伙人资格，继承人系"无限人"的，可以做有限合伙人。

〔2〕 ABC【解析】普人资格继承：手动；无限人，可做有人；合伙人对退伙前的债务承担无限连带责任，继承人以继承财产为限；合伙人不足法定人数满30天，合伙企业应当解散。

人执业活动造成的债务。

2. 特殊的责任承担方式（F57、58）

（1）一个合伙人或者数个合伙人在执业活动中因故意或者重大过失造成企业债务的，应当承担无限责任或者无限连带责任，其他合伙人以其在合伙企业中的财产份额为限承担责任。

（2）非因故意或者重大过失造成的企业债务以及合伙企业的其他债务，全体合伙人承担无限连带责任。

【特别提示】

1. 特殊的普通合伙属于专业服务机构，其合伙人具有高度的独立性，与一般普通合伙的高度人合性存在区别。合伙人类似于个体户，合伙人之间联系松散。因此在责任承担形式上，强调其责任的独立性，即自己的过错自己赔。但是由于特殊的普通合伙依然属于合伙企业，依然具有共担风险的属性，因此，对于非因合伙人故意或重大过失造成的合伙企业债务，全体合伙人承担无限连带责任。

2. 基于合同的相对性，外部债权人首先向合伙企业主张权利，合伙企业不能偿债的，向有故意或重大过失的合伙人主张无限连带责任。合伙企业可以偿债的，合伙企业内部向有故意或重大过失的合伙人追偿，主张其承担无限连带责任。

【经典真题】

君平昌成律师事务所是一家采取特殊普通合伙形式设立的律师事务所，曾君、郭昌是其中的两名合伙人。在一次由曾君主办、郭昌辅办的诉讼代理业务中，因二人的重大过失而泄露客户商业秘密，导致该所对客户应承担巨额赔偿责任。关于该客户的求偿，下列哪些说法是正确的？（2015－3－72）[1]

A. 向该所主张全部赔偿责任   B. 向曾君主张无限连带赔偿责任

C. 向郭昌主张补充赔偿责任   D. 向该所其他合伙人主张连带赔偿责任

第二节　有限合伙企业

有限合伙是指普通合伙人和有限合伙人共同设立的合伙企业。

有限合伙人承担有限责任，不参与合伙事务管理；（睡觉的股东）普通合伙人承担无限连带责任，管理合伙企业。

---

〔1〕　AB【解析】依据《合伙企业法》第58条的规定，特殊的普通合伙，合伙人具有个人独立性，自己的过错自己赔偿，非故意或者重大过失的风险由全体合伙人共担。但客户与律师事务所订立合同，基于合同相对性，客户可向律所主张全部赔偿责任，A正确。

依据《合伙企业法》第57条第1款的规定，基于特殊普通合伙的合伙人的个人独立性，对于因合伙人故意或重大过失造成的合伙企业债务，该合伙人应当承担无限连带责任，客户可依法向该合伙人主张无限连带责任，B正确。

依据《合伙企业法》第57条第1款的规定，过错合伙人承担补充赔偿责任的说法没有法律依据，过错合伙人应当对债权人承担无限连带责任，而不是补充赔偿责任，C错误。

依据《合伙企业法》第57条第2款的规定，基于特殊普通合伙的合伙人的个人独立性，无过错合伙人以其在合伙企业中的财产份额为限承担责任，而无需承担无限连带责任，D错误。

【特别提示】有限合伙基金是典型的有限合伙企业，投资人作为有限合伙人，投资到有限合伙企业，但不参与管理，管理人（基金经理）作为普通合伙人管理有限合伙企业，但是不投资。这种投资人不管理，只承担有限责任，而管理人不投资，承担无限连带责任的组织体制非常契合风险投资活动（创业投资活动）。有限合伙企业形态在创业投资领域得到非常广泛的应用。

（一）有限合伙企业的设立（F61、62、64）

1. 合伙人：

二个以上五十个以下，至少应当有一个普通合伙人。

【特别提示】不超过50人的目的在于控制金融风险。

2. 出资：

有限合伙人不得以劳务出资。

（二）有限合伙企业的经营（事务执行、忠实义务、盈亏分担、债务清偿）

1. 合伙事务执行（F68）

（1）由普通合伙人执行合伙事务。 有限合伙人不执行合伙事务，不得对外代表有限合伙企业。

（2）表见普伙（F76）（类推表见代理）

第三人有理由相信有限合伙人为普通合伙人并与其交易的，该有限合伙人对该笔交易承担与普通合伙人同样的责任。

【特别提示】类推表见代理的规则

1. 外部：第三人可主张有限合伙人以合伙企业名义从事的交易行为有效，有限合伙人需要承担无限连带责任。

2. 内部：该有限合伙人对其他合伙人承担损害赔偿责任。

（3）有限合伙人的权利（F68）★★

有限合伙人的下列行为，不视为执行合伙事务：

A 决定权：

参与决定普通合伙人入伙、退伙；

B 建议权：

对企业的经营管理提出建议；

C 知情权：

选择权： 参与选择承办有限合伙企业审计业务的会计师事务所；

获取权： 获取经审计的有限合伙企业财务会计报告；

查账权： 对涉及自身利益的情况，查阅有限合伙企业财务会计账簿等财务资料；

D 诉权：

直接诉： 在有限合伙企业中的利益受到侵害时，向有责任的合伙人主张权利或提起诉讼；

代表诉： 执行事务合伙人怠于行使权利时，督促其行使权利或为本企业的利益以自己的名义提起诉讼；

E 担保权：

依法为本企业提供担保。

【特别提示】有限合伙人系投资人，投资者的权益应当得到保护，参与决定普通合伙人入伙或退伙，说明其享有选择决定管理人的权利；其还有对企业管理提出建议的权利；其还享有知情权，了解企业财务状况和盈利情况。

【举例说明】

某有限合伙企业，有限合伙人甲能否选择承办审计业务的会计事务所？

可以。

2. 忠实义务（F70、71）

有限合伙人可同企业交易、同业竞争，合伙协议另有约定除外。

【特别提示】有限合伙人可以和有限合伙企业从事自我交易行为，但是实质上并非自我交易，因为有限合伙人不参与合伙事务管理，实质上是有限合伙人和普通合伙人在从事交易。

注意：有限合伙人原则上可以从事竞业行为和自我交易行为，但是合伙协议另有约定除外。

3. 盈亏分担（F69）

可以约定将全部（利润）分配给部分合伙人，但亏损必须共同承担。

4. 有限合伙人的个人债务清偿（F74）

个人财产——合伙收益——或强制执行企业中的财产份额（其他合伙人有优先购买权）。

【经典真题】

崔凰投资是有限合伙企业，从事私募股权投资活动。2017年3月，三江有限公司决定入伙崔凰投资，成为其有限合伙人。对此，下列哪些选项是错误的？（2017－3－72）[1]

A. 如合伙协议无特别约定，则须经全体普通合伙人一致同意，三江公司才可成为新的有限合伙人

B. 对入伙前崔凰投资的对外负债，三江公司仅以实缴出资额为限承担责任

C. 三江公司入伙后，有权查阅崔凰投资的财务会计账簿

D. 如合伙协议无特别约定，则三江公司入伙后，原则上不得自营与崔凰投资相竞争的业务

【法条】

《合伙企业法》第43、60、68、71、77条。

（三）有限合伙人的入伙、退伙（份额处分、身份变更）★★★

1. 份额处分：转让与质押（F72、73）

（1）自由预告外转，约定除外——体现人合性

有限合伙人可按合伙协议约定对外转让财产份额，应提前三十日通知其他合伙人。

---

[1] ABCD【解析】依据《合伙企业法》第43、60条的规定，新合伙人入伙，除合伙协议另有约定外，应当经全体合伙人一致同意，并依法订立书面入伙协议。有限合伙适用普通合伙关于入伙的规定，对于有限合伙而言，新人的入伙对合伙企业有重大的影响，应当经过全体合伙人的一致决，而不仅仅是全体普通合伙人的一致决，A选项错误。

依据《合伙企业法》第77条的规定，新入伙的有限合伙人对入伙前有限合伙企业的债务，以其认缴的出资额为限承担责任，而不是实缴出资，B选项错误

依据《合伙企业法》第68条第2款第5项的规定，有限合伙人对涉及自身利益的情况，查阅有限合伙企业财务会计账簿等财务资料，而不是可以随意查账，C选项错误。

依据《合伙企业法》第71条的规定，有限合伙人可以自营或者同他人合作经营与本有限合伙企业相竞争的业务；但是，合伙协议另有约定的除外。有限合伙人一般可以从事竞业行为，D选项错误。

（2）自由出质，约定除外——体现人合性

有限合伙人可出质财产份额，合伙协议约定除外。

【特别提示】有限合伙人类似于股份公司的股东，具有高度的资合性，原则上其持有的合伙份额可以自由处分，但是合伙协议另有约定除外。

【举例说明】

有限合伙人甲拟转让其合伙份额外转给乙，其他合伙人有优先购买权么？拟将其合伙份额出质给某银行，要一致决么？

无优先购买权；不需要一致决，约定除外。

2. 入伙（F77）：

对入伙前债务，以其认缴的出资额为限承担责任。

【经典真题】

李军退休后于2014年3月，以20万元加入某有限合伙企业，成为有限合伙人。后该企业的另一名有限合伙人退出，李军便成为唯一的有限合伙人。2014年6月，李军不幸发生车祸，虽经抢救保住性命，但已成为植物人。对此，下列哪一表述是正确的？（2015-3-30）[1]

A. 就李军入伙前该合伙企业的债务，李军仅需以20万元为限承担责任

B. 如李军因负债累累而丧失偿债能力，该合伙企业有权要求其退伙

C. 因李军已成为植物人，故该合伙企业有权要求其退伙

D. 因唯一的有限合伙人已成为植物人，故该有限合伙企业应转为普通合伙企业

3. 退伙

（1）当然退伙（F78、79）：

A. 两亡一丧一执行；

作为合伙人的自然人死亡或者被依法宣告死亡；

作为合伙人的法人或者其他组织依法被吊销营业执照、责令关闭、撤销，或者被宣告破产；

法律规定或者合伙协议约定合伙人必须具有相关资格而丧失该资格；

合伙人在合伙企业中的全部财产份额被人民法院强制执行。

B. 有限合伙人为"无限人"或丧失偿债能力的，不退伙。

【特别提示】有限合伙人以出资为限承担有限责任，强调出资信用，突出资合，因此其丧失行为能力或偿债能力，不退伙。

（2）资格继承（F80）：

有限合伙人死亡或终止，其继承人或权利承受人可取得该有限合伙人的资格。

（3）退伙（F81）：

对退伙前企业债务，以其退伙时从企业中取回的财产为限承担责任。

---

[1] A【解析】依据《合伙企业法》第77条的规定，以有限合伙人身份入伙的，对入伙前债务以出资为限承担有限责任，有限合伙人类似于股东，承担有限责任，A正确。

有限合伙人基于资本信用入伙，以出资为限承担有限责任，具有资合性，其自身丧失偿债能力，不退伙，B错误。

依据《合伙企业法》第79条的规定，有限合伙人基于资本信用入伙，以出资为限承担有限责任，具有资合性，其丧失行为能力，不退伙，无限人可以继续做有限合伙人，C错误。

无限人可以继续做有限合伙人，既然还存在有限合伙人，该有限合伙无需转为普通合伙，D错误。

A. 内部：退伙结算。

B. 外部：对退伙前债务，以其取回的财产为限承担责任。

【特别提示】有限合伙人类似股东，一旦出资，永久出资，可以分红，但不得取回投资，不得转移合伙企业之财产。如其转移合伙企业财产，则可参照适用公司法上人格否认之制度，须在转移财产范围内承担责任。

【经典真题】

灏德投资是一家有限合伙企业，专门从事新能源开发方面的风险投资。甲公司是灏德投资的有限合伙人，乙和丙是普通合伙人。关于合伙协议的约定，下列哪些选项是正确的？(2016-3-72)[1]

A. 甲公司派驻灏德投资的员工不领取报酬，其劳务折抵10%的出资

B. 甲公司不得与其他公司合作从事新能源方面的风险投资

C. 甲公司不得将自己在灏德投资中的份额设定质权

D. 甲公司不得将自己在灏德投资中的份额转让给他人

4. 身份变更（F82、83、84、75）

(1) 内部：保护合伙人

除合伙协议另有约定外，身份变更，须经全体合伙人一致同意。

(2) 外部：保护债权人

身份变更，需对原身份期间的企业债务承担无限连带责任。

【特别提示】

1. 有限合伙人变更为普通合伙人，类似于普通合伙人的入伙，入伙需要对入伙前债务承担无限连带责任。

2. 普通合伙人变更为有限合伙人，类似于普通合伙人的退伙，退伙需要对退伙前债务承担无限连带责任。因此，合伙人身份变更，需要对原身份期间合伙企业债务承担无限连带责任。

(3) 特殊后果

仅剩有限合伙人的，解散；

仅剩普通合伙人的，转为普通合伙企业。

【经典习题】

甲、乙、丙、丁欲设立一有限合伙企业，甲、乙是有限合伙人，丙、丁是普通合伙人。合

---

[1] BC【解析】依据《合伙企业法》第64条第2款的规定，有限合伙人不得以劳务出资，所以A错误。

依据《合伙企业法》第71条的规定，有限合伙人可以自营或者同他人合作经营与本有限合伙企业相竞争的业务；但是，合伙协议另有约定的除外。合伙协议可约定有限合伙人不得从事竞业行为，所以B正确。

依据《合伙企业法》第72条的规定，有限合伙人可以将其在有限合伙企业中的财产份额出质；但是，合伙协议另有约定的除外。合伙协议可约定有限合伙人不得将其份额出质，所以C正确。

依据《合伙企业法》第73条的规定，有限合伙人可以按照合伙协议的约定向合伙人以外的人转让其在有限合伙企业中的财产份额，但应当提前三十日通知其他合伙人。但合伙份额转让系合伙人的固有权，合伙协议不能剥夺，合伙协议不可约定有限合伙人的份额不能外转，禁止合伙份额外转的约定，限制了合伙份额的流通，在准物权领域内没有法律效力，合伙份额依然可对外转让，但是禁止外转的约定可以具有债法效力，违反约定的当事人要承担违约责任。所以D错误。

伙协议中约定了如下内容，其中哪些不符合法律规定？（2008 - 3 - 69，70；2009 - 3 - 74）[1]

A. 甲仅以出资额为限对企业债务承担责任，同时被推举为合伙事务执行人

B. 丙以其劳务出资，为普通合伙人，其出资份额经各合伙人商定为 5 万元

C. 合伙企业的利润由甲、乙、丁三人分配，丙仅按营业额提取一定比例的劳务报酬

D. 若有限合伙人乙被法院判决认定为无民事行为能力人或丧失偿债能力，其他合伙人可以要求其退伙

E. 若有限合伙人乙死亡，其继承人可以取得乙在有限合伙企业中的资格

F. 若乙转为普通合伙人，须对其作为有限合伙人期间企业发生的债务承担无限连带责任

G. 如果合伙协议没有限制，乙可以不经过其他合伙人同意而将其在合伙企业中的财产份额出质；还可以将自购的机器设备出租给合伙企业使用；提前 30 日通知其他合伙人将其部分合伙份额转让给合伙人以外的人

H. 甲可以参与决定普通合伙人入伙、退伙；还可以对涉及自身利益的情况，查阅有限合伙企业财务会计账簿等财务资料，可以为合伙企业提供担保

I. 四方可以约定不经全体合伙人一致同意而吸收新的合伙人

普通合伙人与有限合伙人的比较表格

序号	区别特征	普通合伙人	有限合伙人
1	入伙出资	可劳务出资	不可劳务出资
2	入伙前企业债务	无限连带	出资为限承担有限责任
3	盈亏分担	普伙企业共担盈亏	有伙企业盈利经协议约定可独占，亏损共担
4	竞业	绝对禁止	自由，约定除外
5	自我交易	一致决或合伙协议约定	自由，约定除外
6	份额外转	一致决，约定除外（有优先购买权）	自由，约定除外，30 日预告（无优先购买权）
7	份额质押	一致决，否则绝对无效	自由，约定除外
8	份额执行	其他合伙人有优先购买权	其他合伙人有优购权
9	退伙	丧失偿债能力当然退伙	丧失偿债能力不退伙
10	资格继承	手动	自动
11	退伙前企业债务	无限连带	取回财产为限承担有限责任

---

[1] AD【解析】有限合伙人不得参与合伙事务管理，有限合伙人被认定为"无限人"，可以继续做有限合伙人。

第三章　个人独资企业法

> **【复习指南】**

以个人独资企业的设立、管理、解散清算为主线，全面学习掌握个人独资企业法的基本制度。重点学习个人独资企业的特征、事务管理以及其解散清算后的投资人债务责任的除斥期间。

重点学习外商投资的投资准入、投资权利保护和投资管理的具体制度。

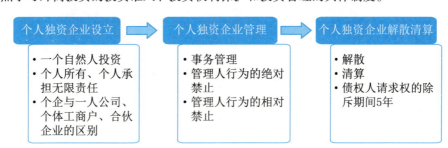

第一节　个人独资企业法的基本制度

(一) 概念（个人独资企业法 F2）

个人独资企业简称独资企业，是指在中国境内设立，一个自然人投资，全部资产为个人所有，投资者以其个人财产对企业债务承担无限责任的经营实体。

个人出资、个人经营、个人自负盈亏、自担风险。

(二) 设立（F8）

1. 一个自然人投资；

2. 全部财产为投资人个人所有（F17）；

(1) 个人独资企业投资人对本企业的财产依法享有所有权；

(2) 其有关权利可以依法进行转让或继承。

3. 投资人以其个人财产承担无限责任（F18）；

以家庭共有财产出资，以家庭共有财产承担无限责任。

4. 无需章程；

5. 无需最低注册资本；

6. 无法人资格；

7. 不纳企业所得税。

【经典真题】

下列关于个人独资企业的表述中哪些是正确的？（2002－3－49）[1]

---

[1] CD【解析】个人独资企业不缴企业所得税，不需缴足最低注册资本。

A. 个人独资企业应依法缴纳企业所得税

B. 个人独资企业成立时需缴足法定最低注册资本

C. 个人独资企业对被聘用人员的限制不得对抗善意第三人

D. 个人独资企业的投资人对个人独资企业债务承担无限责任

【特别提示】

	一人公司	个人独资企业
法人资格	有	无
投资人	一个自然人或一个法人	一个自然人
投资人责任	有限责任	无限责任
法律依据	公司法	个人独资企业法

（三）事务管理（F19）

1. 自行管理：

投资人本人直接管理。

2. 委托管理：

投资人委托他人管理。

3. 聘任管理：

投资人聘任他人管理；

投资人对受托人或被聘用的人员职权的限制，不得对抗善意第三人。

4. 投资人委托或聘用的管理人不得有下列行为（F20）：

绝对禁止：索贿受贿、侵占财产、泄密、挪用资金；

（1）利用职务上的便利，索取或者收受贿赂；

（2）利用职务或者工作上的便利侵占企业财产；

（3）泄露本企业的商业秘密；

（4）挪用企业的资金归个人使用或者借贷给他人；

相对禁止：担保、竞业、自我交易、公款私存、处分知识产权；

（1）擅自将企业资金以个人名义或者以他人名义开立账户储存；

（2）擅自以企业财产提供担保；

（3）未经投资人同意，从事与本企业相竞争的业务；

（4）未经投资人同意，同本企业订立合同或者进行交易；

（5）未经投资人同意，擅自将企业商标或者其他知识产权转让给他人使用。

法律、行政法规禁止的其他行为。

【经典真题】

为开拓市场需要，个人独资企业主曾水决定在某市设立一个分支机构，委托朋友霍火为分支机构负责人。关于霍火的权利和义务，下列哪一表述是正确的？（2012 - 3 - 29）[1]

A. 应承担该分支机构的民事责任

B. 可以从事与企业总部相竞争的业务

---

[1] D【解析】个人独资企业分支机构的责任由该企业承担。个人独资企业管理人竞业、自我交易相对禁止。个人独资企业管理人经投资人同意可以以企业财产为他人提供担保。

C. 可以将自己的货物直接出卖给分支机构

D. 经曾水同意可以分支机构财产为其弟提供抵押担保

（四）解散与清算

1. 解散（F26）

因出现某些法律事由而导致个人独资企业消灭的法律事实，包括：

（1）投资人决定解散；

（2）投资人死亡或者被宣告死亡，无继承人，或者继承人决定放弃继承；

（3）被依法吊销营业执照；

（4）法律、行政法规规定的其他情形。

2. 清算（F27、28）

（1）由投资人自行清算或由债权人申请法院指定清算人进行清算。

（2）个人独资企业解散后，原投资人对个人独资企业存续期间的债务仍应承担偿还责任，但债权人在 5 年内未向债务人提出偿债请求的，该责任消灭（除斥期间）。

第二节 外商投资法

1. 外资和外企概念（F2）

外商投资	外国的自然人、企业或其他组织（以下称外国投资者）直接或间接在中国境内进行的投资活动，包括下列情形： **（1）投资设立企业** 外国投资者单独或与其他投资者共同在中国境内设立外商投资企业； **（2）股权收购** 外国投资者取得中国境内企业的股份、股权、财产份额或其他类似权益； **（3）投资新建项目** 外国投资者单独或与其他投资者共同在中国境内投资新建项目； **（4）其他方式投资** 法律、行政法规或国务院规定的其他方式的投资。
外商投资企业	全部或部分由外国投资者投资，依照中国法律在中国境内经登记设立的企业。

2. 投资准入（F4、28－30、36）

准入前国民待遇＋负面清单	国家对外商投资实行准入前国民待遇加负面清单管理制度。
	准入前国民待遇 在投资准入阶段给予外国投资者及其投资不低于本国投资者及其投资的待遇； 中国缔结或参加的国际条约、协定对外国投资者准入待遇有更优惠规定的，可以按照相关规定执行。
	负面清单 国家规定在特定领域对外商投资实施的准入特别管理措施。

负面清单禁止投资	**不得投资** 外商投资准入负面清单规定禁止投资的领域，外国投资者不得投资。
	法律责任 **（1）责令停止、限期处分、恢复原状、没收违法所得** 外国投资者投资外商投资准入负面清单规定禁止投资的领域的，由有关主管部门责令停止投资活动，限期处分股份、资产或采取其他必要措施，恢复到实施投资前的状态；有违法所得的，没收违法所得。 **（2）相应法律责任** 外国投资者还应依法承担相应的法律责任。
负面清单限制投资	**符合条件才能投资** 外商投资准入负面清单规定限制投资的领域，外国投资者进行投资应符合负面清单规定的条件。
	法律责任 **（1）限期改正、采取措施满足准入要求——逾期不改正，适用禁止投资规则** 外国投资者的投资活动违反外商投资准入负面清单规定的限制性准入特别管理措施的，由有关主管部门责令限期改正，采取必要措施满足准入特别管理措施的要求；逾期不改正的，依照前款规定处理。 **（2）相应法律责任** 外国投资者还应依法承担相应的法律责任。
负面清单以外领域	**国民待遇** 国家对负面清单之外的外商投资，给予国民待遇。负面清单由国务院发布或批准发布。 **内外资一致原则** 外商投资准入负面清单以外的领域，按照内外资一致的原则实施管理。
	投资项目核准备案 外商投资需要办理投资项目核准、备案的，按照国家有关规定执行。
	特许经营 外国投资者在依法需要取得许可的行业、领域进行投资的，应依法办理相关许可手续。 有关主管部门应按照与内资一致的条件和程序，审核外国投资者的许可申请，法律、行政法规另有规定的除外。

【经典习题】

依据《外商投资法》，下列表述错误的是？[1]

A. 在甲国注册的 A 公司在我国南方某省新建某足球学校项目，该投资活动不受外商投资法调整，但因 A 公司在我国有投资行为，其系外商投资企业

B. 中国缔结的国际条约对 A 公司准入待遇有更优惠规定的，可以按照其规定执行

---

[1] A【解析】禁止投资——不得投资，否则责令停止、恢复原状、没收所得、其他相应法律责任。
限制投资——符合条件，否则限期改正、采取措施满足条件；否则适用禁止投资规则。
负面清单以外领域——国民待遇、内外一致。

C. 在乙国注册的 B 公司投资到了外商投资准入负面清单规定禁止投资的采矿领域，由有关主管部门责令停止投资活动，没收违法所得。如果该投资行为造成我国矿业资源损失的，还应当依法承担损害赔偿责任

D. 在丙国注册的 C 公司的投资活动违反外商投资准入负面清单规定的限制性准入特别管理措施的，由有关主管部门责令限期改正，采取必要措施满足准入特别管理措施的要求

【法条】

《外商投资法》第 4、36 条。

3. 投资促进（F9 - 18）

平等适用	外商投资企业依法平等适用国家支持企业发展的各项政策。
立法	**相关立法——应征求意见** 制定与外商投资有关的法律、法规、规章，应采取适当方式征求外商投资企业的意见和建议。 **规范性文件、裁判文书——应及时公布** 与外商投资有关的规范性文件、裁判文书等，应依法及时公布。 **县级以上人民政府——制定促进和便利外资措施**
标准化	**平等参与标准化制定、强制性标准平等适用** 国家保障外商投资企业依法平等参与标准制定工作，强化标准制定的信息公开和社会监督。 国家制定的强制性标准平等适用于外商投资企业。
政府采购	**公平竞争参与政府采购、平等对待** 国家保障外商投资企业依法通过公平竞争参与政府采购活动。 政府采购依法对外商投资企业在中国境内生产的产品、提供的服务平等对待。
融资	**融资** 外商投资企业可依法通过公开发行股票、公司债券等证券和其他方式进行融资。

【特别提示】区分股权质押合同（负担行为）和股权质押（处分行为）

1. 外商投资企业股东与债权人订立的股权质押合同，除法律、行政法规另有规定或者合同另有约定外，自成立时生效。未办理质权登记的，不影响股权质押合同的效力。

2. 当事人仅以股权质押合同未经外商投资企业审批机关批准为由主张合同无效或未生效的，人民法院不予支持。

3. 股权质押合同依照民法典的相关规定办理了出质登记的，股权质权自登记时设立。

4. 投资保护（F20 - 27）

征收禁止和例外	**国家对外国投资者的投资不实行征收。** 在特殊情况下，国家为了公共利益的需要，可以依照法律规定对外国投资者的投资实行征收或征用。征收、征用应依照法定程序进行，并及时给予公平、合理的补偿。
收益自由处分	**收益自由汇入汇出** 外国投资者在中国境内的出资、利润、资本收益、资产处置所得、知识产权许可使用费、依法获得的补偿或赔偿、清算所得等，可以依法以人民币或外汇自由汇入、汇出。

保护知识产权	国家保护外国投资者和外商投资企业的知识产权，保护知识产权权利人和相关权利人的合法权益。
依法行政	1. 政府依法制定相关规范性文件——不减损外企权益、不设置市场进退条件、不干预外企正常经营
	2. 政府履行承诺、改变承诺需依据程序并补偿损失
投诉	侵犯权益：协调（外企投诉工作机制），或行政复议、行政诉讼 国家建立外商投资企业投诉工作机制，及时处理外商投资企业或其投资者反映的问题，协调完善相关政策措施。 外商投资企业或其投资者认为行政机关及其工作人员的行政行为侵犯其合法权益的，可以通过外商投资企业投诉工作机制申请协调解决。 外商投资企业或其投资者认为行政机关及其工作人员的行政行为侵犯其合法权益的，还可以依法申请行政复议、提起行政诉讼。

【经典习题】

依据《外商投资法》，下列表述错误的是?[1]

A. 制定与外商投资有关的法律、法规、规章，可以采取适当方式征求外商投资企业的意见和建议；与外商投资有关的规范性文件、裁判文书等，应当依法及时公布

B. 乙外商投资企业在中国境内的知识产权许可使用费和清算所得，应当以人民币汇入、汇出

C. 丙外商投资企业认为某工商局的行政行为侵犯其合法权益，必须先通过外商投资企业投诉工作机制申请协调解决

D. 丁外商投资企业（有限责任公司形式）可依法通过公开发行股票进行融资

【法条】

《外商投资法》第 10、17、21、26 条。

5. 投资管理（F31–38）

组织治理	组织形式及活动准则——公司法、合伙企业法 外商投资企业的组织形式、组织机构及其活动准则，适用《公司法》《合伙企业法》等法律的规定。
集中	经营者集中——接受审查 外国投资者并购中国境内企业或以其他方式参与经营者集中的，应依照《反垄断法》的规定接受经营者集中审查。
安全审查	安全审查 国家建立外商投资安全审查制度，对影响或可能影响国家安全的外商投资进行安全审查。 依法作出的安全审查决定为最终决定。

---

〔1〕 ABCD【解析】相关法律应当征求意见；收益可以以外币方式汇出汇入；外企投诉工作机制系选择程序；有限公司不能发行股票。

信息报告	**(1) 通过企业登记系统以及企业信用信息公示系统向商务主管部门报送** 国家建立外商投资信息报告制度。 外国投资者或外商投资企业应通过企业登记系统以及企业信用信息公示系统向商务主管部门报送投资信息。 外商投资信息报告的内容和范围按照确有必要的原则确定；通过部门信息共享能够获得的投资信息，不得再行要求报送。
	(2) 法律责任 责令限期改正——逾期不改正的，罚款（10万~50万） 外国投资者、外商投资企业违反本法规定，未按照外商投资信息报告制度的要求报送投资信息的，由商务主管部门责令限期改正；逾期不改正的，处十万元以上五十万元以下的罚款。
守法	**(1) 遵守劳动保护、社会保险、税收、会计、外汇方面的法律** 外商投资企业开展生产经营活动，应遵守法律、行政法规有关劳动保护、社会保险的规定，依照法律、行政法规和国家有关规定办理税收、会计、外汇等事宜，并接受相关主管部门依法实施的监督检查。
	(2) 法律责任：违法查处、纳入信用系统 对外国投资者、外商投资企业违反法律、法规的行为，由有关部门依法查处，并按照国家有关规定纳入信用信息系统。

【经典习题】

美国人马克拟在中国境内依据中国法津投资设立甲企业，从事投资活动，依据《外商投资法》，下列表述错误的是？[1]

A. 甲企业的组织形式、组织机构和活动准则适用《外商投资法》

B. 如甲企业的经营活动对可能影响国家安全，则依法作出的安全审查决定是最终决定

C. 如甲企业未按照外商投资信息报告制度的要求报送投资信息的，可以由商务主管部门责令限期改正，并处100万元的罚款

D. 在特殊情况下，国家为了公共利益的需要，可以依照法津规定对马克在中国的投资实行征收

【法条】

《外商投资法》第31~35条。

---

[1] AC【解析】外商投资企业适用《公司法》《合伙企业法》。外商投资企业应依法报送信息，逾期不改正的，处以10万~50万的罚款。

第四章　企业破产法

▶【复习指南】

以破产清算程序的申请受理——管理人——破产财团——债权申报——债权人会议——破产宣告——破产清算——程序终结为主线，全面学习破产程序通用的基本制度。以重整、和解和破产清算三大基本程序为区分，附带重整计划执行和和解协议执行两个执行阶段，全面学习掌握三大程序的具体规则和转换制度。重点学习破产财团制度和债权申报规则，以及重整程序。

▶【知识框架】

破产法总论	申请与受理——管理人、破产财团、债权申报、债权人会议——程序终结	
破产法分论 3+2	重整	申请受理——重整计划的制备、通过和批准——程序终结
	重整计划的执行	执行成功与失败
	和解	申请受理——和解协议的提出、通过和认可——程序终结
	和解协议的执行	执行成功与失败
	清算	申请受理——破产宣告、破产清算——程序终结

1. 清算程序

 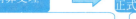

破产清算申请	破产清算受理	破产宣告和破产清算正式开始	破产程序终结
· 债权人申请 · 债务人申请 · 清算组申请	· 1.管理人 · 2.破产财团 · 破产费用和共益债务 · 撤销权 · 取回权 · 抵销权 · 3.债权申报 · 4.债权人会议 · 债权人委员会 · 5.破产清算程序的转换	· 清偿顺序 · 1.别除权 · 2.破产费用和共益债务 · 3.破产清偿顺序 · （1）职工工资 · （2）社会统筹保险费和税款 · （3）普通债权	· 连带债务存续：保证人和其他连带债务人继续承担清偿责任 · 追加分配：破产程序终结2年内

2. 重整程序

破产重整申请	→	破产重整受理	→	重整程序终止
• 1.直接申请 • 债权人申请 • 债务人申请 • 2.后续申请 • 债权人申请破产清算的，债务人和债务人的出资人申请		• 1.重整计划的制备 • 谁管理谁制备 • 2.重整计划的通过： • 分组表决 • 各组都通过 • 3.重整计划的批准： • 通过后批准 • 未通过的强行批准 ——再次表决未通过时的批准		• 1.重整计划提交前终止，宣告破产 • 继续重整存在重大障碍 • 未按时提交重整计划 • 2.重整计划不批准而终止，宣告破产 • 3.重整计划批准而终止

3. 重整计划执行

重整计划执行	→	重整计划执行障碍·	→	重整计划执行终止
• 1.执行人：债务人 • 2.监督人：管理人 • 3.约束力：债务人和全体债权人 • 4.重整计划的修改		• 重整计划执行不能而终止，宣告破产 • 1.债权人承诺失效 • 2.债权人受偿继续有效，与同顺位债权人达到同一比例后，继续接受分配 • 3.担保继续有效		• 重整计划执行完毕而终止 • 债务人依照重整计划免除清偿责任。

4. 和解程序

破产和解申请	→	破产和解受理	→	和解程序终止
• 只能债务人申请 • 和解债权人：无财产担保的债权人		• 1.和解协议的提出 • 2.和解协议的通过 • 3.和解协议的认可		• 1.和解协议未获通过而终止，宣告破产 • 2.和解协议未获法院认可而终止，宣告破产 • 3.和解协议被法院认可而终止

5. 和解协议执行

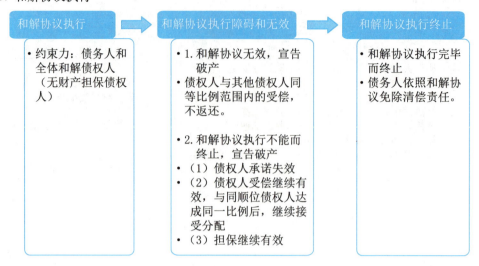

和解协议执行	和解协议执行障碍和无效	和解协议执行终止
• 约束力：债务人和全体和解债权人（无财产担保债权人）	• 1.和解协议无效，宣告破产 • 债权人与其他债权人同等比例范围内的受偿，不返还。 • 2.和解协议执行不能而终止，宣告破产 • （1）债权人承诺失效 • （2）债权人受偿继续有效，与同顺位债权人达成同一比例后，继续接受分配 • （3）担保继续有效	• 和解协议执行完毕而终止 • 债务人依照和解协议免除清偿责任。

第一节　破产程序的通用规则

导论　一般规定

破产案件是通过司法程序处理的无力偿债事件，包括和解、重整和破产清算程序。

一、破产申请与受理（F2、7、134、135）

（一）申请程序的类型和转换 ★★★

1. 重整（F70－94）——积极拯救

（1）重整是对可能或已经发生破产原因的法人企业，置备重整计划，进行营业债务整理，通过重整计划并经法院批准后生效的程序。

（2）重整计划的制备、通过和批准后生效的程序。

申请、受理——制备重整计划、通过重整计划并经法院批准生效——重整程序终结。
$$\searrow 清算$$

2. 和解（F95－106）——消极挽救

（1）和解是债务人提出与债权人达成了结债务的协议，并经法院认可后生效的程序。

（2）和解协议的订立、通过和认可生效程序。

申请、受理——通过和解协议，并经法院认可生效——和解程序终结。
$$\searrow 清算$$

3. 清算（F107－124）

（1）清算是清理债务人的财产和债务，于破产宣告之后，对全体债权人公平分配的程序。

（2）对全体债权人公平分配破产财产的程序。

$$\nearrow 重整$$
申请、受理————破产宣告、破产清算——破产清算程序终结
$$\searrow 和解$$

4. 申请人必须从中选择一种程序提出破产申请：

债务人→和解
　　　↗重整
　　　↘清算→重整
　　　　　↘和解（只能由债务人提出）

债权人
　　　↗重整
　　　↘清算→重整：债务人或占债务人注册资本 10% 以上出资人
　　　　　↘和解（只能由债务人提出）

【特别提示】

1. 债务人有三条路：清算、重整、和解；债权人有两条路：清算、重整。

2. 凡是直接申请清算的，在破产宣告前，都可以转换为重整或和解。破产宣告后，无法转换，只能正式开始清算了。

3. 重整或和解失败的，进入清算程序。

4. 重整计划因执行不能而终止、和解协议因执行不能而终止的，宣告破产，进入清算程序。

【经典真题】

关于破产清算、重整与和解和破产法的表述，哪些选项是正确的？（2010－3－79 改）[1]

A. 债务人一旦被宣告破产，则不可能再进入重整或者和解程序

B. 破产案件受理后，只有债务人才能提出和解申请

C. 即使债务人未出现现实的资不抵债情形，也可申请重整程序

D. 重整是破产案件的必经程序

（二）破产受理后的法律效果

1. 人身效果（破产法 F15）

自人民法院受理破产申请的裁定送达债务人之日起至破产程序终结之日，债务人的有关人员（企业的法定代表人；经人民法院决定，可以包括企业的财务管理人员和其他经营管理人员）承担下列义务：

（1）妥善保管其占有和管理的财产、印章和账簿、文书等资料；

（2）根据人民法院、管理人的要求进行工作，并如实回答询问；

（3）列席债权人会议并如实回答债权人的询问；

（4）未经人民法院许可，不得离开住所地；

（5）不得新任其他企业的董事、监事、高级管理人员。

2. 财产效果：债务人丧失对其财产的处分权、管理权由管理人接管

（1）债务人个别清偿无效

（2）第三人对管理人给付

---

[1] ABC【解析】重整是破产案件的选择程序。

【经典习题】

甲公司申请破产被法院受理，关于破产受理后的法律效果，下列表述错误的是？[1]

A. 甲公司财务总监未经法院许可，不得离开住所

B. 甲公司的债务人乙应当向管理人清偿

C. 有关甲公司财产的执行程序应当终结

D. 有关甲公司的仲裁，在管理人接管甲公司财产后，可继续进行

【法条】

《破产法》第13、15、16、17、19、20、21条。

> **【特别提示】** 破产被受理后，破产企业丧失对破产财团的管理权和处分权，也包括受领第三人给付之受领权。破产企业的受领构成无权受领，可类推无权处分，在第三人恶意时，不存在善意保护（第三人的债务不能消灭），第三人需要再次向管理人给付。
>
> 第三人故意向债务人给付，损害债权人利益的，不免除其清偿责任。

3. 对特殊合同的效果

待履行合同的处理（F18）

（1）管理人有选择权

A. 行使

法院受理破产申请后，管理人对破产申请受理前成立而债务人和对方当事人均未履行完毕的合同有权决定解除或继续履行，并通知对方当事人。

B. 除斥期间：2个月或30日

管理人自破产申请受理之日起2个月内未通知对方当事人，或自收到对方当事人催告之日起30日内未答复的，视为解除合同。

（2）相对人有催告权和担保要求权

管理人决定继续履行合同的，对方当事人有权要求管理人提供担保。管理人不提供担保的，视为解除合同。

【经典习题】

甲企业与乙企业签订买卖合同，约定乙企业应于10月10日前交货，货到10日内甲企业付款。同年8月9日，甲企业申请破产清算被法院受理，同时指定某律师事务所为管理人。此时债权人会议尚未召开。对该合同的处理，下列选项错误的是？[2]

A. 在债权人会议召开后，由债权人会议决定是否履行该合同，并应当经法院许可

B. 管理人自破产申请受理之日起2个月内未通知乙企业，或自收到乙企业催告之日起30日内未答复的，视为解除该合同

C. 管理人决定继续履行合同的，乙企业有权要求管理人提供担保。管理人不提供担保的，视为解除合同

D. 如果管理人选择履行该合同，乙企业因履行该合同产生的债权，应当作为破产债权进行申报

---

[1] C【解析】破产受理后：实体（人身、财产）+程序；执行程序中止。债务人丧失对其财产的处分权和管理权。

[2] AD【解析】管理人选择履行的，继续履行合同的债权作为共益债权受偿。

二、管理人（破产财团的代表机关）（F22－29）

为实现破产程序的目的而设定的履行法定职能的中立机构。

（一）管理人的任免（F22、24、28）

1. 资格：

管理人可以由有关部门、机构的人员组成的清算组或者依法设立的律师事务所、会计师事务所、破产清算事务所等社会中介机构担任。

2. 任免：

管理人由法院在裁定受理破产时指定。

3. 报酬：

管理人的报酬由法院确定。

（二）管理人的职责与义务（F23、25、29、69）★★★

【特别提示】破产受理后，管理人成为了破产财团的代表机关，获得了破产财产的管理权和处分权。管理人属于中立机构，管理人可以代表债务人参加诉讼或仲裁。

1. 一般职责：

（1）破产财团——管理、处分权

A. 接管权、调查权

接管债务人的财产、印章和账簿、文书等资料；

调查债务人财产状况，制作财产状况报告；

B. 决定权

债务人的内部管理事务；债务人的日常开支和其他必要开支；继续或停止债务人的营业（在第一次债权人会议召开之前）；

C. 处分权

管理和处分债务人的财产；

（2）代表债务人——代表权

代表债务人参加诉讼、仲裁或者其他法律程序；

（3）代表债权人——提议权、撤销权

提议召开债权人会议；

（4）其他职责

法院认为管理人应当履行的其他职责。

2. 报告义务、列席债权人会议义务、不辞任义务

3. 重大行为的许可和报告义务

（1）第一次债权人会议召开之前——法院许可

管理人决定继续或停止债务人的营业或实施重大行为的，应当经法院许可。

（2）第一次债权人会议召开之后——报告债权人委员会——报告法院

应及时报告债权人委员会，未设立债权人委员会的，应及时报告法院。

（3）重大行为——重大处分行为

A. 转让：

涉及土地、房屋等不动产权益，探矿权、采矿权、知识产权等财产权，全部库存或营业，债权和有价证券；

B. 物保：

设定财产担保、担保物的取回；

C. 弃权：

放弃权利；

D. 履行合同：

履行债务人和对方当事人均未履行完毕的合同；

E. 借款

F. 其他处分行为：

对债权人利益有重大影响的其他财产处分行为。

【经典真题】

祺航公司向法院申请破产，法院受理并指定甲为管理人。债权人会议决定设立债权人委员会。现昊泰公司提出要受让祺航公司的全部业务与资产。甲的下列哪一做法是正确的？（2016 – 3 – 31）[1]

A. 代表祺航公司决定是否向昊泰公司转让业务与资产

B. 将该转让事宜交由法院决定

C. 提议召开债权人会议决议该转让事宜

D. 作出是否转让的决定并将该转让事宜报告债权人委员会

4. 重大处分的程序——事先表决、实施前报告

（1）事先制作管理变价方案提交债权人会议表决——未通过的，不得处分

（2）实施处分 10 日前报告债权人委员会或法院——债权人委员会可要求其说明或提供依据、要求纠正——拒绝纠正的，请求法院决定——法院认为不妥的，责令停止处分——管理人纠正或提交债权人会议重新表决

管理人处分债务人重大财产的，应事先制作财产管理或变价方案并提交债权人会议进行表决，债权人会议表决未通过的，管理人不得处分。

管理人实施处分前，应提前十日书面报告债权人委员会或法院。债权人委员会可以依法要求管理人对处分行为作出相应说明或提供有关文件依据。

债权人委员会认为管理人实施的处分行为不符合债权人会议通过的财产管理或变价方案的，有权要求管理人纠正。管理人拒绝纠正的，债权人委员会可以请求法院作出决定。

法院认为管理人实施的处分行为不符合债权人会议通过的财产管理或变价方案的，应责令管理人停止处分行为。管理人应予以纠正，或提交债权人会议重新表决通过后实施。

【经典习题】

祺航公司向法院申请破产，法院受理并指定甲为管理人。债权人会议决定设立债权人委员会。现昊泰公司提出要受让祺航公司的全部业务与资产。甲的下列哪些做法是正确的？[2]

---

[1] D【解析】依据《破产法》第 26 条、第 69 条第 1 款第 3 项的规定，关于全部库存或者营业的转让的事项，管理人应当报告债权人委员会，因此管理人对此没有直接决定权，所以 A 错误。在第一次债权人会议召开之前，管理人的重大处分行为，应当经人民法院许可。

依据《破产法》第 69 条第 2 款的规定，未设立债权人委员会的，管理人实施上述重大处分的行为应当及时报告人民法院。该题题干已经说明，已经成立了债权人委员会，因此不需要由法院决定，所以 B 错误。

依据《破产法》第 69 条的规定，管理人的重大处分行为，不需要提议召开债权人会议决议，所以 C 错误。

依据《破产法》第 69 条的规定，管理人的重大处分行为，如果已经设立债权人委员会的，应当向债权人委员会报告，所以 D 正确。

[2] ABD【解析】管理人实施重大处分行为，事先表决——债权人会议；实施前报告——债权人委员会或法院。

A. 甲应事先制作财产管理或变价方案并提交债权人会议进行表决，债权人会议表决未通过的，管理人不得处分

B. 甲实施处分前，应提前十日书面报告债权人委员会

C. 债权人委员会认为甲实施的处分行为不符合债权人会议通过的财产管理方案的，无权要求甲纠正，可以请求法院作出决定

D. 法院认为甲实施的处分行为不符合债权人会议通过的财产管理方案的，应责令管理人停止处分行为。管理人可提交债权人会议重新表决通过后实施

【法条】

《破产法解释三》第 15 条。

三、债务人财产 = 破产财产（破产财团）（F30、35、36、37）★★

（一）债务人财产

全部财产；

破产受理时属于债务人的全部财产，以及受理后至破产程序终结前债务人取得的财产，为债务人财产。（膨胀主义）

（1）股东认缴的出资是债务人财产

法院受理破产申请后，债务人的出资人尚未完全履行出资义务的，管理人应要求该出资人缴纳所认缴的出资，且不受出资期限的限制。

（2）承担出资责任的财产归入债务人财产

公司的发起人和负有监督股东出资义务的董、监、高，或协助抽逃出资的其他股东、董、监、高、实际控制人等，对股东违反出资义务或抽逃出资承担相应责任的，应将该承担责任的财产归入债务人财产。

（二）破产费用和共益债务（财团费用和财团债务）（F41－43）

1. 破产费用：财团费用

破产受理后，为破产程序的进行及全体债权人的共同利益而由债务人财产负担的费用。

相关当事人以申请人未预先交纳诉讼费用为由，对破产申请提出异议的，法院不予支持。

法院受理破产申请后发生的下列费用，为破产费用：

（1）诉讼费

破产案件的诉讼费用；

（2）管理费

管理、变价和分配债务人财产的费用；如：保管费、清理费、运输费、鉴定费、评估费、拍卖费、公告费、通知费。

（3）人工费

管理人执行职务的费用、报酬和聘用工作人员的费用；如：管理人的报酬、会计师事务所聘请人员处理破产事务的费用。

【举例说明】

某债权人甲参加债权人会议的差旅费用是破产费用么？某债权人乙聘请律师的代理费是破产费用么？二者都不是，因为不是为全体债权人的共同利益，不是破产财团产生的费用。

【经典真题】

某公司经营不善，现进行破产清算。关于本案的诉讼费用，下列哪一说法是错误的？

（2012－3－30）[1]

A. 在破产申请人未预先交纳诉讼费用时，法院应裁定不予受理破产申请

B. 该诉讼费用可由债务人财产随时清偿

C. 债务人财产不足时，诉讼费用应先于共益费用受清偿

D. 债务人财产不足以清偿诉讼费用等破产费用的，破产管理人应提请法院终结破产程序

2. 共益债务（权）：财团债务

破产受理后，为全体债权人的共同利益而由债务人财产负担的债务。

法院受理破产申请后发生的下列债务，为共益债务：

（1）破产财团合同之债

A. 继续履行合同之债

因管理人或债务人请求对方当事人履行双方均未履行完毕的合同所产生的债务。

B. 继续经营之债

为债务人继续营业而应支付的劳动报酬和社会保险费用以及由此产生的其他债务。

（2）破产财团无因管理之债

债务人财产受无因管理所产生的债务。

（3）破产财团侵权之债

A. 破产财团致人损害之债

债务人财产致人损害所产生的债务。

B. 管理人管理破产财团致人损害之债

管理人或者相关人员执行职务致人损害所产生的债务。

管理人或相关人员在执行职务造成损害的，债务人财产不足赔偿的，权利人可向管理人或相关人员主张承担补充赔偿责任。

债权人以管理人或相关人员执行职务不当导致债务人财产减少给其造成损失为由提起诉讼，可主张管理人或相关人员承担相应赔偿责任。

（4）破产财团不当得利之债

因债务人不当得利所产生的债务。

【特别提示】破产费用和共益债务实质上基于破产财团本身产生的费用和债务，破产费用是破产财团自身基于破产程序必然产生的费用，而共益债务是破产财团自身基于实体关系偶然发生的债务。

【经典真题】

舜泰公司因资产不足以清偿全部到期债务，法院裁定其重整。管理人为维持公司运行，向齐某借款 20 万元支付水电费和保安费，约定如 1 年内还清就不计利息。1 年后舜泰公司未还款，还因不能执行重整计划被法院宣告破产。关于齐某的债权，下列哪些选项是正确的？

---

[1] A【解析】破产程序的诉讼费，不是预交的。

（2017－3－73）[1]

　　A. 与舜泰公司的其他债权同等受偿

　　B. 应从舜泰公司的财产中随时清偿

　　C. 齐某只能主张返还借款本金 20 万元

　　D. 齐某可主张返还本金 20 万元和逾期还款的利息

【法条】

《破产法》第 42、43、46 条。

【经典习题】

　　1. 在甲公司的破产程序当中，由于管理人乙律师事务所管理不慎，将甲公司保管的丙公司的一套贵重设备丢失，造成经济损失 200 万元，下列错误的是？[2]

　　A. 丙公司的损失应当作为普通债权受偿，并由债务人财产随时清偿

　　B. 如债务人财产不足清偿，则丙公司可向乙主张连带责任

　　C. 债务人财产赔偿后，甲公司债权人丁可以要求乙承担相应赔偿责任

　　D. 据此，债权人委员会可直接更换管理人

　　2. 下列不属于共益债务的是？[3]

　　A. 破产受理前，某银行向债务人多支付的利息

　　B. 破产受理后，路人甲乙丙帮助债务人打捞掉入湖中的汽车产生的费用

　　C. 破产受理后，京东商场向债务人多发送的 100 部苹果手机

　　D. 破产受理后，债务人的房屋倒塌，将路人李四压伤，使得李四暂时成为植物人

　　E. 破产受理后，管理人请求履行双方均未履行合同所产生的债务

　　F. 在破产程序中，管理人某律所的律师在办理破产事务中不慎将某位老人撞伤

　　G. 某债务人进入重整程序，为继续经营发生的债务

3. 破产费用和共益债务清偿

　　（1）破产费用和共益债务由债务人财产随时清偿。

　　（2）债务人财产不足以清偿所有破产费用和共益债务的，先行清偿破产费用。

　　（3）债务人财产不足以清偿所有破产费用或共益债务的，按照比例清偿。

　　（4）债务人财产不足以清偿破产费用的，管理人应当提请法院终结破产程序。

【举例说明】

　　某破产企业，其破产财团 100 万。破产费用 80 万（包括诉讼费 20 万、管理人报酬 20 万、管理人聘请律师费 20 万、破产财团保管费 20 万）；共益债务 50 万（包括待履行合同债务 10 万、继续经营支付的劳动报酬 10 万、无因管理债务 10 万、破产财团侵权债务 10 万、不当得利债务 10 万）。如何分配？

　　因破产费用和共益债务合计 130 万，超过破产财团，应当先清偿破产费用，然后余额在共

---

　　[1]　BC【解析】依据《破产法》第 42 条的规定，管理人为维持公司运行，向齐某借款 20 万元支付水电费和保安费，属于管理破产财团而产生为全体债权人利益的共益债权，应当随时受偿，而不是与其他债权同时受偿，A 选项错误。

　　依据《破产法》第 43 条第 1 款的规定，共益债务由债务人财产随时清偿，B 选项正确。

　　依据《破产法》第 46 条的规定，附利息的债权自破产申请受理时起停止计息，债权人只能主张债权本金，而不能主张利息，该规则适用于共益债权的逾期利息，C 选项正确。

　　依据《破产法》第 46 条的规定，债权人不能主张逾期利息，如果主张该利息，会增加破产财团的负担，损害全体债权人的利益，D 选项错误。

　　[2]　ABD【解析】管理人由法院任免。

　　[3]　A【解析】共益债务，发生在破产受理后。

益债务内部按比例分配。

（三）撤销权（F31、32）

1. 欺诈行为

受理破产申请前（一年）内的非正常交易行为，管理人有权请求人民法院予以撤销：

（1）赠与

无偿转让财产的；

（2）低价卖、高价买

以明显不合理的价格进行交易的（因撤销而债务人应返还受让人已支付价款所产生的债务，作为共益债务清偿）；

【特别提示】不合理的标准：不得超过或低于市场价的30%；

（3）供物保

对没有财产担保的债务提供财产担保的；

（4）弃债权

放弃债权的；

（5）提前偿

对未到期的债务提前清偿的：受理前一年内债务人提前清偿的未到期债务，在受理前已到期，不得撤销，但该清偿行为发生在受理前六个月内且债务人具备破产原因的除外。

【举例说明】

2013年8月1日，法院受理了甲公司的破产申请，该公司在2012年9月1日提前清偿对乙公司的负债，该负债于2013年5月1日届期。

管理人对该提前清偿行为能否撤销？

不可以

如果在3月1日提前清偿时，甲公司依法符合破产原因，如何处理？

可以撤销

2. 偏颇行为（《破产法解释二》F11-17）

受理破产申请前（六个月）内，债务人具有破产原因的情形，仍对个别债权人进行清偿的正常交易，管理人有权请求人民法院予以撤销（此时，债务人已经丧失了正常交易能力，其正常交易行为可以被撤销）。

但是，个别清偿使债务人财产受益的除外：

（1）债务人为维系基本生产需要而支付水费、电费等的；

（2）债务人支付劳动报酬、人身损害赔偿金的；

（3）使债务人财产受益的其他个别清偿。

其他不得撤销的个别清偿情形：

（1）担保债权的个别清偿有效

债务人对以自有财产设定担保物权的债权进行的个别清偿，不得撤销；

但债务清偿时担保财产的价值低于债权额的除外。债权人也可以创设债务以抵销方式清偿。

设定担保物权的债权可以优先受偿，其在担保物价值范围内的个别清偿不会损害其他债权人利益。

【举例说明】

2013 年 2 月 1 日，甲公司已经符合破产原因，2013 年 8 月 1 日，法院受理了甲公司的破产申请。经查，甲公司于 2013 年 4 月 1 日清偿了乙公司的债权 100 万，该债权以甲公司价值 150 万的设备做了质押。

该清偿行为是否可撤销？

不可撤销

如果出质的设备价值只有 10 万呢？

全部撤销

如果乙公司创设债务来抵销清偿呢？

不可撤销

(2) 裁判执行程序的清偿有效

债务人经诉讼、仲裁、执行程序对债权人进行的个别清偿，不得撤销。

但债务人与债权人恶意串通损害其他债权人利益的除外。

【经典真题】

甲公司因不能清偿到期债务且明显缺乏清偿能力，遂于 2014 年 3 月申请破产，且法院已受理。经查，在此前半年内，甲公司针对若干债务进行了个别清偿。关于管理人的撤销权，下列哪些表述是正确的？（2014 - 3 - 74）[1]

A. 甲公司清偿对乙银行所负的且以自有房产设定抵押担保的贷款债务的，管理人可主张撤销

B. 甲公司清偿对丙公司所负的且经法院判决所确定的货款债务的，管理人可主张撤销

C. 甲公司清偿对丁公司所负的为维系基本生产所需的水电费债务的，管理人不得主张撤销

D. 甲公司清偿对戊所负的劳动报酬债务的，管理人不得主张撤销

(四) 取回权（F38、39；《破产法解释二》F27 - 33）★★

1. 一般取回权

受理破产申请后，债务人占有的不属于债务人的财产，该财产的权利人（物权、债权、占有）可以通过管理人取回。

【特别提示】取回权的前提是物权归属的判断。该考点往往会结合物权制度考查，请考生全面学习物权变动规则，并区分基于法律行为的物权变动和非基于法律行为的物权变动。如果法院通过形成判决确定了物权归属，则法院裁判确定的所有人可直接基于物权主张原物返还。

(1) 第三人善意取得

A. 第三人善意取得

债务人占有的他人财产，第三人善意取得的；

破产受理前的，原权利人通过普通破产债权清偿；

破产受理后的，作为共益债务（权）清偿。

B. 第三人未善意取得

债务人占有的他人财产，第三人已支付价款而未善意取得的；

破产受理前的，第三人的债权作为普通破产债权清偿；

---

[1] CD【解析】担保债权可个别清偿，法院裁判执行有效。

破产受理后的，第三人的债权作为共益债务（权）清偿。

（2）代位金代位物取回

A. 代位物取回

权利人可就变价款、保险金、赔偿金、代偿物行使取回权。

B. 无法区分的，通过债权救济

但保险金、赔偿金已经交付给债务人，或代偿物与债务人财产无法区分的：

破产受理前的，权利人通过普通破产债权清偿；

破产受理后的，作为共益债务（权）清偿。

> 【特别提示】物权法理论认为，物虽然灭失，但物权未必消灭，物权可延伸至代位物、代位金（保险金、赔偿金、补偿金），所谓物权的代位性，这一点，担保物权最为典型。如抵押物灭失，抵押权可延伸到抵押物的保险金或赔偿金，抵押权人可就保险金或赔偿金优先受偿。在破产法上还有特殊规则，如对于物的所有权而言，在破产程序中，物虽然灭失或由第三人善意取得，但存在代位物或特定的代偿金（变价款）时，物的所有人可基于物权主张取回。

【举例说明】

破产企业甲将其为乙保管的价值10万元的汽车出售给善意的丙，丙以价值10万元的设备互易，则该设备就属于代位物，乙可基于物权对该设备主张取回。

【经典习题】

甲公司借用了乙公司的一套设备，一直未归还，后甲公司申请破产被法院受理，依据破产法及其解释，下列正确的是？[1]

A. 如果甲公司在破产受理前将该设备出卖给丙公司，丙公司善意取得该设备，则乙公司可主张享有共益债权受偿

B. 如果甲公司在破产受理前将该设备出卖给丙公司，知情的丙公司虽然支付了价款，乙公司依然可依法主张取回权

C. 该设备投保财产损失险，乙公司可就该设备因保险事故灭失而获得的保险金主张取回权

D. 如果C项中的保险金于破产受理前已经交付给甲公司，乙依然可以主张取回权

E. 如该设备存在权属争议，乙公司基于生效判决主张取回，甲公司管理人可以该判决错误为由拒绝返还

2. 出卖人取回权

取回权又被称为"中途停运权"，是保护异地买卖中，在买受人破产时，出卖人的利益。买受人已经进入破产程序，而且还未支付价款，出卖人可以取回在途的货物。

（1）条件

受理破产申请时，债务人未付清全部价款的在运途中的标的物。

（2）限制

管理人可支付全部价款，请求出卖人交付标的物。

（3）行使的时间：

A 标的物到达前主张；

B 出卖人在标的物到达前依法主张了取回权的，在该物到达管理人后，依然可主张取回。

---

〔1〕 BC【解析】破产受理前发生的债权，为普通债权；破产受理后发生的债权，为共益债权。基于生效裁判取回时，管理人不得以生效裁判错误为由拒绝。

【特别提示】出卖人取回权系法定之物权取回权。出卖人在货物送达之前，依法主张取回权，撤销物权合意，则货物的继续交付不会发生物权变动之法律效果，所有权无法转移，货物即使送到，管理人只能系该货物之保管人。但买卖合同可继续有效，管理人可支付价款，主张对方继续履行合同。

【经典习题】

绿杨公司因严重资不抵债向法院申请破产，法院已经受理其申请。下列哪一项财产不构成债务人财产？[1]

A. 绿杨公司享有的未到期债权

B. 管理人撤销绿杨公司6个月前以明显不合理价格进行交易涉及的财产

C. 绿杨公司所有但已设定抵押的财产

D. 绿杨公司购买的正在运输途中的但尚未付清货款的货物

E. 绿杨公司收到尚未付款的一批货物，但在收到前，出卖人已经依法向管理人主张了取回权

【经典真题】

法院受理了利捷公司的破产申请。管理人甲发现，利捷公司与翰扬公司之间的债权债务关系较为复杂。下列哪些说法是正确的？（2016-3-73）[2]

A. 翰扬公司的某一项债权有房产抵押，可在破产受理后行使抵押权

B. 翰扬公司与利捷公司有一合同未履行完毕，甲可解除该合同

C. 翰扬公司曾租给利捷公司的一套设备被损毁，侵权人之前向利捷公司支付了赔偿金，翰扬公司不能主张取回该笔赔偿金

D. 茹洁公司对利捷公司负有债务，在破产受理后茹洁公司受让了翰扬公司的一项债权，因此茹洁公司无需再向利捷公司履行等额的债务

（五）抵销权（F40）：★★

1. 抵销权的行使条件——受理前互负债务，不考虑种类和期限

破产债权人在破产申请受理前对破产人负有债务，不论债的种类和期限，在清算分配前有以破产债权抵销其所负债的权利。

【举例说明】

破产抵销权有优先受偿的法律效果。如甲公司进入破产程序，破产清偿率只有10%，乙

---

〔1〕 DE【解析】在途的未付清价款的货物不是债务人财产，出卖人于货物送达前主张取回权的，该货物送达后依然可以取回。

〔2〕 BC【解析】依据《破产法》第109条的规定，在破产清算程序中。别除权的行使在破产宣告之后，因此抵押权的行使在破产宣告后，而不是破产受理后，因此A错误。重整程序，别除权暂停；和解程序，别除权可自由行使。该选项表述不准确，因此错误。

依据《破产法》第18条的规定，破产受理后对债务人与债权人双方均未履行完毕的双务合同，管理人享有选择权，管理人可选择继续履行，也可以选择解除，因此B正确。

依据《破产法解释二》第32条的规定，债务人占有的他人财产毁损、灭失，因此获得的保险金、赔偿金、代偿物尚未交付给债务人，或代偿物虽已交付给债务人但能与债务人财产予以区分的，权利人可主张取回就此获得的保险金、赔偿金、代偿物。

但赔偿金已经交付给债务人，或者代偿物已经交付给债务人且不能与债务人财产予以区分的，权利人无法取回，只能通过债权获得救济，受理前发生的，普通破产债权，受理后发生的，共益债权，所以C正确。

依据《破产法》第40条的规定，破产企业的债务人在破产受理后获得对破产企业的债权的，不得主张抵销，该行为属于恶意创设债权抵销债务的行为，非法，因此D错误。

对甲公司有 100 万债权，如果正常清偿，乙只能受偿 10 万元。但是乙对甲还负担 100 万债务，如乙向甲主张抵销权，则乙无需向甲公司清偿 100 万，通过这种抵销的方式，乙的债权可以获得 100% 的受偿。此时会造成甲公司的破产财产减少 100 万，如果扣除乙不抵销正常受偿的 10 万，则甲公司的破产财产会减少 90 万。

债权人主张抵销，管理人以下列理由提出异议的，法院不予支持：

（1）破产申请受理时，债务人对债权人负有的债务尚未到期；

（2）破产申请受理时，债权人对债务人负有的债务尚未到期；

（3）双方互负债务标的物种类、品质不同。

> 【特别提示】
>
> 1. 抵销是指债权人以自己对债务人的债权（主动债权）抵销自己对债务人的债务（被动债权），破产抵销权是指破产债权以自己对破产企业的债权（主动债权）抵销自己对破产企业的债务（被动债权）。
>
> 2. 破产抵销权不考虑主动债权或被动债权是否到期。
>
> 破产抵销权不考虑主动债权是否到期，由于破产企业进入破产程序，破产债权人对破产企业的债权视为到期，剥夺破产企业的期限利益。
>
> 破产抵销权不考虑被动债权是否到期，由于破产债权人对破产企业负担的债务，破产债权人可选择提前清偿。
>
> 3. 破产抵销权不考虑抵销债权的种类。因为在破产程序中，所有的主动债权、被动债权都要转换为货币债权，才能参与破产财团的分配或计入破产财团。

【经典习题】

在某破产程序中，债权人甲乙丙丁庚主张以其对债务人戊负担的债务抵销其破产债权，管理人哪些异议理由不能成立？[1]

A. 在破产受理时，债权人甲对债务人戊的债权尚未到期

B. 在破产受理时，债务人戊对债权人乙的债务尚未到期

C. 债权人丙对债务人戊享有的是劳务债权，而债务人戊对债权人丙享有的是价款债权

D. 债权人丁对债务人戊的债权系破产受理后从庚公司处收购获得

E. 债权人庚对债务人戊的债务系故意侵权债务

2. 恶意抵销禁止和无效（F40）

（1）债务人（破产企业）的债务人在破产申请受理后取得他人对债务人（破产企业）的债权的；

> 【特别提示】在破产法上，将破产企业称为债务人。在破产程序中，可以适用破产抵销权，但是恶意抵销是非法的。

【举例说明】

破产企业的债务人在破产受理后取得他人对破产企业的债权，其显然是恶意，而且是低价收购该债权，该收购行为会减少破产企业财产，损害其他债权人利益。如甲公司进入破产程序，乙对甲负债 10 万，丙对甲有 10 万债权。乙收购丙对甲的 10 万债权，如果甲公司的清偿率是 10%，则乙是需要花 1 万元即可收购丙对甲的 10 万债权，然后以该债权抵销其对甲的 10

---

[1] ABC【解析】破产抵销权不考虑种类和期限。

万债务。显然乙是恶意收购（甲公司已经进入破产程序），而且该抵销会减少破产企业财产，破产企业减少10万的收入，扣除被抵销的10万债权的清偿额1万元，破产企业减少了9万元。

（2）**债权人已知债务人（破产企业）**有不能清偿到期债务或破产申请的事实，对债务人（破产企业）负担债务的；但是，债权人因为法律规定或有破产申请一年前所发生的原因而负担债务的除外；如：债权人因不当得利、特殊侵权对债务人负担债务。

> 【特别提示】乙对甲公司享有10万债权。乙明知甲公司不能清偿到期债务，故意向甲公司借款10万元，然后以自己对甲公司的10万债权抵销该自己对甲公司的10万债务。该抵销违法，这显然属于明知破产企业不能清偿到期债务而恶意创设债务来抵销的行为。

担保债权人恶意抵销合法：

符合该禁止抵销情形的债权人，可主张以其对债务人特定财产享有优先受偿权的债权，与债务人对其不享有优先受偿权的债权抵销，但用以抵销的债权大于债权人享有优先受偿权财产价值的除外。

【举例说明】

张三对某破产企业有10万债权（以该企业的价值100万房产设定了抵押），张三能否以该债权抵销其对该企业10万的债务？可以抵销。张三的债权是可以优先受偿的担保债权，该抵销不会损害其他债权人利益。

（3）**债务人（破产企业）的债务人已知**债务人有不能清偿到期债务或者破产申请的事实，对债务人（破产企业）取得债权的；但是，债务人（破产企业）的债务人因为法律规定或有破产申请一年前所发生的原因而取得债权的除外。如：债务人的债务人因无因管理而取得债权。

> 【特别提示】乙对甲公司负担10万债务，乙明知甲公司不能清偿到期债务，故意将一批废旧货物出售给甲公司，并先交货，获得10万的价款债权，然后乙以该10万价款债权抵销自己对甲公司的10万债务。该抵销违法，这显然属于明知破产企业不能清偿到期债务而恶意创设债权来抵销的行为。

3. 破产企业的股东不能以下列债务抵销其对破产企业享有的债权

A. 破产企业股东对破产企业负担的出资债务（出资瑕疵或抽逃出资债务）。

> 【特别提示】股东对公司的出资债务，既是对公司的债务，也是公司债权人的债务，因此股东不能以其对公司债权人的债务抵销其对公司的债务。同时出资债务被抵销，会损害注册资本的安全，损害债权人利益。

B. 破产企业股东滥用股东权利或关联关系损害破产企业而对破产企业负担的债务。

> 【特别提示】股东滥用股东权利损害公司利益产生的债务，属于恶意创设债务，该恶意创设之债务不能抵销。

【经典习题】

1. 甲公司不能清偿到期债务，准备申请破产清算。下列哪些行为是违法的？[1]

---

[1] ABD【解析】恶意创设债务债权抵销，非法。

A. 甲公司的债务人丙公司明知甲公司不能偿债，将废旧产品出售给甲公司，以对甲公司的价款债权抵销债务

B. 甲公司的债权人丁公司明知甲公司不能偿债，直接向甲公司借款，对甲公司负担债务，以抵销债权

C. 甲公司的债权人庚正好有一笔装修款未支付给甲公司，庚以该债务与其债权抵销

D. 如果甲公司申请破产被法院受理后，甲公司的债务人戊公司收购甲公司的债权以抵销其债务

2. 某法院于 2018 年 5 月 10 日裁定受理摩斯单车公司破产案。管理人清理财产发现，公司厂房已经抵押给债权人丁某；公司于 2018 年 3 月 6 日偿还债权人郭某 100 万元以取回当时急用的质押物（价值 110 万）；有一台市价 80 万元的机器设备质押于债权人陈某处，已为 120 万元欠款做担保；付某欠公司 60 万元，在 2018 年 5 月 25 日从公司债权人冯某处以 50 万元的价格受让 60 万元的债权。关于本案，下列选项错误的是？[1]

A. 厂房属于债务人财产

B. 管理人有权请求撤销公司偿还郭某 100 万元的行为

C. 管理人可以清偿陈某 120 万元以取回机器设备

D. 付某可以向管理人主张抵销 60 万元

【法条】

《破产法》第 37、40 条、《破产法解释二》第 14 条。

（六）别除权★★

债权人不依破产程序，由破产财产中的特定财产单独优先受偿的权利。别除权就是担保物权，在民法上称为担保物权，在破产法上称为别除权。

1. 行使时间

（1）清算程序： 破产宣告后

（2）重整程序： 暂停

（3）和解程序： 自法院裁定和解之日

2. 效力

担保财产的清偿余额归入破产财产；债权的清偿差额作为普通破产债权受偿。

别除权优先于共益债权，共益债权优先于普通债权。

【经典习题】

关于别除权，下列表述错误的是？[2]

A. 别除权不受破产程序的影响，可自由行使

B. 别除权在和解程序中可自由行使

C. 在破产程序中，债务人继续经营产生的债权优先于破产债权，也优先于有抵押担保的

---

[1] BCD【解析】厂房抵押给丁某，丁某享有抵押权，厂房所有权依然属于破产企业，厂房依然属于债务人财产，A 正确，不选。

依据《破产法解释二》第 14 条，对于担保债权的个别清偿（担保物价值高于债权额的），不能撤销，B 错误，要选。

依据《破产法》第 37 条第 2 款，在质物或者留置物的价值低于被担保的债权额时，管理人清偿债务额以该质物或者留置物当时的市场价值为限，即不得超过 80 万元，C 错误，要选。

依据《破产法》第 40 条第 1 款第 1 项，破产企业的债务人不能在破产受理后恶意收购他人对破产企业债权来主张抵销，D 错误，要选。

[2] ACD【解析】别除权＞共益债务＞普通债权。

债权

D. 管理人的报酬优先于别除权

四、债权申报

（一）债权申报★★★

1. 一般规定

（1）须为以财产给付为内容的请求权

如：劳务之债不能申报。

（2）须为法院受领破产申请前成立的债权

破产受理后成立的债权符合条件的，可以依法作为共益债权。

（3）须为平等主体之间的请求权

如：行政罚款不能申报。

（4）须为合法有效的债权

如：诉讼时效已经届满的债权不能申报。

2. 保证人或连带债务人申报债权

（1）担保人（保证人）申报

A. 保证人或连带债务人已代偿的，以求偿权申报；

B. 保证人或连带债务人未代偿的，以将来求偿权申报，但债权人已申报全部债权除外。

> 【特别提示】如果不允许保证人以将来求偿权申报债权，则在破产企业破产清算程序终结后，债权人才向保证人主张权利，而保证人将无法向破产企业主张追偿权。

（2）担保人受偿

担保人在清偿全部债权后，可代替债权人受偿；债权人的债权受偿前，不得代替债权人受偿，但是在其承担担保责任范围内可请求债权人返还超额受偿的部分。

（3）担保人追偿

担保人担责后，不能向和解协议或重整计划执行完毕后的债务人追偿。

> 【特别提示】如果允许担保人向和解协议或重整计划执行完毕的破产企业追偿，则和解和重整的目的完全落空，这会导致经由和解或重整获得免责的破产企业依然需要继续承担清偿责任。因此，为实现和解和重整的目的，禁止担保人追偿，由担保人负担清偿债务的风险，这也符合保证的风险合同之特征。

（4）担保人免责

债权人明知或应知债务人破产，不申报债权也不通知担保人，导致担保人不能预先追偿的，担保人在可能受偿的范围内免责，担保人自身过错未行使追偿权的除外。

【经典习题】

乙公司向甲借款100万，丙提供保证，后乙进入破产程序，下列表述正确的是？[1]

A. 甲的债权受偿前，丙可以代替甲受偿

B. 如乙的重整程序终结，随后的重整计划执行也执行完毕，承担了保证责任的丙可向乙追偿

C. 如甲明知乙破产，不申报债权也不通知丙，导致丙无法预先追偿，丙依然需要承担全部的担保责任

D. 如甲在乙的重整程序中免除了乙的部分债务，甲向丙主张保证责任时，丙不可基于该事由向甲主张抗辩

【法条】

《破产法》第92条第3款、《民法典担保制度解释》第22、23、24条

（5）保证人破产

债权人可申报债权，主债务未到期，保证债权视为到期——分配额提存，确定后分配；

保证人担责后——向债务人追偿；

保证人被裁定进入破产程序的，债权人有权申报其对保证人的保证债权。

主债务未到期的，保证债权在保证人破产申请受理时视为到期。一般保证的保证人主张行使先诉抗辩权的，法院不予支持，但债权人在一般保证人破产程序中的分配额应予提存，待一般保证人应承担的保证责任确定后再按照破产清偿比例予以分配。

保证人被确定应承担保证责任的，保证人的管理人可以就保证人实际承担的清偿额向主债务人或其他债务人行使求偿权。

【特别提示】保证人先破产，允许债权人先申报债权的目的在于，预防保证人破产程序终结后，债务人不能偿债时，债权人无法向保证人再追偿。

（6）保证人、债务人都破产

债权人分别全部申报，不超过债权总额；在一方破产程序中受偿部分，不扣减；

保证人担责后——对债务人无求偿权

债务人、保证人均被裁定进入破产程序的，债权人有权向债务人、保证人分别申报债权。

债权人向债务人、保证人均申报全部债权的，从一方破产程序中获得清偿后，其对另一方的债权额不作调整，但债权人的受偿额不得超出其债权总额。

保证人履行保证责任后不再享有求偿权。

---

[1] D【解析】依据《民法典担保制度解释》第23条第2款的规定，在债权人全部受偿前，担保人不得代替债权人在破产程序中受偿，A错误。

依据《民法典担保制度解释》第23条第3款的规定，担保人承担担保责任后，不能向和解协议或者重整计划执行完毕后的债务人追偿，B错误。

依据《民法典担保制度解释》第24条的规定，债权人知道或者应当知道债务人破产不申报债权，也不通知保证人，导致保证人丧失不能行使预先追偿权的，担保在该债权可能在破产程序中受偿的范围内免责，C错误。

依据《破产法》第92条第3款的规定，债权人对债务人的保证人和其他连带债务人所享有的权利，不受重整计划的影响，D正确。

【经典习题】

甲公司向乙银行贷款 100 万元，丙公司对此提供一般保证，依据《破产法解释三》，下列表述错误的是？[1]

A. 如丙公司进入破产程序，在乙银行对甲公司的债权未到期时，乙不得在丙公司破产程序中申报债权

B. 如丙公司进入破产程序，乙银行申报债权，丙公司的管理人可主张先诉抗辩权

C. 如丙公司、甲公司都进入破产程序，乙银行可就 100 万债权分别在甲丙破产程序中申报；如乙在丙公司破产程序中受偿 20 万，则只能在甲公司破产程序申报 80 万

D. 如丙公司、甲公司都进入破产程序，丙公司在承担保证责任后，可继续向甲公司求偿

【法条】

《破产法解释三》第 4、5 条

3. 连带债务人数人都破产——其债权人分别全部申报

连带债务人数人被裁定适用破产法规定的程序的，其债权人有权就全部债权分别在各破产案件中申报债权。

4. 连带债权人申报

连带债权人可以由其中一人代表全体连带债权人申报债权，也可以共同申报债权。

5. 职工债权

不必申报，由管理人调查后列出清单并予以公示。

6. 利息债权

附利息债权自破产受理时停止计息。

7. 未到期债权，视为到期

未到期的债权，在破产申请受理时视为到期。

8. 待定债权

或然债权，效力有待确定的债权，申报后说明其待定的状况。

---

[1] ABCD【解析】保证人进入破产程序，主债权未到期的，保证债权视为到期，债权人可申报保证债权，一般保证人不能主张先诉抗辩权。AB 错误

保证人、债务人都进入破产程序的，债权人可分别在两程序全额申报债权，在某一方破产程序受偿的部分，不扣减。因此乙在公司破产程序中受偿 20 万的，不扣减，依然可在甲公司破产程序中申报 100 万债权。C 错误。

保证人、债务人都进入破产程序的，保证人担责后不能向债务人追偿，由于债务人进入破产程序，如果追偿，会减少债权人的分配数额，会损害债权人利益。保证人对债务人的追偿权之行使，不能损害债权人利益。

（1）附条件债权

管理人应当将其分配额提存。在最后分配公告日，生效条件未成就或者解除条件成就的，应当分配给其他债权人；否则，应当交付给债权人。

（2）附期限债权

（3）诉讼、仲裁未决债权

诉讼仲裁未决债权的分配额，自破产程序终结之日满 2 年不能受领的，分配给其他债权人。

【经典真题】

A 公司因经营不善，资产已不足以清偿全部债务，经申请进入破产还债程序。关于破产债权的申报，下列哪些表述是正确的？（2015 - 3 - 73）[1]

A. 甲对 A 公司的债权虽未到期，仍可以申报

B. 乙对 A 公司的债权因附有条件，故不能申报

C. 丙对 A 公司的债权虽然诉讼未决，但丙仍可以申报

D. 职工丁对 A 公司的伤残补助请求权，应予以申报

（二）债权人会议

1. 债权登记程序

债权登记	管理人登记造册并保管——提交债权人会议核查；债权人、债务人、职工、利害关系人有权查阅
债权确认	（1）生效法律文书确定的债权——确认； （2）法律文书有错误——通过审判监督程序撤销、重新确定。
债权异议	异议程序 债权异议——说明理由和法律依据，仍然不服——债权人会议核查后 15 日内起诉或仲裁 债权异议之诉当事人 （1）对债权有异议——被异议债权人为被告； （2）对本人债权有异议——债务人为被告； （3）同一债权有多个异议人——多个异议人为共同原告。
债权人知情权	有权查阅财产状况报告、债权人会议决议和债权人委员会决议、管理人监督报告、破产必需之债务人财务和经营信息资料——不提供，请求法院决定，法院在 5 日内决定——涉密的，承担保密义务

【经典习题】

关于债权申报，依据破产法及其解释，下列表述错误的是？[2]

A. 债权申报登记册及债权申报材料在破产期间由法院保管，债权人、债务人以外的其他利害关系人也有权查阅

B. 债权人对债权表记载的本人债权有异议的，应将管理人列为被告

C. 管理人认为债权人据以申报债权的生效法律文书确定的债权错误，应当直接不予确认

D. 债权人有权查阅债务人财产状况报告、债权人会议决议、债权人委员会决议、管理人监督报告

---

[1] AC【解析】职工债权，不申报。

[2] ABC【解析】债权申报材料由管理人保管；债权人对本人债权有异议，以债务人为被告；生效法律文书有错误，依法通过审判监督程序撤销。

【法条】

《破产法解释三》第 6、7、8、9、10、11 条。

2. 债权人会议

表决	**现场表决；非现场表决——3 日内告知结果。** 债权人会议的决议除现场表决外，可以由管理人事先将相关决议事项告知债权人，采取通信、网络投票等非现场方式进行表决。 采取非现场方式进行表决的，管理人应在债权人会议召开后的 3 日内，以信函、电子邮件、公告等方式将表决结果告知参与表决的债权人。 **重整计划草案分组表决，受影响的，参加表决；不受影响的，不参加表决。** 对重整计划草案进行分组表决时，权益因重整计划草案受到调整或影响的债权人或股东，有权参加表决。 权益未受到调整或影响的债权人或股东，不参加重整计划草案的表决。
撤销	债权人会议的决议具有以下情形之一，损害债权人利益，债权人申请撤销的，法院应予支持： **（1）召开表决程序违法** 债权人会议的召开、表决违反法定程序； **（2）内容违法** 债权人会议的决议内容违法； **（3）越权表决** 债权人会议的决议超出债权人会议的职权范围。 法院可以裁定撤销全部或部分事项决议，责令债权人会议依法重新作出决议。 **书面申请——非现场方式自收到通知之日计算期限** 债权人申请撤销债权人会议决议的，应提出书面申请。债权人会议采取通信、网络投票等非现场方式进行表决的，债权人申请撤销的期限自债权人收到通知之日起算。
授权	**委托债权人委员会行使更换审查监管管理人、继续或停止债务人营业之职权** 债权人会议可依法委托债权人委员会行使申请法院更换管理人、审查管理人的费用和报酬；监督管理人；决定继续或者停止债务人的营业的债权人会议职权。 **概括授权禁止** 债权人会议不得作出概括性授权，委托其行使债权人会议所有职权。

3. 债权人委员会

表决	**全体过半数人头决，异议记录载明** 债权人委员会决定所议事项应获得全体成员过半数通过，并作成议事记录。债权人委员会成员对所议事项的决议有不同意见的，应在记录中载明。
监督	**债权人会议监督、向债权人会议汇报工作、法院指导** 债权人委员会行使职权应接受债权人会议的监督，以适当的方式向债权人会议及时汇报工作，并接受法院的指导。

关于债权人会议和债权人委员会，依据破产法及其解释，下列表述错误的是？[1]

A. 债权人会议可依法委托债权人委员会行使决定继续或者停止债务人的营业的职权

B. 债权人委员会决定所议事项应获得全体成员过半数通过，其行使职权应接受法院的指导

C. 对重整计划草案进行分组表决时，权益未受到调整或影响的债权人或股东，不参加重整计划草案的表决

D. 债权人会议超出债权人会议的职权范围的决议自始无效

【法条】

《破产法解释三》第11、12、13、14条。

第二节　破产程序的类型

一、重整程序★★★

申请、受理——制备重整计划、通过重整计划并经法院批准——重整程序终结

（一）重整程序的原因与申请

（二）重整程序期间

重整期间是指自法院裁定债务人重整之日起至重整程序终止，包括重整计划的制备、通过和批准。

> **【特别提示】** 重整程序是重整计划的生效程序，重整计划经法院批准生效后，重整程序终结。重整程序**不包括**重整计划的执行。重整计划的执行不属于重整程序。

1. 重整计划的制备

谁管理谁制备

2. 重整计划的通过

（1）分组表决

下列各类债权的债权人参加讨论重整计划草案的债权人会议，依照下列债权分类，分组对重整计划草案进行表决：

①对债务人的特定财产享有担保权的债权；

②债务人所欠职工的工资和医疗、伤残补助、抚恤费用，所欠的应当划入职工个人账户的基本养老保险、基本医疗保险费用，以及法律、行政法规规定应当支付给职工的补偿金；

③债务人所欠税款；

④普通债权。

人民法院在必要时可以决定在普通债权组中设小额债权组对重整计划草案进行表决。

（2）决议规则

A. 各组：人头过半（人数要件）＋债权额三分之二以上（债权额要件）

出席会议的同一表决组的债权人过半数同意重整计划草案，并且其所代表的债权额占该组

---

〔1〕　D【解析】监督管理人和继续营业事宜可授权债权人委员会；债权人委员会决议人头决，法院指导；债权人会议越权决议，可撤销。

债权总额的三分之二以上的，即为该组通过重整计划草案。

B. 各组都通过

各表决组均通过重整计划草案时，重整计划即为通过。

3. 重整计划的批准

（1）通过后的批准

（2）未通过时的强行批准

部分表决组未通过重整计划草案的，债务人或者管理人可以同未通过重整计划草案的表决组协商。该表决组可以在协商后再表决一次。双方协商的结果不得损害其他表决组的利益。

未通过重整计划草案的表决组拒绝再次表决或者再次表决仍未通过重整计划草案，债务人或者管理人可以依法申请人民法院批准重整计划草案。

【经典真题】

1. 尚友有限公司因经营管理不善，决定依照《破产法》进行重整。关于重整计划草案，下列哪些选项是正确的？（2013－3－74）[1]

A. 在尚友公司自行管理财产与营业事务时，由其自己制作重整计划草案

B. 债权人参加讨论重整计划草案的债权人会议时，应按法定的债权分类，分组对该草案进行表决

C. 出席会议的同一表决组的债权人过半数同意重整计划草案，即为该组通过重整计划草案

D. 三分之二以上表决组通过重整计划草案，重整计划即为通过

2. 思瑞公司不能清偿到期债务，债权人向法院申请破产清算。法院受理并指定了管理人。在宣告破产前，持股20%的股东甲认为如引进战略投资者乙公司，思瑞公司仍有生机，于是向法院申请重整。关于重整，下列哪一选项是正确的？（2017－3－31）[2]

A. 如甲申请重整，必须附有乙公司的投资承诺

B. 如债权人反对，则思瑞公司不能开始重整

C. 如思瑞公司开始重整，则管理人应辞去职务

D. 只要思瑞公司的重整计划草案获得法院批准，重整程序就终止

【法条】

《破产法》第70、71、73、74、86条。

---

[1] AB【解析】债务人自行管理财产和营业事务的，由债务人制作重整计划草案。管理人负责管理财产和营业事务的，由管理人制作重整计划草案，A正确。

各类债权的债权人参加讨论重整计划草案的债权人会议，依照破产法规定的债权分类，分组对重整计划草案进行表决，B正确。

出席会议的同一表决组的债权人过半数同意重整计划草案，并且其所代表的债权额占该组债权总额的三分之二以上的，即为该组通过重整计划草案，C错误。

各表决组均通过重整计划草案时，重整计划即为通过，D错误。

[2] D【解析】依据《破产法》第70条的规定，债务人的出资人申请破产重整的，不需要第三人的投资承诺，A选项错误。

依据《破产法》第71条的规定，人民法院经审查认为重整申请符合本法规定的，应当裁定债务人重整，并予以公告。债权人反对，不影响重整程序的启动，B选项错误。

依据《破产法》第73、74条的规定，重整程序开始，管理人不需要辞去职务，而是要履行职责，C选项错误。

依据《破产法》第86条第2款的规定，法院批准重整计划的，重整程序终结，D项正确。

二、重整计划的执行

重整计划执行阶段不属于重整程序。

（一）约束力和效力

1. 重整计划对债务人和全体债权人均有约束力。

2. 未申报的债权按同类债权处理

债权人未依法申报债权的，在重整计划执行期间不得行使权利；在重整计划执行完毕后，可以按照重整计划规定的同类债权的清偿条件行使权利。

3. 不惠及第三人：保证人或其他连带债务人

债权人对债务人的保证人和其他连带债务人所享有的权利，不受重整计划的影响。

（二）执行障碍

债务人不能执行或者不执行重整计划的，人民法院经管理人或者利害关系人请求，应当裁定终止重整计划的执行，并宣告债务人破产。

1. 债权人承诺失效

债权人在重整计划中作出的债权调整的承诺失去效力。

2. 债权人受偿有效，在与同顺位债权达到同一比例后，继续接受分配

债权人因执行重整计划所受的清偿仍然有效，债权未受清偿的部分作为破产债权。债权人，只有在其他同顺位债权人同自己所受的清偿达到同一比例时，才能继续接受分配。

3. 担保继续有效

为重整计划的执行提供的担保继续有效。

（三）执行完毕

1. 债务人免责

按照重整计划减免的债务，自重整计划执行完毕时起，债务人不再承担清偿责任。

【经典习题】

甲公司的重整计划执行 1 年后，因执行不能被法院裁定终止执行，并被宣告破产，下列正确的是？[1]

A. 债权人乙公司在重整计划中作出的债权宽限承诺失效

B. 丙公司为重整计划提供的担保自动失效

C. 普通债权人丁公司已经受偿 10%，同顺位债权人庚已经受偿 7%，丁庚可继续按比例受偿

D. 基于保证债务的从属性，重整计划作出的债权宽限和减免对甲公司的保证人戊公司依然有效

【法条】

《破产法》第 92、93 条。

三、和解程序

具备破产原因的债务人提出与和解债权人达成了结债务的协议，并经法院认可后生效的法律程序。

和解债权人：无财产担保的债权人。

---

〔1〕 A【解析】重整计划终止的，承诺失效、担保有效、债权受偿继续有效，达到同顺位债权人同一比例时，才能继续受偿、重整计划的调整对债务人的保证人和其他连带债务人不产生影响。

【特别提示】和解程序是破产企业和无财产担保债权人的和解程序，和解程序无法约束有担保债权人。破产企业进入和解程序的，担保债权人的别除权可自由行使。

（一）和解申请与裁定

只能由债务人提出，必须提交相关证据，必须提交和解协议草案。

（二）和解协议的成立与生效

1. 和解协议的成立

（1）要约：债务人发出要约

（2）承诺：出席会议债权人人头数过半 + 无财产担保债权额三分之二以上

债权人会议以通过和解协议草案的决议形式作出承诺。

债权人会议通过和解协议的决议，由出席会议的有表决权的债权人过半数同意，并且其所代表的债权额占无财产担保债权总额的三分之二以上。

2. 和解协议的生效

（1）法院认可和解协议，终止和解程序，破产程序终结。

（2）法院不认可和解协议，终止和解程序，宣告破产。

四、和解协议的执行

和解协议执行不属于和解程序

（一）约束力和效力

1. 和解协议对债务人和全体和解债权人均有约束力。

2. 未申报的债权按同类债权处理

和解债权人未依法申报债权的，在和解协议执行期间不得行使权利；在和解协议执行完毕后，可以按照和解协议规定的清偿条件行使权利。

3. 不惠及第三人：保证人或其他连带债务人

和解债权人对债务人的保证人和其他连带债务人所享有的权利，不受和解协议的影响。

（二）效力瑕疵

1. 和解协议无效的，宣告破产

因债务人的欺诈或者其他违法行为而成立的和解协议，人民法院应当裁定无效，并宣告债务人破产。

2. 债权人与其他债权人同等比例范围内的受偿，不返还

和解债权人因执行和解协议所受的清偿，在其他债权人所受清偿同等比例的范围内，不予返还。

（三）执行障碍

债务人不能执行或者不执行和解协议的，人民法院经和解债权人请求，应当裁定终止和解协议的执行，并宣告债务人破产。

1. 债权人承诺失效

人民法院裁定终止和解协议执行的，和解债权人在和解协议中作出的债权调整的承诺失去效力。

2. 债权人受偿有效，在与同顺位债权达到同一比例后，继续接受分配

和解债权人因执行和解协议所受的清偿仍然有效，和解债权未受清偿的部分作为破产债权。

债权人只有在其他债权人同自己所受的清偿达到同一比例时，才能继续接受分配。

3. 担保继续有效

为和解协议的执行提供的担保继续有效。

（四）执行完毕

1. 债务人免责

按照和解协议减免的债务，自和解协议执行完毕时起，债务人不再承担清偿责任。

（五）庭外和解

1. 人民法院受理破产申请后，债务人与全体债权人就债权债务的处理自行达成协议的，可以请求人民法院裁定认可，并终结破产程序。

【经典习题】

甲公司不能清偿到期债务，欲申请破产和解，关于和解程序，下列表述错误的是？[1]

A. 甲公司在破产宣告之后，只要提出和解协议草案，也可以申请和解

B. 如法院裁定甲公司适用和解程序，则自和解协议由法院认可之日，对甲公司享有担保物权的债权人可行使担保物权

C. 债权人会议通过和解协议需要经过出席债权人会议的债权人三分之二以上同意，并且其所代表的债权额占债权总额的三分之二以上

D. 基于保证的从属性，甲公司的保证人可向和解债权人主张和解协议的债权减免抗辩

【法条】

《破产法》第95、96、97条。

五、破产清算程序

破产清算程序是清理债务人的财产和债务，于破产宣告之后，对全体债权人公平分配的程序。

（一）破产清算的申请与受理

债务人、债权人、清算组申请。

（二）破产宣告

法院对债务人具备破产原因的事实做出有法律效力的认定。破产宣告后，债务人财产改名为破产财产；债务人改名为破产人。

（三）破产财产变价、分配

破产清偿顺序

（1）别除权

（2）破产费用和共益债务

（3）破产清算清偿顺序

第一顺序：职工工资、医疗伤残补助、抚恤和养老医疗补偿金（董监高按职工平均工资计算）；

第二顺序：前项之外的社会统筹保险费用和税款；

第三顺序：普通破产债权；

（四）破产程序终结

连带责任存续：破产人的保证人和其他连带债务人，在破产程序终结后，对债权人依照破

---

〔1〕 ABCD【解析】一旦破产宣告，只能清算，无法重整或和解。和解程序适用于无财产担保债权人，有财产担保债权人可自法院裁定和解之日行使权利。和解决议由出席债权人会议的债权人过半数同意，并且其所代表债权额占无财产担保债权额三分之二以上。和解程序不惠及第三人，包括破产企业的保证人和连带债务人。

产清算程序未受清偿的债权，依法继续承担清偿责任。

【主观题考查提示】

在法考主观卷中会考查公司破产重整、和解、清算的相关考点，还会涉及公司董事、监事、高管在破产程序中的相关规则，如董事高管不正常收入的追回，董事监事高管的工资计算等考点。

第五章 票据法

【复习指南】

以票据权利的取得——内容——变动（票据行为）——消灭（付款、追索）为主线，结合票据的流程（出票——背书——承兑——保证——付款——追索），全面学习掌握票据的基本制度。以票据行为的独立性和无因性为指导，结合票据的抗辩全面理解掌握票据权利的行使和抗辩。以汇票、本票和支票的区分为主线，理解三大票据的区别。

准确查明票据当事人在票据上作出的票据行为（票据上的意思表示），并能清晰分析法律效力。考生能准确区分票据债权债务关系和民事债权债务关系，并能理解票据债权和民事债务的抵销规则。

【知识框架】

票据法总论	**票据的基本概念**	有价证券——要式性、无因性、流通性、文义性、设权性
	票据权利	取得——内容——变动（票据行为）——消灭（付款、追索）
	票据的流程	出票——背书——承兑——保证——付款——追索
票据法分论	**汇票**	出票——背书——承兑——保证——付款——追索
	本票	出票——背书——保证——付款——追索
	支票	出票——背书——保证——付款——追索

出票 ⇒	背书 ⇒	保证 ⇒	承兑 ⇒	付款 ⇒	追索
• 负担行为 • 处分行为 • 禁转出票 • 出票附条件 　—票据无效	• 负担行为 • 处分行为 • 禁转背书 • 背书附条件 　—背书有效， 　条件无效 • 回头背书 • 期后背书 • 分别背书 • 部分背书 • 委托收款背书 • 质押背书	• 负担行为 • 被保证人 • 保证日期 • 保证附条件 　—条件视为 　无记载	• 负担行为 • 自由承兑 • 完全承兑 • 单纯承兑 • 承兑附条件 　—视为拒绝 　承兑 • 提示承兑	• 提示付款 • 付款人形式 审查	• 后手追前 前手 • 期前追索 • 期后追索 • 再追索

第一节 票据法总则

一、票据的概念与特征

票据的概念和种类：要式性、无因性、文义性、流通性、设权性

票据是有价证券，其权利是票据债权。一般而言，票据上记载着票据债务人、票据债权人，以及票据债权的内容（确定的金额）。

> 【特别提示】票据法的学习首先需要基于债法原理，全面把握票据债务关系，清晰判断票据债务人、票据债权人、票据债权内容。票据债务人是在票据上签章（做出负担行为）的人，票据债权人一般是持票人，票据债权内容是票据金额，即票面上记载的金额。核心是准确找到票据上的签章，确定票据债务人。
>
> 简而言之，票据债务关系就是持票人（票据债权人）向票据上签章的人（票据债务人）主张票面上金额（票据金额）的请求权关系。

1. 汇票

出票人签发的，委托付款人在见票时或者在指定日期无条件支付确定的金额给收款人或者持票人的票据。

汇票分为银行汇票和商业汇票。

银行汇票是指银行作为付款人的汇票；商业汇票是指银行之外的人作为付款人的汇票。

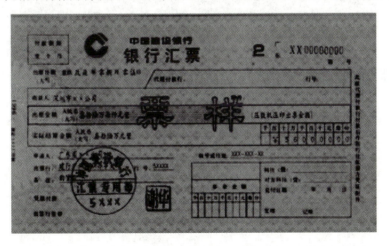

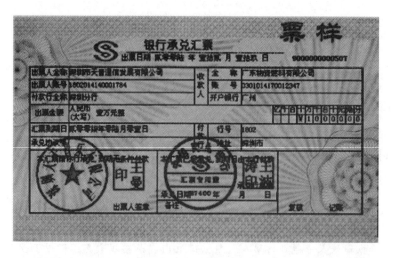

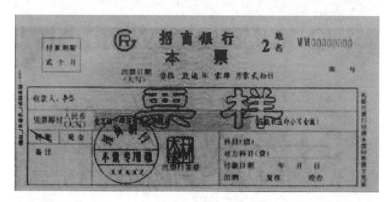

支票 填写样本

2008-12-22 10:18

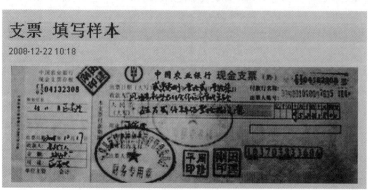

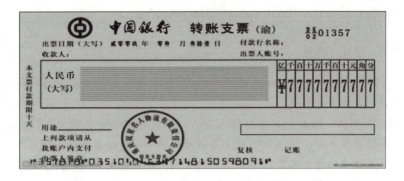

2. 本票

出票人签发的，承诺自己在见票时无条件支付确定的金额给收款人或者持票人的票据。票据法所称本票，是指银行本票。只有银行才能作为本票的出票人。

基本当事人有出票人和收款人（或持票人）。

3. 支票

出票人签发的，委托办理支票存款业务的银行或者其他金融机构在见票时无条件支付确定的金额给收款人或者持票人的票据。支票的付款人只能是银行或其他金融机构。

包括现金支票和转账支票（转账支票不能支取现金，只能转账）。

　　　　　　　　　　支票　　　　　　　　　支票　　　　　　　　　支票
甲——（汽车买卖）——→乙——（房屋装修）——→丙——（出国旅游）——→丁

> 【特别提示】所有在票据上签章的人都是票据债务人，都独立地、无因地负担票据债务，并确保其在后的票据权利人获得票据权利。票据法上的追索规则是：后手追前手。所有在票据上签章的前手对后手负责。

【经典真题】

依票据法原理，票据具有无因性、设权性、流通性、文义性、要式性等特征。关于票据特征的表述，下列哪一选项是错误的？（2014－3－32）[1]

A. 没有票据，就没有票据权利

B. 任何类型的票据都必须能够进行转让

C. 票据的效力不受票据赖以发生的原因行为的影响

D. 票据行为的方式若存在瑕疵，不影响票据的效力

二、票据权利的取得

（一）票据权利取得（F10－12）

1. 无因证券

授受票据的原因关系与票据法律关系分离，善意的支付了合理对价的第三人的票据权利不发生影响。票据系无因证券的核心是票据上做出的票据行为具有无因性，即票据行为的原因关

---

[1]　D【解析】持票人行使票据权利，应当按照法定程序在票据上签章，并出示票据。票据的存在是票据权利的前提，A 正确，不选。

票据具有流通性，流通性是票据的基本属性，理论上认为，任何票据都具有流通性，都能转让。B 正确，不选。

票据具有无因性，原因关系的瑕疵不影响票据权利的有效，C 正确，不选。

票据行为方式的瑕疵会影响票据效力，如出票行为附条件，票据无效。D 错误，要选。

系存在瑕疵，不影响票据行为的效力，不影响票据的效力。

2. 票据行为具有独立性和无因性 ★★★

出票、背书、保证、承兑

> 【特别提示】票据行为是无因的单务行为，是票据债务人在票据上做出的负担票据债务的意思表示，具有以下特征：
>
> 1. 无因性。票据行为本身（票据签章行为）不包含负担债务的原因，仅仅是单纯的负担票据债务的意思表示。从票据上无法看出票据债务人负担票据债务的原因，而只能从其基础关系中寻找票据债务人负担票据债务的原因，如买卖合同、委托合同等等。
>
> 2. 独立性。每个票据行为都具有独立性，每个票据签章行为都是完全独立的，每个负担票据债务的意思表示是独立的。某个票据签章的无效，不会影响其他票据签章的效力，除非票据整体无效。

（二）例外规则

1. 恶意

以欺诈、偷盗或者胁迫等手段取得票据的，或者明知有前列情形，出于恶意取得票据的，不得享有票据权利。

持票人因重大过失取得不符合本法规定的票据的，也不得享有票据权利。

> 【特别提示】恶意持票人不享有票据权利，而并非票据无效，所有票据债务人可向该无权的恶意持票人主张抗辩。

2. 无偿

票据的取得，必须给付对价，即应当给付票据双方当事人认可的相对应的代价。

因税收、继承、赠与可以依法无偿取得票据的，不受给付对价的限制。

但是，所享有的票据权利不得优于其前手的权利，应承继前手的瑕疵（票据债务人可以对前手抗辩的事由，也可以对该无偿受让的后手主张）。

【举例说明】

票据债务人甲可以对持票人乙主张抗辩，乙将其持有的票据赠与丙，则甲依然可以对丙主张其对乙的抗辩。

【经典真题】

1. 甲公司为履行与乙公司的箱包买卖合同，签发一张以乙公司为收款人、某银行为付款人的汇票，银行也予以了承兑。后乙公司将该汇票背书赠与给丙。此时，甲公司发现乙公司的

箱包为假冒伪劣产品。关于本案，下列哪一选项是正确的？（2016－3－32）[1]

  A. 该票据无效

  B. 甲公司不能拒绝乙公司的票据权利请求

  C. 丙应享有票据权利

  D. 银行应承担票据责任

  2. 潇湘公司为支付货款向楚天公司开具一张金额为 20 万元的银行承兑汇票，付款银行为甲银行。潇湘公司收到楚天公司货物后发现有质量问题，立即通知甲银行停止付款。另外，楚天公司尚欠甲银行贷款 30 万元未清偿。下列哪些说法是错误的？（2011－3－74）[2]

  A. 该汇票须经甲银行承兑后才发生付款效力

  B. 根据票据的无因性原理，甲银行不得以楚天公司尚欠其贷款未还为由拒绝付款

  C. 如甲银行在接到潇湘公司通知后仍向楚天公司付款，由此造成的损失甲银行应承担责任

  D. 潇湘公司有权以货物质量瑕疵为由请求甲银行停止付款

三、票据权利的抗辩（F11－14）★★★

物的抗辩—对所有人	所有债务人对所有债权人：1. 票据权利未产生：票据无效 2. 票据权利已消灭：除权判决生效	
	特定债务人对所有债权人：1. 票据变造、伪造、票据行为的无权代理 2. 无限人签章：个别签章无效	
人的抗辩—对特定人	所有债务人对特定债权人：持票人没有票据权利	
	特定债务人对特定债权人：1. 直接前后手 2. 非直接前后手：存在直接的民事债务关系	

【特别提示】票据的抗辩：票据债务人对票据债权人。

（一）物的抗辩

基于票据关系本体（票据记载之事项）的抗辩。

可以对抗一切票据权利人之请求，不因持票人变更而受影响，绝对的抗辩。

---

  [1] D【解析】依据票据法上票据无因性的基本原理和《票据法》第 4 条的规定，票据债务人在票据上签章的，按照票据所记载的事项承担票据责任。票据法上的意思表示独立有效，票据原因关系的瑕疵不影响票据法上意思表示的效力，不影响票据法上的法律效果，因此甲公司与乙公司的合同纠纷不影响票据的效力，票据有效，所以 A 错误。

  依据《票据法》第 13 条的规定，票据债务人可以对不履行约定义务的与自己有直接债权债务关系的持票人，进行抗辩。甲公司可以基于其与乙公司的合同关系而主张票据法上"人"的抗辩，因此 B 错误。

  依据《票据法》第 11 条的规定，因税收、继承、赠与可以依法无偿取得票据的，不受给付对价的限制。但是，所享有的票据权利不得优于其前手的权利。因丙系无偿取得票据，其权利不能优于前手乙公司，因此甲公司可以对乙公司抗辩的事由，也可以对抗丙，因此丙应当享有票据权利的表述不准确，所以 C 错误。

  依据《票据法》第 4 条的规定，票据债务人在票据上签章的，按照票据所记载的事项承担票据责任。银行已经在票据上承兑，该承兑的意思表示独立有效，银行应当承担票据法上的责任。而且，题干中也未说明银行与甲、乙、丙之间存在抗辩事由，因此，银行应当承担票据责任。因此 D 正确。

  [2] BCD【解析】汇票需要经由付款人承兑后，付款人才成为票据债务人而负担付款责任，A 正确，不选。票据权利具有无因性，但票据债务人可依法主张人的抗辩，B 错误，要选。票据具有无因性，银行应当付款，不需要承担责任，C 错误，要选。依据债的相对性，潇湘公司基于"人"的抗辩事由只能向债的相对人主张，D 错误，要选。

1. 所有票据债务人得对抗所有票据债权人的抗辩

（1）票据权利不产生

A 票据权利未成立

票据欠缺法定必要记载事项：出票人未签章、未记载出票日期。

票据上有法定禁止记载事项：出票附条件、记载日历中没有的日期，如2月30日。

更改金额、日期、收款人名称；票据断裂；票据金额数字和大写不一致。

B 票据权利未生效：到期日未届至

> 【特别提示】出票人未签章，票据上没有做出负担行为，没有意思表示，自然不会有法律效果，票据无效。
>
> 未记载出票日期，无法确定出票人的行为能力，也无法确定票据到期日，票据无效。

（2）票据权利已经消灭

票据因除权判决而归于无效。

2. 特定票据债务人对抗所有票据债权人的抗辩

（1）行为能力欠缺之抗辩

"无限人"之监护人可主张抗辩。

（2）票据变造之抗辩

在变造前签章的票据债务人，可以对变造后的票据记载事项主张抗辩；

在变造后签章的票据债务人，可以对变造前的票据记载事项主张抗辩；

无法辨别变造前或变造后签章的，视为变造前签章。这是为了防止当事人从变造行为中获益，同时也考虑善意推定、合法性推定规则的适用。票据变造是指擅自对票据签章以外的记载事项进行变更。

【经典真题】

甲公司签发一张汇票给乙，票面记载金额为10万元，乙取得汇票后背书转让给丙，丙取得该汇票后又背书转让给丁，但将汇票的记载金额由10万元变更为20万元。之后，丁又将汇票最终背书转让给戊。其中，乙的背书签章已不能辨别是在记载金额变更之前，还是在变更之后。下列哪些选项是正确的？（2012 - 3 - 74）[1]

A. 甲应对戊承担10万元的票据责任　　B. 乙应对戊承担20万元的票据责任

C. 丙应对戊承担20万元的票据责任　　D. 丁应对戊承担10万元的票据责任

（3）票据伪造之抗辩

被伪造的签章人可以抗辩：被伪造的签章无效。票据伪造是指擅自假冒他人名义在票据上签章，即假冒他人名义在票据上做出票据行为。其法律效果是：被伪造的签章无效，伪造人虽不承担票据责任，但须承担法律责任（包括民事责任、行政责任、刑事责任）。

【经典真题】

甲公司为清偿对乙公司的欠款，开出一张收款人是乙公司财务部长李某的汇票。李某不慎将汇票丢失，王某拾得后在汇票上伪造了李某的签章，并将汇票背书转让给外地的丙公司，用来支付购买丙公司电缆的货款，王某收到电缆后转卖得款，之后不知所踪。关于本案，下列哪

---

[1] AC【解析】变造前签章对变造前的记载负责，无法识别的，视为变造前签章。

些说法是正确的？（2016 - 3 - 74）[1]

A. 甲公司应当承担票据责任
B. 李某不承担票据责任
C. 王某应当承担票据责任
D. 丙公司应当享有票据权利

（4）无权代理（无权代行）中被代理人主张抗辩；

A. 无权代理人已签章的，应由签章的代理人就无权代理部分承担票据责任；

【举例说明】

出票人甲授权给代理人乙的出票金额是 100 万，乙超出授权范围，将出票金额写为 120 万，乙代理甲签章，乙自己也在票据上签章。此时，乙须就无权代理部分（20 万）承担票据责任。

B. 无权代理人未签章的，而以本人名义签发票据，构成票据伪造。

【举例说明】

乙擅自以甲的名义签发汇票，而且在票据上只做出了甲的签章，则该行为构成票据的伪造。甲的签章无效，乙需要承担票据伪造的民事责任、行政责任，甚至刑事责任。

【特别提示】单方行为的无权代理行为无效，因此无权代理的签章无效（单方负担行为无效），由无权代理人承担责任，无权代理人在票据上签章的，承担票据责任；无权代理人未在票据上签章的，按票据伪造处理，承担民事、行政、甚至刑事责任。

【经典真题】

甲未经乙同意而以乙的名义签发一张商业汇票，汇票上记载的付款人为丙银行。丁取得该汇票后将其背书转让给戊。下列哪一说法是正确的？（2013 - 3 - 31）[2]

A. 乙可以无权代理为由拒绝承担该汇票上的责任

B. 丙银行可以该汇票是无权代理为由而拒绝付款

C. 丁对甲的无权代理行为不知情时，丁对戊不承担责任

D. 甲未在该汇票上签章，故甲不承担责任

（二）人的抗辩

基于票据义务人与特定票据权利人之间特定关系发生的抗辩。

只能对特定票据权利人主张，相对的抗辩。

1. 所有票据债务人得对抗特定票据债权人之抗辩

（1）持票人不享有票据权利

持票人恶意或重大过失取得票据；

持票人基于欺诈、胁迫、偷盗取得票据；

持票人捡到的票据；持票人受让他人捡到的票据；

---

〔1〕 ABD【解析】王某在汇票上伪造李某的签章，属于票据的伪造，该伪造的签章无效，但是不影响其他真实签章的法律效力，因此甲公司的签章依然有效，甲依然需要承担票据责任，A 正确。而李某的签章无效，因此李某无需承担票据责任，B 正确。王某未在票据上签章，王某无需承担票据责任，而应当承担民事责任、行政责任，甚至刑事责任，C 错误。王某以李某的名义将该汇票背书转让给丙公司，属于无权代理行为，为保护交易安全，保护善意第三人利益，该转让行为有效，丙公司可以获得票据权利，D 正确。

〔2〕 A【解析】在甲无权代理或越权代理的情况下，本人乙可以提出非本人所为的抗辩，而拒绝承担票据责任。在票据法理上，该情形属于无权代理，这与票据签章的伪造类似，乙可主张该签章无效，A 正确。

票据签章具有独立性，票据流转具有无因性，丙银行、丁一旦签章，就要对票据债权人承担票据责任，B、C 错误。

甲未在票据上签章，甲不承担票据责任，但应当承担民事责任、行政责任、刑事责任，D 错误。

背书不连续（推定持票人知道或应当知道前手以欺诈、偷盗或胁迫等手段取得票据，持票人不享有票据权利）。

2. 特定票据债务人得对抗特定票据债权人的抗辩

（1）直接抗辩：直接前后手

原因欠缺之抗辩（自始无原因或原因消灭）；对价关系之抗辩（如同时履行抗辩）。

（2）间接抗辩：非直接前后手

票据义务人与票据权利人，存在另一直接民事法律关系，如抵销抗辩。

【经典真题】

朱某持一张载明金额为人民币 50 万元的承兑汇票，向票据所载明的付款人某银行提示付款。但该银行以持票人朱某拖欠银行贷款 60 万元尚未清偿为由拒绝付款，并以该汇票票面金额冲抵了部分届期贷款金额。对付款人（即某银行）行为的定性，下列哪一选项是正确的？（2007 - 3 - 32）[1]

A. 违反票据无因性原则的行为　　　　B. 违反票据独立性原则的行为

C. 行使票据抗辩之对人抗辩的行为　　D. 行使票据抗辩之对物抗辩的行为

（3）无偿抗辩：

无对价（赠与、继承、税收、合并）取得票据者，承继前手的抗辩和瑕疵。

【举例说明】

甲可以乙主张民事合同之抗辩，乙将票据赠与丙，甲可向丙主张其对乙的抗辩。

（4）恶意抗辩：

明知其前手权利存在瑕疵而取得票据者，承继前手的抗辩和瑕疵。

【举例说明】

甲可向乙主张民事合同之抗辩，乙将票据背书转让给知情的丙，甲可向丙主张其对乙的抗辩。

四、票据权利的救济：票据丧失的补救（F15）★★

（一）票据的丧失

票据权利人丧失对票据的占有，为权利人提供特别的法律救济，包括挂失止付、公示催告和诉讼。

1. 绝对丧失： 票据灭失；不存在挂失止付。

2. 相对丧失： 遗失、被盗、丢失。

（二）票据丧失的救济

1. 挂失止付——防止他人冒领

失票人在相对丧失票据占有时，为防止他人冒领，通知请求票据上的付款人停止票据支付。

（1）收到挂失止付通知的付款人，应暂停支付。

（2）失票人应在通知挂失止付后 3 日内，也可以在票据丧失后，依法向法院申请公示催告，或向人民法院起诉。

2. 公示催告——防止善意受让、仍能行使权利（《民事诉讼法》F218 - 223）

在票据丧失的场合，法院依申请发出公告，催促利害关系人提出票据、申报权利，否则判决宣告该票据无效。

---

〔1〕 C【解析】持票人与票据债务人之间存在直接的债之关系时，票据债务人可主张人之抗辩。

（1）**申请人**：失票人、被背书人、出票人。

（2）**防止善意受让**：公示催告期间，转让票据权利的行为无效。

（3）**确认合法持票人——除权判决。**

没有人申报的，法院应依法作出判决，宣告票据无效。自判决公告之日起，申请人可依据该判决，行使付款请求权和追索权。

A 消极效力：原票据失效

B 积极效力：申请人获得与持票人相同的法律地位（形式资格）。申请人获得形式资格，而非实质权利，票据债务人依然可主张各种抗辩事由，包括物的抗辩、人的抗辩。如果申请人非法通过公示催告程序获得除权判决，票据债务人可主张申请人不享有票据权利的抗辩。

3. 普通诉讼

失票人可直接向法院起诉，请求法院判令票据债务人向其支付票据金额。

【经典真题】

1. 甲向乙购买原材料，为支付货款，甲向乙出具金额为 50 万元的商业汇票一张，丙银行对该汇票进行了承兑。后乙不慎将该汇票丢失，被丁拾到。乙立即向付款人丙银行办理了挂失止付手续。下列哪些选项是正确的？（2014－3－75）[1]

A. 乙因丢失票据而确定性地丧失了票据权利

B. 乙在遗失汇票后，可直接提起诉讼要求丙银行付款

C. 如果丙银行向丁支付了票据上的款项，则丙应向乙承担赔偿责任

D. 乙在通知挂失止付后十五日内，应向法院申请公示催告

2. 仉凡公司与五悦公司签订了一份买卖合同，由仉凡公司向五悦公司供货；五悦公司经连续背书，交付给仉凡公司一张已由银行承兑的汇票。仉凡公司持该汇票请求银行付款时，得知该汇票已被五悦公司申请公示催告，但法院尚未作出除权判决。关于本案，下列哪一选项是正确的？（2017－3－32）[2]

A. 银行对该汇票不再承担付款责任　　B. 五悦公司因公示催告可行使票据权利

C. 仉凡公司仍享有该汇票的票据权利　　D. 法院应作出判决宣告票据无效

【法条】

《票据法》第 15 条。

---

[1]　BC【解析】票据相对灭失，可请求挂失止付、公示催告、起诉。

[2]　C【解析】依据《票据法》第 15 条、《民事诉讼法》第 222 条的规定，汇票被申请公示催告，并不意味着付款人不再承担付款责任，只是暂停支付而已。即使法院作出除权判决，权利人依然可以基于除权判决主张权利，付款人依然需要承担付款责任，A 选项错误。

依据《票据法》第 15 条、《民事诉讼法》第 221 的规定，公示催告程序是权利人主张权利的程序，程序的启动并不意味着该程序的申请人直接享有票据权利，B 选项错误。

依据《票据法》第 15 条的规定，在除权判决作出之前，持票人依然享有票据权利，当然该权利受到一定的限制，C 选项正确。

依据《民事诉讼法》第 221 条的规定，该案中存在利害关系人，法院没有义务作出除权判决，而要取决于利害关系人是否申报权利，D 选项错误。

第二节　汇票、本票、支票

一、出票★★★

1. 出票

出票人签发票据并将其交付给收款人的票据行为。

> 【特别提示】出票系负担行为，出票人无因地负担票据债务；出票同时也系处分行为，出票后并交付给持票人，出票人让与该票据权利。

2. 出票人限制背书——无效效果

出票人记载"不得转让"，票据失去流通性，票据不得背书转让！

持票人背书转让的，背书行为无效，仅仅产生民法上债权让与的效力。

```
记载不得转让              |
甲（出票人）————乙（背书人）|-------------------丙
                          |   背书行为无效
        后面都是民事关系
```

必须记载事项	汇票	本票	支票
表明字样 *	表明"汇票"的字样	表明"本票"的字样	表明"支票"的字样
无条件支付的委托 * （确定债权）	无条件支付的委托	无条件支付的委托	无条件支付的委托
出票日期 * （确定出资人的行为能力）	出票日期	出票日期	出票日期
出票人签章 * （确定债务人）	出票人签章	出票人签章	出票人签章
确定金额 （确定债权内容）	确定金额	确定金额	支票上的金额可以由出票人授权补记，未补记前的支票，不得使用
付款人名称 （确定债务人）	付款人名称	付款人名称	付款人名称
收款人名称 （确定债权人）	收款人名称	收款人名称	支票上未记载收款人名称的，经出票人授权，可以补记
付款地未记载	付款人的营业场所、住所或者经常居住地为付款地	出票人的营业场所为付款地	付款人的营业场所为付款地
出票地未记载	出票人的营业场所、住所或者经常居住地为出票地	出票人的营业场所为出票地	出票人的营业场所、住所或者经常居住地为出票地

		见票即付 自出票日起，最长不得超过**二个月**，否则，丧失对出票人以外的前手的追索权	见票即付 自出票日起**十日内**提示付款；异地使用的支票，央行另行规定
付款期限	未记载付款日期的，见票即付		

【特别提示】票据必须记载下列事项：

表明"汇票、本票、支票"的字样；无条件支付的委托；确定的金额（支票的金额可以补记）；付款人名称；收款人名称（支票的收款人名称可以补记）；出票日期；出票人签章。票据上未记载前款规定事项之一的，票据无效。

票据出票时必须确定债权人、债务人、债权内容，必须明确票据债务关系，否则票据无效。

【经典真题】

东霖公司向忠谐公司购买一个元器件，应付价款960元。东霖公司为付款开出一张支票，因金额较小，财务人员不小心将票据金额仅填写了数码的"￥960元"，没有记载票据金额的中文大写。忠谐公司业务员也没细看，拿到支票后就放入文件袋。关于该支票，下列哪些选项是正确的？（2017－3－74）[1]

A. 该支票出票行为无效

B. 忠谐公司不享有票据权利

C. 东霖公司应承担票据责任

D. 该支票在使用前应补记票据金额的中文大写

【法条】

《票据法》第8、85条。

【经典习题】

1. A公司让B买C公司农用车签发支票时写见票一个月内支付。但B看C公司电动车好，改买了电动车，A公司不同意。下列表述正确的是？[2]

A. B无权填写金额和收款人，否则，票据无效

---

[1] CD【解析】依据《票据法》第85条的规定，支票上的金额可以由出票人补记，即支票上虽然未写明票据金额的大写，类推适用空白支票规则，其并不影响支票出票行为的效力，因为票据行为在票据法上具有独立性和无因性，A选项错误。

依据《票据法》第85条的规定和《票据法》的基本原理，出票人东霖公司的出票行为有效，持票人忠谐公司依法享有票据权利，B选项错误。

依据《票据法》第85条的规定和票据法的基本原理，持票人依法享有票据权利，C选项正确。

依据《票据法》第85条的规定，支票上的金额可以由出票人授权补记，未补记前的支票，不得使用。该支票使用前应当补记票据金额的中文大写，D选项正确。

[2] B【解析】依据《票据法》第85、86条的规定，支票上的金额和收款人可以经出票人授权补记，B未经出票人的授权，擅自在票据上补记金额和收款人，属于无权传达行为，为保护善意第三人的信赖利益，参照《民法典》第172条的规定，善意第三人C公司可主张该票据有效，A错误。

依据《票据法》第90条第2句的规定，支票为见票即付票据，记载付款日期的，该记载无效，B正确。

依据《票据法》第85条的规定，支票的金额可以补记，空白支票有效，支票具有现金支付功能，C错误。

依据《票据法》第86条的规定，支票上的收款人可以补记，无记名支票有效，D错误。

B. 支票记载见票一个月支付的，该记载无效

C. 支票未记载金额的，票据无效

D. 支票没有记载收款人的，票据无效

【法条】

《票据法》第 85、86、90 条

2. 关于本票的表述，下列选项正确的是？[1]

A. 本票只有出票人和收款人，我国票据规定了银行本票和商业本票

B. 本票上未记载出票日期的，本票无效

C. 本票自出票日起，付款期限最长不得超过 3 个月，本票的持票人未按照规定期限提示见票的，丧失对出票人以外的前手的追索权

D. 本票上未记载付款地的，出票人的营业场所、经常居住地、住所为付款地

【法条】

《票据法》第 73、75、76、78、79 条

二、背书 ★★

1. 概念

持票人通过在票据上签名而向被背书人转让票据权利或授予一定票据权利的行为。

【特别提示】背书系负担行为，背书人无因地负担票据债务；转让背书，即背书后将票据交付给其后手，系处分行为，背书人让与该票据权利给被背书人。

(1) 不可分性

分别背书和部分背书（F33）：

将汇票金额的一部分转让的背书或者将汇票金额分别转让给二人以上的背书无效。

票据只有一张，如果分别背书或部分背书，将导致多人分割享有票据权利，导致票据权利难以行使，损害交易安全。

(2) 单纯性

附条件背书（F33）：

背书不得附有条件，所附条件不具有汇票上的效力。

(3) 背书连续

在票据转让中，转让票据的背书人与受让票据的被背书人在票据上的签章依次前后衔接。

【特别提示】如果背书不连续，推定持票人知道或应当知道前手存在欺诈、偷盗、胁迫等事宜，持票人属于恶意取得票据，其不享有票据权利。票据债务人可向该持票人主张抗辩。

---

[1] B【解析】本票只有银行本票。确定金额、无条件付款、出票日期、出票人签章为绝对必要记载事项，否则票据无效。本票付款期限最长 2 个月。本票的付款人即出票人，即银行，只有营业场所，所以未记载付款地出票地的，出票人的营业场所为付款地和出票地。

2. 转让背书——特殊转让背书

（1）限制背书（禁转背书）（F27、F34）——负责效果

背书人在票据上记载"不得转让"字样，背书人除对于自己直接后手负责外，对于由该后手依据背书方式转让而取得票据之人，不负责任。

记载不得转让　　　　　　（只是丁不得向乙追索而已），丁还可以向甲追索。

甲——乙（背书人）——丙————————丁

> **【特别提示】**
>
> 1. 背书人在票据上记载"不得转让""委托收款""质押"字样，其后手再背书转让、委托收款或者质押的，原背书人对后手的被背书人不承担票据责任，但不影响出票人、承兑人以及原背书人之前手的票据责任。
>
> 2. 背书人通过记载"不得转让"，告诉其后手的被背书人（第三人），自己是原因关系瑕疵的受害人，第三人不能向自己追索。不得转让的记载取得了对抗第三人的法律效果，即背书人对第三人免责的法律效果。

（2）期后背书（F36）

A 效果：

汇票被拒绝承兑、被拒绝付款或者超过付款提示期限的，不得背书转让；

以不能实现的票据权利为内容的票据权利让与，在票据法上是无效的；失去流通性的事实已经明确，法律没有必要保护这种票据的流通性。

B 期后被背书人的特殊保护：

背书转让的，背书人仍应当承担汇票责任。惩罚恶意的期后背书人。

张三拒绝承兑

　　|　　　　　　　　　　　　　（丙承担票据责任，丁只能向丙追索）

甲——乙——丙（期后背书人）————————丁

（3）回头背书

A 概念： 以已在票据上签名的票据债务人为被背书人。

B 追索： 被背书人向回头背书范围以外的前手追索。

甲——乙——丙（背书人）——丁——丙（持票人）

回头背书的规则是为了防止循环追索。如丙可以向丁追索，丁然后再向丙追索，这种循环追索毫无意义，因此，丙直接向回头背书范围以外的前手追索即可。

如汇票的被背书人是出票人，该出票人可以向承兑人主张权利。

庚（承兑人）

甲（出票人）——乙——丙——丁——甲（持票人）

3. 非转让背书——质押背书（F35'2）

背书人在设定质押背书时，必须在背书中载明"质押"背书。

【经典习题】

甲为支付货款向乙开具面额为20万的汇票一张，由卯银行为付款人。乙将汇票背书给丙，丙将汇票背书给丁，丁得票后涂销了乙的签章后将该汇票背书给戊，戊将该汇票分别背书给庚（12万）和辛（8万），下列表述正确的是？[1]

A. 如果丁提示承兑被卯银行拒绝，则丁可向甲、丙行使追索权

B. 乙因为丁的涂销而免责

C. 戊的分别背书行为部分有效

D. 如果戊更改出票日期，则会导致该汇票无效

【法条】

《票据法》第9、14条

【经典真题】

下列情形中汇票的背书转让有效的是？[2]

A. 出票人A公司将汇票背书给B公司，并记载"不得转让"字样，B公司再转让

B. 背书人C公司将票据背书给D公司后，但未记载背书日期

C. 汇票背书给甲委托收款后，甲又背书将票据权利转让给乙

D. 汇票金额分别转让给甲和乙

【法条】

《票据法》第27、29、33、35条

三、保证（F45－52）★★★

票据债务人以外的第三人担保票据债务人的债务并签章的票据行为。

特征：要式、无因、独立、连带、整体（被保证人和保证日期推定）、追偿、时效

【特别提示】保证系负担行为，保证人无因地、独立地负担票据债务。

---

〔1〕　BD【解析】涂销，系票据权利故意之行为，涂销前手签章者，视为免除前手票据债务，但该涂销不得损害涂销者与被涂销者之间的票据债务人利益。即涂销者丧失对被涂销者的后手的追索权。

基于票据债权的不可分性，分别背书和部分背书行为无效。

更改票据金额、日期、收款人名称导致票据无效。

〔2〕　B【解析】依据《票据法》第27条第2款，出票人记载"不得转让"，其后手再背书转让的，背书行为无效，A错误。

依据《票据法》第29条第2款，背书未记载日期的，视为在汇票到期日前背书，背书行为有效，B正确。

依据《票据法》第35条第1款，背书记载"委托收款"字样的，被背书人不得再以背书转让汇票权利，被背书人再转让的，属于无权处分，由于记载委托收款字样，不存在善意取得，该背书行为不生效力，C错误。

依据《票据法》第33条第2款，将票据金额的一部分转让的背书或者将汇票金额分别转让给二人以上的背书无效，D错误。

1. 保证的成立：

（1）表明"保证"的字样

（2）保证人签章

（3）未记载被保证人的：

A. 已承兑的汇票，承兑人为被保证人

B. 未承兑的汇票，出票人为被保证人

（4）未记载保证日期的：

出票日期为保证日期

【特别提示】票据保证是为整张票据提供保证，因此，在保证日期未记载时，出票日期为保证日期；被保证人未记载时，票据主债务人为被保证人。

2. 保证的效力

（1）保证人的责任

A. 票据保证具有独立性。被保证人（债务人）签章无效，保证签章依然有效。

B. 保证人承担连带责任

C. 保证人为2人以上的，保证人之间为连带共同保证

（2）票据保证行为无效

A. 票据形式欠缺：如票据无效

B. 票据保证方式欠缺：如保证人没有签章

（3）保证附条件

所附条件视为无记载。

（4）保证人的代位权

保证人偿债后，可行使持票人对被保证人及其前手的追索权。适用后手追前手规则。

【经典真题】

甲从乙处购置一批家具，给乙签发一张金额为40万元的汇票。乙将该汇票背书转让给丙。丙请丁在该汇票上为"保证"记载并签章，随后又将其背书转让给戊。戊请求银行承兑时，被银行拒绝。对此，下列哪一选项是正确的？（2015-3-32）[1]

A. 丁可以采取附条件保证方式

B. 若丁在其保证中未记载保证日期，则以出票日期为保证日期

C. 戊只有在向丙行使追索权遭拒绝后，才能向丁请求付款

D. 在丁对戊付款后，丁只能向丙行使追索权

四、承兑（F38-44）★

（一）承兑

付款人承诺在汇票到期日支付汇票金额并签章的票据行为。

承兑系负担行为，承兑人无因地、独立地负担票据债务，并成为票据的最终债务人（主债务人）。

1. 自由承兑

汇票付款人经过承兑后成为承兑人，即汇票最终债务人，承担付款责任。

---

[1] B【解析】票据保证系对票据的保证。

2. 完全承兑

付款人承兑后足额付款。

3. 单纯承兑

承兑附条件视为拒绝承兑。

（二）提示承兑

持票人向付款人出示汇票，并要求付款人承诺付款的行为。

1. 汇票未按照规定期限提示承兑的，持票人丧失对其前手的追索权。持票人负担迟延提示承兑的风险。防止持票人未能按时提示承兑，承兑人不能清偿债务时，持票人将该风险转嫁给其前手。

2. 见票即付的汇票无需提示承兑。

【经典真题】

乙公司在与甲公司交易中获金额为300万元的汇票一张，付款人为丙公司。乙公司请求承兑时，丙公司在汇票上签注："承兑。甲公司款到后支付。"下列关于丙公司付款责任的表述哪个是正确的？（2003 - 3 - 17）[1]

A. 丙公司已经承兑，应承担付款责任

B. 应视为丙公司拒绝承兑，丙公司不承担付款责任

C. 甲公司给丙公司付款后，丙公司才承担付款责任

D. 按甲公司给丙公司付款的多少确定丙公司应承担的付款责任

【经典习题】

买受人甲为支付买卖合同的价款向出卖人乙开具面额为100万的商业承兑汇票，付款人系丙公司。乙将票据背书转让给丁，下列表述正确的是？[2]

A. 如出票人甲在票据上记载"不得转让"，该汇票无效

B. 在票据法上，丙公司负有承兑的义务

C. 丙公司可对该汇票上的部分金额附条件承兑

D. 如丁未按期限提示承兑的，丁丧失对乙的追索权

【法条】

《票据法》第27、40、43条

五、付款（F53 - 60）

付款人或承兑人在票据到期后，对持票人所进行的票据金额的支付。

（一）付款损失的承担（形式审查）

1. **付款人及其代理付款人付款时，应当审查票据背书的连续，并审查提示付款人的合法身份证明或者有效证件。**

2. **付款人及其代理付款人恶意或者有重大过失付款的，应当自行承担责任：**

（1）未能识别出伪造、变造的票据或身份证件而付款；

（2）票据欠缺必要记载事项而付款；

（3）未审查背书连续而付款；

（4）止付通知后付款；

---

[1]　B【解析】承兑附条件视为拒绝承兑。

[2]　D【解析】出票人记载不得转让，票据背书无效。承兑的规则是：自由承兑、完全承兑、单纯承兑。逾期承兑的，丧失对前手的追索权。

（5）公示催告期内付款；

（6）未到期而付款。

【经典真题】

甲公司于 2006 年 3 月 2 日签发同城使用的支票 1 张给乙公司，金额为 10 万元人民币，付款人为丁银行。次日，乙公司将支票背书转让给丙公司。2006 年 3 月 17 日，丙公司请求丁银行付款时遭拒绝。丁银行拒绝付款的正当理由有哪些？（2006 - 3 - 73）[1]

A. 丁银行不是该支票的债务人

B. 甲公司在丁银行账户上的存款仅有 2 万元人民币

C. 该支票的债务人应该是甲公司和乙公司

D. 丙公司未按期提示付款

六、追索（F61 - 72）

1. 追索

持票人在提示承兑或提示付款后，未获承兑或付款时，依法向前手请求偿还票据金额及其他金额的权利。

2. 票据债务人的连带责任（不完全连带，债务人内部不存在按份责任，而适用后手追前手之规则）

汇票的出票人、背书人、承兑人和保证人对持票人承担连带责任。

（1）持票人可以不按照汇票债务人的先后顺序，对其中任何一人、数人或者全体行使追索权。

（2）被追索人清偿债务后，与持票人享有同一权利，继续后手追前手。

【主观题考查提示】

票据法在主观卷当中经常涉及票据背书、保证、承兑的考点，尤其会重点考查票据出票人记载"不得转让"和背书人记载"不得转让"的考点。

1. 出票人记载"不得转让"的，其后手背书转让的，背书行为无效，该无效背书行为可转换为民事债权让与。

2. 背书人记载"不得转让"的，其后手背书转让的，背书行为有效，背书人后手的后手不能向背书人追索，即背书人对其直接后手的所有后手免责。

---

[1] BD

第六章 证券法

【复习指南】

> 【复习指南】

　　本章的学习应当以证券的发行、上市、交易、信息披露和监管为主线，重点学习掌握证券公司、证交所、上市公司治理、信息披露、投资者权益保护中的具体制度和规则。2019 年证券法做了比较大的修改，对新修改的法条应当通读一遍，重点关注。

> 【知识框架】

证券发行	股票发行
	债券发行
证券交易	证券上市
	上市公司收购
证券机构	证券公司、证交所

证券发行 →	证券交易 →	证券上市
• 1. 证券发行的条件 • 股票发行 • 债券发行 • 2. 证券机构 • 证交所 • 证券公司 • 证券登记结算机构 • 证券业协会 • 证监会 • 3. 证券发行中介结构 • 律所 • 会计师事务所 • 资产评估机构 • 4. 证券承销 • 5. 投资者保护	• 1. 证券交易的条件 • 2. 证券交易的暂停和终止 • 3. 限制和禁止证券交易 • 特定主体交易禁止 • 禁止内幕交易 • 禁止操纵市场 • 禁止虚假陈述和信息误导 • 禁止欺诈客户	• 1. 股票上市 • 2. 债券上市 • 3. 信息公开 • 4. 上市公司收购

一、证券法概述

(一) 证券的概念、种类与特征

　　证券（有价证券）是表示一定财产权利的书面凭证，包括资本证券（股票、债券）、货币证券（票据）、货物证券（提单）等。

　　我国证券法所规范的证券仅为资本证券。

我国证券市场上发行和流通的证券主要包括：股票、债券、存托凭证、国务院认定的其他证券。

【经典真题】

股票和债券是我国《证券法》规定的主要证券类型。关于股票与债券的比较，下列哪一表述是正确的？（2011-3-33）[1]

A. 有限责任公司和股份有限公司都可以成为股票和债券的发行主体

B. 股票和债券具有相同的风险性

C. 债券的流通性强于股票的流通性

D. 股票代表股权，债券代表债权

（二）证券市场

1. 证券发行市场（发行人——投资人）

一级市场，是指通过发行证券进行募资活动的市场。投资者的闲散资金转化为生产资本。

发行市场由证券发行人、认购人和中介人组成。

（1）发行人：政府、金融机构、公司和公共机构（基金会）；

（2）认购人（投资者）：机构和个人；

（3）中介人：综合类证券公司和为发行提供服务的注册会计师事务所、律师事务所、资产评估机构。

2. 证券流通市场（投资人——投资人）

二级市场，是指对已经发行的证券进行买卖、转让和流通的市场。

（1）证券交易所

（2）场外交易市场

二、证券发行

（一）证券发行的基本条件（F9）

1. 公开发行

公开发行证券，必须符合法律、行政法规规定的条件，并依法报经国务院证券监督管理机构或者国务院授权的部门注册。

未经依法注册，任何单位和个人不得公开发行证券。证券发行注册制的具体范围、实施步骤，由国务院规定。

有下列情形之一的，为公开发行：

（1）向不特定对象发行证券；

（2）向特定对象发行证券累计超过二百人，但依法实施员工持股计划的员工人数不计算在内；

（3）法律、行政法规规定的其他发行行为。

2. 非公开发行

非公开发行证券，不得采用广告、公开劝诱和变相公开方式。

3. 间接发行

发行人申请公开发行股票、可转换为股票的公司债券，依法采取承销方式的，或公开发行法律、行政法规规定实行保荐制度的其他证券的，应聘请证券公司担任保荐人。

---

[1] D【解析】有限公司和股份公司都可发行债券，只有股份公司可发行股票；股票代表股权，债券代表债权，都具有流通性，但股票的风险大于债券。债券可主张还本付息，而股票只能分红或转让。

（二）股票发行的基本条件

1. 发行方式

（1）设立发行

（2）增资发行

2. 公司首次公开发行新股，应当符合下列条件（F12）：

（1）具备健全且运行良好的组织机构；

（2）具有持续经营能力；

（3）最近三年财务会计报告被出具无保留意见审计报告；

（4）发行人及其控股股东、实际控制人最近三年不存在贪污、贿赂、侵占财产、挪用财产或者破坏社会主义市场经济秩序的刑事犯罪；

（5）经国务院批准的国务院证券监督管理机构规定的其他条件。

上市公司发行新股，应当符合证监会规定的条件。

公开发行存托凭证的，应当符合首次公开发行新股的条件以及证监会规定的其他条件。

【经典真题】

某上市公司自2003年以来年年盈利，财务状况良好。2004年，该公司曾出现过财务会计文件虚假记载的情况，此后再无其他重大违法行为。2008年10月该公司拟发行新股。对此，下列哪些选项是错误的？（2008－四川3－67）[1]

A. 该公司曾有虚假财务记载，所以不能发行新股

B. 该公司具备发行新股的条件，但仅限于向原股东配售股份

C. 该公司具备发行新股的条件，但仅限于向特定对象募集股份

D. 该公司虽曾有虚假财务记载，但目前不影响发行新股

3. 注册制（F21）

（1）证监会依法负责发行申请的注册

证监会或国务院授权的部门依法负责证券发行申请的注册。证券公开发行注册的具体办法由国务院规定。

（2）证交所按规审核发行申请

证券交易所等按照国务院的规定可以审核公开发行证券申请，判断发行人是否符合发行条件、信息披露要求，督促发行人完善信息披露内容。

（3）参与申请注册人员禁止——上述参与证券发行申请注册的人员

A 不得与发行申请人有利害关系；

B 不得直接或者间接接受发行申请人的馈赠；

C 不得持有所注册的发行申请的证券；

D 不得私下与发行申请人进行接触。

4. 撤销注册（F24）

证监会或国务院授权的部门对已作出的注册决定，发现违法的，

（1）尚未发行证券的，应当予以撤销，停止发行；

（2）已经发行尚未上市的，撤销发行注册决定：

A. 发行人返还本息

发行人应当按照发行价并加算银行同期存款利息返还证券持有人；

---

[1] **ABC【解析】** 上市公司发行新股，符合条件之一是最近3年财务会计无虚假记录。上市发行新股可以公开募集，不限于原股东和特定对象。

B. 发行人控股股东、实际控制人、保荐人过错推定的连带责任

发行人的控股股东、实际控制人以及保荐人，应当与发行人承担连带责任，但是能够证明自己没有过错的除外。

（3）发行人虚假陈述的，回购证券或控股股东、实际控制人买回证券：

股票的发行人在招股说明书等证券发行文件中隐瞒重要事实或者编造重大虚假内容，已经发行并上市的，证监会可以责令发行人回购证券，或者责令负有责任的控股股东、实际控制人买回证券。

（三）证券承销（F26-33）

1. 证券公司承销

发行人向不特定对象发行的证券，法律、行政法规规定应当由证券公司承销的，发行人应当同证券公司签订承销协议。

证券承销业务采取代销或包销方式。

（1）证券代销是指证券公司代发行人发售证券，在承销期结束时，将未售出的证券全部退还给发行人的承销方式。

（2）证券包销是指证券公司将发行人的证券按照协议全部购入或者在承销期结束时将售后剩余证券全部自行购入的承销方式。

（3）证券公司在代销、包销期内，对所代销、包销的证券应保证先行出售给认购人，不得为本公司预留所代销的证券和预先购入并留存所包销的证券。

2. 承销团

向不特定对象发行的证券聘请承销团承销的，承销团应当由主承销和参与承销的证券公司组成。

3. 承销期限

证券的代销、包销期限最长不得超过 90 日。

4. 承销价格

股票发行采取溢价发行的，其发行价格由发行人与承销的证券公司协商确定。

5. 发行失败

股票发行采用代销方式，代销期限届满，向投资者出售的股票数量未达到拟公开发行股票数量 70% 的，为发行失败。

发行人应当按照发行价并加算银行同期存款利息返还股票认购人。

6. 证券公司核查义务（F29）

证券公司承销证券，应当对公开发行募集文件的真实性、准确性、完整性进行核查。

发现有虚假记载、误导性陈述或者重大遗漏的，不得进行销售活动；已经销售的，必须立即停止销售活动，并采取纠正措施。

7. 证券公司行为禁止（F29）

证券公司承销证券，不得有下列行为：

（1）进行虚假的或者误导投资者的广告宣传或者其他宣传推介活动；

（2）以不正当竞争手段招揽承销业务；

（3）其他违反证券承销业务规定的行为。

证券公司有前款所列行为，给其他证券承销机构或者投资者造成损失的，应当依法承担赔偿责任。

【经典真题】

依据我国《证券法》的相关规定，关于证券发行的表述，下列哪一选项是正确的？（2013-

3−32)[1]

A. 所有证券必须公开发行，而不得采用非公开发行的方式

B. 发行人可通过证券承销方式发行，也可由发行人直接向投资者发行

C. 只有依法正式成立的股份公司才可发行股票

D. 国有独资公司均可申请发行公司债券

三、证券交易

（一）限制和禁止的证券交易行为

1. 持股限制（F36）

上市公司持有5%以上股份的股东、实际控制人、董事、监事、高级管理人员，以及其他持有发行人首次公开发行前发行的股份或者上市公司向特定对象发行的股份的股东，转让其持有的本公司股份的，不得违反法律、行政法规和国务院证券监督管理机构关于持有期限、卖出时间、卖出数量、卖出方式、信息披露等规定，并应当遵守证券交易所的业务规则。

2. 持股禁止（F40）："4证"

（1）证交所、证券公司和证券登记结算机构的从业人员、证监会的工作人员以及法律、行政法规规定禁止参与股票交易的其他人员在任期或法定限期内，不得直接或以化名、借他人名义持有、买卖股票，也不得收受他人赠送的股票。

（2）任何人在成为前款所列人员时，其原已持有的股票或者其他具有股权性质的证券，必须依法转让。

（3）实施股权激励计划或者员工持股计划的证券公司的从业人员，可以按照国务院证券监督管理机构的规定持有、卖出本公司股票或者其他具有股权性质的证券。

3. 保密义务（F41）

（1）证券交易场所、证券公司、证券登记结算机构、证券服务机构及其工作人员应当依法为投资者的信息保密，不得非法买卖、提供或者公开投资者的信息。

（2）证券交易场所、证券公司、证券登记结算机构、证券服务机构及其工作人员不得泄露所知悉的商业秘密。

4. 证券服务人员转股限制（F42）：

（1）为证券发行出具审计报告或者法律意见书等文件的证券服务机构和人员，在该证券承销期内和期满后6个月内，不得买卖该证券。

（2）为发行人及其控股股东、实际控制人，或者收购人、重大资产交易方出具审计报告或者法律意见书等文件的证券服务机构和人员，自接受委托之日起至上述文件公开后5日内，不得买卖该证券。实际开展上述有关工作之日早于接受委托之日的，自实际开展上述有关工作之日起至上述文件公开后5日内，不得买卖该证券。

5. 短线交易收入归入

（1）上市公司、股票在国务院批准的其他全国性证券交易场所交易的公司持有5%以上股份的股东、董事、监事、高级管理人员，将其持有的该公司的股票或者其他具有股权性质的证券在买入后6个月内卖出，或者在卖出后6个月内又买入，由此所得收益归该公司所有，公司

---

[1] D【解析】证券可以公开发行，也可以依法非公开发行，A错误。

发行人不能直接向投资者发行证券，必须依法采取证券承销方式或者聘请保荐人的间接发行方式，B错误。

募集设立股份公司，也可以发行股票，在公司成立之后向投资者交付股票，C错误。

国有独资公司是有限公司，可以依法发行债券，D正确。

董事会应当收回其所得收益。

（2）前款所称董事、监事、高级管理人员、自然人股东持有的股票或者其他具有股权性质的证券，包括其配偶、父母、子女持有的及利用他人账户持有的股票或者其他具有股权性质的证券。

（3）公司董事会不按照第一款规定执行的，股东有权要求董事会在 30 日内执行，负有责任的董事依法承担连带责任。公司董事会未在上述期限内执行的，股东有权为了公司的利益以自己的名义直接向人民法院提起诉讼。

（4）但是，证券公司因购入包销售后剩余股票而持 5% 以上股份，以及有国务院证券监督管理机构规定的其他情形的除外。

【经典真题】

某上市公司董事吴某，持有该公司 6% 的股份。吴某将其持有的该公司股票在买入后的第 5 个月卖出，获利 600 万元。关于此收益，下列哪些选项是正确的？（2008 - 3 - 68）[1]

A. 该收益应当全部归公司所有

B. 该收益应由公司董事会负责收回

C. 董事会不收回该收益的，股东有权要求董事会限期收回

D. 董事会未在规定期限内执行股东关于收回吴某收益的要求的，股东有权代替董事会以公司名义直接向法院提起收回该收益的诉讼

四、上市公司收购（F62 - 76）

（一）概述

1. 收购方式

投资者可以采取要约收购、协议收购及其他合法方式（间接收购、裁决转让、行政划拨、继承、赠与）收购上市公司。

2. 报告、通知、公告、禁止买卖——"慢走"规则（F63）

（1）5%，3 日内报告通知公告，期限内禁止买卖

通过证券交易所的证券交易，投资者持有或者通过协议、其他安排与他人共同持有一个上市公司已发行的有表决权股份达到 5% 时，应当在该事实发生之日起 3 日内，向国务院证券监督管理机构、证券交易所作出书面报告，通知该上市公司，并予公告，在上述期限内不得再行买卖该上市公司的股票，但国务院证券监督管理机构规定的情形除外。

（2）达到 5% 后，每增减 5%，报告公告，事实发生至公告 3 日内，禁止买卖

投资者持有或者通过协议、其他安排与他人共同持有一个上市公司已发行的有表决权股份达到 5% 后，其所持该上市公司已发行的有表决权股份比例每增加或者减少 5%，应当依照前款规定进行报告和公告，在该事实发生之日起至公告后三日内，不得再行买卖该上市公司的股票，但国务院证券监督管理机构规定的情形除外。

（3）达到 5% 后，表决权股每增减 1%，通知公告

投资者持有或者通过协议、其他安排与他人共同持有一个上市公司已发行的有表决权股份达到 5% 后，其所持该上市公司已发行的有表决权股份比例每增加或者减少 1%，应当在该事实发生的次日通知该上市公司，并予公告。

（4）违法买入有表决权股的，36 个月内，对该违法超过比例部分的股份没有表决权

违反第一款、第二款规定买入上市公司有表决权的股份的，在买入后的 36 个月内，对该

---

[1] ABC【解析】公司董事会不主张收回的，股东有权为了公司的利益以自己的名义直接向人民法院提起诉讼。

超过规定比例部分的股份不得行使表决权。

（二）要约收购

1. 要约收购

通过证交所的证券交易，投资者持有或通过协议、其他安排与他人共同持有一个上市公司已发行的股份达到30%时，继续进行收购的，应依法向该上市公司所有股东发出收购上市公司全部或部分股份的要约。

（1）全部股份要约

（2）部分股份要约

收购上市公司部分股份的收购要约应约定，被收购公司股东承诺出售的股份数额超过预定收购的股份数额的，收购人按比例进行收购。

由于收购人只能收购承诺的部分股份，会损害其他股东的平等出售权。因此不得先售先买，而是按股东承诺出售股份的比例向每位承诺出售的股东收购，维护被收购公司股东的股权平等。

2. 公告收购报告书

发出收购要约，收购人必须公告上市公司收购报告书，并载明下列事项：

（1）收购人的名称、住所；

（2）收购人关于收购的决定；

（3）被收购的上市公司名称；

（4）收购目的；

（5）收购股份的详细名称和预定收购的股份数额；

（6）收购期限、收购价格；

（7）收购所需资金额及资金保证；

（8）公告上市公司收购报告书时持有被收购公司股份数占该公司已发行的股份总数的比例。

3. 收购期限和条件

收购要约约定的收购期限不得少于30日，并不得超过60日。

收购要约提出的各项收购条件，适用于被收购公司的所有股东。

【经典习题】

甲公司拟收购某乙上市公司的股份，下列错误的是？[1]

A. 甲公司持有乙公司已发行股份达到5%时，应当立即通知该上市公司

B. 甲公司持有乙公司已发行股份达到30%时，继续收购的，应依法向该上市公司所有股东发出收购上市公司全部股份的要约

C. 发出上述收购要约，收购人必须公告上市公司收购报告书，并经证监会批准

D. 上述收购要约的收购期限不得少于60日

（三）收购行为完成

1. 收购完成

（1）收购期限届满，被收购公司股权分布不符合上市条件的，该上市公司的股票应依法

---

[1] ABCD【解析】持股5%以上的，3日内报告证监会、通知上市公司、公告，此期间禁止收购人买卖该公司股票；此后每增减5%，在报告期限内和作出报告、公告后2日内，该公司股票收购人买卖禁止。继续收购，可以全部要约收购；也可以部分要约收购，股东承诺超出要约内容的，应当按比例收购；收购要约公告即可，经证监会批准的规定已经删除；收购期限：不少于30日，不超过60日。

终止上市交易；

其余仍持有被收购公司股票的股东，有权向收购人以收购要约的同等条件出售其股票，收购人应收购。

（2）收购行为完成后，被收购公司不具备股份有限公司条件的，依法变更企业形式。

2. 收购人转股限制

在上市公司收购中，收购人持有的被收购的上市公司的股票，在收购行为完成后的 18 个月内不得转让。

【经典真题】

根据《证券法》的规定，关于上市公司收购的说法，下列哪些选项是正确的？（2008-四川 3-68）[1]

A. 收购期限届满，被收购公司股权分布不符合上市条件的，依法终止上市交易

B. 收购人持有的被收购的上市公司的股票，在收购行为完成满 12 个月以后可以转让

C. 收购期限届满，其余仍持有被收购公司股票的股东，有权向收购人以收购要约的同等条件出售其股票，收购人应当收购

D. 收购行为完成后，收购人与被收购公司合并，并将该公司解散的，被解散公司的原有股票由收购人依法更换

五、投资者权益保护

（一）表决权征集（F90）

1. 提案权、表决权征集

上市公司董事会、独立董事、持有 1% 以上有表决权股份的股东或者依照法律、行政法规或者国务院证券监督管理机构的规定设立的投资者保护机构（以下简称投资者保护机构），可以作为征集人，自行或者委托证券公司、证券服务机构，公开请求上市公司股东委托其代为出席股东大会，并代为行使提案权、表决权等股东权利。

2. 征集人披露义务，禁止有偿征集

征集股东权利的，征集人应当披露征集文件，上市公司应当予以配合。禁止以有偿或者变相有偿的方式公开征集股东权利。

3. 征集违法的赔偿责任

公开征集股东权利违反法律、行政法规或者国务院证券监督管理机构有关规定，导致上市公司或者其股东遭受损失的，应当依法承担赔偿责任。

（二）先行赔付（F93）

1. 发行人欺诈虚假陈述对投资者造成损失的，发行人的控股股东等可委托投资者保护机构先赔偿，后追偿

发行人因欺诈发行、虚假陈述或者其他重大违法行为给投资者造成损失的，发行人的控股股东、实际控制人、相关的证券公司可以委托投资者保护机构，就赔偿事宜与受到损失的投资者达成协议，予以先行赔付。先行赔付后，可以依法向发行人以及其他连带责任人追偿。

---

［1］ ACD【解析】收购期限届满，被收购公司不符合上市条件的，依法终止交易，变更形式；其余仍持有股票的股东，有权要求收购人以同等条件收购；如收购人吸收合并被收购公司，则由收购人换发股票；收购人持有被收购人的股票在收购行为完成 18 个月后可转让。

依据《证券法》的规定，下列表述错误的是？[1]

A. 甲上市公司董事会、独立董事张某、持有1%表决权股东的股东、经理可以作为证集人，公开请求上市公司股东委托其出席股东大会，并代为行使提案权

B. 乙上市公司董事会应披露证集文件，可以有偿方式公开证集股东权利

C. 丙上市公司股东李某公开证集股东权利违反法律，导致其他股东受到损失的，丙上市公司应当承担连带责任

D. 丁上市公司（发行人）因欺诈发行给投资者造成损失，丙公司的控股股东王某可委托投资者保护机构先行赔付

【法条】

《证券法》第90、93条。

（三）纠纷解决（F94）

1. 调解

投资者与发行人、证券公司等发生纠纷的，双方可以向投资者保护机构申请调解。

普通投资者与证券公司发生证券业务纠纷，普通投资者提出调解请求的，证券公司不得拒绝。

2. 诉讼

投资者保护机构对损害投资者利益的行为，可以依法支持投资者向人民法院提起诉讼。

3. 投资者保护机构可提起代表诉讼，不受持股比例和期限的限制

发行人的董事、监事、高级管理人员执行公司职务时违反法律、行政法规或者公司章程的规定给公司造成损失，发行人的控股股东、实际控制人等侵犯公司合法权益给公司造成损失，投资者保护机构持有该公司股份的，可以为公司的利益以自己的名义向人民法院提起诉讼，持股比例和持股期限不受《中华人民共和国公司法》规定的限制。

（四）代表人诉讼（F95）

1. 诉讼标的同一种类、一方人数众多的，可推选代表人进行诉讼

投资者提起虚假陈述等证券民事赔偿诉讼时，诉讼标的是同一种类，且当事人一方人数众多的，可以依法推选代表人进行诉讼。

2. 法院公告通知投资者登记

对上述提起的诉讼，可能存在有相同诉讼请求的其他众多投资者的，人民法院可以发出公告，说明该诉讼请求的案件情况，通知投资者在一定期间向人民法院登记。

人民法院作出的判决、裁定，对参加登记的投资者发生效力。

3. 投资者保护机构受50名以上投资者委托，可作为代表人参加诉讼

投资者保护机构受50名以上投资者委托，可以作为代表人参加诉讼，并作为经证券登记结算机构确认的权利人依法向人民法院登记，但投资者明确表示不愿意参加该诉讼的除外。

---

[1] ABC【解析】提案权、表决权征集——上市公司董事会、独董、投资者保护机构、1%表决权股东；

征集人有披露义务，禁止有偿征集；

上市公司没有连带责任。

发行人欺诈虚假陈述对投资者造成损失的，发行人的控股股东等可委托投资者保护机构先赔偿，后追偿。

依据《证券法》，下列表示正确的是？[1]

A. 投资者与发行人、甲证券公司等发生纠纷的，双方可以向投资者保护机构申请调解。普通投资者与甲证券公司发生证券业务纠纷，普通投资者提出调解请求的，甲证券公司可以拒绝。

B. 投资者保护机构持有乙公司股份的，依据《公司法》规定的持股比例和持股时间要求，提起股东代表诉讼

C. 投资者对丙公司提起虚假陈述证券民事赔偿诉讼时，诉讼标的是同一种类，且当事人一方人数众多的，可以依法推选代表人进行诉讼

D. 投资者保护机构受 10 名以上投资者委托，可以作为代表人参加诉讼

【法条】

《证券法》第 94 条、95 条。

六、证券机构

（一）证券公司

1. 行为限制

①证券公司为客户买卖证券提供融资融券服务，应按国务院的规定并经证监会批准。

②证券公司不得为其股东或股东的关联人提供融资或担保。

③证券公司不得以任何方式对客户证券买卖收益或赔偿证券买卖的损失作出承诺。

④证券公司办理经纪业务，不得接受客户的全权委托。

⑤证券公司及从业人员不得未经过其依法设立的营业场所私下接受客户委托买卖证券。

⑥证券公司不得将其自营账户借给他人使用。证券公司不得将投资者的账户提供给他人使用。

⑦证券公司客户的交易结算资金应存放在商业银行，以客户的名义单独立户管理，不得挪用。

⑧证券公司应当妥善保存客户开户资料、委托记录、交易记录和与内部管理、业务经营有关的各项资料，保存期限不得少于 20 年。

⑨证券公司为投资者开立账户，应当按照规定对投资者提供的身份信息进行核对。投资者应当使用实名开立的账户进行交易。

【经典习题】

某证券公司在业务活动中实施了下列行为，哪些不违反《证券法》？[2]

A. 经股东会决议为公司股东提供担保

B. 为其客户买卖证券提供融资服务

C. 对其客户证券买卖的收益作出不低于一定比例的承诺

D. 接受客户的全权委托，代理客户决定证券买卖的种类与数量

E. 有偿使用客户的交易结算资金

F. 将自营账户借给他人使用

---

[1] C【解析】普通投资者提出调解的，证券公司不得拒绝。

投资者保护机构提起代表诉讼，不受持股比例和期限的限制。

投资者保护机构受 50 名以上投资者委托，可作为代表人参加诉讼。

[2] BG【解析】证券公司不得为股东提供内保，不得作出保底承诺，不得接受全权委托，不得使用客户交易结算资金、不得将自营账户出借，其保管交易资料的期限是 20 年。

G. 允许客户通过互联网络办理委托证券交易

H. 与客户交易资料的保管期限为 10 年

七、法律责任部分的重点法条

第一百七十六条　对涉嫌证券违法、违规行为，任何单位和个人有权向国务院证券监督管理机构举报。

对涉嫌重大违法、违规行为的实名举报线索经查证属实的，国务院证券监督管理机构按照规定给予举报人奖励。

国务院证券监督管理机构应当对举报人的身份信息保密。

第一百八十条　违反本法第九条的规定，擅自公开或者变相公开发行证券的，责令停止发行，退还所募资金并加算银行同期存款利息，处以非法所募资金金额百分之五以上百分之五十以下的罚款；对擅自公开或者变相公开发行证券设立的公司，由依法履行监督管理职责的机构或者部门会同县级以上地方人民政府予以取缔。对直接负责的主管人员和其他直接责任人员给予警告，并处以五十万元以上五百万元以下的罚款。

第一百八十一条　发行人在其公告的证券发行文件中隐瞒重要事实或者编造重大虚假内容，尚未发行证券的，处以二百万元以上二千万元以下的罚款；已经发行证券的，处以非法所募资金金额百分之十以上一倍以下的罚款。对直接负责的主管人员和其他直接责任人员，处以一百万元以上一千万元以下的罚款。

发行人的控股股东、实际控制人组织、指使从事前款违法行为的，没收违法所得，并处以违法所得百分之十以上一倍以下的罚款；没有违法所得或者违法所得不足二千万元的，处以二百万元以上二千万元以下的罚款。对直接负责的主管人员和其他直接责任人员，处以一百万元以上一千万元以下的罚款。

第一百八十二条　保荐人出具有虚假记载、误导性陈述或者重大遗漏的保荐书，或者不履行其他法定职责的，责令改正，给予警告，没收业务收入，并处以业务收入一倍以上十倍以下的罚款；没有业务收入或者业务收入不足一百万元的，处以一百万元以上一千万元以下的罚款；情节严重的，并处暂停或者撤销保荐业务许可。对直接负责的主管人员和其他直接责任人员给予警告，并处以五十万元以上五百万元以下的罚款。

第一百九十三条　违反本法第五十六条第一款、第三款的规定，编造、传播虚假信息或者误导性信息，扰乱证券市场的，没收违法所得，并处以违法所得一倍以上十倍以下的罚款；没有违法所得或者违法所得不足二十万元的，处以二十万元以上二百万元以下的罚款。

违反本法第五十六条第二款的规定，在证券交易活动中作出虚假陈述或者信息误导的，责令改正，处以二十万元以上二百万元以下的罚款；属于国家工作人员的，还应当依法给予处分。

传播媒介及其从事证券市场信息报道的工作人员违反本法第五十六条第三款的规定，从事与其工作职责发生利益冲突的证券买卖的，没收违法所得，并处以买卖证券等值以下的罚款。

第一百九十四条　证券公司及其从业人员违反本法第五十七条的规定，有损害客户利益的行为的，给予警告，没收违法所得，并处以违法所得一倍以上十倍以下的罚款；没有违法所得或者违法所得不足十万元的，处以十万元以上一百万元以下的罚款；情节严重的，暂停或者撤销相关业务许可。

第二百二十一条　违反法律、行政法规或者国务院证券监督管理机构的有关规定，情节严重的，国务院证券监督管理机构可以对有关责任人员采取证券市场禁入的措施。

前款所称证券市场禁入，是指在一定期限内直至终身不得从事证券业务、证券服务业务，不得担任证券发行人的董事、监事、高级管理人员，或者一定期限内不得在证券交易所、国务院批准的其他全国性证券交易场所交易证券的制度。

第七章　保险法

【复习指南】

以保险合同订立、解释、履行、中止、复效、变更、解除、终止为主线，全面学习掌握保险合同的基本制度。以人身保险和财产保险的区分为主线，理解人身保险和财产保险的区别和关联。重点掌握人身保险中受益人规则、死亡保险；重点理解财产保险中的代位权制度和责任险规则。

【知识框架】

保险法总论	保险合同	订立、履行、中止、变更、解除和终止
保险法分论	人身保险	订立（死亡保险）、履行（受益人）、中止、变更、解除
	财产保险	订立、履行（代位权、加费）、解除

 保险合同订立 → 保险合同履行 → 保险合同变更和中止 → 保险合同解除

保险合同订立	保险合同履行	保险合同变更和中止	保险合同解除
• 1. 保险合同成立和生效	• 1. 投保人、被保险人或受益人的义务	• 1. 人身保险合同的中止	• 1. 投保人的任意解除权
• 2. 保险合同形式	• 保险事故的通知义务	• 2. 人身保险合同的复效	• 货物运输保险合同和运输工具航程保险合同，保险责任开始后，投保人不得解除合同。
• 3. 保险人的说明义务	• 不得夸大损失		
• 4. 投保人的告知义务	• 2. 被保险人或受让人对保险标的转让的通知义务		• 2. 保险人的解除权
• 5. 保险合同无效	• 3. 投保人、被保险人维护保险标的安全的义务		• 投保人违反如实告知义务
• 6. 人身保险利益原则	• 4. 被保险人的义务		• 被保险人或者受益人谎称发生了保险事故
• 7. 人身保险中的受益人	• 危险显著增加的通知义务		• 投保人、被保险人故意制造保险事故
• 8. 死亡保险	• 减损义务—保险人承担必要合理费用		• 保险标的的转让导致危险程度显著增加
	• 5. 财产保险利益原则		• 投保人、被保险人未按约履行对保险标的的安全责任
	• 6. 财产保险中的代位权		• 保险标的的危险程度显著增加
	• 7. 责任险		• 解除权的限制
			• 除斥期间30日
			• 不可抗辩期间2年
			• 保险人恶意

第一节　保险法总则

一、保险合同

（一）保险合同当事人和关系人

1. 保险合同当事人

（1）投保人

与保险人订立合同负有支付保费义务的人。

（2）保险人

承保人，与投保人订立合同并承担赔偿责任或给付保金的保险公司。

2. 保险合同关系人

（1）被保险人

约定保险事故可能在其财产或人身上发生的人。

（2）受益人

保险金受领人，人身保险中由被保险人指定，享有保险金请求权的人。

> 【特别提示】保险合同是为第三人利益合同，投保人和保险公司是合同当事人，其目的是保护被保险人的人身或财产利益，同时赋予被保险人对保险公司的保金请求权。
>
> 1. 投保人是保险合同当事人。订立合同、交保费、解除合同由投保人完成，解除合同后的剩余保费等都归属于投保人。
>
> 2. 被保险人是保险合同的关系人，其受到保险合同的保障，其直接享有对保险公司的保金请求权。受益人由被保险人决定，其实质是被保险人将其对保险公司的保金请求权让与给受益人。因此，受益人由被保险人同意或决定。

3. 基本概念说明

（1）保险标的

作为投保对象的财产及其有关利益或者人的寿命和身体。

（2）保险费

投保人交付的保险费。

（3）保单现金价值

带有储蓄性质的人身保险单中的现金数额。

保单现金价值＝已交保费—保险人管理费用开支—佣金—保险人已经承担保险责任所需要的纯保费＋剩余保费的利益。

（4）保险价值

保险标的的货币价值。

（5）保险金额

保险公司赔偿的最高限额。

（6）保险金

保险公司理赔时实际支付的金钱。

4. 人身保险

【举例说明】

张三为自己向中国人寿保险公司投保航空意外险，受益人是其妻子王菲，张三支付保费20元。该保险金额100万。

5. 财产保险

【举例说明】

张三向中国信达财产保险公司为其房屋投火灾险，张三支付保费10万。该房屋市场价值100万，保险金额100万。

该房屋承租人李四、借用人王二、承揽人赵六也各自为张三的房屋向甲乙丙三家保险公司投财产险，各支付保费1万。

金都律师事务所为其所邵律师向中国平安保险公司办理执业风险责任险，金都律师所支付保费1万。该责任险保险金额20万。

后邵律师造成当事人王五100万损失。

保险公司按责任险的限额20万赔偿，剩余80万，当事人可向律所继续主张赔偿。

（二）保险合同订立（F13）★★

1. 订立

（1）诺成、不要式：

投保人提出保险要求，经保险人同意承保，保险合同成立。

保险人应及时向投保人签发保险单或者其他保险凭证。

> **【特别提示】**保险合同是不要式合同，口头可以订立保险合同，保单起到确认之功能。

（2）生效：

依法成立的保险合同，自成立时生效。

2. 保险合同的代签代写（《保险法解释二》F3-5）

（1）代签：补交保费视为追认

保险合同由保险人或保险人的代理人代签字或盖章的，对投保人不生效。投保人已交保费的，视为追认。

（2）代写：经签字确认

保险人或保险人的代理人代写保险单证后经投保人签字或者盖章确认的，代写内容视为投保人的意思表示。但保险人或保险人的代理人存在违法行为的除外。

（3）保险公司收费视为承保

保险人接受了投保人提交的投保单并收取了保险费，尚未作出是否承保的意思表示，发生保险事故，符合承保条件的，赔偿；不符合承保条件的，不赔，退保费。

保险人主张不符合承保条件的，应承担举证责任。

【经典真题】

甲公司代理人谢某代投保人何某签字，签订了保险合同，何某也依约交纳了保险费。在保险期间内发生保险事故，何某要求甲公司承担保险责任。下列哪一表述是正确的？（2014-3-

34) [1]

A. 谢某代签字，应由谢某承担保险责任

B. 甲公司承保错误，无须承担保险责任

C. 何某已经交纳了保险费，应由甲公司承担保险责任

D. 何某默认谢某代签字有过错，应由何某和甲公司按过错比例承担责任

3. 保险合同的形式

（1）投保单：

投保人向保险人提出的订立保险合同的书面要约。

（2）保险单：

订立保险合同的正式书面形式。

（3）保险凭证：

狭义：小保单，简化的保险单；

广义：所有保险合同、保险单证。

（4）暂保单：

临时保单，正式保单发出前的一种临时保险合同。

4. 保险合同中记载的内容不一致的，按照下列规则认定（《保险法解释二》F14）：

（1）以投保单为准

投保单与保险单或者其他保险凭证不一致的，以投保单为准。

但不一致的情形系经保险人说明并经投保人同意的，以投保人签收的保险单或者其他保险凭证载明的内容为准。

（2）非格式条款为准

非格式条款与格式条款不一致的，以非格式条款为准。

（3）时间在后的为准

保险凭证记载的时间不同的，以形成时间在后的为准。

【举例说明】

3月1日出具保险单，4月1日又出具一份保险单，但是记载的保险合同订立的时间不同，如何处理？

以4月1日为准。

（4）手写部分为准

保险凭证存在手写和打印两种方式的，以双方签字、盖章的手写部分的内容为准。

（三）保险合同变更、解除、终止

1. 投保人的解除权

（1）投保人有任意解除权，法定、约定除外。

（2）货物运输保险合同和运输工具航程保险合同，保险责任开始后，合同当事人不得解除合同。

2. 保险人的解除权

保险人一般不得解除，法定、约定除外。

---

[1] C【解析】保险代理人代签保险合同的，对投保人不生效，但是投保人补交保费的，视为追认，保险合同有效，A错误，不选。

保险代理人谢某不存在错误，即甲公司不存在错误，由于投保人何某缴纳保费，该合同有效，B错误，不选。

投保人何某已经缴纳保费，合同有效，甲公司应当承担保险责任，C正确，要选。

投保人何某不存在过错，不需要承担责任，D错误，不选。

（四）保险人的解除权（《保险法解释二》F6）★★★

1. 询问告知主义：（有问不答）

订立保险合同，保险人就保险标的或被保险人的有关情况提出询问的，投保人应当如实告知。

（1）询问争议：保险公司负举证责任

投保人的告知义务限于保险人询问的范围和内容。对询问范围及内容有争议的，保险人负举证责任。

（2）询问应当明确具体

保险人以投保人违反了对投保单询问表中所列概括性条款的如实告知义务为由请求解除合同的，法院不予支持。但该概括性条款有具体内容的除外。

2. 投保人故意或重大过失不告知：保险人有解除权

投保人故意或因重大过失未履行前款规定的如实告知义务，足以影响保险人决定是否同意承保或者提高保险费率的，保险人有权解除合同。

（1）故意：不赔不退保费；

（2）重大过失：不赔要退保费。

【经典真题】

关于投保人在订立保险合同时的告知义务，下列哪些表述是正确的？（2014－3－76）[1]

A. 投保人的告知义务，限于保险人询问的范围和内容

B. 当事人对询问范围及内容有争议的，投保人负举证责任

C. 投保人未如实告知投保单询问表中概括性条款时，则保险人可以此为由解除合同

D. 在保险合同成立后，保险人获悉投保人未履行如实告知义务，但仍然收取保险费，则保险人不得解除合同

3. 保险人解除权的限制：

①除斥期间：30日

自知道有解除事由之日起，超过30日不行使的解除权消灭；

②不可抗辩期间：2年

自合同成立之日起超过二年的，保险人不得解除合同；

③弃权规则：保险人恶意

保险人在合同订立时已经知道投保人未如实告知的情况的，保险人不得解除合同。

保险人在保险合同成立后知道或应当知道投保人未履行如实告知义务，仍然收取保险费，不得以未如实告知为由主张解除合同。

【经典真题】

甲以自己为被保险人向某保险公司投保健康险，指定其子乙为受益人，保险公司承保并出具保单。两个月后，甲突发心脏病死亡。保险公司经调查发现，甲两年前曾做过心脏搭桥手术，但在填写投保单以及回答保险公司相关询问时，甲均未如实告知。对此，下列哪一表述是

---

[1] AD【解析】保险公司收费视为承保，由保险公司证明不符合承保条件的除外。

正确的？（2015 - 3 - 34）〔1〕

    A. 因甲违反如实告知义务，故保险公司对甲可主张违约责任

    B. 保险公司有权解除保险合同

    C. 保险公司即使不解除保险合同，仍有权拒绝乙的保险金请求

    D. 保险公司虽可不必支付保险金，但须退还保险费

4. 谎称发生保险事故

被保险人或者受益人谎称发生保险事故，保险人有权解除合同，并不退还保险费。

5. 故意制造保险事故

投保人、被保险人故意制造保险事故，保险人有权解除合同，不承担赔偿或者给付保险金的责任，不退还保险费。

投保人故意造成被保险人死亡、伤残或者疾病的，投保人已交足二年以上保险费的，保险人应当按照合同约定向其他权利人退还保险单的现金价值。

6. 虚报事故或夸大损失

（1）保险事故发生后，投保人、被保险人或者受益人以伪造、变造的有关证明、资料或者其他证据，编造虚假的事故原因或者夸大损失程度的，保险人对其虚报的部分不承担赔偿或者给付保险金的责任。

（2）投保人、被保险人或者受益人有谎称、虚报、故意制造保险事故行为之一，致使保险人支付保险金或者支出费用的，应当退回或赔偿。

【经典真题】

甲公司投保了财产损失险的厂房被烧毁，甲公司伪造证明，夸大此次火灾的损失，向保险公司索赔100万元，保险公司为查清此事，花费5万元。关于保险公司的权责，下列哪些选项是正确的？（2016 - 3 - 76）〔2〕

    A. 应当向甲公司给付约定的保险金　　B. 有权向甲公司主张5万元花费损失

    C. 有权拒绝向甲公司给付保险金　　　D. 有权解除与甲公司的保险合同

7. 危险程度显著增加的义务——解除或加费

（1）保险标的转让

因保险标的转让导致危险程度显著增加的，保险人自收到前款规定的通知之日起三十日内，可以按照合同约定增加保险费或者解除合同。

被保险人、受让人未履行通知义务的，因转让导致保险标的的危险程度显著增加而发生的保险事故，保险人不承担赔偿保险金的责任。

（2）未履行安全义务

投保人、被保险人未按照约定履行其对保险标的的安全应尽责任的，保险人有权要求增加保险费或者解除合同。

---

〔1〕　B【解析】依据《保险法》第16条的规定，投保人在投保时故意违反如实告知义务，足以影响到保险合同订立和保险费率的，保险公司有权解除保险合同，并且不退保费，A错误。

依据《保险法》第16条的规定，投保人故意违反如实告知义务的，保险公司有权解除保险合同。在保险合同订立2个月后，保险公司发现了投保人故意违反如实告知义务的事实，保险公司可以解除保险合同。B正确。

依据《保险法解释二》第8条的规定，保险公司只有解除保险合同，才能拒绝被保险人的保险金请求权，C错误。

依据《保险法》第16条第4款的规定，投保人故意违反如实告知义务的，保险公司有权解除，保费也可不退，D错误。

〔2〕　AB【解析】保险事故发生后，投保人、被保险人或者受益人以伪造、变造的有关证明、资料或者其他证据，编造虚假的事故原因或者夸大损失程度的，保险人对其虚报的部分不承担赔偿或者给付保险金的责任。

（3）危险显著增加——危险是重要的、持续的、合同订立时不可预见的

保险标的的危险程度显著增加的，被保险人应按约及时通知保险人，保险人可按约增加保险费或解除合同。

保险人解除合同的，应当将已收取的保险费，按照合同约定<mark>扣除自保险责任开始之日起至合同解除之日止应收的部分后</mark>，退还投保人。

被保险人未履行前款规定的通知义务的，因保险标的的危险程度显著增加而发生的保险事故，保险人不承担赔偿保险金的责任。

8. 危险程度显著增加认定——危险是重要的、持续的、合同订立时不可预见的

法院认定保险标的是否构成"危险程度显著增加"时，应综合考虑以下因素：

（1）**用途改变**：保险标的用途的改变

（2）**使用范围改变**：保险标的的使用范围的改变

（3）**环境改变**：保险标的的所处环境的变化

（4）**改装变化**：保险标的的因改装等原因引起的变化

（5）**使用人或管理人改变**：保险标的的使用人或管理人的改变

（6）**持续的时间**：危险程度增加持续的时间

（7）**其他因素**：其他可能导致危险程度显著增加的因素

合同订立时保险人可预见的属于承保范围的危险，除外。

保险标的危险程度虽然增加，但增加的危险属于保险合同订立时保险人预见或应预见保险合同承保范围的，不是危险程度显著增加。

【经典真题】

姜某的私家车投保商业车险，年保险费为 3000 元。姜某发现当网约车司机收入不错，便用手机软件接单载客，后辞职专门跑网约车。某晚，姜某载客途中与他人相撞，造成车损 10 万元。姜某向保险公司索赔，保险公司调查后拒赔。关于本案，下列哪一选项是正确的？（2017 – 3 – 34）[1]

A. 保险合同无效

B. 姜某有权主张约定的保险金

C. 保险公司不承担赔偿保险金的责任

D. 保险公司有权解除保险合同并不退还保险费

【法条】

《保险法》第 13、52 条。

9. 降低保费（《保险法》F53）

有下列情形之一的，除合同另有约定外，保险人应当降低保险费，并按日计算退还相应的保险费：

---

[1]　C【解析】依据《保险法》第 13 条的规定，保险合同成立时生效，A 选项错误。

依据《保险法》第 52 条的规定，在合同有效期内，保险标的的危险程度显著增加的，被保险人应当按照合同约定及时通知保险人，保险人可以按照合同约定增加保险费或者解除合同。被保险人未履行前款规定的通知义务的，因保险标的的危险程度显著增加而发生的保险事故，保险人不承担赔偿保险金的责任，B 选项错误。

依据《保险法》第 52 条的规定，保险标的的危险增加，被保险人未履行通知义务的，保险公司不承担保险责任，C 选项正确。

依据《保险法》第 52 条的规定，因为危险增加，保险人解除合同的，应当将已收取的保险费，按照合同约定扣除自保险责任开始之日起至合同解除之日止应收的部分后，退还投保人，保险人需要退还剩余保费，而不是完全不退保费，D 选项错误。

（1）据以确定保险费率的有关情况发生变化，保险标的的危险程度明显减少的；

（2）保险标的的保险价值明显减少的。

> 【特别提示】保费和保险标的的危险程度成正比，保费和保险标的的危险程度存在相当对价关系。危险增加，保费增加直至合同解除；危险减少，保费减少。

（五）保险标的转让（《保险法解释四》F1-6）

权利继受	**1. 保险标的的交付后移转风险的，受让人继受被保险人权利** 保险标的的已交付受让人，但尚未依法办理所有权变更登记，承担保险标的的毁损灭失风险的受让人，可依法主张行使被保险人权利。
	2. 保险标的的转让后，受让人继受保险之债，保险人无需再履行提示或说明义务 保险人已向投保人履行了保险法规定的提示和明确说明义务，保险标的的受让人不能以保险标的的转让后保险人未向其提示或明确说明为由，主张免除保险人责任的条款不成为合同内容。
	3. 保险标的的继承后，受让人继承保险之债 被保险人死亡，继承保险标的的当事人可主张承继被保险人的权利和义务。
空档期	**4. 通知保险人后，保险人答复前，发生保险事故——赔** 被保险人、受让人依法及时向保险人发出保险标的的转让通知后，保险人作出答复前，发生保险事故，被保险人或受让人可主张保险人按照保险合同承担赔偿保险金的责任。保险公司负担空档期危险增加而发生事故导致赔偿的风险，以保护受让人利益，同时保险公司可通过保险精算来增收保费的方式由所有投保人来分担风险。

【经典习题】

甲将其所有的房屋向乙保险公司投保后，将该房屋转让给丙。甲将该房屋交付给了丙，但未办理房屋产权过户登记，同时约定甲依然负担该房屋毁损灭失的风险。依据《保险法》及其解释，下列表述错误的是？[1]

A. 此时，甲依然可以向乙主张被保险人的权利

B. 虽然乙已经向甲履行了保险法规定的提示说明义务，其仍然需要对受让人丙再次履行该义务，否则免责条款不生效力

C. 如在受让人丙向乙发出保险标的的转让通知后，保险公司尚未回复，此时发生保险事故，保险公司不承担赔偿责任

D. 如果保险事故发生后，丙为抢救和保护被保险的房屋支出必要费用2000元，但该抢救并未发生实际效果，保险公司可以以此为由抗辩拒绝支付该费用

【法条】

《保险法解释四》第1~6条。

---

[1] BCD【解析】保险标的的交付并且约定负担风险的，受让人才能行使被保险人的权利。保险标的的转让的，债之关系概括移转，保险公司无需再做提示。通知对抗保险公司，无需保险公司回复。防止或减少损失的必要合理费用由保险人承担，不考虑实际效果。

第二节　人身保险合同

一、保险合同订立（《保险法解释三》F4、5）★★

（一）投保人的如实告知义务

1. 体检不免告知义务：

合同订立时，被保险人根据保险人的要求在指定医疗服务机构进行体检，当事人不能主张投保人如实告知义务免除。

2. 保险人知道体检结果视为已告知：

保险人知道被保险人的体检结果，不能仍以投保人未就相关情况履行如实告知义务为由要求解除合同。

3. 年龄不真实的后果（F32）——保费：多退少补

（1）年龄不真实，致使少付保险费的，更正并补交，或在给付保险金时按实付与应付保险费比例支付。年龄不真实，致使多付保险费的，退还投保人。

（2）年龄不真实，且其真实年龄不符合合同约定的年龄限制的，可以解除合同，并按照合同约定退还保险单的现金价值。

但合同订立2年后、保险公司知道解除事由之日30日不解除、保险公司恶意的，同（1）——多退少补或按比例赔。

2007年7月，陈某为其母投保人身保险时，为不超过保险公司规定的承保年龄，在申报被保险人年龄时故意少报了二岁。2009年9月保险公司发现了此情形。保险公司不能解除合同。

（二）保险利益原则

1. 人身保险利益（F12、31）：合同订立时

（1）人身保险的投保人在保险合同订立时，对被保险人应当具有保险利益，否则合同无效。

合同订立后保险利益丧失，合同依然有效。

> **【特别提示】** 甲乙系夫妻关系，甲为乙投保了人寿险，保险合同订立后，甲乙离婚，该合同依然有效。
>
> 人身保险具有长期性、投资性，为了更好地保护被保险人利益，即使保险合同订立后保险利益丧失，保险合同依然有效。保险法同时安排了保护被保险人的制度，如死亡保险中被保险人的任意撤销权；死亡保单处分时，被保险人的书面同意权等。

（2）投保人对下列人员具有人身保险利益：**身份关系、劳动关系或同意**

①本人；

②配偶、子女、父母；

③前项以外与投保人有抚养、赡养或者扶养关系的家庭其他成员、近亲属；

④与投保人有劳动关系的劳动者（受益人只能是劳动者及其近亲属）。

被保险人同意投保人为其订立合同的，视为投保人对被保险人具有保险利益。

2. 财产保险利益（F48）：事故发生时

财产保险的被保险人在保险事故发生时，对保险标的应当具有保险利益，否则，不得向保险人请求赔偿保险金。

二、死亡保险（《保险法解释三》F1－3，6，24）★★

（一）死亡保险需经被保险人同意并认可保险金额的形式

1. 多种形式、可追认：

死亡保险合同，未经被保险人同意并认可保险金额的，合同无效。

死亡保险合同，被保险人同意并认可保险金额可采取书面、口头或其他形式；可在合同订立时作出，也可在合同订立后追认。

2. 其他形式：

有下列情形之一的，应认定为被保险人同意并认可保险金额：

（1）明知无异议：

被保险人明知他人代其签名同意而未表示异议的。

（2）同意：

被保险人同意投保人指定的受益人的；

或有证据足以认定被保险人同意投保人为其投保的其他情形。

3. 书面撤销视为合同解除：

被保险人书面通知保险人和投保人撤销其同意的意思表示的，可认定为保险合同解除。

4. 法院审查义务：

法院审理人身保险合同纠纷时应主动审查投保人订立保险合同时是否有保险利益以及以死亡保险合同是否经被保险人同意并认可保险金额。

（二）未成年人以外的监护人为未成年人投死亡保险

合同无效，父母同意除外：

未成年人父母之外的其他履行监护职责的人为未成年人订立的死亡保险合同无效，但经未成年人父母同意的除外。

（三）宣告死亡

1. 宣告死亡，赔：

死亡保险，被保险人被宣告死亡后，当事人可要求保险人给付保险金。

2. 下落不明之日在保险责任期内，赔：

被保险人被宣告死亡之日在保险责任期间之外，但有证据证明下落不明之日在保险责任期间之内，当事人可要求保险人给付保险金。

李某于 2000 年为自己投保，约定如其意外身故则由妻子王某获得保险金 20 万元，保险期间为 10 年。2009 年 9 月 1 日起李某下落不明，2014 年 4 月法院宣告李某死亡。王某起诉保险公司主张该保险金。关于本案，下列哪些选项是正确的？（2017 - 3 - 76）[1]

A. 保险合同应无效

B. 王某有权主张保险金

C. 李某死亡日期已超保险期间，故保险公司不承担保险责任

D. 如李某确系 2009 年 9 月 1 日下落不明，则保险公司应承担保险责任

【法条】

《保险法》第 13 条。

（四）投保

1. "无人"禁止，未成年子女除外

投保人不得为无民事行为能力人投保以死亡为给付保险金条件的人身保险，保险人也不得承保。

父母为其未成年子女投保的除外，但保险金总和不得超过国务院保险监督管理机构规定的限额。

2. 死亡保单处分禁止，未成年子女除外

死亡保险合同的保险单，未经被保险人书面同意，不得转让或者质押。父母为其未成年子女投保的除外。

【特别提示】死亡保单处分会改变保险利益关系，会影响到保险合同的解除，因此死亡保单的转让或出质，必须经过被保险人书面同意。

三、受益人（《保险法解释三》F9 - 13，15）★★★

（一）受益人的指定（F18、39 ~ 43）

1. 被保险人同意：

（1）被保险人决定。投保人指定受益人未经被保险人同意的，指定行为无效。

（2）被保险人为无民事行为能力人或限制民事行为能力人的，可由其监护人指定受益人。

2. 受益人争议：

当事人对保险合同约定的受益人存在争议，除投保人、被保险人在保险合同之外另有约定外，按照以下情形分别处理：

（1）法定继承：

受益人约定为"法定"或"法定继承人"的，以继承法规定的法定继承人为受益人。

---

[1] BD【解析】依据《保险法》第 13 条的规定，保险合同成立时生效，该案中，保险合同无任何无效的理由，A 选项错误。

依据《保险法解释三》第 24 条的规定，投保人为被保险人订立以死亡为给付保险金条件的保险合同，被保险人被宣告死亡后，当事人要求保险人按照保险合同约定给付保险金的，人民法院应予支持。B 选项正确。

依据《保险法解释三》第 24 条第 2 款的规定，被保险人被宣告死亡之日在保险责任期间之外，但有证据证明下落不明之日在保险责任期间之内，当事人要求保险人按照保险合同约定给付保险金的，人民法院应予支持。C 选项错误。

依据《保险法解释三》第 24 条第 2 款的规定，被宣告死亡的，但有证据证明下落不明之日在保险责任期间之内，保险公司应当承担保险责任，D 选项正确。

（2）受益人仅约定为身份关系，投保人与被保险人：

A. 不同主体，合同订立时：

投保人与被保险人为不同主体的，根据保险合同成立时与被保险人的身份关系确定受益人。

【特别提示】为保护投保人在合同订立时的信赖利益，受益人仅仅约定为身份关系时，以合同订立时的身份关系来确定受益人。

B. 同一主体，事故发生时：

投保人与被保险人为同一主体的，根据保险事故发生时与被保险人的身份关系确定受益人。

【特别提示】由于投保人和被保险人为同一人，因此为更好地保护被保险人利益，受益人仅仅约定为身份关系时，以保险事故发生时的身份关系来确定受益人。

（3）受益人包括姓名和身份关系——身份关系变动，认定未指定

受益人的约定包括姓名和身份关系，保险事故发生时身份关系发生变化的，认定为未指定受益人。

【举例说明】

甲为乙投保意外伤害险，约定的受益人是乙的配偶，未明确配偶的具体姓名，如何确定受益人？

以合同订立时乙的配偶为受益人。

甲为自己投保意外伤害险，约定的受益人是甲的配偶，如何确定受益人？

以保险事故发生时甲的配偶为受益人。

甲为丙投保意外伤害险，约定的受益人是丁，丙的配偶。保险事故发生时，丁与丙离婚，此时受益人如何确定？

认定未指定受益人。

（二）受益人变更

1. 变更意思表示发出生效：（经被保险人同意）

投保人或被保险人变更受益人，当事人可主张变更行为自变更意思表示发出时生效。投保人变更受益人未经被保险人同意的，变更行为无效。

2. 通知对抗：

投保人或被保险人变更受益人未通知保险人，保险人可主张变更对其不发生效力。

3. 事故发生后，不得变更受益人：

投保人或被保险人在保险事故发生后变更受益人，变更后的受益人请求保险人给付保险金的，法院不予支持。

4. 事故发生后，受益人可转让其权利：

保险事故发生后，受益人可将与本次保险事故相对应的全部或部分保险金请求权转让给第三人，但根据合同性质、当事人约定或法律规定不得转让的除外。

（三）部分受益人死亡失权弃权

1. 受益人的权利与丧失："法定受益人"——保险金的继承；

（1）无受益人

没有指定受益人；受益人无法确定；受益人死亡；

(2) 受益人弃权或失权

受益人丧失受益权或放弃受益权。

受益人故意造成被保险人死亡、伤残、疾病的，或故意杀害被保险人未遂的，该受益人丧失受益权。

2. 部分受益人死亡失权弃权：约定——法定

投保人或被保险人指定数人为受益人，部分受益人在保险事故发生前死亡、放弃受益权或依法丧失受益权的，该受益人应得的受益份额按照保险合同的约定处理。

保险合同没有约定或约定不明的，针对该受益人应得的受益份额，其他受益人：

(1) 未约定份额和顺序，均享：

未约定受益顺序和受益份额的，由其他受益人平均享有；

(2) 未约定份额、约定顺序，同顺序均享：

约定受益顺序但未约定受益份额的，由同顺序的其他受益人平均享有；同一顺序没有其他受益人的，由后一顺序的受益人平均享有；

(3) 约定份额、未约定顺序，按比例：

未约定受益顺序但约定受益份额的，由其他受益人按照相应比例享有；

(4) 约定份额和顺序，同顺序按比例：

约定受益顺序和受益份额的，由同顺序的其他受益人按照相应比例享有；同一顺序没有其他受益人的，由后一顺序的受益人按照相应比例享有。

【举例说明】

甲为自己投航空意外险，指定受益人是乙、丙、丁、戊，并约定4名受益人的受益份额分别为50%：30%：20%：10%，未约定受益顺序。后乙在保险事故前死亡，对乙应得的受益份额，保险合同没有约定，如何处理？

有其他受益人按受益份额的相应比例享有，即按照3：2：1的比例分得乙的受益份额。

如果约定乙丙丁为第一受益顺序，戊为第二受益顺序，未约定受益份额，对于乙应得的受益份额，保险合同没有约定，如何处理？

乙的应得的受益份额由丙丁平均享有。

3. 遗产处理，向持保单的继承人给付有效：

保险金依法作为被保险人的遗产，被保险人的继承人要求保险人给付保险金，保险人可以其已向持有保险单的被保险人的其他继承人给付保险金为由抗辩。该立法目的在于保护做出清偿行为的善意债务人。持有保单的继承人无权受领保金，可类推无权处分，善意债务人清偿可参照善意取得规则获得保护，即善意债务人取得债务消灭之法律效果。真正权利人可向无权受领人（类推无权处分人规则）追偿。

4. 推定受益人先死（F42）：

受益人与被保险人存在继承关系，在同一事件中死亡且不能确定死亡先后顺序的，法院应依法推定受益人死亡在先。

受益人与被保险人在同一事件中死亡，且不能确定死亡先后顺序的，推定受益人死亡在先。

【特别提示】如果不推定受益人先死，则因为被保险人死亡，保金要给受益人，而受益人也死亡，则保金要给受益人的继承人，这将会违背被保险人意愿。因此推定受益人先死，因为没有受益人，而被保险人死亡的，保金给被保险人的继承人，这样更符合被保险人的意愿，也能更好地保护被保险人利益。

甲向某保险公司投保人寿保险，指定其秘书乙为受益人。保险期间内，甲、乙因交通事故意外身亡，且不能确定死亡时间的先后。该起交通事故由事故责任人丙承担全部责任。现甲的继承人和乙的继承人均要求保险公司支付保险金。支持甲的继承人。

张某为自己办理死亡保险，指定其配偶李某为受益人，同时李某为自己办理死亡保险，以其配偶张某为受益人。后二人在车祸中死亡，无法确定死亡先后顺序。

1. 先适用保险法，解决保金是否属于遗产。

第一份保单，推定李某先死，保金作为张某的遗产；

第二份保单，推定张某先死，保金作为李某的遗产。

2. 再适用继承法解决遗产继承问题。

甲乙夫妇二人乘坐的某航空公司航班失联，后甲乙被法院宣告死亡。后查明，甲为乙买了一份航空意外险，受益人是甲，同时乙也为甲买了一份航空意外险，受益人是甲。二人被宣告死亡之日在保险责任期间之外，但其下落不明之日在保险责任期间之内。下列表述错误的是？[1]

A. 因被保险人被宣告死亡之日在保险责任期间之外，保险公司可拒绝赔偿

B. 在甲为乙投保的保单理赔中，推定乙先死，在乙为甲投保的保单理赔中，推定甲先死

C. 在确定了保金归属后，在继承法，推定甲乙同时死亡，彼此不发生继承关系

D. 如果该航班失联是否由承保的事故造成难以确定的，当事人可按相应比例请求保险公司赔付

《保险法解释三》第15、24、25条。

四、保险合同解除（《保险法解释三》F16，17，21，22，23）★★★

（一）保险合同解除

1. 合同解除，被保险人、受益人失权，约定除外——投保人有解除权

保险合同解除时，投保人与被保险人、受益人为不同主体，被保险人或受益人不得要求退还保单现金价值，合同另有约定除外。

2. 投保人解除权的限制：被保险人、受益人已向投保人支付保单现金价值并通知保险人，投保人解除无效（合同概括移转）——被保险人、受益人有介入权

投保人解除保险合同，当事人不得以其解除未经被保险人或受益人同意为由主张解除行为无效的，但被保险人或受益人已向投保人支付相当于保单现金价值的款项并通知保险人的

---

[1] A【解析】1. 宣告死亡，赔：

死亡保险，被保险人被宣告死亡后，当事人可要求保险人给付保险金。

2. 下落不明之日在保险责任期内，赔：

被保险人被宣告死亡之日在保险责任期间之外，但有证据证明下落不明之日在保险责任期间之内，当事人可要求保险人给付保险金。

3. 损失原因不明，按比例赔：

被保险人的损失系由承保事故或非承保事故、免责事由造成难以确定，当事人可按照相应比例请求保险人给付保险金。

4. 推定受益人先死：

受益人与被保险人存在继承关系，在同一事件中死亡且不能确定死亡先后顺序的，法院应依法推定受益人死亡在先。

除外。

3. 投保人造成保险事故而退保单现金价值：被保险人——被保险人的继承人
【经典习题】

投保人故意造成被保险人死亡、伤残或疾病，保险人依法退还保单现金价值的，其他权利人按照被保险人、被保险人继承人的顺序确定。

关于保险合同解除，下列错误的是？[1]

A. 投保人甲解除其与保险公司订立的人身保险合同，该合同被保险人依然可向保险公司要退还保单现金价值

B. 投保人乙解除其与保险公司订立的人身保险合同，只要被保险人已经向乙支付相当于保单现金价值的款项的，该解除无效

C. 投保人丙故意制造保险事故导致被保险人伤残的，保险公司应当直接向被保险人的继承人退保单现金价值

D. 投保人丁依法解除其与保险公司订立的人身保险合同，该保险合同的受益人不得要求保险公司退还保单现金价值

（二）自杀的举证责任

1. 保险公司拒赔——保险人负举证责任：证明系自杀

保险人以被保险人自杀为由拒赔的，由保险人承担举证责任。

2. 被保险人系"无人"——受益人或被保险人的继承人负举证责任

受益人或被保险人的继承人对被保险人自杀时系无民事行为能力负举证责任。

【经典真题】

杨某为其妻王某购买了某款人身保险，该保险除可获得分红外，还约定若王某意外死亡，则保险公司应当支付保险金20万元。关于该保险合同，下列哪一说法是正确的？（2016－3－34）[2]

A. 若合同成立2年后王某自杀，则保险公司不支付保险金

B. 王某可让杨某代其在被保险人同意处签字

C. 经王某口头同意，杨某即可将该保险单质押

D. 若王某现为无民事行为能力人，则无需经其同意该保险合同即有效

（三）被保险人故意犯罪

1. 故意犯罪认定

"被保险人故意犯罪"的认定，应以刑事侦查机关、检察机关和审判机关的生效法律文书或其他结论性意见为依据。

---

[1] ABC【解析】保险合同解除的，被保险人受益人失权。但被保险人受益人向投保人支付相当于保单现金价值款项并通知保险人的，投保人解除行为无效。

[2] B【解析】以被保险人死亡为给付保险金条件的合同，自合同成立或者合同效力恢复之日起二年内，被保险人自杀的，保险人不承担给付保险金的责任，2年后自杀的，保险公司承担赔偿责任。

2. 保险公司拒赔——保险公司负举证责任：证明存在因果关系

因被保险人故意犯罪或抗拒依法采取的刑事强制措施导致其伤残或死亡的，

保险人拒赔的，应证明被保险人的死亡、伤残结果与其实施的故意犯罪或抗拒依法采取的刑事强制措施的行为之间存在因果关系。

3. 意外死亡，赔

被保险人在羁押、服刑期间因意外或疾病造成伤残或死亡，保险人应赔付。

> **【特别提示】** 惩罚犯罪是刑法的立法目的。保险法的目的是对因保险事故发生的损害予以补偿。如果不是故意制造保险事故，而是故意犯罪或抗拒依法采取的刑事强制措施中遭受意外伤亡的，保险公司应当赔付，这也是保护被保险人的继承人或受益人利益的需要。

【经典习题】

下列关于保险合同中的举证责任，正确的是?[1]

A. 保险公司以被保险人甲自杀身亡而拒绝赔偿的，保险公司应对甲自杀事实负举证责任

B. 被保险人乙自杀时系无行为能力的，受益人或被保险人的继承人而对该事实负举证责任

C. 被保险人丙实施的故意犯罪行为导致其伤残的，保险公司拒绝赔偿的，应当对丙的犯罪行为与其伤残存进因果关系负举证责任

D. 保险人给付费用补偿型的医疗费用保险金时主张扣减被保险人丁从社会医疗保险取得的赔偿金额的，保险人应证明该保险产品在厘定医疗费用保险费率时已将社会医疗保险部分相应扣除，并按照扣减后的标准收取保费

第三节　财产保险合同

（一）施救费用和勘查费用

施救费用	（1）必要的、合理的施救费用，由保险人承担；保险人所承担的数额在保险标的损失赔偿金额以外另行计算，最高不超过保险金额的数额。 （2）不足额保险，费用按比例赔偿。
勘查费用	保险人、被保险人为查明和确定保险事故的性质、原因和损失程度所支付的必要的、合理的费用，由保险人承担。 不存在按比例承担的问题。
保险公司负担费用	防止或减少损失的必要合理费用由保险人承担，不考虑实际效果（《保险法解释四》F6） 保险事故发生后，被保险人依法请求保险人承担为防止或减少保险标的的损失所支付的必要、合理费用，保险人不能以被保险人采取的措施未产生实际效果为由抗辩。

【举例说明】

张某将自有轿车向保险公司投保，其保险合同中含有自燃险险种。一日，该车在行驶中起火，张某情急之下将一农户晾在公路旁的棉被打湿灭火，但车辆仍有部分损失，棉被也被烧坏。保险公司对农户的棉被损失 200 元应当赔偿。这属于必要的、合理的施救费用。

---

[1] ABCD【解析】被保险人伤亡残与其故意犯罪行为是否存在因果关系，由保险公司拒赔的，应负举证责任。保险公司主张扣除医保赔偿的部分，应当证明在厘定保险费率已将医保部分扣除，并按扣除后的标准收取保费。保险公司应证明被保险人支出医疗费用超过同类医疗费用标准的，对超出部分可拒赔。

（二）代位权

对物代位权	法定物权变动 保险事故发生后，保险人支付了全部保险金额： （1）保险金额等于保险价值的，受损保险标的的全部权利归于保险人； （2）保险金额低于保险价值的，保险人按照保险金额与保险价值的比例取得受损保险标的的部分权利。
对人代位权	法定债权让与
条件	（1）履行义务：保险人已履行了赔偿义务； （2）以自己名义：以赔偿的金额为限，以自己的名义向第三人求偿； （2）投保人与被保险人为不同主体，可向投保人代位；法律另有规定或保险合同约定的除外。
取得	（1）自动：赔偿后依法自动取得。 （2）诉讼时效其取得开始计算：该求偿权的诉讼时效期间应自其取得代位求偿权之日起算。

【特别提示】

保险公司的代位权，实质上是法定"债权让与"，即被保险人对第三人的请求权转移给保险公司，可以适用债权让与的一般规则。

保护	1. 被保险人弃权 （1）保险合同订立前，弃权★ A 保险合同订立前，被保险人弃权，第三人免责，保险人代位权受限制 在保险人以第三者为被告提起的代位求偿权之诉中，第三者以被保险人在保险合同订立前已放弃对其请求赔偿的权利为由进行抗辩，法院认定上述放弃行为合法有效，保险人不能就相应部分主张行使代位求偿权。 【特别提示】 债权让与规则的适用，债务人（第三人）保留对让与人（被保险人）的抗辩继续对抗受让人（保险公司）。 B 投保人未如实告知弃权事实，导致保险人不能代位的，返还相应保金 保险合同订立时，保险人就是否存在上述放弃情形提出询问，投保人未如实告知，导致保险人不能代位行使请求赔偿的权利，保险人请求返还相应保险金的，法院应予支持，但保险人知道或应知道上述情形仍同意承保的除外。 【经典习题】 在保险合同订立前，甲与乙快递公司约定，乙仅仅就故意或重大过失对甲委托运输的物品承担责任，甲支付优惠运费。后甲将该物品向丙保险公司投保。乙因为轻微过失导致物品毁损。下列表述错误的是？[1] A. 丙保险公司赔偿后，享有对乙公司的法定代位权，甲的弃权行为无效 B. 如甲在保险合同订立后，放弃对乙公司的求偿权，则甲的弃权行为无效 C. 在保险合同订立时，丙保险公司就甲是否存在弃权行为提出询问时，甲未如实回答，则在丙不能行使代位权时，可请求甲返还相应保险金 D. 如丙保险公司取得代位求偿权，则该求偿权的诉讼时效期间应自保险事故发生之日起算 【法条】 《保险法》第61条，《保险法解释二》第16条，《保险法解释四》第9条。

---

[1] ABD【解析】保险合同订立前，被保险人弃权，法院认可的，合法有效；保险合同订立后，被保险人弃权的，赔偿前放弃，保险公司免责；赔偿后放弃，无效；代位权诉讼时效从保险公司取得之日开始计算。

保护	**（2）保险合同订立后，弃权** **A 赔偿前放弃，保险人免责** 保险事故发生后，保险人赔偿保险金之（前），被保险人放弃对第三者的请求赔偿的权利的，保险人不承担赔偿保险金的责任。 【特别提示】 被保险人全部放弃、保险公司全部免责；被保险人部分放弃，保险公司部分免责。如果第三者造成的损失是 5000 元，被保险人对第三者放弃 1000 元，则保险公司免除 1000 元的赔偿责任。 **B 赔偿后放弃，无效** 保险人向被保险人赔偿保险金之（后），被保险人未经保险人同意放弃对第三者请求赔偿的权利的，该行为无效。 【特别提示】 保险公司赔偿前，被保险人放弃对第三者的权利，适用债权让与规则，第三者可向受让人主张被保险人弃权的抗辩，损害保险公司代位权，保险公司免除赔偿责任。保险公司赔偿后，保险公司自动取得债权，成为新的债权人，被保险人丧失债权，无法放弃权利（丧失处分权），因此该弃权行为无效。 **2. 被保险人过错损害代位权——扣减或返还保金** 由于被保险人的过错致使保险人不能行使代位请求赔偿的权利的，保险人可以相应扣减或要求返还相应的保险赔偿金； 被保险人因故意或重大过失未履行向保险人提供必要的文件和所知道的有关情况的义务，致使保险人未能行使或未能全部行使代位请求赔偿的权利，保险人主张在其损失范围内扣减或返还相应保险金的，法院应予支持。 **3. 被保险人双重获赔** **（1）被保险人已从第三者受偿，相应扣减** 被保险人已经从第三者取得损害赔偿的，保险人赔偿保险金时，可以相应扣减被保险人从第三者已取得的赔偿金额。 **（2）债权让与——通知对抗第三人** **A 第三者未受通知，在被保险人从保险人处获赔后，又向被保险人赔偿——保险人不得向第三者行使代位权，可以请求保险人返还保金★** 因第三者对保险标的的损害而造成保险事故，保险人获得代位请求赔偿的权利的情况未通知第三者或通知到达第三者前，第三者在被保险人已经从保险人处获赔的范围内又向被保险人作出赔偿，保险人主张代位行使被保险人对第三者请求赔偿的权利的，法院不予支持。保险人可就相应保险金请求被保险人返还。 **B 第三者受通知后，依然向被保险人赔偿——保险人可向其主张代位权** 保险人获得代位请求赔偿的权利的情况已经通知到第三者，第三者又向被保险人作出赔偿，保险人主张代位行使请求赔偿的权利，第三者以其已经向被保险人赔偿为由抗辩的，法院不予支持。

限制	**1. 代位权的排除** 被保险人的家庭成员或其组成人员非**故意**造成保险事故的，保险人不得对被保险人的家庭成员或者其单位组成人员行使代位请求赔偿的权利。 **【特别提示】** 被保险人和被保险人的家庭成员或其组成人员属于同一财产责任主体，如保险公司向被保险人的家庭成员主张代位权，其实质就是向被保险人代位，则保险公司对被保险人的赔偿没有任何意义可言。 **2. 被保险人的保护——不真正连带之债** **（1）不影响被保险人对第三者的求偿权** 保险人行使代位请求赔偿的权利，不影响被保险人就未取得赔偿的部分向第三者请求赔偿的权利。被保险人就保险公司未赔偿的部分对第三者的求偿权优先于保险公司的代位权。被保险人或者受益人起诉保险人，保险人不得以被保险人或者受益人未要求第三者承担责任为由抗辩不承担保险责任。 **（2）被保险人之目的未实现，可继续主张权利** 被保险人就其所受损失从第三者取得赔偿后的不足部分提起诉讼，可请求保险人赔偿。
管辖	**以被保险人与第三者的法律关系确定** 保险人以造成保险事故的第三者为被告提起代位求偿权之诉的，以被保险人与第三者之间的法律关系确定管辖法院。
诉讼	**（1）被保险人对第三者之诉与代位权之诉可以合并审理** 保险人提起代位求偿权之诉时，被保险人已经向第三者提起诉讼的，法院可以依法合并审理。 **（2）被保险人已经向第三者起诉，保险人行使代位权时，可以申请变更当事人——被保险人同意：应准许；被保险人不同意：做共同原告** 保险人行使代位求偿权时，被保险人已经向第三者提起诉讼，保险人向受理该案的法院申请变更当事人，代位行使被保险人对第三者请求赔偿的权利，被保险人同意的，法院应予准许；被保险人不同意的，保险人可以作为共同原告参加诉讼。

【经典习题】

甲为乙的汽车向丙保险公司投保了财产险。后该汽车被丁损坏，该损坏属于保险公司理赔的范围。依据《保险法》及其解释，下列表述错误的是？[1]

A. 如果该汽车系甲损坏，则丙保险公司可以依法向甲主张代位权

B. 如果在丙保险公司向乙赔偿后，丁在不知情的情况下，又向乙赔偿，则丙依然可以向丁主张代位权

C. 乙因轻微过失未向丙保险公司提供必要的文件，致使保险公司未能全部行使代位权，保险人可主张返还保险金

D. 如丙保险公司依法向丁行使代位权，乙已经向丁起诉，则无论乙是否同意，丙均可申请变更当事人，代位乙行使对丁的求偿权

【法条】

《保险法解释四》第8~13条。

---

[1] **BD【解析】**投保人与被保险人为不同主体，可向投保人代位；代位权适用债权让与规则，通知对抗第三人；保险公司参与被保险人和第三人的诉讼，申请变更当事人的，被保险人有同意权，同意的，变更当事人；不同意的，做共同原告。

张某为某公司维修设备，张某与某公司达成协议，若因为张某过失导致设备（设备价值10万元）损坏，张某承担10%的责任。后某公司为该批设备投保，保险公司没有问该公司是否对他人有放弃求偿的行为便承保。后张某因过失导致设备毁损，保险公司给予了赔偿。下列表述正确的是？[1]

A. 保险公司可向张某主张代位求偿权

B. 如保险公司在保险合同订立时对该公司问询是否有弃权事宜，该公司未如实回答，则保险公司可以不予赔偿

C. 如保险公司向张某主张代位求偿权，张某需要承担10万元的赔偿责任

D. 如保险公司向张某主张代位求偿权，张某需要承担1万元的赔偿责任

【法条】

《保险法》第60条，《保险法解释四》第9条。

（三）责任保险（F65，66）（《保险法解释四》F14-20）★★★

概念	1. 合同之债——投保人保险公司；被保险人作为合同第三人；被保险人请求保险公司向受害的第三者赔偿。合同之债的给付内容由侵权之债的损害赔偿内容决定。 2. 侵权之债——被保险人受害人。 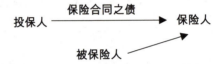 1. 投保人和保险公司的保险合同关系：被保险人作为对保险合同的关系人，请保险公司向第三人赔付； 2. 被保险人和第三人的侵权责任关系； 3. 责任险的核心是保险公司把保金赔偿给受害的第三人。
保险公司 直接赔	（1）保险公司直接对第三者赔 保险人可以依照法律的规定或者合同的约定，直接向该第三者赔偿保险金。 （2）被保险人请求保险公司对第三者直接赔 被保险人对第三者应负赔偿责任确定的，根据被保险人的请求，保险人应当直接向该第三者赔偿保险金，包括下列情形： A 裁判确认 被保险人对第三者所负的赔偿责任经法院生效裁判、仲裁裁决确认； B 协商一致 被保险人对第三者所负的赔偿责任经被保险人与第三者协商一致； C 能够确定的其他情形 被保险人对第三者应负的赔偿责任能够确定的其他情形。 在上述情况下，保险人可主张按照保险合同确定保险赔偿责任。

---

[1] AD【解析】依据《保险法》第60条第1款的规定，保险公司可以向张某主张代位权。A正确。

依据《保险法解释四》第9条第2款的规定，如保险公司在保险合同订立时询问被保险人是否存在弃权行为时，被保险人未如实回答，损害保险公司代位权的，保险公司可请求被保险人返还相应的保金，而不是予以赔偿，B错误。

依据《保险法解释四》第9条第1款的规定，在保险合同订立前，被保险人与第三人订立的免责条款有效，保险公司的代位权可类推债权让与规则，保险公司受到该免责条款的约束，即保险公司只能向张某主张1万元的赔偿责任，C错误，D正确。

	（3）被保险人对保险人求偿的诉讼时效：自其对第三者应负的赔偿责任确定之日起算 商业责任险的被保险人向保险人请求赔偿保险金的诉讼时效期间，自被保险人对第三者应负的赔偿责任确定之日起计算。
被保险人 怠于请求	被保险人怠于请求的，第三者向保险公司请求赔 （1）被保险人怠于请求的，第三者有权就其应获赔偿部分直接向保险人请求赔偿保险金。 （2）被保险人怠于请求之情形——责任确定后，被保险人不赔偿，且在第三者起诉时尚未向保险人提出直接向第三者赔偿的请求 被保险人对第三者应负的赔偿责任确定后，被保险人不履行赔偿责任，且第三者以保险人为被告或以保险人与被保险人为共同被告提起诉讼时，被保险人尚未向保险人提出直接向第三者赔偿保险金的请求的，可以认定为属于"被保险人怠于请求"的情形。
和解协议	保险人可依据和解协议担责 （1）和解协议经保险人认可的，保险人据此承担责任 责任保险的被保险人与第三者就被保险人的赔偿责任达成和解协议且经保险人认可，被保险人可主张保险人在保险合同范围内依据和解协议担责。 （2）未认可的，重新核定 被保险人与第三者就被保险人的赔偿责任达成和解协议，未经保险人认可，保险人可主张对保险责任范围以及赔偿数额重新予以核定。
保护 第三者	1. 第三者对被保险人的判决执行未果的，第三者可继续向保险人求偿 责任保险的被保险人对第三者所负的赔偿责任已经生效判决确认并已进入执行程序，但未获得清偿或未获得全部清偿，第三者依法请求保险人赔偿保险金，保险人不能以前述生效判决已进入执行程序为由抗辩。 2. 保护第三者★ （1）被保险人赔偿前，不得向被保险人赔 责任保险的被保险人给第三者造成损害，被保险人未向该第三者赔偿的，保险人不得向被保险人赔偿保险金。 （2）保险人在被保险人向第三者赔偿前，向被保险人赔偿，不免除其对第三者的责任 责任保险的保险人在被保险人向第三者赔偿之前向被保险人赔偿保险金，第三者依法向保险人行使保险金请求权时，保险人不能以其已向被保险人赔偿为由拒绝赔偿保险金。保险人向第三者赔偿后，可请求被保险人返还相应保险金。
保险公司 负担费用	被保险人支付的诉讼仲裁及必要合理费用，保险公司负担 责任保险的被保险人因给第三者造成损害的保险事故而被提起仲裁或者诉讼的，被保险人支付的仲裁或者诉讼费用以及其他必要的、合理的费用，除合同另有约定外，由保险人承担。
共同侵权	被保险人因共同侵权应承担连带责任：外部赔偿，内部追偿 （1）外部赔偿 责任保险的被保险人因共同侵权依法承担连带责任，保险人不能以该连带责任超出被保险人应承担的责任份额为由，拒赔。 （2）内部追偿 保险人承担保险责任后，可就超出被保险人责任份额的部分向其他连带责任人追偿。

【经典习题】

1. 甲向乙保险公司投保了机动车交强险。一日，甲驾车不慎将丙撞伤，依据保险法，下列错误的是?[1]

A. 乙保险公司可依据保险合同约定直接向丙赔偿

B. 如甲和丙就赔偿责任达成和解协议，乙保险公司应依据该和解协议向丙赔偿

C. 如甲对丙的赔偿责任经生效判决确认并进入执行程序，但丙的损害未获得全部赔偿，丙请求乙保险公司赔偿时，乙可以该生效判决进入执行程序来抗辩

D. 乙保险公司在甲向丙赔偿前，向甲赔偿，可以不再向丙赔偿

【法条】

《保险法》第15~20条。

2. 甲将其汽车向乙保险公司投保了机动车商业责任险。一日，甲开车不慎将丙撞伤，依据《保险法》及其解释，下列表述错误的是?[2]

A. 如果甲对丙所负的赔偿责任经法院生效裁判确认的，甲可请求乙直接向丙赔偿

B. 如果甲对丙应负的赔偿责任确定后，甲不履行赔偿责任，且丙以保险人乙为被告提起诉讼时，甲尚未向乙提出直接向第三者赔偿保险金请求的，可以认定为属于"被保险人怠于请求"的情形

C. 如甲和丁因共同侵权依法承担连带责任，乙可以以该连带责任超出甲应承担的责任份额为由，拒绝赔付保险金

D. 甲向乙请求赔偿保险金的诉讼时效期间，自保险事故发生之日起计算。

【法条】

《保险法》第16、17、18条。

3. 甲为乙的汽车向丙保险公司投保了财产险。后该汽车被丁损坏，该损坏属于保险公司理赔的范围。依据《保险法》及其解释，下列表述错误的是?[3]

A. 如果该汽车系甲损坏，则丙保险公司可以依法向甲主张代位权

B. 如果在丙保险公司向乙赔偿后，丁在不知情的情况下，又向乙赔偿，则丙依然可以向丁主张代位权

C. 乙因轻微过失未向丙保险公司提供必要的文件，致使保险公司未能全部行使代位权，保险人可主张返还全部保险金

D. 如丙保险公司依法向丁行使代位权，乙已经向丁起诉，则无论乙是否同意，丙均可申请变更当事人，代位乙行使对丁的求偿权

【法条】

《保险法解释四》第7~13条。

---

[1] BCD【解析】保险公司认可和解协议的，依据该协议赔偿；责任险目的在于保护第三者，保险公司在被保险人向第三者赔偿前，赔偿给被保险人的，不免除其向第三者的赔偿责任。

[2] CD【解析】被保险人怠于请求是指，责任确定后，被保险人不赔偿，而且第三者对被保险人或保险公司的诉讼中，不请求保险公司向第三者赔；商业责任险的被保险人向保险人请求赔偿保险金的诉讼时效期间，自被保险人对第三者应负的赔偿责任确定之日起计算。共同侵权的，外部连带；内部追偿。

[3] BCD【解析】在被保险人从保险人处获赔后，善意第三者又做赔偿的，保险公司对第三者无代位权。在被保险人因故意或重大过失未履行对保险公司的提供义务时，保险公司有权扣减保金。保险人在诉讼中申请变更当事人，需要经被保险人同意，否则，可以做共同原告。

第八章　海商法

【复习指南】

海商法在法律职业资格考试中分值很低，分值在0-1分左右，经常不考。海商法往往会结合民法典物权编考查。需要重点学习掌握船舶抵押权、船舶优先权。

【知识框架】

船舶所有权	
船舶的担保物权	船舶抵押权、船舶留置权、船舶优先权

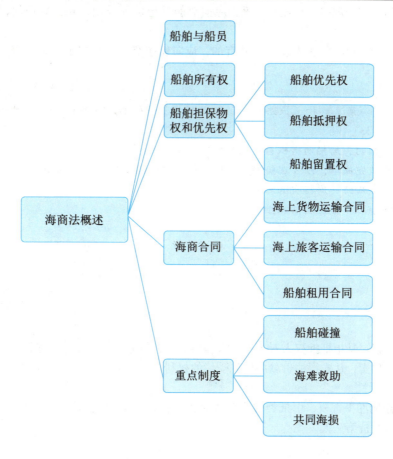

第一节　海商法概述

海商法的概念

海商法是调整海商运输关系、船舶关系的法律规范的总称。

1. 海上运输关系，主要是指承运人、实际承运人同托运人、收货人或旅客之间、承拖方同被拖方之间的关系。

2. 船舶关系主要是指船舶所有权、经营人、出租人、承租人、抵押权人与抵押人之间，救助方与被救助方之间的关系。

第二节　船舶所有权

1. 船舶所有权的取得、转让和消灭，应向船舶登记机关登记；未经登记的，不得对抗第三人。

2. 船舶由两个以上的法人或个人共有的，应向船舶登记机关登记；未经登记的，不得对抗第三人。

【经典真题】

依据我国《海商法》和《民法典》的相关规定，关于船舶所有权，下列哪一表述是正确的？（2014－3－33）[1]

A. 船舶买卖时，船舶所有权自船舶交付给买受人时移转

B. 船舶建造完成后，须办理船舶所有权的登记才能确定其所有权的归属

C. 船舶不能成为共同共有的客体

D. 船舶所有权不能由自然人继承

第三节　船舶担保物权

（一）船舶抵押权

1. 概念

船舶抵押权，是指抵押权人对于抵押人提供的作为债务担保的船舶，在抵押人不履行债务时，可以依法拍卖，从卖得的价款中优先受偿的权利。

2. 设定与对抗（F13－16）

（1）设定船舶抵押权，由抵押权人和抵押人共同向船舶登记机关办理抵押权登记；未经登记的，不得对抗第三人。

---

[1] A【解析】船舶物权变动采取交付生效、登记对抗主义，交付船舶时，所有权发生变动，A正确，要选。

建造属于非基于法律行为发生的物权变动，在建造的事实行为完成时，物权发生变动，无需登记，B错误，不选。

依据民法的法理，船舶当然可以成为共同共有的客体，船舶由两个以上的法人或者个人共有的，应当向船舶登记机关登记；未经登记的，不得对抗第三人。C错误，不选。

船舶所有权，是指船舶所有人依法对其船舶享有占有、使用、收益和处分的权利。依据物权法的法理，船舶可以由自然人继承，D错误，不选。

（2）建造中的船舶可以设定船舶抵押权，应向船舶登记机关提交船舶建造合同。

（3）船舶共有人就共有船舶设定抵押权，应取得持有三分之二以上份额的共有人的同意，共有人之间另有约定的除外。

船舶共有人设定的抵押权，不因船舶的共有权的分割而受影响。

3. 效力（F17-20）

（1）抵押船舶转让禁止：

船舶抵押权设定后，未经抵押权人同意，抵押人不得将被抵押船舶转让给他人。

（2）抵押权的从属性：

抵押权人将被抵押船舶所担保的债权全部或部分转让他人的，抵押权随之转移。

（3）抵押权的冲突：看登记时间

同一船舶可以设定两个以上抵押权，其顺序以登记的先后为准。

同一船舶设定两个以上抵押权的，抵押权人按照抵押权登记的先后顺序，从船舶拍卖所得价款中依次受偿。

（4）消灭和物上代位

被抵押船舶灭失，抵押权随之消灭。

由于船舶灭失得到的保险赔偿，抵押权人有权优先于其他债权人受偿。

【经典真题】

依据我国《海商法》和《民法典》的相关规定，关于船舶物权的表述，下列哪一选项是正确的？（2013-3-33）[1]

A. 甲的船舶撞坏乙的船舶，则乙就其损害赔偿对甲的船舶享有留置权

B. 甲以其船舶为乙设定抵押担保，则一经签订抵押合同，乙即享有抵押权

C. 以建造中的船舶设定抵押权的，抵押权仅在办理登记后才能产生效力

D. 同一船舶上设立数个抵押权时，其顺序以抵押合同签订的先后为准

（二）船舶优先权（F21-27）

1. 概念与特征

船舶优先权，是指海事请求人依据海商法的规定，向船舶所有人、光船承租人、船舶经营人提出海事请求，对产生该海事请求的船舶具有优先受偿的法定的担保物权。

由于海运事业特殊性，基于共益、公益或衡平的理由：

（1）法定性：法定担保物权

（2）秘密性：无公示

（3）附随性：船舶优先权随船舶的转移而转移。

船舶优先权不因船舶所有权的转让而消灭。但船舶转让时，船舶优先权自法院应受让人申请予以公告之日起满60日不行使的除外。

2. 船舶优先权的内容

下列各项海事请求具有船舶优先权：工资——人身损害——税费——救助——财产侵权损害

（1）船长、船员和在船上工作的其他在编人员根据劳动法律、行政法规或劳动合同所产

---

[1] B【解析】船舶留置权是指造船人、修船人在合同另一方未履行合同时，可以留置所占有的船舶。留置权人占有船舶与返还船舶的义务系同一法律关系，而非基于侵权损害赔偿请求权。船舶抵押合同生效，登记对抗。抵押权的顺序，按登记时间，同一船舶设定两个以上抵押权的，抵押权人按照抵押权登记的先后顺序，从船舶拍卖所得价款中依次受偿。

生的工资、其他劳动报酬、船员遣返费用和社会保险费用的给付请求（保护海员之生活）；

（2）在船舶营运中发生的人身伤亡的赔偿请求（救死扶伤）；

（3）船舶吨税、引航费、港务费和其他港口规费的缴付请求（基于共益之理由）；

（4）海难救助的救助款项的给付请求（奖励救助，维护海道畅通）；

（5）船舶在营运中因侵权行为产生的财产赔偿请求（衡平公益使然、不包括契约上请求权）。

3. 船舶优先权的顺序

（1）以上各项海事请求，依照以上第（1）项至第（5）项顺序受偿。

（2）同一顺序的，有两个请求的，不分先后，同时受偿。

4. 船舶优先权的倒序原则

（1）海难救助的救助款项的给付请求有两个以上的，后发生的先受偿。

（2）海难救助的救助款项的给付请求后于以上第（1）项至第（3）项发生的，应先于第（1）项至第（3）项受偿。

后发生的救助保全了船舶，也保全了先发生的救助的成果，使得先发生的各项债权有可能得到清偿，因此保全他人者应优先于被保全者受偿。

（3）因行使船舶优先权产生的诉讼费用，保存、拍卖船舶和分配船舶价款产生的费用，以及为海事请求人的共同利益而支付的其他费用，应当从船舶拍卖所得价款中先行拨付。

为债权的债权优先受偿。

5. 行使与移转

（1）船舶优先权应通过法院扣押产生优先权的船舶行使。

（2）海事请求权转移的，其船舶优先权随之转移。

6. 消灭

船舶优先权，因下列原因之一而消灭，其担保的债权作为普通债权受偿：

（1）具有船舶优先权的海事请求，自优先权产生之日起满1年不行使；该期限（法理或国际公约认为是除斥期间），不得中止或中断；

（2）船舶经法院强制出售；

（3）船舶灭失。

船舶优先权还会因为其所担保的债权清偿、弃权、已经提供其他担保等原因消灭。

（三）船舶留置权

1. **船舶留置权，**是指造船人、修船人在合同另一方未履行合同时，可以留置所占有的船舶，以保证造船费用或修船费用得以偿还的权利。

2. **船舶留置权在造船人、修船人不再占有所造或所修的船舶时消灭。**

（四）船舶担保物权之间的关系（F25）

船舶优先权先于船舶留置权受偿，船舶抵押权后于船舶留置权受偿。

第九章 信托法

【复习指南】

　　信托法在法考中分值在 1～2 分值左右，属于 2022 年的新增考点。信托法重点考查信托财产的独立性、信托当事人的权利和义务（委托人、受托人、受益人）以及信托的变更和终止。

信托设立	信托财产	信托当事人	信托的变更和终止
• 1. 设立条件 • 合法的信托目的 • 确定的信托财产 • 书面形式 • 2. 信托成立 • 3. 信托生效 • 信托无效 • 信托撤销	• 1. 信托财产的独立性 • 独立于委托人财产 • 独立于受托人财产 • 独立于受益人财产 • 2. 信托财产的强制执行 • 3. 抵销禁止 • 信托财团自身产生的债权债务可抵销	• 1. 委托人 • 撤销权 • 解任权 • 2. 受托人 • 信托财产分别管理 • 共同受托人 • 3. 受益人 • 信托受益权 • 撤销权 • 解任权	• 1. 变更 • 2. 解除 • 3. 终止 • 不因为委托人或受托人死亡、丧失行为能力、解散、撤销或破产而终止

第一节　信托的概念和设立

概念	**1. 基于委托人的委托，受托人为受益人或特定目的，管理处分信托财团** 信托是指委托人基于对受托人的信任，将其财产权委托给受托人，由受托人按委托人的意愿以自己的名义，为受益人的利益或特定目的，进行管理或处分的行为。 张女士将自己 500 万元的资产以信托的方式委托给信托公司，将其儿女作为受益人。
成立	**（一）信托设立的条件** 1. 有合法的信托目的。 2. 有确定的信托财产（必须是委托人合法所有的财产）。 3. 应当采取书面形式。书面形式包括信托合同、遗嘱或法律、行政法规规定的其他书面文件等。 **（二）信托的成立★** 1. 信托合同形式：信托合同签订时——信托成立★ 2. 其他书面形式：受托人承诺时——信托成立 3. 遗嘱信托——依据继承法规定；遗嘱指定的人拒绝或无能力担任受托人的，受益人另行选任；受益人系无限人的，监护人选任；遗嘱另有规定除外

生效	**（三）信托的生效★** **1. 信托财产登记——依法应当登记的，如果未补办登记，信托不生效★** 设立信托，对于信托财产，有关法律、行政法规规定应当办理登记手续的，应当依法办理信托登记。未依法补办登记手续；该信托不产生效力。 **2. 信托无效★** （1）信托目的违反法律、行政法规或损害社会公共利益； （2）信托财产不能确定； （3）委托人以非法财产或本法规定不得设立信托的财产设立信托； （4）专以诉讼或讨债为目的设立信托； （5）受益人或受益人范围不能确定； （6）法律、行政法规规定的其他情形。 **3. 信托可撤销★——损害债权人利益的、除斥期间：1年，自明知或应知之日起算；不影响善意受益人取得的信托利益。** （1）委托人设立信托损害其债权人利益的，债权人有权申请法院撤销该信托。自债权人知道或应当知道撤销原因之日起一年内不行使的，申请撤销的权利消灭。 （2）撤销信托的，不影响善意受益人已经取得的信托利益。

【经典习题】

关于信托的设立和效力，下列表述正确的是？[1]

A. 甲通过遗嘱为受益人乙设立信托，并指定丙为受托人。甲去世后，如丙无行为能力，则信托设立无效

B. 甲不可专以诉讼或讨债为目的设立信托

C. 甲为逃避债务，将其财产作为信托财产为受益人乙设立信托，甲的债权人丁在知情后，2年可主张撤销权，信托撤销的，乙获得的信托利益应当返还

D. 甲以其房屋作为信托财产，为受益人戊设立信托，并委托庚作为受托人，未依法补办登记手续，该信托生效，但不能对抗善意第三人

【法条】

《信托法》第11、12、13条。

---

[1] B【解析】遗嘱信托依据继承法规定处理。遗嘱指定的人拒绝或无能力担任受托人，受益人另行选任；受益人系无限人的，监护人选任；遗嘱另有规定除外。A错误。

专以诉讼或讨债为目的设立的信托无效，B正确。

损害债权人利益而设立之信托，债权人有撤销权，除斥期间为1年，自明知或应知之日起算，但不影响善意受益人取得的信托利益。C错误。

对于信托财产，有关法律、行政法规规定应当办理登记手续的，应当依法办理信托登记。未依法补办登记手续的，该信托不产生效力。D错误。

第二节 信托财产（信托财团）

范围	1. 信托财产包括： 受托人因承诺信托而取得的财产。受托人因信托财产的管理运用、处分或其他情形而取得的财产。如：信托财产出租获得租金。 2. 信托财产独立于委托人的财产★ 信托财产不属于委托人的财产；例外：委托人系受益人时，信托财产属于委托人的财产。 3. 信托财产独立于受托人的财产（固有财产）★ 信托财产不属于受托人的财产：受托人死亡或解散、被依法撤销、被宣告破产而终止，信托财产不属于其遗产或清算财产。 4. 信托财产独立于受益人的财产★
强制 执行	可以强制执行的情形： （1）设立信托前债权人已对该信托财产享有优先受偿的权利，并依法行使该权利的； （2）受托人处理信托事务所产生的债务，债权人要求清偿该债务的； （3）信托财产本身应担负的税款； （4）法律规定的其他情形。 违法强制执行信托财产，委托人、受托人或受益人有权向法院提出异议。
抵销 禁止	1. 信托财团的债权不能与受托人自己的债务抵销 受托人管理运用、处分信托财产所产生的债权，不得与其固有财产产生的债务相抵销。 银行（受托人）将信托财产借给顾客，顾客将钱存储在银行，银行不能抵销该债权债务。 2. A 信托财团的债权不能与 B 信托财团的债务抵销 受托人管理运用、处分不同委托人的信托财产所产生的债权债务，不得相互抵销。

【经典习题】

关于信托财产的表述，下列正确的是？[1]

A. 某信托的委托人甲同时也是共同受益人之一，甲去世后，甲信托受益权不能列入甲的遗产

B. 某信托的受托人乙因处理信托事务产生 10 万元费用债务，该费用债务的债权人丙可以依法强制执行信托财产来偿债

C. 某信托的受托人甲管理信托的房屋对承租人丁产生租金债权 10 万，甲自己的房屋交给丁装修，甲要对丁支付 10 万元装修款，甲可向丁主张抵销

D. 甲和乙分别以其 A 房屋和 B 汽车设定信托，都委托受托人丙来管理。戊承租 A 房，需要支付租金 2 万，同时丙将 B 汽车交给戊修理，需要支付修理费 2 万，戊可向丙主张抵销

【法条】

《信托法》第 15、17、18 条。

---

[1] B【解析】委托人非唯一受益人，委托人死亡的，其信托受益权作为遗产或清算财产，A 错误。
受托人处理信托事务所产生的债务，债权人要求清偿该债务的，可以强制执行信托财产，B 正确。
信托财团的债权不能与受托人自己的债务抵销，C 错误。
A 信托财团的债权不能与 B 信托财团的债务抵销，D 错误。

第三节　信托当事人 F19 – 49

委托人	（一）资格 1. 委托人应当是具有完全民事行为能力的自然人、法人或依法成立的其他组织。 （二）权利（监管） 1. 知情权——了解、要求说明、查阅、抄录、复制权 2. 调整管理方法请求权 3. 撤销权★——受托人不当处分行为，撤销（自明知或应知之日：1 年），并恢复原状或予以赔偿；受让人恶意的，应返还或予以赔偿；。 4. 解任权★——受托人处分信托财产有重大过失的
受托人	（一）资格 1. 受托人应当是具有完全民事行为能力的自然人、法人。法律另有规定的，除外。 （二）义务 1. 善管义务——依法取得报酬，不得利用信托财产为自己谋利，否则利益归入。 2. 信托财产和受托人财产分别管理义务★——分别管理、分别记账；不得将信托财产转为受托人财产；自我代理（自我交易）和双方代理限制，信托文件规定或委托人或受益人同意并以公平价格交易除外 受托人不得将其固有财产与信托财产进行交易或将不同委托人的信托财产进行相互交易，但信托文件另有规定或经委托人或受益人同意，并以公平的市场价格进行交易的除外。 3. 亲自处理信托事务——依法转委托的，对次受托人的行为担责 4. 保存义务、报告义务、保密义务 5. 支付义务——以信托财产为限支付信托利益 6. 共同受托人★ 同一信托的受托人有两个以上的，为共同受托人。 （1）内部——共同处理；意见不一致的，按文件处理——文件未规定的，由委托人、受益人或其利害关系人决定 （2）外部——处理信托事务对第三人负债：连带责任；某个受托人处理信托事务不当造成信托财产损失：连带赔偿责任；第三人对某个受托人做出意思表示，对其他受托人也生效（绝对效力） （三）权利（管理、处分） 1. 报酬请求权——约定——协商——无偿；处理事务不当的、未恢复原状前——不得请求报酬 2. 优先受偿权★——信托财产债务，受托人以自有财产支付的，就信托财产优先受偿；处理事务不当的，自有财产赔偿 3. 辞任和留守义务★——经委托人和受益人同意，可辞任；在新受托人上任前，留守

受益人	1. 受益人是在信托中享有信托受益权的人。受益人可以是自然人、法人或依法成立的其他组织。委托人可以是受益人；受托人可以是受益人，但不得是唯一受益人。 2. 信托受益权★：取得——信托生效之日，信托文件规定除外 受益人自信托生效之日起享有信托受益权。信托文件另有规定的，从其规定。 3. 放弃受益权★——全体受益人弃权，信托终止。部分受益人弃权：信托文件——其他受益人——委托人或其继承人 4. 受益人的撤销权和解任权★——与委托人意见不一致，法院裁定；共同受益人之一撤销，对全体受益人有效 受益人可以行使委托人的撤销权和解任权，与委托人意见不一致时，可以申请法院作出裁定。共同受益人之一申请法院撤销受托人的处分行为的，法院所作出的撤销裁定，对全体共同受益人有效。

【经典习题】

1. 关于信托合同的当事人，甲将某房屋作为信托财产，设立信托，委托乙、丙为受托人，丁为受益人。下列表述正确的是？[1]

A. 乙可直接购买该房屋

B. 如乙违反信托目的处分信托财产、处理信托事务不当致使信托财产受到损失的，丙应当承担补充赔偿责任

C. 如受托人丙因处理信托事务所支出的费用，自己先行垫付，就该费用，丙可针对信托财产主张优先受偿

D. 如受托人乙和丙都辞任的，在新受托人选出前其仍应履行管理信托事务的职责

【法条】

《信托法》第28、31、37、38条

2. 关于某信托合同的受益人位甲乙丙丁，下列表述错误的是？[2]

A. 甲乙丙丁平等分享信托利益

B. 信托合同成立之日，受益人乙获得信托受益权

C. 全体受益人放弃信托受益权的，信托终止。丙放弃信托受益权的，信托受益人归属其他受益人

D. 受托人违反信托目的处分信托财产，受益人丁申请法院撤销该处分行为，委托人戊有不同的意见，此时应以受益人意见为准

【法条】

《信托法》第44、46、49条

---

〔1〕 CD【解析】受托人不得将其固有财产与信托财产进行交易或将不同委托人的信托财产进行相互交易，但信托文件另有规定或经委托人或受益人同意，并以公平的市场价格进行交易的除外。对于受托人的自我交易行为或双方代理行为，信托法予以限制。A错误。

共同受托人之一不当管理造成损失的，其他受托人承担连带责任，B错误。

信托财产债务，受托人以自有财产支付的，就信托财产优先受偿，C正确。

受托人辞任的，在新受托人选出前仍应履行管理信托事务的职责，D正确。

〔2〕 ABCD【解析】共同受益人按照信托文件的规定享受信托利益。信托文件未作规定的，各受益人按照均等的比例享受信托利益。A错误。

受益人自信托生效之日起享有信托受益权。B错误。

部分受益人放弃信托受益权的，首先按信托文件处理，C错误。

受益人行使撤销权的意见与委托人意见不一致的，法院裁定。D错误。

第四节　信托的变更与终止 F50-58

变更	**（一）委托人依法依规变更受益人或处分信托受益权——受益人侵权、受益人同意、信托文件规定** （1）受益人对委托人有重大侵权行为； （2）受益人对其他共同受益人有重大侵权行为； （3）经受益人同意； （4）信托文件规定的其他情形。
解除	**（二）委托人依法依规解除信托——委托人系唯一受益人、受益人对委托人重大侵权、受益人同意、信托文件规定** 1. 委托人是唯一受益人的，委托人或其继承人可以解除信托。信托文件另有规定的，从其规定。 2. 受益人对委托人有重大侵权行为； 3. 经受益人同意； 4. 信托文件规定的其他情形。
终止	**（一）终止情形** **1. 不终止情形——不因为委托人或受托人死亡、丧行为能力、解散、撤销或破产而终止** 信托不因委托人或受托人的死亡、丧失民事行为能力、依法解散、被依法撤销或被宣告破产而终止，也不因受托人的辞任而终止。但本法或信托文件另有规定的除外。 **2. 终止情形：文件规定、违反信托目的、目的已经或不能实现、协商、撤销或解除** **（二）终止的法律效果** **1. 信托财产的归属——信托文件——受益人或其继承人——委托人或其继承人** 信托终止的，信托财产归属于信托文件规定的人；信托文件未规定的，按下列顺序确定归属： （1）受益人或其继承人；（2）委托人或其继承人。 **2. 信托财产执行——权利归属人为被执行人** **3. 受托人请求报酬——可留置信托财产或对信托财产的权利归属人请求** **4. 受托人做出清算报告——受益人或信托财产权利归属人无异议的，受托人就报告事项解除责任，不正当行为除外**

【经典习题】

关于信托终止，下列表述正确的是？[1]

A. 在某信托关系中，受益人甲对故意毁损委托人乙价值极高的一辆豪车，乙可撤销信托合同

B. 某信托关系中存在多个受益人，受益人甲将另一受益人乙打伤，委托人丙可解除信托合同

C. 在某信托关系中，委托人甲公司和受托人乙公司都被宣告破产了，此时信托终止

D. 信托终止的，信托财产归属于信托文件规定的人。受托人甲行使请求给付报酬时，可以依法留置信托财产

【法条】

《信托法》第51、52、54、57条

---

[1]　D【解析】受益人对委托人有重大侵权行为的，委托人可解除信托，A错误。

受益人对其他共同受益人有重大侵权行为，委托人可变更受益人或处分受益人的信托受益权，B错误。

信托不因为委托人或受托人死亡、丧行为能力、解散、撤销或破产而终止，C错误。

信托终止后，受托人请求报酬时可依法留置信托财产，D正确。

经济法

第一章　反垄断法

【复习指南】

重点学习掌握经济垄断的三大类型：垄断协议、滥用支配地位、经营者集中，并记忆其适用的法律责任，综合理解其中涉及的民事法律关系和行政法律关系。

【知识框架】

经济垄断	1. 垄断协议：横向、纵向
	2. 滥用支配地位
	3. 经营者集中
行政垄断	
反垄断调查	

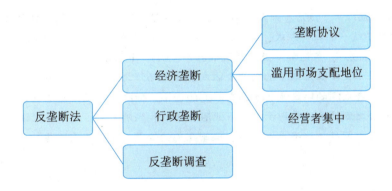

总则（《反垄断法》F4、5、6、9）

1. 坚持党的领导；强化竞争政策基础地位

反垄断工作坚持中国共产党的领导。国家坚持市场化、法治化原则，强化竞争政策基础地位，制定和实施与社会主义市场经济相适应的竞争规则，完善宏观调控，健全统一、开放、竞争、有序的市场体系。

2. 建立公平竞争审查制度；市场经济活动规定，应当进行公平竞争审查

国家建立健全公平竞争审查制度。行政机关和法律、法规授权的具有管理公共事务职能的组织在制定涉及市场主体经济活动的规定时，应当进行公平竞争审查。

3. 依法集中、规模经营允许

经营者可以通过公平竞争、自愿联合，依法实施集中，扩大经营规模，提高市场竞争

能力。

4. 算法垄断禁止

经营者不得利用数据和算法、技术、资本优势以及平台规则等从事本法禁止的垄断行为。

（一）垄断协议 ★★

类型	主体	内容
横向垄断协议	有竞争关系的经营者	固定价格、限制数量、分割市场、抵制交易、限制新技术新产品
纵向垄断协议	无竞争关系的经营者与交易相对人	固定价格、固定最低价格

1. 横向垄断协议（F16、17）（2022 修订）

禁止具有竞争关系的经营者达成垄断协议。

（1）固定价格

固定或变更商品价格；

（2）限制数量

限制商品的生产数量或销售数量；

（3）分割市场

分割销售市场或原材料采购市场；

（4）限制购买和开发新技术（产品）

限制购买新技术、新设备或限制开发新技术、新产品；

（5）抵制交易

联合抵制交易。

【经典真题】

某景区多家旅行社、饭店、商店和客运公司共同签订《关于加强服务协同 提高服务水平的决定》，约定了统一的收费方式、服务标准和收入分配方案。有人认为此举构成横向垄断协议。根据《反垄断法》，下列哪一说法是正确的？（2017 - 1 - 28）[1]

A. 只要在一个竞争性市场中的经营者达成协调市场行为的协议，就违反该法

B. 只要经营者之间的协议涉及商品或服务的价格、标准等问题，就违反该法

C. 如经营者之间的协议有利于提高行业服务质量和经济效益，就不违反该法

D. 如经营者之间的协议不具备排除、限制竞争的效果，就不违反该法

---

[1] D【解析】依据《反垄断法》第 20 条的规定，垄断协议利国利民（为了技术进步、提供产品质量和专业化分工、竞争生态、社会公益、缓解危机），不会限制竞争，并能使得消费者分享利益的，或者为了对外贸易的正当利益时，适用垄断豁免规则，A 选项错误。

依据《反垄断法》（2022 修订）第 18、20 条的规定，违法的纵向垄断协议一般是指固定向第三人转售商品的价格或者限定向第三人转售商品的最低价格，并不是涉及商品或服务的价格或标准，因此 B 选项错误。

依据《反垄断法》第 20 条的规定，协议有利于行业服务质量和经济效益，不是不违法的条件。在为了技术进步、提供产品质量和专业化分工、竞争生态、社会公益、缓解危机时，经营者还应当证明所达成的协议不会严重限制相关市场的竞争，并且能够使消费者分享由此产生的利益，或者为了对外贸易的正当利益时，该垄断协议才具有正当性。C 选项错误。

依据《反垄断法》第 16、17、18、20 条的规定，横向垄断协议的主体限于具有竞争关系的经营者，旅行社、饭店和客运公司之间不存在竞争关系，不构成横向垄断。纵向垄断协议限于股固定价格和固定最低价格，题目中约定的合同，不属于固定价格和最低价格，不构成纵向垄断协议，因此 D 选项正确。

【法条】

《反垄断法》第16、17、18、20条。

2. 纵向垄断协议（F18）

禁止经营者与交易相对人达成垄断协议。

（1）固定价格

固定向第三人转售商品的价格；

（2）固定最低价格

限定向第三人转售商品的最低价格。

> 【特别提示】（《反垄断法》F23）
> 1. 经营者能够证明其不具有排除、限制竞争效果的，不予禁止。
> 2. 经营者能够证明其在相关市场的市场份额低于国务院反垄断执法机构规定的标准，并符合国务院反垄断执法机构规定的其他条件的，不予禁止。

> 【特别提示】限定最高价格，或者约定建议价、推荐价都不构成垄断协议。

> 【特别提示】经营者不得组织其他经营者达成垄断协议或者为其他经营者达成垄断协议提供实质性帮助（《反垄断法》F19）。

3. 行业协会限制竞争行为及法律责任（F21、56）

（1）行业协会不得组织本行业的经营者从事禁止的垄断行为；

（2）罚款

行业协会违反本法规定，组织本行业的经营者达成垄断协议的，反垄断执法机构责令改正可以处三百万元以下的罚款；

（3）撤销

情节严重的，社会团体登记管理机关可以依法撤销登记。

【经典真题】

某品牌白酒市场份额较大且知名度较高，因销量急剧下滑，生产商召集经销商开会，令其不得低于限价进行销售，对违反者将扣除保证金、减少销售配额直至取消销售资格。关于该行为的性质，下列哪一判断是正确的？（2013-1-27）[1]

A. 维护品牌形象的正当行为　　　　　B. 滥用市场支配地位的行为

C. 价格同盟行为　　　　　　　　　　D. 纵向垄断协议行为

4. 垄断协议的豁免（F20）

（1）技术进步

为改进技术、研究开发新产品的；

（2）提高效率

为提高产品质量、降低成本、增进效率，统一产品规格、标准或实行专业化分工的；

（3）竞争生态

为提高中小经营者经营效率，增强中小经营者竞争力的；

---

[1]　D【解析】生产商对经销商限定对第三人的最低价格属于纵向垄断协议，二者之间不存在竞争关系，不是价格同盟行为，也不是滥用市场支配地位行为，更不是维护品牌形象的正当行为，A、B、C错误，D正确。

（4）公共利益

为实现节约能源、保护环境、救灾救助等社会公共利益的；

（5）缓解危机

因经济不景气，为缓解销售量严重下降或生产明显过剩的；

属于1~5项情形的，经营者还应证明所达成的协议不会严重限制相关市场的竞争，并且能够使消费者分享由此产生的利益，否则不豁免；

（6）外贸利益

为保障对外贸易和对外经济合作中的正当利益的。

【经典真题】

根据《反垄断法》规定，下列哪些选项不构成垄断协议？（2009－1－66）[1]

A. 某行业协会组织本行业的企业就防止进口原料时的恶性竞争达成保护性协议

B. 三家大型房地产公司的代表聚会，就商品房价格达成共识，随后一致采取涨价行动

C. 某品牌的奶粉含有毒物质的事实被公布后，数家大型公司联合声明拒绝销售该产品

D. 数家大型煤炭企业就采用一种新型矿山安全生产技术达成一致意见

5. 法律责任（F56）

其一，行政责任

（1）实施垄断协议的——停止违法行为、没收、罚款

经营者违反本法规定，达成并实施垄断协议的，由反垄断执法机构责令停止违法行为，没收违法所得，并处上一年度销售额百分之一以上百分之十以下的罚款；上一年度没有销售额的，处五百万元以下的罚款；

（2）尚未实施垄断协议的——罚款

尚未实施所达成的垄断协议的，可以处三百万元以下的罚款；

（3）经营者的法定代表人、主要负责人和直接责任人员对达成垄断协议负有个人责任的，可以处一百万元以下的罚款。

> 【特别提示】经营者组织其他经营者达成垄断协议或者为其他经营者达成垄断协议提供实质性帮助的，适用上述规定。

（4）主动报告并提供重要证据的——减轻或免除

经营者主动向反垄断执法机构报告达成垄断协议的有关情况并提供重要证据的，反垄断执法机构可以酌情减轻或免除对该经营者的处罚。

其二，民事责任（F60）：损害赔偿

【经典真题】

1. 某县会计师行业自律委员会成立之初，达成统筹分配当地全行业整体收入的协议，要求当年市场份额提高的会员应分出自己的部分收入，补贴给市场份额降低的会员。事后，有会

---

[1] ACD【解析】垄断协议利国利民的，豁免承担法律责任。

员向省级工商行政管理部门书面投诉。关于此事，下列哪些说法是正确的？ （2016 - 1 - 67）[1]

    A. 该协议限制了当地会计师行业的竞争，具有违法性

    B. 抑强扶弱有利于培育当地会计服务市场，法律不予禁止

    C. 此事不能由省级工商行政管理部门受理，应由该委员会成员自行协商解决

    D. 即使该协议尚未实施，如构成违法，也可予以查处

    2. 天健公司等 25 家公司是 A 市茶叶市场规模最大的茶叶成品加工生产企业，在茶品行业协会组织下，25 家企业达成协议约定每年定量控制茶叶的销量，后导致该市成品茶叶价格大幅增长，天健公司因年利润不增反降，其向反垄断执法机构报告该协议的情况并提供重要证据。对此，下列选项正确的是？[2]

    A. 因上述企业所达成的协议是真实意思表示，故协议合法有效

    B. 因该协议是在茶品行业协会组织下达成，故社会团体登记管理机关可对该茶品行业协会撤销登记

    C. 茶品行业协会不对垄断协议的行为承担责任，因其不是经营者

    D. 因天健公司具有举报行为，反垄断执法机构应对其免于处罚

【法条】

《反垄断法》第 16、17、56 条

（二） 滥用市场支配地位★★

1. 市场支配地位（F22）：

    （1） 市场支配地位，是指经营者在相关市场内具有能够控制商品价格、数量或其他交易条件，或能够阻碍、影响其他经营者进入相关市场能力的市场地位。

    （2） 滥用支配地位才构成违法。

> **【特别提示】** 滥用市场支配地位的判断程序是：
> 1. 先界定相关市场（行业、空间、时间等）。
> 2. 然后分析经营者在相关市场的市场份额是否达到市场支配地位。
> 3. 然后分析经营者是否滥用了该市场支配地位。

---

    [1] AD【解析】依据《反垄断法》第 16、17、21 条的规定，行业协会不得组织本行业的经营者从事禁止的垄断行为，而达成统筹分配当地全行业整体收入的协议，要求当年市场份额提高的会员应分出自己的部分收入，补贴给市场份额降低的会员属于排除、限制竞争的协议，具有违法性，所以 A 正确。

    依据《反垄断法》第 16、17 条的规定，垄断协议，是指排除、限制竞争的协议、决定或者其他协同行为。该协议排除和限制了正常竞争，属于非法行为，所以 B 错误。

    依据《反垄断法》第 62 条的规定，对涉嫌垄断行为，任何单位和个人有权向反垄断执法机构举报。反垄断执法机构应当为举报人保密。举报采用书面形式并提供相关事实和证据的，反垄断执法机构应当进行必要的调查。省级工商局应当依法调查，所以 C 错误。

    依据《反垄断法》第 56 条第 1 款的规定，尚未实施所达成的垄断协议的，可以处五十万元以下的罚款。因此尚未实施垄断协议的，也需要承担法律责任，所以 D 正确。

    [2] B【解析】依据《反垄断法》第 17 条第 2 项，该协议属于限制产品产量的垄断协议，属于违法行为，A 错误。

    依据《反垄断法》第 56 条第 4 款，行业协会违法组织本行业的经营者达成垄断协议，情节严重的，社会团体登记管理机关可以依法撤销登记。B 正确，C 错误。

    依据《反垄断法》第 56 条第 3 款，经营者主动向反垄断执法机构报告达成垄断协议的有关情况并提供重要证据的，反垄断执法机构可以酌情减轻或者免除对该经营者的处罚，而不是应当免于处罚，D 错误。

2. 市场支配地位推定（F24）

有下列情形之一的，可以推定经营者具有市场支配地位：

（1）1——1

一个经营者在相关市场的市场份额达到二分之一的；

（2）2——2

两个经营者在相关市场的市场份额合计达到三分之二的，但市场份额不足十分之一的经营者除外；

（3）3——3

三个经营者在相关市场的市场份额合计达到四分之三的，但市场份额不足十分之一的经营者除外。

3. 市场支配地位的认定因素（F23）

（1）该经营者的情况

该经营者在相关市场的市场份额以及相关市场的竞争状况；

该经营者控制销售市场或者原材料采购市场的能力；

该经营者的财力和技术条件；

（2）其他经营者的情况

其他经营者对该经营者在交易上的依赖程度；

其他经营者进入相关市场的难易程度；

（3）其他相关因素

与认定该经营者市场支配地位有关的其他因素。

【经典真题】

关于市场支配地位，下列哪些说法是正确的？（2011－1－64）[1]

A. 有市场支配地位而无滥用该地位的行为者，不为《反垄断法》所禁止

B. 市场支配地位的认定，只考虑经营者在相关市场的市场份额

C. 其他经营者进入相关市场的难易程度，不影响市场支配地位的认定

D. 一个经营者在相关市场的市场份额达到二分之一的，推定为有市场支配地位

4. 滥用市场支配地位的行为（F22）

（1）垄断价格：

以不公平的高价销售商品或以不公平的低价购买商品；

（2）低价倾销：

没有正当理由，以低于成本的价格销售商品；

（3）拒绝交易：

没有正当理由，拒绝与交易相对人进行交易；

（4）强制交易：

没有正当理由，限定交易相对人只能与其进行交易或只能与其指定的经营者进行交易；包括限定交易相对人不得与其竞争对手进行交易；

（5）搭售行为：

没有正当理由搭售商品，或在交易时附加其他不合理的交易条件；

---

[1] AD【解析】只有滥用市场支配地位才违法，一个经营者在相关市场的市场份额达到二分之一的，推定为有市场支配地位，AD正确。经营者在相关市场的市场份额，其他经营者进入市场的难易程度影响市场支配地位的认定，BC错误。

（6）差别待遇：

没有正当理由，对条件相同的交易相对人在交易价格等交易条件上实行差别待遇。

【特别提示】具有市场支配地位的经营者不得利用数据和算法、技术以及平台规则等从事的滥用市场支配地位的行为（反垄断法F27）。

【经典真题】

某燃气公司在办理燃气入户前，要求用户缴纳一笔"预付气费款"，否则不予供气。待不再用气时，用户可申请返还该款项。经查，该款项在用户日常购气中不能冲抵燃气费。根据《反垄断法》的规定，下列哪一说法是正确的？（2016-1-28）[1]

A. 反垄断机构执法时应界定该公司所涉相关市场

B. 只要该公司在当地独家经营，就能认定其具有市场支配地位

C. 如该公司的上游气源企业向其收取预付款，该公司就可向客户收取"预付气费款"

D. 县政府规定了"一个地域只能有一家燃气供应企业"，故该公司行为不构成垄断

5. 法律责任（F57）：

（1）行政责任：责令停止违法行为、没收、罚款：

经营者违反本法规定，滥用市场支配地位的，由反垄断执法机构责令停止违法行为，没收违法所得，并处上一年度销售额百分之一以上百分之十以下的罚款。

（2）民事责任（F60）

（三）经营者集中★★

1. 经营者集中的情形（F25）：

（1）合并

经营者合并；

（2）股权资产收购控制

经营者通过取得股权或资产的方式取得对其他经营者的控制权；

（3）合同

经营者以合同方式取得对其他经营者的控制权或能够对其他经营者施加决定性影响；

（4）合同以外的方式

2. 经营者集中的申报与豁免（F26-27）：

（1）事先申报

经营者集中达到国务院规定的申报标准的，应事先向国务院反垄断执法机构申报。

经营者集中未达到国务院规定的申报标准，但有证据证明该经营者集中具有或者可能具有

---

[1] A【解析】依据《反垄断法》第22条的规定，市场支配地位，是指经营者在相关市场内具有能够控制商品价格、数量或者其他交易条件，或者能够阻碍、影响其他经营者进入相关市场能力的市场地位。反垄断执法机构依法禁止滥用市场支配地位的行为，首先需要界定是否构成市场支配地位，而界定支配地位首先需要界定相关市场，所以A正确。

依据《反垄断法》第24条的规定，一个经营者在相关市场的市场份额达到二分之一的，可以推定经营者具有市场支配地位。但被推定具有市场支配地位的经营者，有证据证明不具有市场支配地位的，不应当认定其具有市场支配地位。该公司独家经营仅仅是市场支配地位推定，而非直接认定具有支配地位。所以B错误。

依据《反垄断法》第24条第1款第5项的规定，没有正当理由在交易时附加其他不合理的交易条件属于滥用市场支配地位的行为，燃气公司以其上游企业向其收取预收款不是正当理由，该燃气公司向客户收取预付气费款的行为，非法。所以C错误。

依据《反垄断法》第44条的规定，行政机关和法律、法规授权的具有管理公共事务职能的组织不得滥用行政权力，强制经营者从事本法规定的垄断行为。县政府的行为构成行政垄断，经营者的行为构成经济垄断，所以D错误。

排除、限制竞争效果的，国务院反垄断执法机构可以要求经营者申报。经营者未依法进行申报的，国务院反垄断执法机构应当依法进行调查。

（2）申报豁免

A 被某母公司绝对控股的子公司与其母公司合并

参与集中的一个经营者拥有其他每个经营者50%以上有表决权的股份或资产的；

B 被某母公司绝对控股的子公司之间合并

参与集中的每个经营者50%以上有表决权的股份或资产被同一个未参与集中的经营者拥有的。

> 【特别提示】母子公司已经形成了市场集中状态，母子公司的形式合并或者子公司和子公司的形式合并对市场集中状况没有影响。

3. 商务部的审查

（1）审查程序（F26－32）：

初审30日——进一步审查90日（延长最多不过60日）。

（2）中止计算审查期限

有下列情形之一的，国务院反垄断执法机构可以决定中止计算经营者集中的审查期限，并书面通知经营者：

A. 经营者未按照规定提交文件、资料，导致审查工作无法进行；

B. 出现对经营者集中审查具有重大影响的新情况、新事实，不经核实将导致审查工作无法进行；

C. 需要对经营者集中附加的限制性条件进一步评估，且经营者提出中止请求。

自中止计算审查期限的情形消除之日起，审查期限继续计算，国务院反垄断执法机构应当书面通知经营者。

（3）审查决定（F34－38）：

A 禁止集中

B 允许集中、附加条件

对不予禁止的经营者集中，国务院反垄断执法机构可以决定附加减少集中对竞争产生不利影响的限制性条件。

4. 法律责任及救济（F56－67）：

其一，行政责任

（1）恢复原状（F58）

经营者违法集中的，由国务院反垄断执法机构责令停止实施集中、限期处分股份或资产、限期转让营业以及采取其他必要措施恢复到集中前的状态，处上一年度销售额百分之十以下的罚款；不具有排除、限制竞争效果的，处五百万元以下的罚款。

（2）复议前置（F65）：

对禁止集中和对集中附加条件的决定不服的，可以先依法申请行政复议；对行政复议决定不服的，可以依法提起行政诉讼。

其二，民事责任（F60）

【经典习题】

甲网络平台约车公司拟收购乙网络平台约车公司，该收购达到国务院规定的经营者集中的申报标准，下列表述错误的是？[1]

A. 国务院反垄断执法机构应当自收到甲、乙依法提交的文件、资料之日起 30 日内，对申报的经营者集中进行初步审查，直接作出是否允许集中的决定

B. 国务院反垄断执法机构作出不实施进一步审查的决定或者逾期未作出决定的，甲、乙可以实施集中

C. 甲乙同意延长审查期限的，国务院反垄断执法机构经书面通知甲乙，可以延长前款规定的审查期限，但最长不得超过 90 日

D. 国务院反垄断执法机构审查经营者集中，应当考虑甲和乙集中对消费者和其他有关经营者的影响、对国民经济发展的影响

【法条】

《反垄断法》第 25 ~ 37 条。

【经典真题】

某县政府规定：施工现场不得搅拌混凝土，只能使用预拌的商品混凝土。2012 年，县建材协会组织协调县内 6 家生产企业达成协议，各自按划分的区域销售商品混凝土。因货少价高，一些施工单位要求县工商局处理这些企业的垄断行为。根据《反垄断法》，下列哪些选项是错误的？（2013 - 1 - 64）[2]

A. 县政府的规定属于行政垄断行为

B. 县建材协会的行为违反了《反垄断法》

C. 县工商局有权对 6 家企业涉嫌垄断的行为进行调查和处理

D. 被调查企业承诺在反垄断执法机构认可的期限内采取具体措施消除该行为后果的，该机构可决定终止调查

（四）法律责任

1. 民事责任

（1）经营者实施垄断行为，给他人造成损失的，依法承担民事责任。

（2）损害社会公共利益的，设区的市级检察院可提起民事公益诉讼

经营者实施垄断行为，损害社会公共利益的，设区的市级以上人民检察院可以依法向人民法院提起民事公益诉讼。

2. 行政责任

（1）行政垄断的法律责任

A 责令改正

行政机关和法律、法规授权的具有管理公共事务职能的组织滥用行政权力，实施排除、限制竞争行为的，由上级机关责令改正；

B 行政处分

对直接负责的主管人员和其他直接责任人员依法给予处分。

---

[1] AC【解析】初审 30 + 再审 90（延长 60）；

国务院反垄断执法机构应当自收到经营者提交的文件、资料之日起 30 日内，对申报的经营者集中进行初步审查，作出是否实施进一步审查的决定，并书面通知经营者。

[2] ACD【解析】县政府的行为属于正常的行政管理，并没有从事地区封锁、限制竞争的行为，A 错误，要选。

建材协会的行为属于行业协会的垄断协议，分割销售市场，B 正确，不选。

国务院反垄断执法机构根据工作需要，可以授权省、自治区、直辖市人民政府相应的机构，依照本法规定负责有关反垄断执法工作，县工商局没有该执法权，C 错误，要选。

被调查企业履行承诺的，反垄断执法机构才终止调查，D 错误，要选。

C 处理建议

反垄断执法机构可以向有关上级机关提出依法处理的建议。

D 改正情况书面报告上级机关和反垄断执法机构

行政机关和法律、法规授权的具有管理公共事务职能的组织应当将有关改正情况书面报告上级机关和反垄断执法机构。

（2）拒绝、阻碍反垄断调查的法律责任——责令改正、罚款

对反垄断执法机构依法实施的审查和调查，拒绝提供有关材料、信息，或者提供虚假材料、信息，或者隐匿、销毁、转移证据，或者有其他拒绝、阻碍调查行为的，由反垄断执法机构责令改正，对单位处上一年度销售额百分之一以下的罚款，上一年度没有销售额或者销售额难以计算的，处五百万元以下的罚款；对个人处五十万元以下的罚款。

（3）加重处罚——2 倍以上，5 倍以下的罚款

违反反垄断法规定，情节特别严重、影响特别恶劣、造成特别严重后果的，国务院反垄断执法机构可以在反垄断法规定的罚款数额的二倍以上五倍以下确定具体罚款数额。

（4）行政处罚加入信用记录

经营者因违反反垄断法受到行政处罚的，按照国家有关规定记入信用记录，并向社会公示。

3. 刑事责任

违反反垄断法规定，构成犯罪的，依法追究刑事责任。

第二章　反不正当竞争法

▶【复习指南】

　　学习理解各种不正当竞争行为及其法律责任。重点理解案例中涉及的民事法律关系、行政法律关系和刑事法律关系，以及劳动法律关系，同时学习理解不正当竞争行为的竞合以及违约和侵权行为的竞合。

▶【知识框架】

反不正当竞争行为	虚假表示（混淆行为） 虚假宣传 商业贿赂 侵害商业秘密 不当有奖销售 诋毁商誉 利用网络的不正当竞争行为
法律责任	民事责任 行政责任 刑事责任

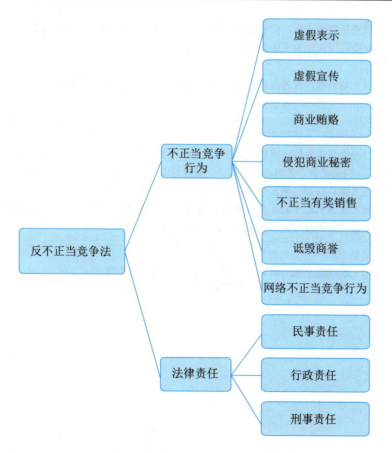

第一节　不正当竞争行为

1. 不正当竞争行为

经营者在生产经营活动中，违反《反不正当竞争法》，扰乱市场竞争秩序，损害其他经营者或消费者的合法权益的行为。

2. 经营者

从事商品生产、经营或提供服务（以下所称商品包括服务）的自然人、法人和非法人组织。

（一）混淆行为 F6——引人误以为存在特定联系 ★★

类型	**1. 经营者不得实施下列混淆行为，引人误认为是他人商品（直接混淆）或与他人存在特定联系（间接混淆）：** "引人误认为是他人商品或者与他人存在特定联系"，包括误认为与他人具有商业联合、许可使用、商业冠名、广告代言等特定联系。 **（1）商品标识——擅自使用名称、包装、装潢、标识** 擅自使用与他人有一定影响的商品名称、包装、装潢等相同或近似的标识； **A 使用** 在中国境内将有一定影响的标识用于商品、商品包装或者容器以及商品交易文书上，或者广告宣传、展览以及其他商业活动中，用于识别商品来源的行为，依法认定为"使用"。 "有一定影响的"标识相同或者近似，可以参照商标相同或者近似的判断原则和方法。 **B 装潢** 由经营者营业场所的装饰、营业用具的式样、营业人员的服饰等构成的具有独特风格的整体营业形象，法院可以认定为依法规定的"装潢"。 **C 视觉无差别** 在相同商品上使用相同或者视觉上基本无差别的商品名称、包装、装潢等标识，应当视为足以造成与他人有一定影响的标识相混淆。 **（2）主体标识——擅自使用企业名称、姓名** 经营者擅自使用与他人有一定影响的企业名称（包括简称、字号等）、社会组织名称（包括简称等）、姓名（包括笔名、艺名、译名等）、域名主体部分、网站名称、网页等近似的标识，引人误认为是他人商品或者与他人存在特定联系，构成混淆。 经营者将他人注册商标、未注册的驰名商标作为企业名称中的字号使用，误导公众，足以引人误认为是他人商品或者与他人存在特定联系的，构成混淆 **（3）经营活动标识——擅自使用域名、网站名称、网页** 擅自使用他人有一定影响的域名主体部分、网站名称、网页等；

	（4）兜底条款——其他混淆行为 其他足以引人误认为是他人商品或与他人存在特定联系的混淆行为。 2. 不构成混淆： 因客观描述、说明商品而正当使用下列标识，不属于混淆行为 （1）含有本商品的通用名称、图形、型号——通过使用取得显著特征并具有一定的市场知名度的除外 （2）直接表示商品的质量、主要原料、功能、用途、重量、数量以及其他特点——通过使用取得显著特征并具有一定的市场知名度的除外 （3）仅由商品自身的性质产生的形状，为获得技术效果而需的商品形状以及使商品具有实质性价值的形状；奔驰、奥迪的标识 （4）含有地名。
法律 责任	1. 民事责任 （1）连带责任 故意为他人实施混淆行为提供仓储、运输、邮寄、印制、隐匿、经营场所等便利条件，承担连带责任。 （2）善意侵权免赔 经营者销售违法标识的商品，引人误认为是他人商品或者与他人存在特定联系，构成混淆行为。销售不知道是侵权的商品，能证明该商品是自己合法取得并说明提供者，不承担赔偿责任。 甲生产假冒他人商标标识的啤酒，不知情的乙销售之，乙的销售行为如何定性？乙是否需要承担赔偿责任？ 2. 行政责任 F18——责令停止违法行为、罚、没、吊，替

【特别提示】混淆行为可能同时构成民法上的欺诈，可适用撤销合同规则；也可能同时构成消法上的欺诈，可适用惩罚性赔偿规则。

【经典真题】

甲公司拥有"飞鸿"注册商标，核定使用的商品为酱油等食用调料。乙公司成立在后，特意将"飞鸿"登记为企业字号，并在广告、企业厂牌、商品上突出使用。乙公司使用违法添加剂生产酱油被媒体曝光后，甲公司的市场声誉和产品销量受到严重影响。关于本案，下列哪些说法是正确的？（2015－1－68）[1]

A. 乙公司侵犯了甲公司的注册商标专用权

B. 乙公司将"飞鸿"登记为企业字号并突出使用的行为构成不正当竞争行为

C. 甲公司因调查乙公司不正当竞争行为所支付的合理费用应由乙公司赔偿

D. 甲公司应允许乙公司在不变更企业名称的情况下以其他商标生产销售合格的酱油

[1] ABC【解析】依据《商标法》第58条、《商标法解释》（2020）第1条的规定，将他人的注册商标作为企业字号使用，构成对他人注册商标权的侵害，乙公司将甲公司的注册商标作为字号使用，构成对甲公司注册商标权的侵害。

（二）商业贿赂 F7

情形	**1. 经营者不得采用财物或其他手段贿赂下列单位或个人，以谋取交易机会或竞争优势：** **（1）交易相对方** 交易相对方的工作人员； 受交易相对方委托办理相关事务的单位或个人； **（2）影响交易的单位或个人** 利用职权或影响力影响交易的单位或个人。
如实 入账	**2. 如实入账——授受双方** （1）经营者在交易活动中，可以明示方式向交易相对方支付折扣，或向中间人支付佣金。 （2）经营者向交易相对方支付折扣、向中间人支付佣金的，应如实入账。 （3）接受折扣、佣金的经营者也应如实入账。
雇主 责任	**3. 雇主责任** 经营者的工作人员进行贿赂的，应认定为经营者的行为。但是，经营者有证据证明该工作人员的行为与为经营者谋取交易机会或竞争优势无关的除外。
法律 责任	1. 民事责任 **2. 法律责任 F19——罚、没、吊**

【举例说明】

某百货公司销售空调机，在门口广告牌上写明："凡在本处购买空调者，惠给总价款百分之三的回扣，介绍推销者给付总价款百分之一的佣金。"被人发现后举报到有关部门，经调查发现该公司给付的回扣、佣金、账面上均有明确记载。该公司给付回扣的行为是正当促销交易。

（三）虚假宣传（虚假广告）F8

概念	**1. 虚假商业宣传** 经营者不得对其商品的性能、功能、质量、销售状况、用户评价、曾获荣誉等作虚假或引人误解的商业宣传，欺骗、误导消费者。 （1）对商品作片面的宣传或者对比；（2）将科学上未定论的观点、现象等当作定论的事实用于商品宣传；（3）使用歧义性语言进行商业宣传；（4）其他足以引人误解的商业宣传行为。 人民法院应当根据日常生活经验、相关公众一般注意力、发生误解的事实和被宣传对象的实际情况等因素，对引人误解的商业宣传行为进行认定。 经营者在商业宣传过程中，提供不真实的商品相关信息，欺骗、误导相关公众的，构成虚假的商业宣传。
	2. 虚假交易宣传 经营者不得通过组织虚假交易等方式，帮助其他经营者进行虚假或引人误解的商业宣传。

法律 责任	1. 民事责任 （1）广告主：无过错责任 广告主发布虚假广告，应负民事责任； 广告主，是指为推销商品或者提供服务，自行或者委托他人设计、制作、发布广告的法人、其他经济组织或者个人。 （2）广告经营者、发布者：过错推定责任 广告经营者、广告发布者明知或应知广告虚假仍设计、制作、发布的，应依法承担连带责任； 广告经营者、广告发布者不能提供广告主的真实名称、地址的应承担全部民事责任； （3）社会团体组织：连带责任 社会团体、其他组织在虚假广告中向消费者推荐商品或服务，使消费者的合法权益受到损害，应依法承担连带责任； （4）关系消费者生命健康的虚假广告的连带责任 A 社团组织、个人：连带责任 社会团体或其他组织、个人在关系消费者生命健康商品或服务的虚假广告或虚假宣传中向消费者推荐该商品或服务，造成消费者损害的，应与提供该商品或服务的经营者承担连带责任。 B 广告经营者、发布者：连带责任 广告经营者、发布者设计、制作、发布关系消费者生命健康商品或服务的虚假广告，造成消费者损害的，应与提供该商品或服务的经营者承担连带责任。 （5）损害赔偿 当事人主张请求赔偿损失的，应当证明其因虚假或者引人误解的商业宣传行为受到损失。
	2. 行政责任 F20——责令停止违法行为、罚、没、吊

【特别提示】 虚假广告可能同时构成民法上的欺诈，民事合同可基于欺诈撤销；也可能同时构成消法上的欺诈，可适用惩罚性赔偿规则。

【经典真题】

某蛋糕店开业之初，为扩大影响，增加销售，出钱雇人排队抢购。不久，该店门口便时常排起长队，销售盛况的照片也频频出现于网络等媒体，附近同类店家生意随之清淡。对此行为，下列哪一说法是正确的？（2017－1－29）[1]

A. 属于正当的营销行为　　　　　　B. 构成混淆行为

C. 构成虚假宣传行为　　　　　　　D. 构成商业贿赂行为

【法条】

《反不正当竞争法》第6~9条。

---

[1] C【解析】依据《反不正当竞争法》第9条的规定，A选项错误。

依据《反不正当竞争法》第6条的规定，混淆行为主要是指与有一定影响的商品的商业标识混淆，在商品上做虚假宣传，"傍名牌""傍名优"的行为，该蛋糕店的行为不构成混淆行为，B选项错误。

依据《反不正当竞争法》第8条的规定，经营者的出钱雇人排队抢购的行为，而且该照片也频频出现在网络媒体上，该行为属于通过其他不正当方法，对商品的质量和销售情况作引人误解的虚假宣传，C选项正确。

依据《反不正当竞争法》第7条的规定，商业贿赂行为是指暗中给予回扣、折扣、佣金的行为，经营者的行为显然不属于该行为，D选项错误。

【经典习题】

欣欣公司为了宣传其新开发的巧克力，虚构其功效，并委托某广告公司设计了"谁吃谁明白"的广告，聘请大腕明星做代言人，邀请某社会团体向消费者推荐，在报刊和电视上高频率地发布引人误解的不实广告。下列哪些选项是正确的？[1]

A. 欣欣公司不论其主观状态如何，都必须对虚假广告承担法律责任

B. 广告公司只有在明知保健品功效虚假的情况下才承担法律责任

C. 明星代言人蒙骗了消费者，应承担连带责任

D. 社会团体在虚假广告中向消费者推荐商品，应承担民事连带责任

【经典真题】

黄尚公司在电商平台搜宝网销售商品，为提高信用评价，委托李某为自己"刷单"。李某通过虚假交易，使该公司商品的销量和评价迅速提高。后搜宝网知晓实情，因为自己也能多收取管理费，并未制止该行为。关于本案，下列说法正确的是？[2]

A. 黄尚公司的行为构成互联网不正当竞争行为

B. 黄尚公司行为违反《广告法》，构成虚假广告行为

C. 搜宝网作为交易信息和信用评价的发布者，其行为构成虚假宣传行为

D. 李某帮助黄尚公司虚假宣传，但他不是经营者，不应适用《反不正当竞争法》

【法条】

《反不正当竞争法》第8、20条，《广告法》第2条

（四）侵犯商业秘密 F9 ★★★

概念	商业秘密，是指不为公众所知悉、具有商业价值并经权利人采取相应保密措施的技术信息和经营信息等商业信息。
情形	1. 经营者不得实施下列侵犯商业秘密的行为： （1）恶意获取 以盗窃、贿赂、欺诈、胁迫、电子侵入或者其他不正当手段获取权利人的商业秘密； （2）恶意使用 披露、使用或者允许他人使用以前项手段获取的权利人的商业秘密； （3）违约披露使用 违反保密义务或者违反权利人有关保守商业秘密的要求，披露、使用或者允许他人使用其所掌握的商业秘密； （4）教唆引诱帮助侵犯商业秘密 教唆、引诱、帮助他人违反保密义务或者违反权利人有关保守商业秘密的要求，获取、披露、使用或者允许他人使用权利人的商业秘密。

---

[1] ACD【解析】广告主承担无过错责任，广告公司不得在明知或应知的情况下发布虚假广告，个人、社会团体代言虚假食品广告须承担连带责任，B错误，ACD正确。

[2] B【解析】依据《反不正当竞争法》第8条和第12条，黄尚公司的行为不构成互联网不正当竞争行为，A错误。

依据《反不正当竞争法》第20条第2款，黄尚公司的行为属于发布虚假广告的，依照《中华人民共和国广告法》的规定处罚。B正确。

依据《反不正当竞争法》第8条，搜宝网未实施虚假宣传行为，C错误。

依据《反不正当竞争法》第20条第1款，通过组织虚假交易等方式帮助其他经营者进行虚假或者引人误解的商业宣传的，也要依据《反不正当竞争法》承担法律责任，D错误。

	（5）恶意获取披露使用 经营者以外的其他自然人、法人和非法人组织实施前款所列违法行为的，视为侵犯商业秘密。第三人明知或者应知商业秘密权利人的员工、前员工或者其他单位、个人实施侵犯商业秘密违法行为，仍获取、披露、使用或者允许他人使用该商业秘密的，视为侵犯商业秘密。 **【经典习题】** 下列行为构成侵犯商业秘密的是？[1] A. 甲以电子侵入方式，进入 Q 公司信息系统，获得 Q 公司采取保密措施的技术信息 B. 乙教唆庚窃取 Q 公司的未采取保密措施的客户信息 C. 丙明知戊非法获取了 Q 公司是商业秘密信息，依然高价购买并使用该信息 D. 丁不知道某信息系 Q 公司前员工辛非法窃取所得，披露了该信息 **【法条】** 《反不正当竞争法》第 9 条
举证	**1. 权利人提供初步证据、涉嫌侵权人负担举证责任** 商业秘密权利人提供初步证据，证明其已经对所主张的商业秘密采取保密措施，且合理表明商业秘密被侵犯，涉嫌侵权人应当证明权利人所主张的商业秘密不属于商业秘密。
法律责任	**1. 民事责任：侵权责任** **2. 行政责任——停止违法行为、罚没** **3. 刑事责任**

【经典真题】

甲旅行社的欧洲部副经理李某，在劳动合同未到期时提出辞职，未办移交手续即到了乙旅行社，并将甲社的欧洲合作伙伴情况、旅游路线设计等信息带到乙社。乙社原无欧洲业务，自李某加入后欧洲业务猛增，成为甲社的有力竞争对手。现甲社向人民法院起诉乙社和李某侵犯商业秘密。法院如认定乙社和李某侵犯甲社的商业秘密，须审查什么事实？（2004-1-97）[2]

A. 甲社所称的"商业秘密"是否属于从公开渠道不能获得的

B. 乙社的欧洲客户资料是否有合法来源

C. 甲社所称的"商业秘密"是否向有关部门申报过"密级"

D. 乙社在聘用李某时是否明知或应知其掌握甲社的上述业务信息

---

〔1〕 AC【解析】非法获取他人采取保密措施的商业秘密，构成侵犯商业秘密，A 要选。未采取保密措施的信息不属于商业秘密，不存在侵犯商业秘密问题，B 不选。恶意使用他人非法获取的商业秘密，构成侵犯商业秘密，C 要选。商业秘密善意获得的，不构成侵犯商业秘密，D 不选。

〔2〕 ABD【解析】侵犯商业秘密的要件：是商业秘密、对方恶意、信息相同。

（五）非法有奖销售 F10

情形	1. 经营者进行有奖销售不得存在下列情形： （1）信息不明确，影响兑奖 所设奖的种类、兑奖条件、奖金金额或奖品等有奖销售信息不明确，影响兑奖； （2）无奖或内定 采用谎称有奖或故意让内定人员中奖的欺骗方式进行有奖销售； （3）最高奖的金额超5万 抽奖式的有奖销售，最高奖的金额超过五万元。
法律责任	1. 民事责任：民事合同有效 2. 行政责任 F22——责令停止违法行为、罚款

（六）诋毁商誉 F11

概念	1. 经营者不得编造、传播虚假信息或误导性信息，损害竞争对手（广义）的商业信誉、商品声誉。 竞争对手：相互替代（CD、MP3）；针对消费者注意力（网络游戏、社交软件、视频网站） （1）传播虚假信息构成诋毁商誉 经营者传播他人编造的虚假信息或者误导性信息，损害竞争对手的商业信誉、商品声誉的，构成诋毁商誉。 甲乙丙公司都是冰箱销售商，乙编造传播甲公司冰箱质量差的虚假信息，知情的丙也推波助澜，助力传播该虚假信息。丙的行为如何定性？ （2）有特定损害对象 当事人主张经营者实施了商业诋毁行为的，应当举证证明其为该商业诋毁行为的特定损害对象。
法律责任	1. 民事责任——侵权责任 2. 行政责任 F23——罚款

【特别提示】诋毁商誉可同时构成民事侵权，需要承担侵权责任；如果通过虚假广告形式进行诋毁，可同时构成虚假广告。

（七）利用网络的不正当竞争行为 F12——妨碍其他经营者提供的网络服务或产品★★★

情形	1. 经营者不得利用技术手段，通过影响用户选择或其他方式，实施下列妨碍、破坏其他经营者合法提供的网络产品或服务正常运行的行为： （1）擅自插入链接 未经其他经营者同意，在其合法提供的网络产品或服务中，插入链接、强制进行目标跳转（未经其他经营者和用户同意而直接发生的目标跳转）； （2）非法使得用户修改关闭卸载网络产品或服务 误导、欺骗、强迫用户修改、关闭、卸载其他经营者合法提供的网络产品或服务； （3）恶意不兼容 恶意对其他经营者合法提供的网络产品或服务实施不兼容； （4）其他妨碍破坏行为 其他妨碍、破坏其他经营者合法提供的网络产品或服务正常运行的行为。

| 法律责任 | 1. 民事责任 |
| | 2. 行政责任 F24——责令停止违法行为、罚款 |

【经典真题】

甲县善福公司（简称甲公司）的前身为创始于清末的陈氏善福铺，享誉百年，陈某继承祖业后注册了该公司，并规范使用其商业标识。乙县善福公司（简称乙公司）系张某先于甲公司注册，且持有"善福100"商标权。乙公司在其网站登载善福铺的历史及荣誉，还在其产品包装标注"百年老牌""创始于清末"等字样，但均未证明其与善福铺存在历史联系。甲、乙公司存在竞争关系。关于此事，下列哪些说法是正确的？（2016-1-68）[1]

A. 陈某注册甲公司的行为符合诚实信用原则

B. 乙公司登载善福铺历史及标注字样的行为损害了甲公司的商誉

C. 甲公司使用"善福公司"的行为侵害了乙公司的商标权

D. 乙公司登载善福铺历史及标注字样的行为构成虚假宣传行为

第二节 对涉嫌不正当竞争行为的调查

（一）检查措施 F13

1. 监督检查部门调查涉嫌不正当竞争行为，可采取下列措施：

（1）现场检查

进入涉嫌不正当竞争行为的经营场所进行检查。

（2）询问、要求提供资料

询问被调查的经营者、利害关系人及其他有关单位、个人，要求其说明有关情况或提供与被调查行为有关的其他资料。

（3）查询、复制

查询、复制与涉嫌不正当竞争行为有关的协议、账簿、单据、文件、记录、业务函电和其他资料；

（4）查封、扣押财物——向设区的市级以上政府监督检查部门主要负责人书面报告并经批准；

查封、扣押与涉嫌不正当竞争行为有关的财物。

（5）查询账户——向设区的市级以上政府监督检查部门主要负责人书面报告并经批准

---

[1] AD【解析】甲公司的前身为创始于清末的陈氏善福铺，享誉百年，陈某继承祖业后注册了该公司，并规范使用其商业标识，该行为当然符合诚信原则，所以 A 正确。

依据《反不正当竞争法》第 11 条的规定，经营者不得编造、传播虚假信息或者误导性信息，损害竞争对手的商业信誉、商品声誉。乙公司并未捏造虚假事实，也没有损害了甲公司商业信誉，只是借用了甲公司的历史及荣誉，所以 B 错误。

依据《商标法》第 59 条第 3 款的规定，商标注册人申请商标注册前，他人已经在同一种商品或者类似商品上先于商标注册人使用与注册商标相同或者近似并有一定影响的商标的，注册商标专用权人无权禁止该使用人在原使用范围内继续使用该商标，但可以要求其附加适当区别标识。所以 C 错误。

依据《反不正当竞争法》第 8 条的规定，经营者不得对其商品的性能、功能、质量、销售状况、用户评价、曾获荣誉等作虚假或者引人误解的商业宣传，欺骗、误导消费者。乙公司在网页上做虚假宣传的行为构成虚假宣传，所以 D 正确。

查询涉嫌不正当竞争行为的经营者的银行账户。

采取前款规定的措施，应向监督检查部门主要负责人书面报告，并经批准。

2. 依法行政、查处结果及时公开

监督检查部门调查涉嫌不正当竞争行为，应遵守《中华人民共和国行政强制法》和其他有关法律、行政法规的规定，并应将查处结果及时向社会公开。

第三节　法律责任

（一）法律责任 F17

损害赔偿	**损失——获益——500万以下赔偿** 对于混淆行为、虚假宣传、侵犯商业秘密、诋毁商誉、互联网不正当竞争行为，实际损失、因侵权所获得的利益难以确定，法院可判决给予权利人五百万元以下的赔偿。
禁止重复赔偿	**知识产权侵权已经赔偿的，不正当竞争不重复赔偿** 对于同一侵权人针对同一主体在同一时间和地域范围实施的侵权行为，法院已经认定侵害著作权、专利权或者注册商标专用权等并判令承担民事责任，当事人又以该行为构成不正当竞争为由请求同一侵权人承担民事责任的，法院不予支持。
管辖	**侵权行为地、被告住所地；不是收货地** 因不正当竞争行为提起的民事诉讼，由侵权行为地或者被告住所地人民法院管辖。 当事人主张仅以网络购买者可以任意选择的收货地作为侵权行为地的，人民法院不予支持。

【经典习题】

依据《反不正当竞争法》，下列错误的是？[1]

A. 甲公司登记的企业名称违法的，应及时办理名称变更登记。在该名称变更前，由原企业名称可在原范围内继续使用

B. 乙商场举办的有奖销售活动的最高奖的奖金10万元，而且其兑奖条件不明确，影响兑奖。监督检查部分可直接没收商场的非法所得

C. 丙网络服务公司最新推出的网络产品与其他网络服务公司提供的网络产品不兼容，该行为属于不正当竞争行为

D. 丁公司从事混淆行为造成的权利人的实际损失，以及其侵权获益无法确定的，法院可根据情节，判决给予权利人300万以下的赔偿

【法条】

《反不正当竞争法》第6、10、12、17条。

---

[1]　ABC【解析】企业名称登记违法的，企业社会信用代码代替名称；兑奖条件不明确，影响兑奖的，依法罚款；只有恶意使得其他经营者提供的网络服务不兼容的，才违法。

第三章　消费者法

【复习指南】

学员应当结合《民法典》合同编、侵权责任编学习该章节。消法部分：重点学习消费者的权利以及消费纠纷的解决，重点掌握惩罚性赔偿规则；产品质量法部分：重点学习产品缺陷责任的构成要件和法律责任。食品安全法部分：重点掌握食品安全责任以及惩罚性赔偿规则。

【知识框架】

消法	消费者权利 经营者义务 惩罚性赔偿
产品质量法	产品瑕疵责任 产品缺陷责任
食品安全法	食品安全责任

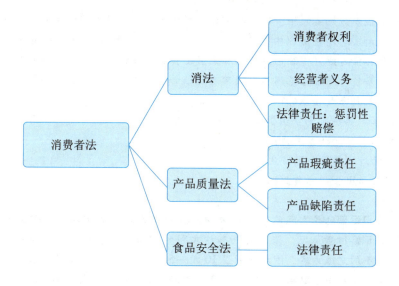

第一节　消费者的权利与经营者的义务

（一）消费者的权利

1. 安全保障权

消费者在购买、使用商品和接受服务时享有人身、财产安全不受损害的权利。

2. 知悉真情权

消费者享有知悉其购买、使用的商品或者接受的服务的真实情况的权利。

3. 自主选择权

消费者享有自主选择商品或者服务的权利。

4. 公平交易权

（1）有权获得质量保障、价格合理、计量正确等公平交易条件。以一定数量的货币可以换得同等价值的商品或服务。

（2）有权拒绝经营者的强制交易行为。

> 【特别提示】侵害消费者的公平交易权，可能会同时侵害消费者的自主选择权。

5. 获取赔偿权

消费者受到人身、财产损害的，获得赔偿的权利。

6. 结社权

7. 获得有关知识权

消费者享有获得有关消费和消费者权益保护方面的知识的权利。

8. 受尊重权

消费者享有其人格尊严、民族风俗习惯得到尊重的权利。

9. 个人信息保护权

享有个人信息依法得到保护的权利。

10. 监督批评权

【经典真题】

彦某将一套住房分别委托甲、乙两家中介公司出售。钱某通过甲公司看中该房，但觉得房价太高。双方在看房前所签协议中约定了防"跳单"条款：钱某对甲公司的房源信息负保密义务，不得利用其信息撇开甲公司直接与房主签约，否则支付违约金。事后钱某又在乙公司发现同一房源，而房价比甲公司低得多。钱某通过乙公司买得该房，甲公司得知后提出异议。关于本案，下列哪些判断是错误的？（2014-1-68）[1]

A. 防"跳单"条款限制了消费者的自主选择权

B. 甲公司抬高房价侵害了消费者的公平交易权

C. 乙公司的行为属于不正当竞争行为

D. 钱某侵犯了甲公司的商业秘密

【经典习题】

张三在甲公司运营的论文网站（该论文网站在网络文献服务市场中占有支配地位）下载文献时，网页提示需付费7元。张三遂进入论文网站充值中心，充值中心提供了支付宝、微信、银联在线等不同充值方式，但均设置了10元-50元不等的最低充值金额限制。甲公司客服中心告知张三，客户不可以自定义充值，多余金额可以退还，但退款周期长，需扣除一定手续费。张三通过支付宝充值了50元。后张三起诉甲公司，要求退还其账户全部余额43元。

---

[1] ABCD【解析】钱某与甲公司订立居间合同，约定防跳单条款，系当事人意思自治，经营者并未限制消费者的自主选择权，消费者可以选择违约，与第三方订立合同，A错误，要选。

甲公司确定的房价并未侵害消费者的公平交易权，其没有强制消费者交易，其提供的是依据市场确定的计量正确、价格合理的公平交易条件。B错误，要选。

乙公司在与钱某交易过程中，未采取不正当竞争行为，不属于低价销售，属于正当竞争行为，C错误，要选。

商业秘密属于不为公众所知悉的技术信息和经营信息，该房源信息显然不属于商业秘密，钱某也未披露该信息，而是乙公司存在同一房源信息，钱某未侵害商业秘密，D错误，要选。

下列表述正确的是？[1]

A. 由于便利结算，甲公司提供的格式条款有效

B. 甲公司要求消费者支付定额价款的行为属于滥用市场支配地位的行为

C. 张三可请求甲公司返还 43 元，但是甲公司扣除一定的手续费

D. 张三可请求甲公司承担惩罚性赔偿责任

【法条】

《消法》第 26 条、《反垄断法》第 22 条。

(二) 经营者的义务（F16 – 29）：

1. 经营者缺陷商品召回

（1）发现其提供的商品或服务存在缺陷，有危及人身、财产安全危险的，应立即向有关行政部门报告和告知消费者，并采取停止销售、警示、召回、无害化处理、销毁、停止生产或服务等措施。

（2）采取召回措施的，经营者承担消费者因召回支出的必要费用。

2. 标明与明码标价义务

租赁他人柜台或者场地的经营者，应当标明其真实名称和标记。

经营者提供商品或服务应当明码标价。

3. 出具发票等购货凭证或服务单据

4. 格式条款限制

经营者在经营活动中使用格式条款的，应以显著方式提示与消费者有重大利害关系的内容，并按照消费者的要求予以说明。

对消费者不公平、不合理的格式条款、通知、声明、店堂告示无效。

5. 瑕疵担保

（1）经营者应保证其商品或服务具有应有的质量、性能、用途和有效期限；

但消费者在购买该商品或者接受该服务前已经知道其存在瑕疵，且存在该瑕疵不违反法律强制性规定的除外。

【举例说明】

甲商场低价销售一批仓库积压的夹克，夹克因曾被雨水打湿过，有些缩水。知情的消费者乙购买了一件。后乙可以夹克不符合产品说明的质量而主张退货么？不可以。

（2）耐用商品出售 6 个月内质量瑕疵推定：

经营者提供的机动车、计算机、电视机、电冰箱、空调器、洗衣机等耐用商品或者装饰装修等服务，消费者自接受商品或服务之日起 6 个月内发现瑕疵，发生争议的，由经营者承担有关瑕疵的举证责任。

【举例说明】

消费者李某在某商场购买了一部洗衣机，购买 7 个月后发生故障无法使用，商场应当对不是由于洗衣机自身质量问题负举证责任什么？不需要，已经超过 6 个月期限。

6. 经营者对消费者个人信息保护的义务

（1）对收集的消费者个人信息须严格保密，不得泄露、出售或非法向他人提供，应防止消费

---

[1] B【解析】依据《消法》第 26 条的规定，经营者提供的不公平、不合理的格式条款无效，A 错误。

依据《反垄断法》第 22 条的规定，具有市场支配地位的经营者不能在交易时附加不合理的交易条件，甲公司要求消费者支付或预付定额价款的行为属于滥用市场支配地位之行为，B 正确。

依据《消法》第 26 条，不合理、不公平的格式条款无效，甲公司无权要求扣除手续费，C 错误。

甲公司不存在欺诈行为，不能适用惩罚性赔偿规则，D 错误。

者个人信息泄露、丢失，在发生或者可能发生信息泄露、丢失的情况时，立即采取补救措施。

（2）未经消费者同意或请求，或者消费者明确拒绝的，不得向其发送商业性信息。

7. 违约退货

经营者提供的商品或者服务不符合质量要求的，消费者：

（1）可依国家规定与约定退货，或要求更换、修理。

（2）没有国家规定和当事人约定的，可以：

A. 自收到商品之日起七日内退货；

B. 七日后符合法定解除的，退货；不符合法定解除的，更换、修理。

上述退货、更换、修理，经营者应承担运输等必要费用。

（3）依法经有关行政部门认定为不合格的商品，消费者要求退货的，经营者应退货。

【经典习题】

F 公司是一家专营进口高档家具的企业。媒体曝光该公司有部分家具是在国内生产后，以"先出口，再进口"的方式取得进口报关凭证，在销售时标注为外国原产，以高于出厂价数倍的价格销售。此时，已经在 F 公司购买家具的顾客，可以行使下列哪些权利？[1]

A. 顾客有权要求 F 公司提供所售商品的产地、制造商、采购价格、材料等真实信息并提供充分证明

B. 如 F 公司提供的是不合格商品，顾客有权要求退货

C. 如能够确认 F 公司对所售商品的产地、材质等有虚假陈述，顾客有权要求 3 倍返还价款

D. 顾客有权以"对公司失去信任"为由要求退货

8. 无理由退货

经营者采用网络、电视、电话、邮购等方式销售商品，消费者有权自收到商品之日起七日内退货，且无需说明理由：

（1）退货的商品应当完好（消费者为检查试用商品可拆封，只要不是消费者的原因造成价值明显贬损即可）；

（2）经营者应自收到退回商品之日起七日内返还价款；

（3）退回商品的运费由消费者承担，经营者和消费者约定除外。

但下列商品不适用无理由退货（当事人可约定排除）：

（1）消费者定作的；

（2）鲜活易腐的；

（3）在线下载或者消费者拆封的音像制品、计算机软件等数字化商品；

（4）交付的报纸、期刊；

（5）其他根据商品性质并经消费者在购买时确认不宜退货的商品，不适用无理由退货。

【经典真题】

张某从某网店购买一套汽车坐垫。货到拆封后，张某因不喜欢其花色款式，多次与网店交

---

［1］ ABC【解析】经营者提供商品或服务有欺诈行为的，按消费者的要求增加赔偿，增加赔偿的金额为消费者购买商品的价款或接受服务的费用的三倍。

涉要求退货。网店的下列哪些回答是违法的？（2014-1-66）[1]

  A. 客户下单时网店曾提示"一经拆封，概不退货"，故对已拆封商品不予退货

  B. 该商品无质量问题，花色款式也是客户自选，故退货理由不成立，不予退货

  C. 如网店同意退货，客户应承担退货的运费

  D. 如网店同意退货，货款只能在一个月后退还

（三）消费者组织

1. 消费者组织不得从事商品经营和营利性服务，不得以收取费用或其他牟取利益的方式向消费者推荐商品和服务。

2. 对侵害众多消费者合法权益的行为，中国消费者协会以及在省、自治区、直辖市设立的消费者协会，可向法院起诉。

（四）法律责任

1. 展销会、租赁柜台责任

（1）消费者在展销会、租赁柜台购买商品或者接受服务，其合法权益受到损害的，可以向销售者或者服务者要求赔偿。

（2）展销会结束或者柜台租赁期满后，也可以向展销会的举办者、柜台的出租者要求赔偿。展销会的举办者、柜台的出租者赔偿后，有权向销售者或者服务者追偿。

2. 网络平台交易提供者的责任

消费者通过网络交易平台购买商品或接受服务受到损害的，可向销售者或服务者求偿。

（1）网络交易平台提供者不能提供销售者或服务者的真实名址和有效联系方式的，消费者可以向网络交易平台提供者求偿；

（2）网络交易平台提供者作出更有利于消费者的承诺，应当履行承诺。网络交易平台提供者赔偿后，有权向销售者或者服务者追偿；

（3）网络交易平台提供者明知或应知销售者或服务者利用其平台侵害消费者合法权益，未采取必要措施的，依法与该销售者或者服务者承担连带责任。

3. 虚假广告的连带责任（关系生命健康的，无过错责任）

广告经营者、发布者设计、制作、发布关系消费者生命健康商品或服务的虚假广告；社会团体或其他组织、个人在该虚假广告或虚假宣传中向消费者推荐该商品或服务；

造成消费者损害的，应与提供该商品或服务的经营者承担连带责任。

4. 经营者欺诈的惩罚性赔偿 ★★★

（1）提供商品或服务有欺诈行为的，按消费者的要求增加赔偿，增加赔偿的金额为消费者购买商品的价款或接受服务的费用的三倍；增加赔偿不足500元的，为500元，法律另有规定除外。

（2）明知商品或服务存在缺陷，仍向消费者提供，造成消费者或其他受害人死亡或健康严重损害的，受害人有权要求经营者依法赔偿，并有权要求所受损失2倍以下的惩罚性赔偿。

---

  [1] ABD【解析】网店的"一经拆封，概不退货"的格式条款属于作出排除或者限制消费者权利、减轻或者免除经营者责任、加重消费者责任等对消费者不公平、不合理的规定，该格式条款无效，A违法，要选。

  经营者采用网络、电视、电话、邮购等方式销售商品，消费者有权自收到商品之日起七日内退货，且无需说明理由，B违法，要选。

  退回商品的运费由消费者承担，C合法，不选。

  经营者应当自收到退回商品之日起七日内返还消费者支付的商品价款，D违法，要选。

5. 使用他人营业执照的违法经营者提供商品或者服务，损害消费者合法权益的，消费者可以向其要求赔偿，也可以向营业执照的持有人要求赔偿。

6. 农民购买使用直接用于农业生产的生产资料，参照消法。

【经典真题】

甲在乙公司办理了手机通讯服务，业务单约定：如甲方（甲）预付费使用完毕而未及时补交款项，乙方（乙公司）有权暂停甲方的通讯服务，由此造成损失，乙方概不担责。甲预付了费用，1 年后发现所用手机被停机，经查询方得知公司有"话费有效期满暂停服务"的规定，此时账户尚有余额，遂诉之。关于此事，下列哪些说法是正确的？（2016 - 1 - 69）[1]

A. 乙公司侵犯了甲的知情权

B. 乙公司提供格式条款时应提醒甲注意暂停服务的情形

C. 甲有权要求乙公司退还全部预付费

D. 法院应支持甲要求乙公司承担惩罚性赔偿的请求

【经典习题】

消费者甲在某乙购物网站上向丙网店购买一部进口跑步机，价款 1 万元。后发现，丙网店隐瞒真相谎称该跑步机系进口，其实该跑步机系国产而且系假冒伪劣产品，该跑步机造成甲腿骨骨折，合计各项损失 5 万元，乙网站知悉丙网店销售假货的行为而没有及时制止。乙网站曾作出承诺：在本网站买到假货，假一赔十。下列错误的是？[2]

A. 乙网站不能提供丙网店的真实名址和有效联系方式的，甲可向乙网站求偿

B. 乙网络的承诺因显失公平而无效

C. 乙网站应当对丙网店造成的损害赔偿责任承担连带责任

D. 如丙网店明知商品存在缺陷，依然向甲提供，甲可向丙网店主张 10 万元以下的惩罚性赔偿

E. 因丙网店存在欺诈，甲可向丙网店请求增加赔偿 3 万元

第二节　产品质量责任与产品缺陷（损害赔偿）责任

（一）产品质量责任（瑕疵责任）：违约责任

（二）产品缺陷责任：侵权责任

1. 概念：

指生产者、销售者因产品存在缺陷而造成他人人身、缺陷产品以外的其他财产损害时，应承担的赔偿责任。

---

[1]　AB【解析】依据《消法》第 8 条的规定，消费者享有知悉其购买、使用的商品或者接受的服务的真实情况的权利。消费者有权根据商品或者服务的不同情况，要求经营者服务的内容、规格、费用等有关情况。乙公司当时未告知"话费有效期满暂停服务"的规定，侵犯了消费者的知情权。所以 A 正确。

依据《消法》第 26 条的规定，经营者在经营活动中使用格式条款的，应当以显著方式提请消费者注意商品或者服务的数量和质量、价款或者费用、履行期限和方式、安全注意事项和风险警示、售后服务、民事责任等与消费者有重大利害关系的内容，并按照消费者的要求予以说明。因此乙公司有义务明确告知甲暂停服务的情形，所以 B 正确。

甲要求乙公司退还全部预付费的主张没有法律依据，基于合同已经履行、甲已经使用话费的事实，甲已经使用的话费无法退还，所以 C 错误。

依据《消法》第 55 条的规定，经营者提供商品或者服务有欺诈行为的，应当依法承担惩罚性赔偿责任，但该题干中并未明确乙公司存在欺诈行为，因此甲不能向乙公司主张惩罚性赔偿，所以 D 错误。

[2]　B【解析】网络交易平台提供者作出更有利于消费者承诺的，该承诺有效。

2. **权利主体：**

因产品缺陷遭受人身或其他财产损害的受害人，包括产品的购买者、使用者和第三人。

3. **生产者和销售者连带责任：对外连带，内部追偿**

（1）被侵权人可以向产品的生产者请求赔偿，也可以向产品的销售者请求赔偿。产品缺陷由生产者造成的，销售者赔偿后，有权向生产者追偿。因销售者的过错使产品存在缺陷的，生产者赔偿后，有权向销售者追偿。

（2）生产者的责任：无过错责任（《产品质量法》F41）

①因产品存在缺陷造成他人损害的，生产者应当承担侵权责任。

②生产者的免责事由：

A. 未将产品投入流通的；

B. 产品投入流通时，引起损害的缺陷尚不存在的；

C. 将产品投入流通时的科学技术水平尚不能发现缺陷的存在的。

例外（《民法典》F1206）：

产品投入流通后发现存在缺陷的，生产者、销售者应当及时采取停止销售、警示、召回等补救措施；未及时采取补救措施或者补救措施不力造成损害扩大的，对扩大的损害也应当承担侵权责任。采取召回措施的，生产者、销售者应当负担被侵权人因此支出的必要费用。

（3）销售者的责任：过错（推定）责任（《产品质量法》F42、《民法典》F1203）

①因销售者的过错使产品存在缺陷，造成人身、他人财产损害的，销售者应当承担侵权责任。

②在销售者不能指明缺陷产品的生产者或供货者时，承担侵权责任。

4. **其他损害赔偿责任主体**

（1）检验机构及认证机构的法律责任（《产品质量法》F57）：

①检验机构出具的检验结果或者证明不实，造成损失的，应当承担相应的赔偿责任；

②产品质量认证机构对不符合认证标准而使用认证标志的产品，未依法要求其改正或者取消其使用认证标志资格的，给消费者造成的损失，与产品的生产者、销售者承担连带责任；

（2）社会团体、社会中介机构对产品质量作出承诺、保证，而该产品又不符合其承诺、保证的质量要求，给消费者造成损失的，与产品的生产者、销售者承担连带责任。

5. **第三人过错致害**

仍然向生产者或销售者主张侵权，不能对第三人。因运输者、仓储者等第三人的过错使产品存在缺陷，造成他人损害的，产品的生产者、销售者赔偿后，有权向第三人追偿。

6. **诉讼时效与除斥期间**

时效为二年；除斥期间为十年。因产品存在缺陷造成损害要求赔偿的请求权，在造成损害的缺陷产品交付最初消费者满十年丧失；但是，尚未超过明示的安全使用期的除外。

【经典真题】

赵某从某商场购买了某厂生产的高压锅，烹饪时邻居钱某到其厨房聊天，高压锅爆炸致2人受伤。下列哪一选项是错误的？（2012－1－28）[1]

A. 钱某不得依据《消费者权益保护法》请求赔偿

B. 如高压锅被认定为缺陷产品，赵某可向该厂也可向该商场请求赔偿

C. 如高压锅未被认定为缺陷产品则该厂不承担赔偿责任

---

[1] AD【解析】新《消费者权益保护法》第40条赋予了其他受害人的请求权。科技不能发现缺陷是生产者的免责事由，而非销售者。

D. 如该商场证明目前科技水平尚不能发现缺陷存在则不承担赔偿责任

第三节 食品安全法

（一）食品安全事故处置机制（F102-105）

1. 处置与报告

（1）发生食品安全事故的单位应当立即予以处置，防止事故扩大。

事故发生单位和接收病人进行治疗的单位应当及时向事故发生地县级卫生行政部门报告。

（2）农业行政、质量监督、工商行政管理、食品药品监督管理部门在日常监督管理中发现食品安全事故，或者接到有关食品安全事故的举报，应当立即向卫生行政部门通报。

2. 接到报告后上报

发生重大食品安全事故的，接到报告的县级卫生行政部门应当按照规定向本级人民政府和上级人民政府卫生行政部门报告。县级人民政府和上级人民政府卫生行政部门应当按照规定上报。

3. 任何单位或者个人不得对食品安全事故隐瞒、谎报、缓报，不得毁灭有关证据。

【经典真题】

某地甲高校食堂发生重大食物中毒事件，导致多名教师和学生入住乙医院治疗，情况非常危急。下列错误的是？[1]

A. 甲高校应当及时向主管部门报告，由主管部门向当地卫生局报告

B. 乙医院应当及时向当地食品药品监管部门报告

C. 食品药品监管部门接到举报后，应当立即向当地人民政府通报

D. 接到报告的卫生局应当直接向卫生部报告

4. 县级以上卫生行政部门接到食品安全事故的报告后，应立即会同有关农业行政、质量监督、工商行政管理、食品药品监督管理部门进行调查处理，并采取下列措施，防止或减轻社会危害：

（1）开展应急救援工作，对因食品安全事故导致人身伤害的人员，卫生行政部门应当立即组织救治；

（2）封存可能导致食品安全事故的食品及其原料，并立即进行检验；对确认属于被污染的食品及其原料，责令食品生产经营者依法召回、停止经营并销毁；

（3）封存被污染的食品用工具及用具，并责令进行清洗消毒；

（4）做好信息发布工作，依法对食品安全事故及其处理情况进行发布，并对可能产生的危害加以解释、说明。

发生重大食品安全事故的，县级以上政府应立即成立食品安全事故处置指挥机构，启动应急预案，依照上述规定进行处置。

---

[1] ABCD【解析】食品安全事故发生单位和接收病人进行治疗的单位应当及时向事故发生地县级卫生行政部门报告。

农业行政、质量监督、工商行政管理、食品药品监督管理部门在日常监督管理中发现食品安全事故，或者接到有关食品安全事故的举报，应当立即向卫生行政部门通报。

发生重大食品安全事故的，接到报告的县级卫生行政部门应当按照规定向本级人民政府和上级人民政府卫生行政部门报告。县级人民政府和上级人民政府卫生行政部门应当按照规定上报。

（二）食品安全法的法律责任（《食品安全法》F148）

1. 首负责任制

消费者因不符合食品安全标准的食品受到损害的，可以向经营者要求赔偿损失，也可以向生产者要求赔偿损失；

接到消费者赔偿要求的生产经营者，应当实行首负责任制，先行赔付，不得推诿；

属于生产者责任的，经营者赔偿后有权向生产者追偿；

属于经营者责任的，生产者赔偿后有权向经营者追偿。

2. 惩罚性赔偿

生产不符合食品安全标准的食品或者经营明知是不符合食品安全标准的食品，消费者除要求赔偿损失外，还可以向生产者或者经营者要求支付价款 10 倍或损失 3 倍的赔偿金；

增加赔偿的金额不足一千元的，为一千元。

但是，食品的标签、说明书存在不影响食品安全且不会对消费者造成误导的瑕疵的除外。

第四节　食品药品纠纷司法解释

（一）责任认定

1. 抗辩事由

（1）生产者、销售者不能以购买者明知食品、药品存在质量问题为由抗辩。

（2）食品、药品销售前取得检验合格证明，食用或使用时在保质期内，检验确认不合格，生产者或销售者不能以具有检验合格证明为由抗辩。

2. 产品质量标准举证与抗辩

（1）消费者主张侵权责任，食品、药品的生产者、销售者能够证明损害不是因产品不符合质量标准造成的免责。

（2）食品的生产者与销售者应对于食品符合质量标准承担举证责任，国标——地标——企标（高于国标地标的，适用企标）——食品安全法规定。

（二）法律责任

1. 集中交易市场： 集中交易市场的开办者、柜台出租者、展销会举办者未履行食品安全法规定的审查、检查、管理等义务，发生食品安全事故，致使消费者遭受人身损害，承担连带责任。

2. 挂靠经营： 未取得食品生产资质与销售资质的个人、企业或者其他组织，挂靠具有相应资质的生产者与销售者，生产、销售食品，造成消费者损害，挂靠者与被挂靠者承担连带责任。

3. 虚假广告

（1）消费者因虚假广告推荐的食品、药品存在质量问题遭受损害，广告经营者、广告发布者承担连带责任。

（2）社会团体或者其他组织、个人，在虚假广告中向消费者推荐食品、药品，使消费者遭受损害，其与食品、药品的生产者、销售者承担连带责任。

4. 中介机构责任

（1）食品、药品检验机构：故意出具虚假检验报告，造成消费者损害，承担连带责任；因过失出具不实检验报告，造成消费者损害，承担相应责任。

（2）食品认证机构：故意出具虚假认证，造成消费者损害，承担连带责任；因过失出具不实认证，造成消费者损害，<mark>承担相应责任</mark>。

5. 惩罚性赔偿

（1）生产不符合安全标准的食品或者销售明知是不符合安全标准的食品，消费者除要求赔偿损失外，可向生产者、销售者<mark>主张支付价款十倍赔偿金或者依照法律规定的其他赔偿标准要求赔偿</mark>。

（2）食品、药品的生产者、销售者首先承担民事责任。

6. 参照适用：<mark>赠品、化妆品、保健品；消费者协会提起的公益诉讼参照适用</mark>。

【经典真题】

1. 曾某在某超市以 80 元购买酸奶数盒，食用后全家上吐下泻，为此支付医疗费 800 元。事后发现，其所购的酸奶在出售时已超过保质期，曾某遂要求超市赔偿。对此，下列哪些判断是正确的？（2014 - 1 - 67）[1]

　　A. 销售超过保质期的食品属于违反法律禁止性规定的行为

　　B. 曾某在购买时未仔细查看商品上的生产日期，应当自负其责

　　C. 曾某有权要求该超市退还其购买酸奶所付的价款

　　D. 曾某有权要求该超市赔偿 800 元医疗费，并增加赔偿 800 元

2. 霍某在靓顺公司购得一辆汽车，使用半年后前去靓顺公司维护保养。工作人员告诉霍某该车气囊电脑存在故障，需要更换。霍某认为此为产品质量问题，要求靓顺公司免费更换，靓顺公司认为是霍某使用不当所致，要求其承担更换费用。经查，该车气囊电脑不符合产品说明所述质量。对此，下列哪一说法是正确的？（2017 - 1 - 30）[2]

　　A. 霍某有权请求靓顺公司承担违约责任

　　B. 霍某只能请求该车生产商承担免费更换责任

　　C. 霍某有权请求靓顺公司承担产品侵权责任

　　D. 靓顺公司和该车生产商应当连带承担产品侵权责任

【法条】

《消法》第 24 条。

---

　　[1] ACD【解析】超市销售超过保质期的食品违反消法和产品质量法的禁止性规定，A 正确，要选。

　　消费者未仔细查看商品上的生产日期，不是销售者的免责事由，销售者依然要承担责任。因食品、药品质量问题发生纠纷，购买者向生产者、销售者主张权利，生产者、销售者以购买者明知食品、药品存在质量问题而仍然购买为由进行抗辩的，人民法院不予支持。B 错误，不选。

　　超市销售的商品造成消费者财产损害的，应当退还货款并赔偿损失，C 正确，要选。

　　生产不符合安全标准的食品或者销售明知是不符合安全标准的食品，消费者除要求赔偿损失外，还可向生产者、销售者主张支付价款十倍赔偿金。D 正确，要选。

　　[2] A【解析】依据《消法》第 24 条的规定，经营者提供的商品或者服务不符合质量要求的，消费者可以依照国家规定、当事人约定退货，或者要求经营者履行更换、修理等义务。依据《民法典》第 577 条的规定，经营者不按约定履行合同，应当承担违约责任。A 选项正确。

　　依据《消法》第 24 条的规定，消费者可以主张违约责任，可以依法主张更换、修理、退货的权利，而不是只能请求更换，B 选项错误。

　　依据《民法典》第 1203 条、《产品质量法》第 43 条的规定，因产品存在缺陷造成他人损害的，生产者应当承担侵权责任。该题目的事实中并没有造成了实际损害，而且靓顺公司也不是生产者，因此霍某不存在主张产品侵权损害赔偿责任的请求权基础。C 选项错误。

　　依据《民法典》第 1203 条第 1 款的规定，因产品存在缺陷造成损害的，被侵权人可以向产品的生产者请求赔偿，也可以向产品的销售者请求赔偿。该产品缺陷并未造成实际的损害，霍某对生产者和销售者主张产品侵权损害赔偿的连带责任，没有请求权基础。D 选项错误。

1. 消费者甲在乙商场购买了一袋方便面，食用后出现恶心、呕吐症状，连续住院治疗一周，经查，该方便面由丙工厂生产。该方便面销售时有检验合格证明，而且该方便面的食用在保质期内，但方便面的检验确认不合格。下列错误的是？[1]

A. 如消费者甲明知该方便面存在质量问题还购买，乙商场和丙工厂可免责

B. 乙商场和丙工厂可以方便面销售时的检验合格证明主张该方便面符合食品安全标准

C. 如损害不是因方便面不符合食品安全标准造成的，而是由于其他原因造成的，则丙工厂不承担侵权责任

D. 有企业标准的，方便面的食品质量标准应当以企业标准为准

2. 消费者甲在某乙公司举办的食品展销会上在丙公司出租给丁公司的柜台上购买了一只王家烤鸭，食用后导致全家食物中毒。该烤鸭实际系戊公司销售，因戊公司没有经营食品资质，挂靠丁公司名下经营销售。另查明，乙公司，丙公司未尽到法定的审查义务。某电影明星庚在电视广告中为该烤鸭代言。某食品检验机构故意出具虚假的检验合格证明，某食品认证机构因重大过失出具不真实的认证报告。下列错误的是？[2]

A. 甲可要求乙公司、丙公司、丁公司承担连带责任

B. 甲可要求庚承担连带责任

C. 甲可要求该食品检验机构承担连带责任

D. 甲可要求该食品认证机构承担连带责任

---

〔1〕 ABD【解析】知假买假，依然适用《消法》《产品质量法》《食品安全法》及其解释；食品药品是否合格以检验确认为准；损害不是食品不符合安全标准造成的，说明没有因果关系，不构成侵权；企业标准高于国家标准的，适用。

〔2〕 D【解析】食品认证机构因过失出具认证报告，承担相应的过错责任，而非连带责任；展销会柜台的出租者、销售者、被挂靠者、代言人、故意出具虚假检验合格证明的检验机构承担连带责任。

第四章 土地法

▶【复习指南】

学员应结合《民法典》物权编、合同编、行政法学习该章节，以土地所有权和土地使用权权利系统为框架，全面学习和掌握我国土地所有权和土地使用权体系。以房地产出让和转让为线索，掌握我国房地产管理中的具体制度，重点学习出让和划拨的具体制度。

▶【知识框架】

土地法	1. 土地所有权：国家、集体 2. 土地使用权：国有土地使用权、集体土地使用权
房地产管理法	1. 出让 2. 转让
城乡规划法	城乡规划的实施、法律责任
不动产登记暂行条例	不动产登记的申请、法律责任

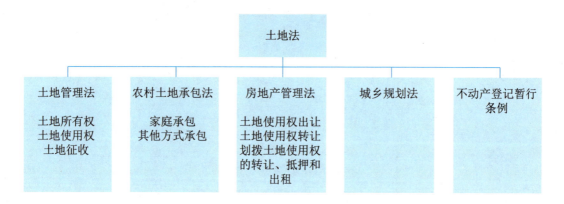

第一节 土地所有权

（一）国家土地所有权（《土地管理法》F9）

城市市区的土地和其他依法属于国家的土地。

（二）集体土地所有权★★

1. 先国有化、后出让

房地产开发须先转为国有；

城市规划区内的集体所有的土地，经依法征用转为国有土地后，该幅国有土地的使用权方可有偿出让。

2. **非农禁止**

从事种植业、林业、畜牧业、渔业生产，不得出让、转让或出租用于非农业建设，不得擅自改变用途。

土地所有权	国家土地所有权		
	集体土地所有权		
土地使用权	国家土地使用权（国家建设用地）	出让土地使用权	
		划拨土地使用权	
	集体土地使用权	农用地使用权	家庭承包经营权
			其他方式承包经营权
		非农用地使用权（集体建设用地）	非农经营用地使用权
			非农公益用地使用权
			宅基地使用权

（三）土地征收（《土地管理法》F45－48）

征收情形	1. 为了公共利益的征收情形： （1）**军事外交**：军事和外交需要用地的； （2）**基础设施**：由政府组织实施的能源、交通、水利、通信、邮政等基础设施建设需要用地的； （3）**公共事业** 由政府组织实施的科技、教育、文化、卫生、体育、生态环境和资源保护、防灾减灾、文物保护、社区综合服务、社会福利、市政公用、优抚安置、英烈保护等公共事业需要用地的； （4）**安居工程** 由政府组织实施的扶贫搬迁、保障性安居工程建设需要用地的；应当纳入国民经济和社会发展年度计划。 （5）**城镇建设** 在土地利用总体规划确定的城镇建设用地范围内，经省级以上人民政府批准由县级以上地方人民政府组织实施的成片开发建设需要用地的；应当纳入国民经济和社会发展年度计划；成片开发并应符合国务院自然资源主管部门规定的标准。 （6）**公共利益** 法律规定为公共利益需要可以征收农民集体所有的土地的其他情形。 上述建设活动，应当符合国民经济和社会发展规划、土地利用总体规划、城乡规划和专项规划； 2. **国务院批准的征收情形：** （1）永久基本农田； （2）永久基本农田以外的耕地超过35公顷的； （3）其他土地超过70公顷的。 征收前款规定以外的土地的，由省、自治区、直辖市人民政府批准。

征收程序	公告——听取意见——听证——签约 **1. 公告** **2. 风险评估、听取意见** **3. 听证** 多数被征地的农村集体经济组织成员认为征地补偿安置方案不符合法律、法规规定的，县级以上地方人民政府应当组织召开听证会，并根据法律、法规的规定和听证会情况修改方案。 **4. 补偿登记、订立协议** 拟征收土地的所有权人、使用权人应当在公告规定期限内，持不动产权属证明材料办理补偿登记。 县级以上政府应当组织有关部门测算并落实有关费用，保证足额到位，与拟征收土地的所有权人、使用权人就补偿、安置等签订协议；个别确实难以达成协议的，应当在申请征收土地时如实说明。 相关前期工作完成后，县级以上地方人民政府方可申请征收土地。
征收补偿	**1. 公平、合理补偿** 征收土地应当给予公平、合理的补偿，保障被征地农民原有生活水平不降低、长远生计有保障。 **2. 土地补偿费、安置补助费、土地附着物和青苗补偿费、社会保障费** 征收土地应当依法及时足额支付土地补偿费、安置补助费以及农村村民住宅、其他地上附着物和青苗等的补偿费用，并安排被征地农民的社会保障费用。 （1）土地补偿费、安置补助费标准 （2）其他土地、地上附着物和青苗等的补偿标准 对其中的农村村民住宅，应当按照先补偿后搬迁、居住条件有改善的原则，尊重农村村民意愿，采取重新安排宅基地建房、提供安置房或者货币补偿等方式给予公平、合理的补偿，并对因征收造成的搬迁、临时安置等费用予以补偿，保障农村村民居住的权利和合法的住房财产权益。 **3. 被征地农民纳入社会保障体系**

第二节　土地使用权

（一）国有土地使用权 ★★★

1. 出让土地使用权（F12、55 – 57）

国家将国有土地使用权在一定年限内出让给土地使用者，由土地使用者向国家支付土地使用权出让金的行为。

（1）招、拍、挂

商业、旅游、娱乐和豪华住宅用地，必须采取拍卖、招标方式；不能采取拍卖、招标方式的，可以采取双方协议的方式；

（2）先交钱、后用地

以出让等有偿使用方式取得国有土地使用权的建设单位，缴纳出让金等土地有偿使用费和其他费用后，方可使用土地。

2. 划拨土地使用权

县级以上政府依法批准，在土地使用者缴纳补偿、安置等费用后将该幅土地交付其使用，或将土地使用权无偿交付给土地使用者无期限使用的行为。

(1) 适用范围（F54）

经县级以上政府依法批准，可以划拨方式取得：

A. 国家机关用地和军事用地；

B. 城市基础设施用地和公益事业用地；

C. 国家重点扶持的能源、交通、水利等基础设施用地；

D. 法律、行政法规规定的其他用地

【经典真题】

某市政府在土地管理中的下列哪些行为违反了《土地管理法》的规定？(2011-1-70)[1]

A. 甲公司在市郊申请使用一片国有土地修建经营性墓地，市政府批准其以划拨方式取得土地使用权

B. 乙公司投标取得一块商品房开发用地的出让土地使用权，市政府同意其在房屋建成销售后缴纳土地出让金

C. 丙公司以出让方式在本市规划区取得一块工业用地，市国土局在未征得市规划局同意的情况下，将该土地的用途变更为住宅建设用地

D. 丁公司在城市规划区取得一块临时用地，使用已达6年，并在该处修建了永久性建筑，市政府未收回土地，还为该建筑发放了房屋产权证

(二) 集体土地使用权 ★★

农用地使用权	**家庭承包：** 家庭承包的承包方是本集体经济组织的农户。
	其他方式承包： A. 荒山、荒沟、荒丘、荒滩等可直接通过招标、拍卖、公开协商等方式实行承包经营； B. 也可将土地经营权折股分给本集体经济组织成员后，实行承包经营或股份合作经营；
非农用地使用权（集体建设用地）	**非农经营用地：** 经审批由农村集体经济组织通过投资方式向从事非农经营获得提供的集体土地使用权。 县以上土地局申请，县以上府批。
	非农公益用地： 经审批由农村集体经济组织用于乡村公共设施、公益事业建设的集体土地使用权。 乡府审、县以上土地局申请，县以上府批。
	宅基地： 农村集体经济组织分配给内部成员建造住宅、没有期限的集体土地使用权。 1. 一户一宅，不得超标 (1) 农村村民一户只能拥有一处宅基地，其宅基地的面积不得超过省、自治区、直辖市规定的标准。 2. 符合规划：不占基本农田 农村村民建住宅，应当符合乡（镇）土地利用总体规划、村庄规划，不得占用永久基本农田，并尽量使用原有的宅基地和村内空闲地。

---

[1] ABCD【解析】临时用地一般不超过2年，而且不能修建永久性建筑。

	3. 审批：乡府审核 农村村民住宅用地，由乡（镇）人民政府审核批准；其中，涉及占用农用地的，依法办理农转建审批手续。 **4. 出卖赠与出租后，不再分配** 农村村民出卖、出租、赠与住宅后，再申请宅基地的，不予批准。 **5. 自愿有偿退出、鼓励盘活闲置宅基地和住宅** 国家允许进城落户的农村村民依法自愿有偿退出宅基地，鼓励农村集体经济组织及其成员盘活利用闲置宅基地和闲置住宅。

【经典真题】

某公司计划在天堂湖的湖滨建设集医疗、康复、养老和度假为一体的大型颐养小镇。该湖滨的土地为某县红光村的农田，该公司就如何取得该土地的使用权召开会议。会议上的下列说法合法的是？[1]

A. 与红光村签订土地为期50年的租赁合同，取得50年的土地使用权

B. 与红光村合作开发颐养小镇，公司出钱，红光村出地

C. 向该县申请用地，待土地征收后，再根据医疗、养老的用地目的申请以划拨方式无偿取得土地使用权

D. 依法申请并办理土地征收手续后，以出让方式取得土地使用权

【法条】

《土地管理法》第54、55、60条

第三节　农村土地承包法

一、概述 F3、4、9

承包	**1. 家庭承包 + 其他方式承包** （1）农村集体经济组织内部的家庭承包方式； （2）荒山、荒沟、荒丘、荒滩等农村土地，可以采取招标、拍卖、公开协商等方式承包。
经营	**2. 自己经营 + 他人经营（流转经营权）** 承包方承包土地后，享有土地承包经营权，可以自己经营； 也可以保留土地承包权，流转其承包地的土地经营权，由他人经营。
所有权	**3. 所有权不变 + 承包地买卖禁止** 农村土地承包后，土地的所有权性质不变。承包地不得买卖。

---

〔1〕 D【解析】依据《土地管理法》第60条第1款，农村集体所有的土地，非农禁止，兴办企业或者与其他单位、个人以土地使用权入股、联营等形式共同举办企业的，向县级以上地方人民政府自然资源主管部门提出申请，由县级以上地方人民政府批准；其中，涉及占用农用地的，依法办理农转建审批手续。同时依据《民法典》第705条第1款的规定，租赁合同的期限不能超过20年，A、B都错误。

依据《土地管理法》第54条，划拨方式取得的土地使用权有严格的用途限制，娱乐用地不能采取划拨方式取得，C错误。

依据《土地管理法》第55条，经过依法征收程序，可以通过出让方式获得土地使用权，D正确。

二、家庭承包经营权

（一）取得

<table>
<tr>
<td rowspan="3">取得</td>
<td>
1. 发包
（1）集体所有——村集体经济组织或村委会发包；
（2）村内两个以上农村集体经济组织所有——各集体经济组织或村民小组发包。
（3）国家所有——使用该土地的农村集体经济组织、村民委员会或村民小组发包。
</td>
</tr>
<tr>
<td>
2. 承包合同
（1）债权合同成立生效、物权合意成立时物权生效
承包合同自成立之日起生效。承包方自承包合同生效时取得土地承包经营权。
（2）集体组织分立合并，合同不受影响
承包合同生效后，发包方不得因承办人或负责人的变动而变更或解除，也不得因集体经济组织的分立或合并而变更或解除。
（3）违法收回、调整承包地之约定无效
承包合同中违背承包方意愿或违反法律、行政法规有关不得收回、调整承包地等强制性规定的约定无效。
</td>
</tr>
</table>

<table>
<tr>
<td rowspan="1">主体</td>
<td>
1. 家庭承包的承包方是本集体经济组织的农户。
2. 家庭成员平等权利、全体成员登记在册
农户内家庭成员依法平等享有承包土地的各项权益。
土地承包经营权证或林权证等证书应当将具有土地承包经营权的全部家庭成员列入。
【经典习题】
我国某县张家村拟以家庭承包方式向村民发包，依据我国《农村土地承包法》，下列表述错误的是？[1]
A. 农村土地的土地承包经营一律由村委会发包
B. 土地承包经营权证可以将具有土地承包经营权的部分家庭成员列入
C. 土地承包合同自登记时生效
D. 土地承包合同约定，发包方针对土地承包权享有任意收回权，该约定有效
【法条】
《农村土地承包法》第13、24、25条。
</td>
</tr>
</table>

---

[1] ABCD【解析】村小组也可发包；土地承包经营权的主体是农户，登记全体家庭成员；土地承包经营权登记对抗，不得随意收回。

内容	**1. 权利内容** **（1）承包地——使用、收益权** 依法享有承包地使用、收益的权利，有权自主组织生产经营和处置产品； **（2）土地承包经营权——处分权** 依法互换、转让土地承包经营权； **A 内部互换——发包方备案** 承包方之间为方便耕种或各自需要，可以对属于同一集体经济组织的土地的土地承包经营权进行互换，并向发包方备案。 **B 内转——发包方同意** 经发包方同意，承包方可以将全部或部分的土地承包经营权转让给本集体经济组织的其他农户，由该农户同发包方确立新的承包关系，原承包方与发包方在该土地上的承包关系即行终止。 **C 物权变动——登记对抗** 土地承包经营权互换、转让的，当事人可以向登记机构申请登记。未经登记，不得对抗善意第三人。 **D 强迫流转——无效** 任何组织和个人强迫进行土地承包经营权互换、转让或土地经营权流转，该互换、转让或流转无效。 **（3）土地经营权——处分权** 依法流转土地经营权； **（4）补偿权——**承包地被依法征收、征用、占用的，有权依法获得相应的补偿； **（5）其他权利：**法律、行政法规规定的其他权利。 **【经典习题】** 张三获得张家村某块土地的土地承包经营权，关于土地承包经营权及其债务关系，下列表述错误的是? [1] A. 张三依法享有承包地的使用、收益权 B. 张三可依法与同村村民互换、转让土地承包经营权，但二者都需要发包方同意 C. 张三可依法流转土地经营权 D. 张三经发包方同意，可在承包地上从事非农业开发和建设 **2. 权利期限** 耕地的承包期为三十年。期届满后再延长三十年。 草地的承包期为三十年至五十年。承包期届满后相应延长。 林地的承包期为三十年至七十年。承包期届满后相应延长。
法定债务关系	**法定债务关系——承包方的债务** **（1）非农禁止：**维持土地的农业用途，未经依法批准不得用于非农建设； **（2）合理利用：**依法保护和合理利用土地，不得给土地造成永久性损害； **（3）其他义务：**法律、行政法规规定的其他义务。

---

[1] **BD【解析】**土地承包经营权互换，只需要发包方备案；承包地只能从事农业开发。

（三）家庭承包经营权的保护和继承

<table>
<tr><td rowspan="4">保护</td><td>
1. 承包期内，收回禁止 F27
（1）承包期内，发包方不得收回承包地。
（2）进城无需退出土地承包经营权，引导自愿流转
国家保护进城农户的土地承包经营权。<u>不得以退出土地承包经营权作为农户进城落户的条件</u>。
承包期内，承包农户进城落户的，引导支持其按照自愿有偿原则依法在本集体经济组织内转让土地承包经营权或将承包地交回发包方，也可以鼓励其流转土地经营权。
（3）交回或收回，提高土地生产能力的，相应补偿
承包期内，承包方交回承包地或发包方依法收回承包地时，承包方对其在承包地上投入而提高土地生产能力的，有权获得相应的补偿。
</td></tr>
<tr><td>
2. 承包期内，调整禁止 F28
（1）承包期内，发包方不得调整承包地。
（2）三分之二多数决 + 乡府和县主管部门批，约定不得调整除外
承包期内，因自然灾害严重毁损承包地等特殊情形对个别农户之间承包的耕地和草地需要适当调整的，必须经本集体经济组织成员的村民会议三分之二以上成员或三分之二以上村民代表的同意，并报乡（镇）人民政府和县级人民政府农业农村、林业和草原等主管部门批准。承包合同中约定不得调整的，按照其约定。
</td></tr>
<tr><td>
3. 承包期内，可自愿交回 F30
预告半年、自愿交回、合理补偿、期内不得再要求承包
（1）承包期内，承包方可以自愿将承包地交回发包方。
（2）承包方自愿交回承包地的，可以获得合理补偿，但是应当提前半年以书面形式通知发包方。
（3）承包方在承包期内交回承包地的，在承包期内不得再要求承包土地。
</td></tr>
<tr><td>
4. 妇女未取得承包地的，不得收回其原承包地 F31
承包期内
（1）妇女结婚，在新居住地未取得承包地的，发包方不得收回其原承包地；
（2）妇女离婚或丧偶，仍在原居住地生活或不在原居住地生活但在新居住地未取得承包地的，发包方不得收回其原承包地。
</td></tr>
<tr><td>继承</td><td>
1. 收益继承 F32
（1）承包人应得的<u>承包收益，依照《民法典》的规定继承</u>。
（2）林地承包的承包人死亡，其继承人可以在承包期内继续承包。
</td></tr>
</table>

【经典习题】

张小芳通过家庭承包方式获得张家村某农地之土地承包经营权，依据我国《农村土地承包法》，下列表述错误的是？[1]

A. 张小芳进城落户的，该土地承包经营权由发包方自动收回

B. 张小芳自愿交回土地承包经营权的，可以获得合理补偿，但应当提前半年以书面形式通知发包方

C. 如张小芳外嫁到刘家村，则发包方可收回其原承包地

---

[1] **ACD【解析】** 进城落户，土地承包经营权不得自动收回；妇女外嫁，也不得自动收回；强制互换，合同无效。

D. 如村委会强迫张小芳与张大芳将土地经营权互换，则该互换合同可撤销

【法条】

《农村土地承包法》第 27、28、31、32 条。

（四）土地经营权

取得	**1. 土地经营权流转方式** 土地经营权处分：出租、入股或其他方式——发包方备案 （1）承包方可以自主决定依法采取出租（转包）、入股或其他方式向他人流转土地经营权，并向发包方备案。 （2）流转收益归承包方 土地经营权流转的价款由当事人约定。流转的收益归承包方所有。 （3）承包关系不变 承包方流转土地经营权的，其与发包方的承包关系不变。 （4）工商企业作为受让方，可适量收费 F45 工商企业等社会资本通过流转取得土地经营权的，本集体经济组织可以收取适量管理费用。 **2. 土地经营权流转原则 F38** 土地经营权流转应当遵循以下原则： （1）自愿有偿 依法、自愿、有偿，任何组织和个人不得强迫或阻碍土地经营权流转； （2）非农禁止 不得改变土地所有权的性质和土地的农业用途，不得破坏农业综合生产能力和农业生态环境； （3）承包期内流转 流转期限不得超过承包期的剩余期限； （4）受让方须具有农业资质 受让方须有农业经营能力或资质； （5）内部成员之优先受让权 在同等条件下，本集体经济组织成员享有优先权。 **3. 土地经营权流转合同 F40** 当事人双方应当签订书面流转合同，承包方将土地交由他人代耕不超过一年的，可以不签订书面合同。 **4. 流转期限 5 年以上的可登记、登记对抗 F41** 土地经营权流转期限为五年以上的，当事人可以向登记机构申请土地经营权登记。未经登记，不得对抗善意第三人。 **【经典习题】** 土地承包经营权人李四拟流转土地经营权，下列表述正确的是？[1] A. 李四可通过出租方式流转土地经营权，并经发包方批准 B. 土地经营权的流转期限可以超过承包期的剩余期限 C. 李四将土地交由他人代耕不超过一年的，可以不签订书面合同；土地经营权流转期限为五年以上的，当事人可以向登记机构申请土地经营权登记 D. 李四流转土地经营权的，其与发包方的承包关系不变

---

[1] CD【解析】土地经营权流转，发包方备案即可。

内容	**1. 土地经营权人的权利** **（1）收益权** 土地经营权人有权在合同约定的期限内占有农村土地，自主开展农业生产经营并取得收益。 **（2）补偿权** 经承包方同意，受让方可以依法投资改良土壤，建设农业生产附属、配套设施，并按照合同约定对其投资部分获得合理补偿。 **（3）处分权——经承包方同意、本集体经济组织备案** 经承包方书面同意，并向本集体经济组织备案，受让方可以再流转土地经营权。
	2. 土地经营权担保 F47 **（1）承包方提供担保** 承包方可以用承包地的土地经营权向金融机构融资担保，并向发包方备案。 **（2）受让方提供担保——承包方书面同意并向发包方备案** 受让方通过流转取得的土地经营权，经承包方书面同意并向发包方备案，可以向金融机构融资担保。 **（3）担保物权自担保物权合意成立时生效，登记对抗** 担保物权自融资担保合同生效时设立。当事人可以向登记机构申请登记；未经登记，不得对抗善意第三人。 **（4）担保物权人优先受偿** 实现担保物权时，担保物权人有权就土地经营权优先受偿。 **【特别提示】** 农村土地承包法上，土地承包经营权的流转（互换、转让）、土地经营权的流转、土地经营权的担保都采取登记对抗主义。 **【经典习题】** 王二依法获得某地块的土地经营权，下列表示错误的是？[1] A. 只要经承包方书面同意，王二可再流转土地经营权 B. 经承包方同意，王二可以依法投资改良土壤，并按照合同约定对其投资部分获得合理补偿。 C. 王二通过流转取得的土地经营权，经承包方书面同意并向发包方批准，可以向金融机构融资担保 D. 王二依法以土地经营权向金融机构融资担保，该担保物权自登记时生效
法定债务关系	**1. 合同解除** **承包方的解除权** 承包方不得单方解除土地经营权流转合同，但受让方有下列情形之一的除外： （1）非农：擅自改变土地的农业用途； （2）抛荒：弃耕抛荒连续两年以上； （3）严重损害生态环境：给土地造成严重损害或严重破坏土地生态环境； （4）其他严重违约行为。
	2. 合同终止 **发包方的终止权** **非农建设、抛荒、损害土地或破坏生态，承包方不解除合同——发包方终止合同＋损害赔偿 F64** （1）土地经营权人擅自改变土地的农业用途、弃耕抛荒连续两年以上、给土地造成严重损害或严重破坏土地生态环境，承包方在合理期限内不解除土地经营权流转合同的，发包方有权要求终止土地经营权流转合同。 （2）土地经营权人对土地和土地生态环境造成的损害应当予以赔偿。

---

[1] ACD【解析】土地经营权的再处分（流转或担保），需承包方同意，本集体经济组织或发包方备案；设定担保的，登记对抗。

法律责任	1. 非农建设——行政处罚＋发包方制止、损害赔偿 F63 （1）行政责任 承包方、土地经营权人违法将承包地用于非农建设的，由县级以上地方人民政府有关主管部门<u>依法予以处罚</u>。 （2）民事责任 承包方给承包地造成永久性损害的，发包方有权制止，并有权要求赔偿由此造成的损失。

【经典习题】

甲乙丙丁系张家村村民并各自立户，都获得土地承包经营权，关于土地经营权的表述，下列正确的是？[1]

A. 甲可以入股方式向李四流转土地经营权，甲与发包方的承包关系由李四自动承继

B. 乙以出租方式向王二流转土地经营权，王二不能再流转该土地经营权。如王二改变土地用途，乙不解除土地经营权流转合同的，发包方可主张该合同无效

C. 丙向某农业开发公司流转土地经营权时，张家村的村民享有优先受让权

D. 丁向林七流转土地经营权的期限为 6 年，登记为该土地经营权的生效要件。如林七获得该土地经营权，并以该土地经营权对外提供担保融资，登记为该担保物权设定的生效要件

【法条】

《农村土地承包法》第 38、43、44、46、47 条。

三、其他方式承包经营权

> **【特别提示】**考生一定要区分家庭承包经营权和其他方式承包经营权（四荒地承包：荒山、荒沟、荒丘、荒滩），二者的规则完全不同。

取得	1. 四荒地——拍照挂方式承包或折股承包经营、股份合作经营 F48、50 荒山、荒沟、荒丘、荒滩 （1）可以直接通过招标、拍卖、公开协商等方式实行承包经营； （2）可以将土地经营权折股分给本集体经济组织成员后，再实行承包经营或股份合作经营。 2. 外转 F51、52 （1）三分之二多数决＋乡政府批 应当事先经本集体经济组织成员的村民会议三分之二以上成员或三分之二以上村民代表的同意，并报乡（镇）人民政府批准。 （2）资信审查 应当对承包方的资信情况和经营能力进行审查后，再签订承包合同。 （3）优先承包权 F51 以其他方式承包农村土地，在同等条件下，本集体经济组织成员有权优先承包。

---

[1] C【解析】土地经营权不改变承包关系；土地经营权人经承包方同意，并经本集体经济组织备案，可以流转土地经营权；土地经营权人擅自改变土地的农业用途、弃耕抛荒连续两年以上、给土地造成严重损害或严重破坏土地生态环境，承包方在合理期限内不解除土地经营权流转合同的，发包方有权要求终止土地经营权流转合同。土地经营权流转期限 5 年以上的，登记系对抗要件；土地经营权提供担保的，登记系对抗要件。

流转	**1. 出租、入股、抵押或其他方式** 通过招标、拍卖、公开协商等方式承包农村土地，经依法登记取得权属证书的，可以依法采取出租、入股、抵押或其他方式流转土地经营权。
土地经营权继承	**1. 四荒地的土地经营权继承 F54** **（1）收益继承** 通过招标、拍卖、公开协商等方式取得土地经营权的，该承包人死亡，其应得的承包收益，依照继承法的规定继承； **（2）承包期内继续承包** 在承包期内，其继承人可以继续承包。

【经典习题】

李家村有一处荒山，依据我国《农村土地承包法》，下列表述正确的是？[1]

　A. 不可以直接通过拍卖方式对该荒山实行承包经营

　B. 如以公开协商方式承包农村土地，在同等条件下，本集体经济组织成员有权优先承包

　C. 如王二以招标方式取得该荒地的承包经营权，则可以将该权利抵押

　D. 赵六通过公开协商方式取得该荒地的土地经营权，如赵六死亡，其应得的承包收益，其继承人可继承

【法条】

《农村土地承包法》第48～54条。

四、争议的解决和法律责任 F55

土地承包经营权纠纷	通过协商解决，也可以请求村民委员会、乡（镇）人民政府等调解解决；
	当事人不愿协商、调解或协商调解不成的，可向农村土地承包仲裁机构申请仲裁；
	也可以直接起诉。

第四节　房地产管理法

（一）房地产开发：土地使用权出让：一级市场★★

出让土地使用权的取得（F26）：

房地产开发：在依法取得国有土地使用权的土地上进行基础设施，房屋建设的行为。

以出让方式取得土地使用权进行房地产开发的，必须按约定的土地用途、动工开发期限开发。

（1）1年不动工：交费

超过出让合同约定的动工开发日期满一年未动工开发的，可以征收相当于土地使用权出让金百分之二十以下的土地闲置费；

（2）2年不动工：收回

满二年未动工开发的，可以无偿收回土地使用权；

---

　[1]　BCD【解析】四荒地可通过拍卖、招标和公开协商方式设定土地承包经营权，该权利可以抵押。

（3）不可抗力、政府行为、前期工作造成迟延除外

但因不可抗力或政府、政府有关部门的行为或动工开发必需的前期工作造成动工开发迟延的除外。

（二）房地产转让：土地使用权转让：二级市场★★★

1. 出让土地使用权的转让（F39）：

（1）条件：

以出让方式取得土地使用权的，转让房地产时，应符合下列条件：

A. 支付出让金——取得土地使用权证

按照出让合同约定已经支付全部土地使用权出让金，并取得土地使用权证书；

B. 持有房屋所有权证

转让房地产时房屋已经建成的，还应持有房屋所有权证书。（登记系处分要件）

C. 完成开发总额25%以上

按照出让合同约定进行投资开发，属于房屋建设工程的，完成开发投资总额的25%以上，属于成片开发土地的，形成工业或其他建设用地条件。

（2）年限（F43）：

以出让方式取得土地使用权的，转让房地产后，其土地使用权的使用年限为原土地使用权出让合同约定的使用年限减去原土地使用者已经使用年限后的剩余年限。

（3）用途（F44）：

以出让方式取得土地使用权的，转让房地产后，受让人改变原土地使用权出让合同约定的用途的，须取得原出让方和市、县人民政府城市规划行政主管部门的同意，签订土地使用权出让合同变更协议或重新签订土地使用权出让合同，相应调整出让金。

（4）提前收回和续期（F22）：

A. 根据社会公共利益的需要，可以依法提前收回，并作相应的补偿。

B. 届满前一年申请续期，除社会公共利益，经批准续期。

2. 出让土地使用权转让的法律效果

（1）转让合同具有要式性

房地产转让，应签订书面转让合同，合同中应载明土地使用权取得的方式。

（2）土地出让合同之债概括移转（F42）

房地产转让时，土地使用权出让合同载明的权利、义务随之转移。

> **【特别提示】** 房地产转让时，有两个法律效果。
> 1. 债权债务关系的概括移转：土地使用权出让合同之债权债务关系概括移转。
> 2. 物权变动：建设用地使用权的转让。

【经典真题】

甲公司以出让方式取得某地块50年土地使用权，用于建造写字楼。土地使用权满3年时，甲公司将该地块的使用权转让给乙公司，但将该地块上已建成的一幢楼房留作自用。对此，下列哪些选项是正确的？（2013－1－72）[1]

A. 如该楼房已取得房屋所有权证，则甲公司可只转让整幅地块的使用权而不转让该楼房

B. 甲公司在土地使用权出让合同中载明的权利、义务应由乙公司整体承受

---

[1] BD【解析】房地产转让、抵押时，房屋的所有权和该房屋占用范围内的土地使用权同时转让、抵押，我国实行房地一体转让主义。

C. 乙公司若要改变原土地使用权出让合同约定的土地用途，取得原出让方的同意即可

D. 乙公司受让后，可以在其土地使用权的使用年限满 46 年之前申请续期

3. 划拨土地使用权的转让（F40）

（1）报批——受让方办出让手续

以划拨方式取得土地使用权的，转让房地产时，应报有批准权的人民政府审批。有批准权的人民政府准予转让的，应由受让方办出让手续，并缴纳出让金。

（2）报批——不办出让手续，转让方将土地收益上交

以划拨方式取得土地使用权的，转让房地产报批时，有批准权的人民政府决定可以不办理出让手续的，转让方应将转让房地产所获的土地收益上缴国家或作其他处理。

4. 划拨土地上的房地产抵押

设定房地产抵押权的土地使用权是以划拨方式取得的，依法拍卖该房地产后，应当从拍卖所得的价款中缴纳相当于应缴纳的土地使用权出让金的款额后，抵押权人方可优先受偿。

5. 划拨土地上的房屋出租

房屋所有权人以营利为目的，将以划拨方式取得使用权的国有土地上建成的房屋出租，应当将租金中所含土地收益上缴国家。

> 【特别提示】划拨土地上的房地产可以依法转让、出租和抵押，但是其土地收益归国家。

【经典真题】

甲企业将其厂房及所占划拨土地一并转让给乙企业，乙企业依法签订了出让合同，土地用途为工业用地。5 年后，乙企业将其转让给丙企业，丙企业欲将用途改为商业开发。关于该不动产权利的转让，下列哪些说法是正确的？（2015－1－72）[1]

A. 甲向乙转让时应报经有批准权的政府审批

B. 乙向丙转让时，应已支付全部土地使用权出让金，并取得国有土地使用权证书

C. 丙受让时改变土地用途，须取得有关国土部门和规划部门的同意

D. 丙取得该土地及房屋时，其土地使用年限应重新计算

【经典习题】

甲公司以出让方式取得一块土地使用权，出让合同约定，该土地用于工业用途。4 年后，甲公司将该土地使用权转让给乙公司。乙公司受让该土地使用权后，将该土地用于娱乐用途。关于甲公司取得该土地使用权及转让，下列正确的是？[2]

A. 如果甲公司可在取得土地使用权后，依法预售该土地上的商品房，并可以收取的预售房款补交出让金

B. 甲公司取得土地使用权后，可将该土地使用权抵押，并与抵押权人共同申请办理抵押登记

C. 甲公司在该土地上建造房屋一栋，该办理完毕登记手续后即取得该房屋的所有权

D. 如甲公司超过出让合同约定的动工期限 1 年未开发的，出让方可无偿收回该土地使用权

【法条】

《房地产管理法》第 16、17、18、26 条，《民法典》第 231 条，《不动产登记暂行条例》第 14 条。

---

[1] ABC【解析】划拨土地使用权的出让，应当经过有批准权的政府审批。

[2] B【解析】先交出让金，后使用土地。土地使用权类似于所有权，可以占有、使用、收益和处分，抵押登记有抵押人和抵押权人共同申请。建造房屋属于事实行为，在建造行为完成时，自动获得所有权，登记是处分要件。1 年不动工，交土地闲置费；2 年不动工，无偿收回。

第五章　银行业法

▶【复习指南】

以商业银行的设立、业务管理、整改、接管、撤销、解散和清算的主线，全面学习掌握商业银行的基本制度，重点学习商业银行的贷款业务及其法律责任。重点记忆银行业监管法律规定的各项法律责任。尤其需要学员理解效力规范和取缔规范的区分，即银行违反取缔规范，民事合同依然有效，但需要承担行政责任，甚至刑事责任。

▶【知识框架】

商业银行法	1. **商业银行**：设立、业务管理（贷款业务）、解散和清算
银监法	1. **监管措施**：监管对象、整改、接管、撤销
	2. **法律责任**

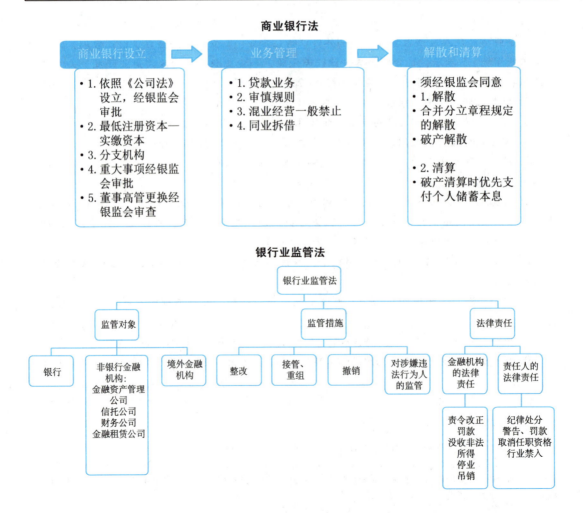

商业银行法

商业银行设立 →	业务管理 →	解散和清算
• 1. 依照《公司法》设立，经银监会审批 • 2. 最低注册资本—实缴资本 • 3. 分支机构 • 4. 重大事项经银监会审批 • 5. 董事高管更换经银监会审查	• 1. 贷款业务 • 2. 审慎规则 • 3. 混业经营一般禁止 • 4. 同业拆借	• 须经银监会同意 • 1. 解散 • 合并分立章程规定的解散 • 破产解散 • 2. 清算 • 破产清算时优先支付个人储蓄本息

银行业监管法

银行业监管法
- 监管对象
  - 银行
  - 非银行金融机构：金融资产管理公司、信托公司、财务公司、金融租赁公司
  - 境外金融机构
- 监管措施
  - 整改
  - 接管、重组
  - 撤销
  - 对涉嫌违法行为人的监管
- 法律责任
  - 金融机构的法律责任（责令改正、罚款、没收非法所得、停业、吊销）
  - 责任人的法律责任（纪律处分、警告、罚款、取消任职资格、行业禁入）

第一节　商业银行

（一）设立、运作（F11-28）★★★

1. 设立和变更商业银行，依照《公司法》设立，应经中国银行保险监督管理委员会审查批准。

（1）不得擅自设立银行

任何单位和个人未经中国银行保险监督管理委员会批准，不得从事吸收公众存款等商业银行业务。

擅自设立商业银行或非法从事银行业金融机构的业务活动的，或非法吸收公众存款、变相吸收公众存款，由中国银行保险监督管理委员会予以取缔、没收违法所得并依法罚款。

（2）最低注册资本：实缴资本+

A 设立全国性商业银行的注册资本最低限额为10亿元人民币。

B 设立城市商业银行的注册资本最低限额为1亿元人民币，

C 设立农村商业银行的注册资本最低限额为5千万元人民币。

D 调高国务院银行业监督管理机构根据审慎监管的要求可以调整注册资本最低限额，但不得少于前款规定的限额。

【经典真题】

根据《商业银行法》，关于商业银行的设立和变更，下列哪些说法是正确的？（2012-1-67）[1]

A. 国务院银行业监督管理机构可以根据审慎监管的要求，在法定标准的基础上提高商业银行设立的注册资本最低限额

B. 商业银行的组织形式、组织机构适用《公司法》

C. 商业银行的分立、合并不适用《公司法》

D. 任何单位和个人购买商业银行股份总额5%以上的，应事先经国务院银行业监督管理机构批准

2. 分支机构（F19）

（1）中国银行保险监督管理委员会批，不按行政区划设立

商行设立分支机构必须经中国银行保险监督管理委员会审查批准，中国境内分支机构不按行政区划设立。

（2）拨付资金不超过总行资金60%

拨付各分支机构营运资金额的总和，不得超过总行资本金总额的60%。

（3）歇业吊销

商业银行及其分支机构自取得营业执照之日起无正当理由超过六个月未开业的，或开业后自行停业连续六个月以上的，由中国银行保险监督管理委员会吊销其经营许可证，并予以公告。

---

[1]　ABD【解析】商业银行的组织形式是有限公司或者股份公司，其分立合并适用公司法。

根据《商业银行法》，关于商业银行分支机构，下列哪些说法是错误的？（2012－1－66）[1]

A. 在中国境内应按行政区划设立

B. 经地方政府批准即可设立

C. 分支机构不具有法人资格

D. 拨付各分支机构营运资金额的总和，不得超过总行资本金总额的70%

3. 应经中国银行保险监督管理委员会批准的商行变更事项（F24）

（1）变更重大事项

名称；业务范围；总行或分支行所在地；章程；注册资本

（2）变更大股东

持有资本总额或股份总额5%以上的股东；

A 任何单位和个人购买商业银行股份总额5%以上的，应先经中国银行保险监督管理委员会批准，否则，有违法所得的，没收违法所得；没有违法所得或者违法所得不足五万元的，处五万元以上五十万元以下罚款；

B 申请设立银行业金融机构，或银行业金融机构变更持有资本总额或股份总额达到规定比例以上的股东的，中国银行保险监督管理委员会应对股东的资金来源、财务状况、资本补充能力和诚信状况进行审查。

4. 应经中国银行保险监督管理委员会审查：变更董高

更换董事、高级管理人员时，应报经中国银行保险监督管理委员会审查其任职资格。

下列哪些不是应当经银行业监督管理机构批准或审查的变更事项？[2]

A. 甲商业银行拟变更名称、注册资本、业务范围、章程

B. 乙商业银行拟将分行所在地从北京搬迁到兰州

C. 丙商业银行持股4%的股东赵某拟将股权转让给马某

D. 丁商业银行（100%民营）股东会决议变更董事会成员

《商业银行法》第24条。

（二）业务管理★★★

1. 贷款业务（F34－40）

（1）关系人信用贷款禁止

商业银行不得向关系人发放信用贷款

（2）关系人担保贷款平等待遇

向关系人发放担保贷款的条件不得优于其他借款人同类贷款的条件。

（3）关系人包括：

①商业银行的董事、监事、管理人员、信贷业务人员及其近亲属；

②前项人员投资或担任高级管理职务的公司、企业和其他经济组织。

---

[1]　ABD【解析】商业银行分支机构由中国银行保险监督管理委员会批准设立，拨付给其的资金不超过总行资本金总额的60%，分支机构不具有法人资格。

[2]　C【解析】名称、注册资本、业务范围、章程、5%股权变动、总行分支行地点变更、调整董高等都是重大事项。

【经典真题】

某商业银行推出"校园贷"业务,旨在向在校大学生提供额度不等的消费贷款。对此,下列哪些说法是错误的?(2017-1-68)[1]

A. 银行向在校大学生提供"校园贷"业务,须经国务院银监机构审批或备案

B. 在校大学生向银行申请"校园贷"业务,无论资信如何,都必须提供担保

C. 银行应对借款大学生的学习、恋爱经历、父母工作等情况进行严格审查

D. 银行为提高"校园贷"业务发放效率,审查人员和放贷人员可同为一人

【法条】

《商业银行法》第35、36条。

(4)法律责任

A 民事责任

损害赔偿、民事借款合同一般有效

B 行政责任

违法违规发放贷款的,没收违法所得,并依法罚款;

情节特别严重或逾期不改正的,可以责令停业整顿或吊销其经营许可证。

2. 审慎规则(F42、43)

(1)及时处分

商业银行因行使抵押权、质权而取得的不动产或股权,应自取得之日起2年内处分。

(2)投资禁止:信托、证券、企业、非自用不动产、非银行金融机构

商业银行在中国境内不得从事信托投资和证券经营业务,不得向非自用不动产投资或向非银行金融机构和企业投资,但国家另有规定的除外。

【经典真题】

某市商业银行2010年通过实现抵押权取得某大楼的所有权,2013年卖出该楼获利颇丰。2014年该银行决定修建自用办公楼,并决定入股某知名房地产企业。该银行的下列哪些做法是合法的?(2014-1-69)[2]

A. 2010年实现抵押权取得该楼所有权　　　B. 2013年出售该楼

C. 2014年修建自用办公楼　　　D. 2014年入股某房地产企业

3. 商业银行资产负债比例管理

商业银行贷款,应当遵守下列资产负债比例管理的规定:

---

[1] BCD【解析】依据《银行业监管法》第18条的规定,银行业金融机构业务范围内的业务品种,应当按照规定经国务院银行业监督管理机构审查批准或者备案。银行的校园贷的业务需要经中国银行保险监督管理委员会审批或备案,A选项正确,不选。

依据《商业银行法》第36条第2款的规定,经商业银行审查、评估,确认借款人资信良好,确能偿还贷款的,可以不提供担保。因此学生申请校园贷,并不是必须提供担保,B选项错误,要选。

依据《商业银行法》第35条第1款的规定,商业银行贷款,应当对借款人的借款用途、偿还能力、还款方式等情况进行严格审查。审查的核心是借款人的信用和资产状况,而非其恋爱经历、父母工作和学习情况,C选项错误,要选。

依据《商业银行法》第35条第2款的规定,商业银行贷款,应当实行审贷分离、分级审批的制度。D选项错误,要选。

[2] AC【解析】商业银行因行使抵押权、质权而取得的不动产或者股权,应当自取得之日起二年内予以处分,商业银行同时行使抵押权可取得抵押物的所有权,合法,A正确,要选。

商业银行取得该不动产3年后才处分,非法,B错误,不选。

商业银行投资自用不动产,修建自用办公楼,合法,C正确,要选。

商业银行不能向企业投资,入股房地产企业,非法,D错误,不选。

（1）资本充足率不得低于百分之八；

（2）贷款余额与存款余额的比例不得超过百分之七十五；

（3）流动性资产余额与流动性负债余额的比例不得低于百分之二十五；

（4）对同一借款人的贷款余额与商业银行资本余额的比例不得超过百分之十；

（5）国务院银行业监督管理机构对资产负债比例管理的其他规定。

【经典真题】

根据《商业银行法》的规定，2018年商业银行与乙房地产公司进行的下列业务注来活动合法的是？[1]

A. 双方共同开发某经济特区的房地产项目，并成立丙项目公司

B. 甲银行副行长兼任房地产公司副董事长，甲银行向丙项目公司投资1亿元

C. 乙房地产公司以该公司的房地产作抵押，向甲商业银行提出贷款申请

D. 甲商业银行经审核后，向乙公司发放了2亿元抵押贷款，该行当月资本余额为17.9亿元

【法条】

《商业银行法》第39、43条

（三）中国人民银行的监管范围（《商业银行法》F76、77）★★★

商业银行有下列情形，情节特别严重或逾期不改正的，央行可以建议中国银行保险监督管理委员会责令停业整顿或吊销其经营许可证：

（1）结汇、售汇

未经批准办理结汇、售汇的；

（2）银行间债券市场、境外借款

未经批准在银行间债券市场发行、买卖金融债券或到境外借款的；

（3）银行间同业拆借

违反规定同业拆借的。

A 借出"闲钱"

拆出资金限于交足存款准备金、留足备付金和归还中国人民银行到期贷款之后的闲置资金。

B 借入"救急"

拆入资金用于弥补票据结算、联行汇差头寸的不足和解决临时性周转资金的需要。禁止利用拆入资金发放固定资产贷款或用于投资。

（4）财务报告

提供虚假的或隐瞒重要事实的财务会计报告、报表和统计报表的；

（5）存款准备金

未按照中国人民银行规定的比例交存存款准备金的。

【经典习题】

下列哪一选项不属于国务院银行业监督管理机构职责范围？[2]

A. 审查批准银行业金融机构的设立、变更、终止以及业务范围

---

[1] C【解析】依据《商业银行法》第43条，商业银行不能投资非自用不动产，A、B错误。

商业银行可以依法开展商业贷款业务，C正确。

依据《商业银行法》第39条第1款第4项，对同一借款人的贷款余额与商业银行资本余额的比例不得超过10%，D错误。

[2] D【解析】交存存款准备金和存款保险金属于央行监管。

B. 受理银行设立申请，审查其股东的资金来源、财务状况、诚信状况等

C. 审查批准或备案银行业金融机构业务范围内的业务品种

D. 接收商业银行交存的存款准备金和存款保险金

E. 未经批准代理买卖外汇

F. 未经批准发行、买卖金融债券的

（四）接管、解散、撤销、破产、清算和终止

1. 解散（F69）

商行因分立、合并或出现公司章程规定的解散事由需要解散的，应向中国银行保险监督管理委员会提出申请，并附解散的理由和支付存款的本金和利息等债务清偿计划，经中国银行保险监督管理委员会同意后解散。

商行解散的，应依法成立清算组，进行清算，中国银行保险监督管理委员会监督清算过程。

2. 破产（F71）

（1）程序

商行不能支付到期债务，经中国银行保险监督管理委员会同意，由法院宣告其破产，由法院组织中国银行保险监督管理委员会等部门和人员成立清算组，进行清算。

（2）清偿顺序

商行破产清算时，在支付清算费用、所欠职工工资和劳动保险费用后，优先支付个人储蓄存款的本金和利息。

第二节　银行业监督管理法

（一）监管范围（F2）

1. 银行业金融机构

中国境内设立的商业银行、城市信用合作社、农村信用合作社等吸收公众存款的金融机构以及政策性银行。

2. 非银行金融机构

中国境内设立的金融资产管理公司、信托投资公司、财务公司、金融租赁公司以及经中国银行保险监督管理委员会批准设立的其他金融机构。

3. 境外金融机构

对经中国银行保险监督管理委员会[1]批准在境外设立的金融机构以及中国银行保险监督管理委员会监管的金融机构在境外的业务活动。

4. 业务审查

银行业金融机构业务范围内的业务品种，应按照规定经中国银行保险监督管理委员会审查批准或备案。

（二）整改（F37）——中国银行保险监督管理委员会或其省一级派出机构负责人批准 ★★★

整改措施

银行业金融机构违反审慎经营规则的，中国银行保险监督管理委员会或其省一级派出机构应责令限期改正；

---

〔1〕　中国银行保险监督管理委员会，即国务院银行业监督管理机构。

逾期未改正的，或其行为严重危及该银行业金融机构的稳健运行、损害存款人和其他客户合法权益的，经中国银行保险监督管理委员会或其省一级派出机构负责人批准，可采取下列措施：

(1) 控制金融风险

责令暂停部分业务、停止批准开办新业务；

停止批准增设分支机构。

(2) 防止资产流失

限制分配红利和其他收入；

限制资产转让。

(3) 防范股东和管理层的道德风险（F37）

责令控股股东转让股权或限制有关股东的权利；

责令调整董事、高级管理人员或限制其权利。

【经典真题】

某商业银行违反审慎经营规则，造成资本和资产状况恶化，严重危及稳健运行，损害存款人和其他客户合法权益。对此，银行业监督管理机构对该银行依法可采取下列哪些措施？(2004-1-64)[1]

A. 停止批准其增设分支机构　　　　B. 停止批准其开设新业务

C. 限制其资产转让　　　　　　　　D. 责令其所有股东转让股权

（三）接管、重组或撤销★★★

1. 信用危机处理与接管（F38）

银行业金融机构已经或可能发生信用危机，严重影响存款人和其他客户合法权益的，中国银行保险监督管理委员会可以依法对该银行业金融机构实行接管或促成机构重组。

(1) 条件

商业银行已经或可能发生信用危机，严重影响存款人的利益时，中国银行保险监督管理委员会可以决定并实行对该银行接管。

(2) 效果

被接管商业银行的债权债务关系不因接管而变化；

自接管开始之日起，由接管组织行使商业银行的经营管理权力。

(3) 期限

接管期限届满，中国银行保险监督管理委员会可决定延期，但接管期限最长不得超过二年。

2. 撤销（F39）

(1) 撤销的原因：违法

银行业金融机构有违法经营、经营管理不善等情形，不予撤销将严重危害金融秩序、损害公众利益的，中国银行保险监督管理委员会有权予以撤销。

(2) 撤销的后果：清算

商行因吊销经营许可证被撤销的，中国银行保险监督管理委员会应依法组织成立清算组，进行清算，按照清偿计划及时偿还存款本金和利息等债务。

---

[1] ABC【解析】促进机构重组是银行已经或可能发生信用危机时的措施。

3. 接管、重组或被撤销期间的处理（F40）

（1）董高及工作人员履行职责

银行业金融机构被接管、重组或被撤销的，中国银行保险监督管理委员会有权要求该银行业金融机构的董事、高管和其他工作人员，按照中国银行保险监督管理委员会的要求履行职责。

（2）在此期间，经中国银行保险监督管理委员会负责人批准，对直接负责的董事、高管和其他直接责任人员，可以采取下列措施：

A 阻止出境——通知出境机关

直接负责的董事、高管和其他直接责任人员出境将对国家利益造成重大损失的，通知出境管理机关阻止其出境；

B 冻结财产——申请法院

申请司法机关禁止其转移、转让财产或对其财产设定其他权利。

（四）对涉嫌违法的行为人的监管（F41）

经中国银行保险监督管理委员会或其省一级派出机构负责人批准，中国银行保险监督管理委员会有权：

1. 查询账户

查询涉嫌金融违法的银行业金融机构及其工作人员以及关联行为人的账户；

2. 申请法院冻结

对涉嫌转移或隐匿违法资金的，经中国银行保险监督管理委员会负责人批准，可申请司法机关予以冻结。

（五）法律责任（F43－46、48）★★★

【经典真题】

陈某在担任某信托公司总经理期间，该公司未按照金融企业会计制度和公司财务规则严格管理和审核资金使用，违法开展信托业务，造成公司重大损失。对此，陈某负有直接管理责任。关于此事，下列哪些说法是正确的？（2016－1－72）[1]

A. 该公司严重违反审慎经营规则

B. 中国银行保险监督管理委员会可责令该公司停业整顿

C. 国家工商总局可吊销该公司的金融许可证

D. 中国银行保险监督管理委员会可取消陈某一定期限直至终身的任职资格

---

[1] ABD【解析】对于违反银行业监管法的董事高管，可依法取消直接负责的董事、高级管理人员一定期限直至终身的任职资格，禁止直接负责的董事、高级管理人员和其他直接责任人员一定期限直至终身从事银行业工作。

法律责任	**1. 违反设立分支机构、变更和终止；违法的业务活动 F45——改正、罚没；情节严重的：停业、吊销** 银行业金融机构有下列情形之一，责令改正，罚没，情节特别严重或者逾期不改正的，责令停业整顿或吊销其经营许可证；构成犯罪的，依法追究刑事责任： **（1）违法设立分支机构、变更、终止** 未经批准设立分支机构的；未经批准变更、终止的； **（2）违法从事业务活动、存贷款利率** 违反规定从事未经批准或未备案的业务活动的；违反规定提高或者降低存款利率、贷款利率的。
	2. 擅自任命董高、拒绝监管、违法信息披露、违反审慎规则 F46——罚款；情节特别严重或逾期不改的，停业、吊销 银行业金融机构有下列情形之一，罚款，情节特别严重或者逾期不改正的，责令停业整顿或吊销其经营许可证；构成犯罪的，依法追究刑事责任： **（1）擅自任命董高任免** 未经任职资格审查任命董事、高级管理人员的； **（2）拒绝监管** 拒绝或者阻碍非现场监管或者现场检查的； **（3）违反审慎规则、拒绝整改** 严重违反审慎经营规则的；拒绝执行整改措施的； **（4）虚假报告，违规信息披露** 提供虚假的或者隐瞒重要事实的报表、报告等文件、资料的；未按照规定进行信息披露的。
	3. 违规报告 F47——改正、罚款 银行业金融机构不按照规定提供报表、报告等文件、资料的，由国务院银行业监督管理机构责令改正，罚款。
	4. 银行业金融机构违法的，中国银行保险监督管理委员会除依法处罚外，还可以区别不同情形，采取下列措施： **（1）责令给予纪律处分** 责令银行业金融机构对直接负责的董高和其他直接责任人员给予纪律处分； **（2）警告、罚款** 尚不构成犯罪的，对直接负责的董高和其他直接责任人员给予警告，处 5 万元以上 50 万元以下罚款； **（3）取消任职资格、行业禁入** 取消直接负责的董高一定期限直至终身的任职资格，禁止直接负责的董高和其他直接责任人员一定期限直至终身从事银行业工作。

【经典习题】

甲金融租赁公司未经批准设立分支机构，乙商业银行擅自开展未经批准的理财业务，丙财务公司未经任职资格审查任命张某为该公司总经理，丁信托公司不按照规定提供财务报表，对此，下列哪些说法是错误的？[1]

A. 中国银行保险监督管理委员会可责令甲公司改正

B. 中国银行保险监督管理委员会可对乙商业银行处以罚款

---

[1] CD【解析】中国银行保险监督管理委员会监管商行的日常管理；违规提供报表和报告的，改正和罚款。

C. 央行可对丙公司的违法所得予以没收

D. 中国银行保险监督管理委员会可责令丁公司停业整顿

【法条】

《银行业监管法》第 43 ～ 49 条。

第六章　财税法

【复习指南】

以实体税法和程序税法为框架，在实体税法部分，学习掌握所得税、增值税、消费税、车船税各个税种的基本制度，重点掌握理解减免税规则。在程序税法部分，重点学习掌握税收保全和税收强制措施，同时掌握税务纠纷的处理规则。

【知识框架】

实体税法	所得税：个税、企税
	增值税
	消费税
	车船税
程序税法	税收征管
	法律责任和法律纠纷

财税法

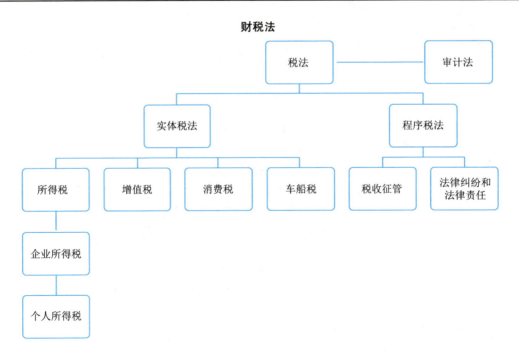

第一节　实体税法

（一）企业所得税法

企业每一纳税年度的收入总额，减除不征税收入、免税收入、各项扣除以及允许弥补的以前年度亏损后的余额，为应纳税所得额。

1. 企业收入总额包括：

（1）销售货物收入；

（2）提供劳务收入；

（3）转让财产收入；

（4）股息、红利等权益性投资收益；

（5）利息收入；

（6）租金收入；

（7）特许权使用费收入；

（8）接受捐赠收入；

（9）其他收入。

2. 税收优惠（F7、26、27、30）

（1）企业收入总额中的下列收入为不征税收入：

①财政拨款；

②依法收取并纳入财政管理的行政事业性收费、政府性基金；

③国务院规定的其他不征税收入。

（2）免税收入：

①国债利息收入；

②符合条件的居民企业之间的股息、红利等权益性投资收益；

③在中国境内设立机构、场所的非居民企业从居民企业取得与该机构、场所有实际联系的股息、红利等权益性投资收益；

④符合条件的非营利组织的收入。

（3）免征、减征收入

①从事农、林、牧、渔业项目的所得；

②从事国家重点扶持的公共基础设施项目投资经营的所得；

③从事符合条件的环境保护、节能节水项目的所得；

④符合条件的技术转让所得；

⑤非居民企业的减免待遇：非居民企业在中国境内未设立机构、场所的，或者虽设立机构、场所但取得的所得与其所设机构、场所没有实际联系的来源于中国境内的所得。

（4）其他优惠措施

企业的下列支出，可以在计算应纳税所得额时加计扣除：

①开发新技术、新产品、新工艺发生的研究开发费用；

②安置残疾人员及国家鼓励安置的其他就业人员所支付的工资。

【经典真题】

1. 2012 年 12 月，某公司对县税务局确定的企业所得税的应纳税所得额、应纳税额及在 12 月 30 日前缴清税款的要求极为不满，决定撤离该县，且不缴纳税款。县税务局得知后，责令该公司在 12 月 15 日前纳税。当该公司有转移生产设备的明显迹象时，县税务局责成其提供纳税担保。该公司取得的下列收入中，属于《企业所得税法》规定的应纳税收入的是：（2013 – 1 – 92）[1]

A. 财政拨款 B. 销售产品收入

C. 专利转让收入 D. 国债利息收入

2. 根据《企业所得税法》规定，下列哪些表述是正确的？（2010 – 1 – 71）[2]

A. 国家对鼓励发展的产业和项目给予企业所得税优惠

B. 国家对需要重点扶持的高新技术企业可以适当提高其企业所得税税率

C. 企业从事农、林、牧、渔业项目的所得可以免征、减征企业所得税

D. 企业安置残疾人员所支付的工资可以在计算应纳税所得额时加计扣除

（二）个人所得税法 ★★★

1. 居民个人和非居民个人（F1）

类别		缴税
居民个人	1. 在中国境内有住所 2. 无住所而一个纳税年度内在中国境内居住累计满 183 天	中国境内和境外取得的所得
非居民个人	1. 在中国境内无住所又不居住 2. 无住所而一个纳税年度内在中国境内居住累计不满 183 天	中国境内取得的所得
纳税年度	自公历 1 月 1 日起至 12 月 31 日止	

2. 个税缴纳（F2、F3、F6）

个人所得		应纳税所得额的计算	税额计算和税率
综合所得	工资、薪金所得	非居民个人的工资、薪金所得，以每月收入额减除费用五千元后的余额为应纳税所得额。	1. 居民个人按纳税年度合并计算个人所得税； 居民个人的综合所得，以每一纳税年度的收入额减除费用六万元以及专项扣除、专项附加扣除和依法确定的其他扣除后的余额，为应纳税所得额。 2. 非居民个人按月或者按次分项计算个人所得税。 3. 超额累进税率：3% 至 45%
	劳务报酬所得	以每次收入额为应纳税所得额。劳务报酬所得、稿酬所得、特许权使用费所得以收入减除 20% 的费用后的余额为收入额。稿酬所得的收入额减按 70% 计算。提示：稿酬打 5.6 折	
	稿酬所得		
	特许权使用费所得		
经营所得		以每一纳税年度的收入总额减除成本、费用以及损失后的余额，为应纳税所得额。	超额累进税率：5% 至 35%

---

[1] BC【解析】财政拨款属于不征税收入，A 不属于，不选。

企业以货币形式和非货币形式从各种来源取得的收入，为收入总额。包括：销售货物收入；特许权使用费收入；BC 正确。

国债利息收入属于免税收入，D 不属于，不选。

[2] ACD【解析】国家对需要重点扶持的高新技术企业可以减免税。

个人所得	应纳税所得额的计算	税额计算和税率
利息、股息、红利所得	以每次收入额为应纳税所得额。	分别计算个人所得税。 比例税率：20%
财产租赁所得	每次收入不超过四千元的，减除费用八百元； 四千元以上的，减除 20% 的费用，其余额为应纳税所得额。	
财产转让所得 偶然所得	以转让财产的收入额减除财产原值和合理费用后的余额，为应纳税所得额。	
捐赠扣除	个人将其所得对教育、扶贫、济困等公益慈善事业进行捐赠，捐赠额未超过纳税人申报的应纳税所得额 30% 的部分，可以从其应纳税所得额中扣除；国务院规定对公益慈善事业捐赠实行全额税前扣除的，从其规定。	
居民综合所得的专项扣除	1. 居民个人按照国家规定的范围和标准缴纳的基本养老保险、基本医疗保险、失业保险等社会保险费和住房公积金等； 2. 专项附加扣除，包括子女教育、继续教育、大病医疗、住房贷款利息或者住房租金、赡养老人等支出，具体范围、标准和实施步骤由国务院确定，并报全国人民代表大会常务委员会备案。	

【经典真题】

2012 年外国人约翰来到中国，成为某合资企业经理，迄今一直居住在北京。根据《个人所得税法》，约翰获得的下列哪些收入应在我国缴纳个人所得税？（2014 - 1 - 71）[1]

A. 从该合资企业领取的薪金   B. 出租其在华期间购买的房屋获得的租金

C. 在中国某大学开设讲座获得的酬金   D. 在美国杂志上发表文章获得的稿酬

3. 免税 （F4）

（1）省级人民政府、国务院部委和中国人民解放军军以上单位，以及外国组织、国际组织颁发的科学、教育、技术、文化、卫生、体育、环境保护等方面的奖金；

（2）国债和国家发行的金融债券利息；

（3）按照国家统一规定发给的补贴、津贴；

（4）福利费、抚恤金、救济金；

（5）保险赔款；

（6）军人的转业费、复员费、退役金；

（7）按照国家统一规定发给干部、职工的安家费、退职费、基本养老金或者退休费、离休费、离休生活补助费；

---

[1]　ABCD【解析】居民纳税人从中国境内外所得都必须缴纳个税，非居民纳税人从中国境内所得缴纳个税。在中国境内有住所，或者无住所而一个纳税年度内在我国境内居住满 183 天的个人都是居民纳税人。该案中，约翰 2012 年就来到中国，直到今年 2014 年，在中国居住已经 183 天，系居民纳税人，从中国境内外所得都必须缴纳个税。

从合资企业领取的薪金，属于工资所得，应当缴纳个税，A 正确，要选。

出租房屋所获得的租金属于财产租赁所得，应当缴纳个税，B 正确，要选。

开设讲座，属于劳务所得，应当缴纳个税，C 正确，要选。

发表文章的获得的稿酬，属于稿酬所得，应当缴纳个税，D 正确，要选。

（8）依照有关法律规定应予免税的各国驻华使馆、领事馆的外交代表、领事官员和其他人员的所得；

（9）中国政府参加的国际公约、签订的协议中规定免税的所得；

（10）国务院规定的其他免税所得。

该免税规定，由国务院报全国人民代表大会常务委员会备案。

【经典真题】

下列哪一项个人所得不应免纳个人所得税？（2005－1－23）[1]

A. 某体育明星在奥运会上获得一块金牌，回国后国家体育总局奖励20万元人民币

B. 某科学家获得国务院特殊津贴每月200元人民币

C. 某高校教师取得一项发明专利，学校奖励5万元人民币

D. 李某新买的宝马车在某风景区停靠时，被山上落下的石头砸坏，保险公司赔付李某的6万元保险金

4. 减税（F5）

有下列情形之一的，可以减征个人所得税，具体幅度和期限，由省、自治区、直辖市人民政府规定，并报同级人民代表大会常务委员会备案：

（1）残疾、孤老人员和烈属的所得；

（2）因自然灾害遭受重大损失的。

国务院可以规定其他减税情形，报全国人民代表大会常务委员会备案。

5. 纳税调整（F8）

下列情形之一的，税务机关有权按照合理方法进行纳税调整：

（1）不正当关联交易减少应纳税额

个人与其关联方之间的业务往来不符合独立交易原则而减少本人或者其关联方应纳税额，且无正当理由；

（2）关联企业恶意不分或少分红

居民个人控制的，或者居民个人和居民企业共同控制的设立在实际税负明显偏低的国家（地区）的企业，无合理经营需要，对应当归属于居民个人的利润不作分配或者减少分配；

（3）恶意不正当避税

个人实施其他不具有合理商业目的的安排而获取不当税收利益。

税务机关依照前款规定作出纳税调整，需要补征税款的，应当补征税款，并依法加收利息。

【经典习题】

依据个人所得税法，下列针对我国公民甲（甲系我国个人所得税法上的居民个人）的表述正确的是？[2]

A. 甲因自然灾害遭受重大损失的，可以免征个人所得税

B. 甲的工资、薪金所得，以每月收入额减除费用五千元后的余额为应纳税所得额

C. 甲的综合所得，以每一纳税年度的收入额减除费用六万元以及专项扣除的余额，为应纳税所得额

D. 甲单独投资设立乙有限公司在境外低税率地区从事经营活动，乙公司经营状况良好。

---

〔1〕 C【解析】学校奖励不是省部颁发的奖金，不得免税。

〔2〕 D【解析】自然灾害系减征事由；非居民个人按月计算应纳税所得额并按扣除五千元后的余额计算应纳税所得额；居民综合所得扣除项目还包括专项附加扣除和依法确定的其他扣除。恶意非法避税的，税务机关有权进行合理调整。

为避税，乙公司应当对甲分配的利润一直不做分配。对此，税务机关有权按照合理方法进行纳税调整

【法条】

《个人所得税法》第4条、第5条、第8条。

6. 纳税申报（F10）

有下列情形之一的，纳税人应当依法办理纳税申报：

（1）综合所得

取得综合所得需要办理汇算清缴；

（2）没有扣缴义务人或未扣缴

取得应税所得没有扣缴义务人或扣缴义务人未扣缴税款；

（3）境外所得

取得境外所得；

（4）移民

因移居境外注销中国户籍；

（5）非居民在境内从两处以上取得收入

非居民个人在中国境内从两处以上取得工资、薪金所得；

（6）其他

国务院规定的其他情形。

扣缴义务人应当按照国家规定办理全员全额扣缴申报，并向纳税人提供其个人所得和已扣缴税款等信息。

【经典习题】

纳税义务人具有下列哪些情形的，应当按规定办理个人所得税纳税申报？[1]

A. 取得综合所得需要办理汇算清缴的

B. 非居民个人在中国境内从两处以上取得工资、薪金所得的

C. 从中国境外取得所得的或者因移居境外注销中国户籍

D. 取得应纳税所得没有扣缴义务人的

【法条】

《个税法》第10条。

7. 扣缴义务人的手续费（F17）

对扣缴义务人按照所扣缴的税款，付给2%的手续费。

（三）车船税法

1. 免征

下列车船免征车船税（F3）：

①捕捞、养殖渔船（在渔业船舶登记管理部门登记为捕捞船或者养殖船的船舶）；

②军队、武装警察部队专用的车船（按照规定在军队、武装警察部队车船登记管理部门登记，并领取军队、武警牌照的车船）；

③警用车船（公安机关、国家安全机关、监狱、劳动教养管理机关和人民法院、人民检察院领取警用牌照的车辆和执行警务的专用船舶）；

④悬挂应急救援专用号牌的国家综合性消防救援车辆和国家综合性消防救援专用船舶；

---

[1] ABCD【解析】境外所得、因移民而注销中国户籍、非居民在我国境内从两处获得工资，无扣缴义务人的，都应当办理纳税申报。

⑤依法律应予以免税的外国驻华使领馆、国际组织驻华代表机构及其有关人员的车船。

2. 减税或免征（F4、F5）

①对节约能源、使用新能源的车船可以减征或免征车船税；

对受地震、洪涝等严重自然灾害影响纳税困难以及其他特殊原因确需减免税的车船，可以在一定期限内减征或者免征车船税。

②省级政府根据当地实际情况，可以对公共交通车船，农村居民拥有并主要在农村地区使用的摩托车、三轮汽车和低速载货汽车（原四轮农用运输车，不可以上主路）定期减征或免征车船税。

③临时入境的外国车船和港澳台的车船，不征收车船税。

④按照规定缴纳船舶吨税的机动船舶，自车船税法实施之日起5年内免征车船税。

依法不需要在车船登记管理部门登记的机场、港口、铁路站场内部行驶或者作业的车船，自车船税法实施之日起5年内免征车船税。

【经典习题】

依据《车船税法》，关于车船税减免税正确的是？[1]

A. 国家监察部的公务用车可以免证车船税

B. 对使用太阳能的汽车可以减证或免证车船税

C. 对受严重自然灾害影响纳税困难确需减税、免税的，可以减证或免证车船税。

D. 省级政府根据当地实际情况，可以对公共交通车船，农村居民拥有并主要在农村地区使用的摩托车、三轮汽车和大型载货车定期减证或免证车船税

E. 临时入境的外国车船和港澳台的车船，减证车船税

第二节　程序税法（税收证管法及其细则）

（一）税款征收

1. 税收保全措施（F38）

税收保全措施是在纳税期之前采用的，防止纳税人逃避纳税义务，保障国家税款的措施。

（1）适用主体：生产、经营纳税人

（2）适用条件：

①有根据认为纳税人有逃税行为，纳税期之前责令其限期纳税；

②在限期内发现纳税人有明显的转移、隐匿其应纳税的商品、货物以及其他财产或应纳税的收入的迹象，责成其提供纳税担保，但不能提供担保；

③经县级以上税务局（分局）局长批准。

（3）内容

①书面通知纳税人的开户银行或者其他金融机构冻结纳税人的金额相当于应纳税款的存款；②扣押、查封纳税人的价值相当于应纳税款的商品、货物或者其他财产。

（4）保全后，按期缴纳的，解除保全；不按期缴纳的，强制执行。

2. 税收强制执行措施（F40）

（1）适用主体：生产、经营的纳税人、扣缴义务人、纳税担保人

（2）适用条件：

---

〔1〕　BC【解析】监察部的公务车不能免车船税；大型载货车不能免车船税；临时入境的外国车船和港澳台车船，不征收车船税。

①逾期未缴；

②经县级以上税务局（分局）批。

（3）内容：

①书面通知其开户银行或其他金融机构从其存款中扣缴税款；

②扣押、查封、依法拍卖或者变卖其价值相当于应纳税款的商品、货物或其他财产，以拍卖或者变卖所得抵缴税款。

3. 税收保全和强制的限制

（1）禁止：个人及其所扶养家属维持生活必需的住房和用品，5000 元以下的其他生活用品。

（2）许可：机动车辆、金银饰品、古玩字画、豪华住宅或一处以外的住房。

税收保全和税收强制比较表格

	税收保全	税收强制
实施对象	生产、经营纳税人	生产、经营纳税人；扣缴义务人；纳税担保人。
适用时间	纳税期前	纳税期后
提起条件	责令限期缴纳——在期限内发现纳税人有逃税迹象的，责成纳税人提供担保——不提供担保	责令限期缴纳——逾期未缴
审批	经县级以上税务局（分局）局长批准，	经县级以上税务局（分局）局长批准
手段	冻结、扣押、查封；期限内缴纳的，解除税收保全；期满未缴纳的，税收强制；	扣缴税款；扣押、查封、依法拍卖或变卖；

【经典真题】

1. 甲创办了销售电脑的个人独资企业。至 2007 年 8 月，该企业欠缴税款近 8000 元。根据《税收征收管理法》的规定，税务机关采取的下列哪一强制措施是合法的？（2007 - 1 - 23）[1]

A. 扣押甲已出售并交付给刘某、但刘某尚未付款的一幅字画

B. 扣押甲一台价值 4800 元的电视机

C. 查封甲唯一的一辆家用轿车

D. 查封甲唯一的一套居住用房

2. 下列关于税收保全与税收强制措施的哪些表述是错误的？（2006 - 1 - 67）[2]

A. 税收保全与税收强制措施适用于所有逃避纳税义务的纳税人

B. 税收强制措施不包括从纳税人的存款中扣缴税款

C. 个人生活必需的用品不适用税收保全与税收强制执行措施

D. 税务机关可不经税收保全措施而直接采取税收强制执行措施

4. 离境清税（F44）

（1）欠缴税款的纳税人或他的法定代表人需要出境的，应在出境前向税务机关结清应纳税款、滞纳金或提供担保。

（2）未结清税款、滞纳金，又不提供担保的，税务机关可通知出境管理机关阻止其出境。

---

[1] C【解析】对机动车辆可采取税收强制措施。

[2] AB【解析】保全和强制适用于生产经营纳税人；强制包括直接扣缴税款；个人生活必需品 5000 元以下的，不适用；可以直接税收强制。

【经典真题】

李某是个人独资企业的业主。该企业因资金周转困难，到期不能缴纳税款。经申请，税务局批准其延期三个月缴纳。在此期间，税务局得知李某申请出国探亲，办理了签证并预定了机票。对此，税务局应采取下列哪一种处理方式？（2008-1-21）[1]

A. 责令李某在出境前提供担保

B. 李某是在延期期间出境，无须采取任何措施

C. 告知李某：欠税人在延期期间一律不得出境

D. 直接通知出境管理机关阻止其出境

5. 税收优先权

（1）税务机关征收税款，税收优先于无担保债权，法律另有规定除外。

（2）纳税人欠缴的税款发生在纳税人以其财产设定抵押、质押或纳税人的财产被留置之前的，税收应先于抵押权、质权、留置权执行。

（3）纳税人欠缴税款，同时又被行政机关决定处以罚款、没收违法所得的，税收优先于罚款、没收违法所得。

（4）税务机关应当对纳税人欠缴税款的情况定期予以公告。

（5）纳税人有欠税情形而以其财产设定抵押、质押的，应向抵押权人、质权人说明其欠税情况，抵押权人、质权人可以请求税务机关提供有关的欠税情况。

【特别提示】税收债权、担保物权、税收罚款的关系是：税收债权和担保物权——看时间；税收债权优先于普通民事债权；税收罚款排最后。

【经典真题】

某企业流动资金匮乏，一直拖欠缴纳税款。为恢复生产，该企业将办公楼抵押给某银行获得贷款。此后，该企业因排污超标被环保部门罚款。现银行、税务部门和环保部门均要求拍卖该办公楼以偿还欠款。关于拍卖办公楼所得价款的清偿顺序，下列哪一选项是正确的？（2014-1-29）[2]

A. 银行贷款优先于税款

B. 税款优先于银行贷款

C. 罚款优先于税款

D. 三种欠款同等受偿，拍卖所得不足时按比例清偿

6. 税收代位权和撤销权

（1）欠缴税款的纳税人因怠于行使到期债权，或者放弃到期债权，或者无偿转让财产，或者以明显不合理的低价转让财产而受让人知道该情形，对国家税收造成损害的，税务机关可依照合同法行使代位权、撤销权。

（2）税务机关行使代位权、撤销权的，不免除欠缴税款的纳税人尚未履行的纳税义务和应承担的法律责任。

---

[1] A【解析】未结清税款、滞纳金，又不提供担保的，税务机关可通知出境管理机关阻止其出境。

[2] B【解析】税收债权与担保物权，看时间，时间在先，权利在先。税收债权优先于普通债权。行政罚款排最后。

该案中，税收债权先于抵押权发生，该税收债权优先于抵押权担保的银行贷款受偿，A错误，不选。B正确，要选。

行政罚款，排最后，C错误，不选。

税收债权、担保物权、行政罚款有先后顺序，不存在按比例清偿问题，D错误，不选。

甲公司欠税40万元，税务局要查封其相应价值产品。甲公司经理说："乙公司欠我公司60万元贷款，贵局不如行使代位权直接去乙公司收取现金。"该局遂通知乙公司缴纳甲公司的欠税，乙公司不配合；该局责令其限期缴纳，乙公司逾期未缴纳；该局随即采取了税收强制执行措施。关于税务局的行为，下列哪些选项是错误的？（2013－1－70）[1]

A. 只要甲公司欠税，乙公司又欠甲公司贷款，该局就有权行使代位权

B. 如代位权成立，即使乙公司不配合，该局也有权直接向乙公司行使

C. 本案中，该局有权责令乙公司限期缴纳

D. 本案中，该局有权向乙公司采取税收强制执行措施

7. 税款追征

（1）因税务机关的责任，致使纳税人、扣缴义务人未缴或少缴税款的，税务机关在三年内可以要求纳税人、扣缴义务人补缴税款，不得加收滞纳金。

（2）因纳税人、扣缴义务人计算错误等失误，未缴或少缴税款的，税务机关在三年内可以追征税款、滞纳金；有特殊情况的，追征期可以延长到五年。

（3）对偷税、抗税、骗税的，税务机关追征其未缴或少缴的税款、滞纳金或所骗取的税款，不受上述期限的限制。

某企业因计算错误，未缴税款累计达50万元。关于该税款的征收，下列哪些选项是正确的？（2014－1－70）[2]

A. 税务机关可追征未缴的税款

B. 税务机关可追征滞纳金

C. 追征期可延长到5年

D. 追征时不受追征期的限制

8. 纳税人合并分立

（1）纳税人有合并、分立情形的，应向税务机关报告，并依法缴清税款；

（2）纳税人合并时未缴清税款的，应由合并后的纳税人继续履行未履行的纳税义务；

（3）纳税人分立时未缴清税款的，分立后的纳税人对未履行的纳税义务应承担连带责任。

9. 处分不动产

欠缴税款数额较大的纳税人在处分其不动产或大额资产之前，应向税务机关报告。

---

[1] ABCD【解析】欠缴税款的纳税人因怠于行使到期债权，或者放弃到期债权，或者无偿转让财产，或者以明显不合理的低价转让财产而受让人知道该情形，对国家税收造成损害的，税务机关可以依照合同法的规定行使代位权、撤销权。税务局应当依据合同法的规定行使代位权，在甲公司怠于行使债权的情形下，税务局才能行使代位权，A错误。

因债务人怠于行使其到期债权，对债权人造成损害的，债权人可以向人民法院请求以自己的名义代位行使债务人的债权，代位权的主张必须采用诉讼的方式进行，B错误。

从事生产、经营的纳税人、扣缴义务人未按照规定的期限缴纳或者解缴税款，纳税担保人未按照规定的期限缴纳所担保的税款，由税务机关责令限期缴纳，逾期仍未缴纳的，经县以上税务局（分局）局长批准，税务机关可以采取强制执行措施。责令限期缴纳和税收强制措施的对象是纳税人、扣缴义务人、纳税担保人，不包括纳税人的债务人，所以税务局对乙公司不能采取税收强制措施，不能责令限期缴纳，CD错误。

[2] ABC【解析】因纳税人、扣缴义务人计算错误等失误，未缴或者少缴税款的，税务机关在三年内可以追征税款、滞纳金；有特殊情况的，追征期可以延长到五年。

因此，税务机关可追征未缴纳的税款和滞纳金，A、B正确，要选。

有特殊情况的，追征期可以延长到五年。C正确，要选。

对偷税、抗税、骗税的，税务机关追征其未缴或者少缴的税款、滞纳金或者所骗取的税款，不受前款规定期限的限制，计算错误情形受追征期的限制，D错误，不选。

(二) 法律责任与争议

1. 纳税人、扣缴义务人、纳税担保人同税务机关在纳税上发生争议时，必须先依照税务机关的纳税决定缴纳或解缴税款及滞纳金或者提供相应的担保，然后可以依法申请行政复议；对行政复议决定不服的，可以依法向人民法院起诉。

2. 当事人对税务机关的处罚决定、强制执行措施或者税收保全措施不服的，可以依法申请行政复议，也可以依法向人民法院起诉。

3. 当事人对税务机关的处罚决定逾期不申请行政复议也不向人民法院起诉、又不履行的，税务机关可依法采取强制执行措施，或申请法院强制执行。

> **【特别提示】** 纳税争议，先复议；税收处罚、税收强制、税收保全不服的，可选择（行政复议或行政诉讼）。

【经典真题】

就该公司与税务局的纳税争议，下列说法正确的是：（2013-1-93）[1]

A. 如该公司不提供纳税担保，经批准，税务局有权书面通知该公司开户银行从其存款中扣缴税款

B. 如该公司不提供纳税担保，经批准，税务局有权扣押、查封该公司价值相当于应纳税款的产品

C. 如该公司对应纳税额发生争议，应先依税务局的纳税决定缴纳税款，然后可申请行政复议，对复议决定不服的，可向法院起诉

D. 如该公司对税务局的税收保全措施不服，可申请行政复议，也可直接向法院起诉

---

[1] BCD【解析】纳税人不提供担保，是税收保全的前提，可以扣押、查封相当于应纳税款的财产，不能直接扣缴税款，只有在逾期未缴税款时，才能适用税收强制规则，A错误，B正确。

纳税争议先复议，对税务处罚、税收保全、税收强制不服的，可以复议，也可以诉讼，CD正确。

环境资源法

第一章 环境保护法

【复习指南】

重点学习环境标准、三同时、环境公益诉讼等环境基本制度，重点理解和掌握环境法律责任，理解民事责任、行政责任和刑事责任的结合。

【知识框架】

环境法	1. 环境基本制度 2. 法律责任
环评法	建设项目的环境影响评价、法律责任
森林法	森林权属、森林保护
矿产资源法	矿产资源的开采、法律责任

环境法

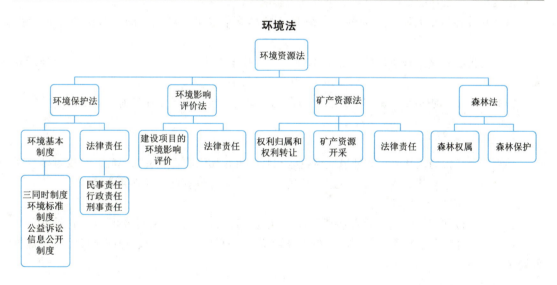

第一节 环境保护法的基本制度

（一）环境标准制度（F15）

1. 国务院环境保护主管部门制定国家环境质量标准。

2. 省、自治区、直辖市人民政府对国家环境质量标准中未作规定的项目，可以制定地方环境质量标准；

对国家环境质量标准中已作规定的项目，可以制定严于国家环境质量标准的地方环境质量标准。

3. 地方环境质量标准应当报国务院环境保护主管部门备案。

> **【特别提示】**关于环境标准：地标高于国标，地标为省级地标，地标备案，应当执行地标。

（二）三同时制度（F41）

1. 建设项目中防治污染的设施，应当与主体工程同时设计、同时施工、同时投产使用。

2. 防治污染的设施应当符合经批准的环境影响评价文件的要求，不得擅自拆除或者闲置。

（三）环境影响评价制度

环境影响评价，是指对规划和建设项目实施后可能造成的环境影响进行分析、预测和评估，提出预防或者减轻不良环境影响的对策和措施，进行跟踪监测的方法与制度。

建设项目的环境影响评价。建设单位应当按照下列规定组织编制环境影响报告书、环境影响报告表或者填报环境影响登记表（统称环境影响评价文件）：

（1）可能造成重大环境影响的，应编制环境影响报告书，对产生的环境影响进行全面评价；

（2）可能造成轻度环境影响的，应编制环境影响报告表，对产生的环境影响进行分析或专项评价；

（3）对环境影响很小、不需要进行环境影响评价的，应填报环境影响登记表。

（四）监督管理制度

1. 现场检查权（F24）

县级以上环保局及其委托的环境监察机构和其他负有环保监管职责的部门，有权对排放污染物的企事业单位和其他生产经营者进行现场检查，并应为被检查者保守商业秘密。

2. 查封扣押权（F25）

企事业单位和其他生产经营者违反法律法规规定排放污染物，造成或可能造成严重污染的，县级以上环保局和其他负有环境保护监督管理职责的部门，可查封、扣押造成污染物排放的设施、设备。

3. 总量控制（F44）

对超过国家重点污染物排放总量控制指标或未完成国家确定的环境质量目标的地区，省级以上环保局应暂停审批其新增重点污染物排放总量的建设项目环境影响评价文件。

4. 排污许可（F45）

实行排污许可管理的企事业单位和其他生产经营者应按照排污许可证的要求排放污染物；未取得排污许可证的，不得排放污染物。

5. 预警机制 （F47）

（1）县级以上政府应建立环境污染公共监测预警机制，组织制定预警方案；环境受到污染，可能影响公众健康和环境安全时，依法及时公布预警信息，启动应急措施。

（2）企事业单位应制定突发环境事件应急预案，报环保局和有关部门备案。在发生或可能发生突发环境事件时，企事业单位应立即采取措施处理，及时通报可能受到危害的单位和居民，并向环保局和有关部门报告。

（3）突发环境事件应急处置工作结束后，有关政府应立即组织评估事件造成的环境影响和损失，并及时将评估结果向社会公布。

【经典习题】

某县环保局在执法过程中，依据《环境保护法》，下列错误的是？[1]

A. 县环保局有权对甲排污企业进行现场检查

B. 只要乙企业排污可能造成严重污染，县环保局就可以查封扣押造成污染物排放的设施

C. 在丙化工厂可能发生突发环境事故时，其应当及时通报可能受到危害的单位和居民

D. 丁电化厂应当制定突发环境事件应急预案，并报环保局批准

（五）信息公开制度

1. 重点排污单位公示 （F55、F62）

（1）重点排污单位应如实向社会公开其主要污染物的名称、排放方式、排放浓度和总量、超标排放情况，以及防治污染设施的建设和运行情况，接受社会监督。

（2）重点排污单位违法不公开或不如实公开环境信息的，由县级以上环保局责令公开，处以罚款，并予以公告。

2. 应编制环评书建设项目的公示 （F56）

（1）依法应当编制环境影响报告书的建设项目，建设单位应在编制时向可能受影响的公众说明情况，充分征求意见。

（2）负责审批建设项目环境影响评价文件的部门在收到建设项目环境影响报告书后，除涉及国家秘密和商业秘密的事项外，应全文公开。

（3）发现建设项目未充分征求公众意见的，应责成建设单位征求公众意见。

3. 公益诉讼 （F58）

（1）对污染环境、破坏生态，损害社会公共利益的行为，符合下列条件的社会组织可以向人民法院提起诉讼：依法在设区的市级以上人民政府民政部门登记；专门从事环境保护公益活动连续5年以上且无违法记录，法院应依法受理。

（2）提起诉讼的社会组织不得通过诉讼牟取经济利益。

【经典习题】

关于环境保护信息公开和公益诉讼，下列正确的是？[2]

A. 甲公司系重大排污单位，其应当如实向社会公开其主要污染物的名称、排放方式、排放浓度和总量、超标排放情况，以及防治污染设施的建设和运行情况

B. 某乙建设项目系依法应当编制环境影响报告书的项目，其建设单位应在编制时向全体社会公众说明情况

C. 负责审批建设项目环境影响评价文件的部门在收到 B 选项所指的环境影响报告书后，

---

[1] D【解析】企事业单位应制定突发环境事件应急预案，报环保局和有关部门备案。

[2] AC【解析】建设单位编制环评报告书时向可能受影响的公众说明情况；依法在设区的市级以上人民政府民政部门登记、专门从事环境保护公益活动连续五年以上且无违法记录的社会组织可依法起诉。

除涉及国家秘密和商业秘密的事项外，应全文公开

D. 对污染环境损害社会公共利益的行为，依法在县级民政部门登记的从事环境保护的公益活动的社会组织可起诉

第二节　环境法的基本规则

（一）环境监测

1. 国家环保局制定监测规范，会同有关部门组织监测网络，统一规划国家环境质量监测站（点）的设置，建立监测数据共享机制，加强对环境监测的管理。

2. 监测机构应使用符合国家标准的监测设备，遵守监测规范，监测机构及其负责人对监测数据的真实性和准确性负责。

3. 省级以上政府应组织有关部门或委托专业机构，对环境状况进行调查、评价，建立环境资源承载能力监测预警机制。

（二）跨行政区域污染防治

1. 国家建立跨行政区域的重点区域、流域环境污染和生态破坏联合防治协调机制，实行统一规划、统一标准、统一监测、统一的防治措施。

2. 上述以外的跨行政区域的环境污染和生态破坏的防治，由上级政府协调解决，或由有关地方政府协商解决。

（三）农村环境综合治理

1. 各级政府应加强对农业环境的保护

（1）促进农业环境保护新技术的使用；

（2）加强对农业污染源的监测预警，统筹有关部门采取措施；

（3）防治土壤污染和土地沙化、盐渍化、贫瘠化、石漠化、地面沉降以及防治植被破坏、水土流失、水体富营养化、水源枯竭、种源灭绝等生态失调现象；

（4）推广植物病虫害的综合防治。

2. 县乡政府应提高农村环境保护公共服务水平，推动农村环境综合整治。

（四）生态保护

1. 国家在重点生态功能区、生态环境敏感区和脆弱区等区域划定生态保护红线，实行严格保护。

2. 各级政府对下列区域应采取措施予以保护，严禁破坏。

（1）具有代表性的各种类型的自然生态系统区域

（2）珍稀、濒危的野生动植物自然分布区域

（3）重要的水源涵养区域

（4）具有重大科学文化价值的地质构造、著名溶洞和化石分布区、冰川、火山、温泉等自然遗迹

（5）人文遗迹、古树名木

3. 开发利用自然资源，应合理开发，保护生物多样性，保障生态安全，依法制定有关生态保护和恢复治理方案并予以实施。

4. 引进外来物种以及研究、开发和利用生物技术，应采取措施，防止对生物多样性的破坏。

（五）政府监管责任

1. 政府监管

（1）国家环保局对全国环境保护工作实施统一监督管理；

（2）县级以上政府环境保护主管部门，对本行政区域环境保护工作实施统一监督管理；

（3）地方各级人民政府应对本行政区域的环境质量负责。

2. 各级政府应加强环境保护宣传和普及工作，鼓励基层群众性自治组织、社会组织、环境保护志愿者开展环境保护法律法规和环境保护知识的宣传，营造保护环境的良好风气。

3. 教育行政部门、学校应将环境保护知识纳入学校教育内容，培养学生的环境保护意识。

4. 每年6月5日为环境日。

【经典习题】

依据《环境保护法》，下列错误的是？[1]

A. 某县政府应组织有关部门，对环境状况进行调查、评价，建立环境资源承载能力监测预警机制

B. 相邻的甲省A县与乙省B县的环境污染防治，可以由国务院协调解决

C. 农业环境保护包括防治地面沉降，但不包括种源灭绝等生态失调现象

D. 政府对具有重大科学文化价值的地质构造、著名溶洞和化石分布区、冰川、火山、温泉等自然遗迹，人文遗迹、古树名木等应采取措施予以保护，严禁破坏。

E. 每年7月5日为环境日

F. 丙环境监测机构的负责人对监测数据的真实性负责，但对其准确性不负责

第三节　环境法律责任和处理程序

（一）环境民事责任——无过错责任

1. 举证责任：

举证责任倒置，因果关系推定。

2. 抗辩事由：

（1）受害人原因：损害是因受害人故意造成的，污染者不承担责任；

（2）不构成侵权：不存在因果关系；

3. 环境民事诉讼的特征：时效3年

【经典真题】

因连降大雨，某厂设计流量较小的排污渠之污水溢出，流入张某承包的鱼塘，致鱼大量死亡。张某诉至法院，要求该厂赔偿。该厂提出的下列哪些抗辩事由是依法不能成立的？（2013－1－73）[2]

---

〔1〕　**ACEF【解析】**省级以上政府应当组织有关部分或委托专业机构建立预警机制。农业环境保护包括防治种源灭绝等生态失调现象。6月5日是环境日。监测机构应使用符合国家标准的监测设备，遵守监测规范。监测机构及其负责人对其监测数据的真实性和准确性负责。

〔2〕　**ABD【解析】**排污符合地标不能免责，A不能成立，要选。

完全由于不可抗拒的自然灾害，并经及时采取合理措施，仍然不能避免造成环境污染损害的，免予承担责任，不可抗力不免责，还要采取合理措施，B不能成立，要选。

证明损害与排污不存在因果关系，不存在损害赔偿责任，抗辩理由成立，C成立，不选。

环境污染侵权适用无过错责任原则，该事由不能免责，D不能成立，要选。

A. 本市环保主管部门证明，我厂排污从未超过国家及地方排污标准

B. 天降大雨属于不可抗力，依法应予免责

C. 经有关机构鉴定，死鱼是全市最近大规模爆发的水生动物疫病所致

D. 张某鱼塘地势低洼，未对污水流入采取防范措施，其损失咎由自取

（二）行政责任

1. 按日连续处罚（F59）

（1）企事业单位和其他生产经营者违法排放污染物，受到罚款处罚，被责令改正，拒不改正的，依法作出处罚决定的行政机关可以自责令改正之日的次日起，按照原处罚数额按日连续处罚。

（2）罚款处罚，依照有关法律法规按照防治污染设施的运行成本、违法行为造成的直接损失或违法所得等因素确定的规定执行。

（3）地方性法规可根据环境保护的实际需要，增加按日连续处罚的违法行为的种类。

2. 限制生产停产整治（F60）

（1）企事业单位和其他生产经营者排污超标或重点污染物排放超过总量控制指标，县级以上环保局可责令其采取限制生产、停产整治等措施。

（2）情节严重的，报经有批准权的政府批准，责令停业、关闭。

3. 擅自开工的法律责任（F61）

建设单位未依法提交环境影响评价文件或环境影响评价文件未经批准，擅自开工建设的，由负有环境保护监督管理职责的部门责令停止建设，处以罚款，并可责令恢复原状。

4. 其他中介机构和单位的连带责任（F65）

环境影响评价机构、环境监测机构以及从事环境监测设备和防治污染设施维护、运营的机构，在有关环境服务活动中弄虚作假，对造成的环境污染和生态破坏负有责任的，除依照有关法律法规规定予以处罚外，还应与造成环境污染和生态破坏的其他责任者承担连带责任。

5. 上级环保局对下级环保局工作工作人员的处罚（F67）

上级环保局发现下级环保局工作人员有违法行为，依法应当给予处分的，应向其任免机关或者监察机关提出处分建议。

依法应给予行政处罚，而有关环保局不给予行政处罚的，上级环保局可直接作出行政处罚决定。

6. 行政拘留（F63）

企事业单位和其他生产经营者有下列行为之一，

（1）建设项目未依法进行环境影响评价，被责令停止建设，拒不执行的；

（2）违反法律规定，未取得排污许可证排放污染物，被责令停止排污，拒不执行的；

（3）通过暗管、渗井、渗坑、灌注或者篡改、伪造监测数据，或者不正常运行防治污染设施等逃避监管的方式违法排放污染物的；

（4）生产、使用国家明令禁止生产、使用的农药，被责令改正，拒不改正的。

以上行为尚不构成犯罪的，除依照有关法律法规规定予以处罚外，由县级以上环保局或其他有关部门将案件移送公安机关，对其直接负责的主管人员和其他直接责任人员，处 10 日以上 15 日以下拘留；情节较轻的，处 5 日以上 10 日以下拘留。

关于违反环境保护法的法律责任，下列错误的是？[1]

A. 甲造纸厂违法排放污染物的，环保局可以直接自违法排污之日按日连续处以行政罚款

B. 乙水泥厂排放的重大污染物超过总量控制指标，某省环保局可责令其停业关闭

C. 丙公司未提交环境影响评价文件即开工建设，环保局可责令停止建设，补办审批，但不能责令其恢复原状

D. 丁化工企业将其污水处理厂委托给戊公司污水治理企业维护、运营，戊企业弄虚作假的，造成重大环境污染，戊公司应当对造成的损害承担连带责任

E. 某市水泥厂违法排污，应依法受到行政处罚，其省环保局可直接对张某进行处罚

【经典真题】

某市混凝土公司新建临时搅拌站，在试运行期间通过暗管将污水直接排放到周边，严重破坏当地环境。公司经理还指派员工潜入当地环境监测站内，用棉纱堵塞空气采集器，造成自动监测数据多次出现异常。有关部门对其处罚后，公司生产经营发生严重困难，拟裁员 20 人以上。关于该公司的行为，下列说法正确的是：（2017－1－96）[2]

A. 如该公司应报批而未报批该搅拌站的环评文件，不得在缴纳罚款后再向审批部门补报

B. 该公司将防治污染的设施与该搅拌站同时正式投产使用前，可在搅拌站试运行期间停运治污设施

C. 该公司的行为受到罚款处罚时，可由市环保部门自该处罚之日的次日起，按照处罚数额按日连续处罚

D. 针对该公司逃避监管的违法行为，市环保部门可先行拘留责任人员，再将案件移送公安机关

【法条】

《环境法》第 19、41、59、61、63 条。

---

[1] ABCE【解析】先责令改正，不改正的，从责令改正之日之次日按日处罚；情节严重的，由政府批准，责令该企业停业关闭；建设项目未经环评即开工，可依法责令恢复原状；应受行政处罚，本级环保局不处罚的，上级环保局才可处罚。

[2] A【解析】依据《环境法》第 19、61 条的规定，建设对环境有影响的项目，应当依法进行环境影响评价。未依法进行环境影响评价的建设项目，不得开工建设。

建设单位未依法提交建设项目环境影响评价文件或者环境影响评价文件未经批准，擅自开工建设的，由负有环境保护监督管理职责的部门责令停止建设，处以罚款，并可以责令恢复原状。一般建设项目的环评必须事先申报，不能缴纳罚款后补报，A 选项正确。

依据《环境法》第 41 条的规定，建设项目中防治污染的设施，应当与主体工程同时设计、同时施工、同时投产使用。防治污染的设施应当符合经批准的环境影响评价文件的要求，不得擅自拆除或者闲置。因此不能擅自停运治污设施，B 选项错误。

依据《环境法》第 59 条第 1 款的规定，企业事业单位和其他生产经营者违法排放污染物，受到罚款处罚，被责令改正，拒不改正的，依法作出处罚决定的行政机关可以自责令改正之日的次日起，按照原处罚数额按日连续处罚。从责令改正之日的次日按日连续处罚，C 选项错误。

依据《环境法》第 63 条的规定，企业事业单位和其他生产经营者有违法行为之一，尚不构成犯罪的，除依照有关法律法规规定予以处罚外，由县级以上人民政府环境保护主管部门或者其他有关部门将案件移送公安机关，由公安机关对直接负责的主管人员和其他直接责任人员依法拘留，而不是由环保局拘留，D 选项错误。

第二章　矿产资源法

（一）总则

1. 权利归属（F3、F5）

（1）国家所有

矿产资源属于国家所有，由国务院行使国家对矿产资源的所有权。

地表或者地下的矿产资源的国家所有权，不因其所依附的土地的所有权或者使用权的不同而改变。

（2）探矿权、采矿权登记

勘查、开采矿产资源，必须依法分别申请、经批准取得探矿权、采矿权，并办理登记；但是，已经依法申请取得采矿权的矿山企业在划定的矿区范围内为本企业的生产而进行的勘查除外。

（3）资质条件

从事矿产资源勘查和开采的，必须符合规定的资质条件。

（4）缴纳税费

开采矿产资源，必须按照国家有关规定缴纳资源税和资源补偿费。

2. 探矿权、采矿权转让一般禁止、例外允许（F6）

除按下列规定可以转让外，探矿权、采矿权不得转让：

（1）探矿权转让

最低勘查 + 经依法批准——转让探矿权

探矿权人在完成规定的最低勘查投入后，经依法批准，可以将探矿权转让他人。

探矿权人优先取得采矿权：探矿权人有权在划定的勘查作业区内进行规定的勘查作业，有权优先取得勘查作业区内矿产资源的采矿权。

（2）采矿权转让

企业合并分立或资产出售、产权变更导致采矿权主体变更 + 依法批准——转让采矿权

已取得采矿权的矿山企业，因企业合并、分立，与他人合资、合作经营，或者因企业资产出售以及有其他变更企业资产产权的情形而需要变更采矿权主体的，经依法批准可以将采矿权转让他人采矿。

（3）禁止将探矿权、采矿权倒卖牟利

（二）矿产资源勘查的登记和开采的审批

1. 矿产资源勘查登记（F12）

（1）矿产资源勘查登记工作，由国务院地质矿产主管部门负责；

（2）特定矿种的矿产资源勘查登记工作，可以由国务院授权有关主管部门负责。

2. 勘探报告审批（F13）

（1）国务院矿产储量审批机构或者省、自治区、直辖市矿产储量审批机构负责审查批准供矿山建设设计使用的勘探报告，并在规定的期限内批复报送单位。

（2）勘探报告未经批准，不得作为矿山建设设计的依据。

3. 矿山企业的设立（F15）：资质 + 审查——批准

设立矿山企业，必须符合国家规定的资质条件，并依照法律和国家有关规定，由审批机关对其矿区范围、矿山设计或者开采方案、生产技术条件、安全措施和环境保护措施等进行审查；审查合格的，方予批准。

4. 矿区范围公告和变更（F18）

（1）公告

国家规划矿区的范围、对国民经济具有重要价值的矿区的范围、矿山企业矿区的范围依法划定后，由划定矿区范围的主管机关通知有关县级人民政府予以公告。

（2）变更：原审批机关批准 + 原发证机关重新发证

矿山企业变更矿区范围，必须报请原审批机关批准，并报请原颁发采矿许可证的机关重新核发采矿许可证。

5. 非经同意，禁止采矿（F20）

非经国务院授权的有关主管部门同意，不得在下列地区开采矿产资源：

（1）港口、机场、国防工程设施圈定地区以内；

（2）重要工业区、大型水利工程设施、城镇市政工程设施附近一定距离以内；

（3）铁路、重要公路两侧一定距离以内；

（4）重要河流、堤坝两侧一定距离以内；

（5）国家划定的自然保护区、重要风景区，国家重点保护的不能移动的历史文物和名胜古迹所在地；

（6）国家规定不得开采矿产资源的其他地区。

6. 关闭矿山（F21）

关闭矿山，必须提出矿山闭坑报告及有关采掘工程、不安全隐患、土地复垦利用、环境保护的资料，并按照国家规定报请审查批准。

7. 地质现象与文化古迹保护和报告（F22）

勘查、开采矿产资源时，发现具有重大科学文化价值的罕见地质现象以及文化古迹，应当加以保护并及时报告有关部门。

（三）采矿许可证的审批和颁发（F16）

1. 国务院地质局审批发证

开采下列矿产资源的，由国务院地质矿产主管部门审批，并颁发采矿许可证：

（1）国家规划矿区和对国民经济具有重要价值的矿区内的矿产资源；

（2）前项规定区域以外可供开采的矿产储量规模在大型以上的矿产资源；

（3）国家规定实行保护性开采的特定矿种；

（4）领海及中国管辖的其他海域的矿产资源；

（5）国务院规定的其他矿产资源。

2. 特定矿种——国务院授权主管部门审批发证

开采石油、天然气、放射性矿产等特定矿种的，可以由国务院授权的有关主管部门审批，并颁发采矿许可证。

3. 上述以外的矿产、储量中型的，省府地质局审批发证

开采上述以外的矿产资源，其可供开采的矿产的储量规模为中型的，由省级政府地质矿产主管部门审批和颁发采矿许可证。

4. 其他矿产资源的管理办法——省级人大常委制定

开采第1、2、3款以外的矿产资源的管理办法，由省级人大常委依法制定。

5. 依据第 3、4 款审批发证的， 由省级政府地质矿产主管部门汇总向国务院地质矿产主管部门备案。

（四）矿产资源的勘查

1. 区域地质调查（F23）

区域地质调查按照国家统一规划进行。区域地质调查的报告和图件按照国家规定验收，提供有关部门使用。

2. 勘查资料保存和有偿使用（F27、F28）

（1）矿产资源勘查的原始地质编录和图件，岩矿心、测试样品和其他实物标本资料，各种勘查标志，应当按照有关规定保护和保存。

（2）矿床勘探报告及其他有价值的勘查资料，按照国务院规定实行有偿使用。

（五）矿产资源的开采

1. 劳动安全卫生（F31）

开采矿产资源，必须遵守国家劳动安全卫生规定，具备保障安全生产的必要条件。

2. 环境保护（F32）

（1）开采矿产资源，必须遵守有关环境保护的法律规定，防止污染环境。

（2）开采矿产资源，应当节约用地。

（3）耕地、草原、林地因采矿受到破坏的，矿山企业应当因地制宜地采取复垦利用、植树种草或者其他利用措施。

（4）开采矿产资源给他人生产、生活造成损失的，应当负责赔偿，并采取必要的补救措施。

3. 建设工程——先行了解矿产资源的分布和开采（F33）

（1）在建设铁路、工厂、水库、输油管道、输电线路和各种大型建筑物或者建筑群之前，建设单位必须向所在省、自治区、直辖市地质矿产主管部门了解拟建工程所在地区的矿产资源分布和开采情况。

（2）非经国务院授权的部门批准，不得压覆重要矿床。

4. 矿产品收购（F34）

（1）国务院规定由指定的单位统一收购的矿产品，任何其他单位或者个人不得收购；

（2）开采者不得向非指定单位销售。

（六）集体矿山企业和个体采矿

1. 集体矿山企业和个体采矿（F35）

（1）国家对集体矿山企业和个体采矿实行积极扶持、合理规划、正确引导、加强管理的方针，鼓励集体矿山企业开采国家指定范围内的矿产资源；

（2）个人采矿

A. 允许

允许个人采挖零星分散资源和只能用作普通建筑材料的砂、石、粘土以及为生活自用采挖少量矿产。

B. 禁止

矿产储量规模适宜由矿山企业开采的矿产资源、国家规定实行保护性开采的特定矿种和国家规定禁止个人开采的其他矿产资源，个人不得开采。

2. 集体矿山企业的关闭、搬迁和联合经营（F36）

（1）国务院和国务院有关主管部门批准开办的矿山企业矿区范围内已有的集体矿山企业，应当关闭或者到指定的其他地点开采，由矿山建设单位给予合理的补偿，并妥善安置群众生活；

（2）也可以按照该矿山企业的统筹安排，实行联合经营。

3. 集体矿山企业的义务（F37）

集体矿山企业必须测绘井上、井下工程对照图。

（七）法律责任

1. 擅自采矿（F39、F45）

（1）违反本法规定，未取得采矿许可证擅自采矿的，擅自进入国家规划矿区、对国民经济具有重要价值的矿区范围采矿的，擅自开采国家规定实行保护性开采的特定矿种的，责令停止开采、赔偿损失，没收采出的矿产品和违法所得，可以并处罚款。

（2）拒不停止开采，造成矿产资源破坏的，依照刑法有关规定对直接责任人员追究刑事责任。

（3）单位和个人进入他人依法设立的国有矿山企业和其他矿山企业矿区范围内采矿的，依照上述规定处罚。

该行政处罚，由县级以上人民政府负责地质矿产管理工作的部门按照国务院地质矿产主管部门规定的权限决定。

2. 超越矿区范围采矿（F40、F45）

（1）超越批准的矿区范围采矿的，责令退回本矿区范围内开采、赔偿损失，没收越界开采的矿产品和违法所得，可以并处罚款。

（2）拒不退回本矿区范围内开采，造成矿产资源破坏的，吊销采矿许可证，依照刑法有关规定对直接责任人员追究刑事责任。

该行政处罚，由县级以上人民政府负责地质矿产管理工作的部门按照国务院地质矿产主管部门规定的权限决定。

3. 违反处分或出租矿产资源、违法倒卖探矿权采矿权牟利（F42、F45）

（1）买卖、出租或者以其他形式转让矿产资源的，没收违法所得，处以罚款。

（2）违法将探矿权、采矿权倒卖牟利的，吊销勘查许可证、采矿许可证，没收违法所得，处以罚款。

该行政处罚，由县级以上人民政府负责地质矿产管理工作的部门按照国务院地质矿产主管部门规定的权限决定。

4. 野蛮采矿（F44、F45）

违法采取破坏性的开采方法开采矿产资源的，处以罚款，可以吊销采矿许可证；

造成矿产资源严重破坏的，依照刑法有关规定对直接责任人员追究刑事责任。

该行政处罚，由省、自治区、直辖市人民政府地质矿产主管部门决定。给予吊销勘查许可证或者采矿许可证处罚的，须由原发证机关决定。

5. 不作为时，上级地质局的权力（F45）

依照上述规定（F39、F40、F42、F44）应当给予行政处罚而不给予行政处罚的，上级人民政府地质矿产主管部门有权责令改正或者直接给予行政处罚。

6. 盗窃、抢夺矿产品和财物（F41）

盗窃、抢夺矿山企业和勘查单位的矿产品和其他财物的，破坏采矿、勘查设施的，扰乱矿区和勘查作业区的生产秩序、工作秩序的，分别依照刑法有关规定追究刑事责任；

情节显著轻微的，依照治安管理处罚法有关规定予以处罚。

7. 违法收购和销售矿产品（F43、F45）

（1）违法收购和销售国家统一收购的矿产品的，没收矿产品和违法所得，可以并处罚款；

（2）情节严重的，依照刑法有关规定，追究刑事责任。

（3）该行政处罚，由县级以上人民政府工商行政管理部门决定。

8. 国家工作人员责任（F47）

负责矿产资源勘查、开采监督管理工作的国家工作人员和其他有关国家工作人员徇私舞弊、滥用职权或者玩忽职守，违法批准勘查、开采矿产资源和颁发勘查许可证、采矿许可证，或者对违法采矿行为不依法予以制止、处罚，构成犯罪的，依法追究刑事责任；不构成犯罪的，给予行政处分。

违法颁发的勘查许可证、采矿许可证，上级人民政府地质矿产主管部门有权予以撤销。

9. 抗法责任（F48）

（1）以暴力、威胁方法阻碍从事矿产资源勘查、开采监督管理工作的国家工作人员依法执行职务的，依照刑法有关规定追究刑事责任；

（2）拒绝、阻碍从事矿产资源勘查、开采监督管理工作的国家工作人员依法执行职务未使用暴力、威胁方法的，由公安机关依照治安管理处罚法的规定处罚。

（八）争议处理

1. 矿区范围争议（F49）：协商——县级以上政府处理；跨省的，省级政府协商，协商不成，由国务院处理

（1）矿山企业之间的矿区范围的争议，由当事人协商解决，协商不成的，由有关县级以上地方人民政府根据依法核定的矿区范围处理；

（2）跨省、自治区、直辖市的矿区范围的争议，由有关省、自治区、直辖市人民政府协商解决，协商不成的，由国务院处理。

2. 行政救济（F46）

（1）当事人对行政处罚决定不服的，可以依法申请复议，也可以依法直接向人民法院起诉。

（2）当事人逾期不申请复议也不向人民法院起诉，又不履行处罚决定的，由作出处罚决定的机关申请人民法院强制执行。

【经典习题】

1. 依据我国《矿产资源法》，下列表述错误的是？[1]

A. 甲矿产企业拟开采石油、天然气、放射性矿产等特定矿种，应当由国务院审批，并颁发采矿许可证

B. 李家村村民乙可以为生活自用而采挖少量矿产

C. 丙公司违法收购国家统一收购的矿产品的，该行为由当地地质局予以行政处罚

D. M省丁矿山企业与相邻的N省戊矿山企业之间就矿区范围发生争议，该争议直接由国务院处理

【法条】

《矿产资源法》第16、35、43、49条。

---

[1] ACD【解析】开采石油、天然气、放射性矿产等特定矿种的，可以由国务院授权的有关主管部门审批，并颁发采矿许可证。违法收购和销售国家统一收购的矿产品的，由工商局处罚；跨省、自治区、直辖市的矿区范围的争议，由有关省、自治区、直辖市人民政府协商解决，协商不成的，由国务院处理。

2. 依据我国《矿产资源法》，下列关于矿产资源的表述错误的是？[1]

A. 矿产资源所有权属于国家，但是集体所有的甲土地中矿产资源的所有权属于集体

B. 已经依法申请取得采矿权的乙矿山企业在划定的矿区范围内为本企业的生产而进行的矿产勘查的，应当依法申请，并办理登记

C. 丙矿山企业变更矿区范围，必须报请原审批机关批准，并报请原颁发采矿许可证的机关重新核发采矿许可证

D. 非经国务院授权的有关主管部门同意，公路、河流两侧一定距离以内不得开采矿产资源

【法条】

《矿产资源法》第3、5、18、20条。

---

[1] ABD【解析】矿产资源所有权属于国家，没有例外；取得采矿权的矿山企业在矿区范围内的勘查无需申请，并办理登记；重要公路、重要河流对采矿有限制。

劳动与社会保障法

【复习指南】

以劳动合同订立—效力—履行—变更—解除和终止为主线，以劳动者权益保护为重点，全面学习劳动法以及劳动合同法的基本制度。重点学习理解劳动合同解除制度。

【知识框架】

劳动法	劳动工资、工作时间、休息休假、职业安全卫士、女职工和未成年工的特殊保护
劳动合同法	订立、履行、变更、解除、终止
劳动争议调解仲裁法	劳动争议处理程序：协商、调解、仲裁、诉讼
社会保险法	养老、医疗、工伤、失业、生育、军人保险法

劳动合同法

订立	履行和变更	解除	终止
• 1. 劳动合同期限 • 无固定期限合同 • 2. 劳动合同的书面形式 • 3. 劳动合同的内容 • 培训和服务期条款 • 保密和竞业限制条款 • 试用期条款 • 4. 禁止扣押证件财物 • 5. 劳动合同无效	• 1. 用人单位合并 • 2. 用人单位分立 • 3. 劳动合同变更	• 1. 双方协商解除 • 2. 劳动者单方解除 • 基于用人单位过错解除 • 非基于用人单位过错（任意预告）解除 • 3. 用人单位单方解除 • 基于劳动者过错解除 • 非基于劳动者过错解除 • （1）不胜任或情事变更 • （2）经济性裁员	• 法定终止 • 1. 劳动合同期满 • 2. 劳动者退休 • 3. 主体消亡 • 用人单位解散 • 劳动者死亡 • 4. 其他法定情形

第一章　劳动合同法

（一）规章制度

1. 讨论协商

用人单位在制定、修改或者决定有关劳动报酬、工作时间、休息休假、劳动安全卫生、保险福利、职工培训、劳动纪律以及劳动定额管理等直接涉及劳动者切身利益的规章制度或重大事项时，应经职工代表大会或全体职工讨论，提出方案和意见，与工会或职工代表平等协商确定。

2. 异议协商修改完善

在规章制度和重大事项决定实施过程中，工会或职工认为不适当的，有权向用人单位提出，通过协商予以修改完善。

3. 公示或告知

用人单位应将直接涉及劳动者切身利益的规章制度和重大事项决定公示，或告知劳动者。

（二）劳动合同的种类

（1）以完成一定工作为期限的劳动合同。

（2）有固定期限的劳动合同。

（3）无固定期限的劳动合同（F14）：

①用人单位与劳动者协商一致，可以订立无固定期限劳动合同；

②有下列情形之一，劳动者提出或者同意续订、订立劳动合同的，除劳动者提出订立固定期限劳动合同外，应当订立无固定期限劳动合同：

A. 劳动者在该用人单位连续工作满十年的；

B. 用人单位初次实行劳动合同制度或者国有企业改制重新订立劳动合同时，劳动者在该用人单位连续工作满十年且距法定退休年龄不足十年的；

C. 连续订立二次固定期限劳动合同，且劳动者无本法第 39 条和第 40 条第 1 项、第 2 项规定的情形（这些情形是：劳动者有过错，不能胜任工作），续订劳动合同的。（自 2008 年 1 月 1 日起）

③用人单位违反本法规定不与劳动者订立无固定期限劳动合同的，自应当订立无固定期限劳动合同之日起向劳动者每月支付二倍的工资。

【经典真题】

当事人订立无固定期限劳动合同，哪些选项是符合法律规定的？（2008 - 1 - 70；2009 - 1 - 71）[1]

A. 李先生原为甲公司的资深业务员，于 2008 年 2 月被乙公司聘请担任市场开发经理，约定：先签订一年期合同，如果李先生于期满时提出请求，可与公司签无固定期限劳动合同

B. 祝女士于 1995 年 1 月到某公司工作，1999 年 2 月辞职，2002 年 1 月回到该公司工作

C. 王某在某公司连续工作满十年，要求与该公司签订无固定期限劳动合同

D. 李某在某国有企业连续工作满十年，距法定退休年龄还有十二年，在该企业改制重新订立劳动合同时，主张企业有义务与自己订立无固定期限劳动合同

（三）劳动合同的订立

1. 扣押证件收取财物禁止

（1）用人单位招用劳动者，不得扣押劳动者的居民身份证和其他证件，不得要求劳动者提供担保或以其他名义向劳动者收取财物。

（2）用人单位违法扣押证件的，由劳动行政部门责令限期退还劳动者本人，并依法处罚。

（3）用人单位违法收取财物的，由劳动行政部门责令限期退还劳动者本人，并以每人 500 元～2000 元的标准处以罚款；给劳动者造成损害的，应承担赔偿责任。

（4）劳动者依法解除或终止劳动合同，用人单位扣押劳动者档案或其他物品的，依照上

---

〔1〕 AC【解析】约定可以订立无固定期限合同；国企改制时，老职工工作满 10 年且离退休不到 10 年，才有权主张订立无固定期限合同。

述规定处罚。

2008年1月，王某应聘到甲公司工作。甲公司依据与王某签订的劳动合同，向王某收取了2000元押金。对此，下列哪些选项是正确的？（2008－四川1－77）[1]

A. 只要王某同意，收取押金就合法

B. 无论王某是否同意，甲公司均无权要求交纳押金

C. 劳动行政部门应责令甲公司限期退还押金

D. 劳动行政部门应对甲公司处以押金数额二倍的罚款

2. 禁止用人单位招用未满十六周岁的未成年人

文艺、体育和特种工艺单位招用未满十六周岁的未成年人，必须依照国家有关规定，履行审批手续，并保障其接受义务教育的权利。

3. 订立书面劳动合同的时间要求（《劳动合同法实施条例》F5－F7）

（1）建立劳动关系，应当订立书面劳动合同

以实际用工之日确定劳动关系。用人单位应当建立职工名册备查。

（2）用人单位原因延迟订立劳动合同

①用人单位自用工之日起超过一个月不满一年未与劳动者订立书面劳动合同的，应向劳动者每月支付二倍的工资。

用人单位向劳动者每月支付两倍工资的起算时间为用工之日起满一个月的次日，截止时间为补订书面劳动合同的前一日。

②用人单位自用工之日起满一年不与劳动者订立书面劳动合同的，视为用人单位与劳动者已订立无固定期限劳动合同。

（3）劳动者原因延迟订立劳动合同

①自用工之日起一个月内，经书面通知后，用人单位有权终止劳动关系，无需支付经济补偿，但应支付劳动报酬。

②自用工之日起超过一个月不满一年，用人单位有权终止劳动关系，但应支付报酬和经济补偿，并依法支付双倍工资。

③自用工之日起满一年，用人单位应自用工之日起满一个月的次日至满一年的前一日支付两倍的工资，并视为自用工之日起满一年的当日已经与劳动者订立无固定期限劳动合同。

赵某于2008年4月2日应聘到某公司工作，双方没有签订劳动合同。下列正确选项是？[2]

A. 4月15日，如果赵某不同意订立书面劳动合同，公司可以书面通知赵某终止劳动关系，按实际工作日支付工资，不补偿

B. 7月3日，如果赵某不同意订立书面劳动合同，公司可以书面通知赵某终止劳动关系，支付经济补偿金，并依法支付双倍工资

C. 赵某在工作中受伤，要求公司支付医疗费并享受工伤待遇，公司以未与赵某签订劳动合同，不存在劳动关系为由予以拒绝

D. 2009年4月5日，该公司还未和赵某签订书面劳动合同，视为该公司和赵某签订了无

---

[1] BC【解析】收取押金，非法，每人500元~2000元的罚款。

[2] ABD【解析】因劳动者原因迟延订立书面劳动合同的，一个月内：单位可终止劳动关系，支付劳动报酬，不补偿；超过一个月：双倍工资，单位可终止劳动关系，支付补偿金；超过一年：视为无期合同。

4. 用人单位设立的分支机构

（1）依法取得营业执照或登记证书的，可作为用人单位与劳动者订立劳动合同。

（2）未依法取得营业执照或登记证书的，受用人单位委托可以与劳动者订立劳动合同。

（四）劳动合同的内容

1. 培训条款和服务期约定（F22）

（1）用人单位为劳动者提供专项培训费用，对其进行专业技术培训的，可约定服务期。

培训费包括用人单位为了对劳动者进行专业技术培训而支付的有凭证的培训费用、培训期间的差旅费用以及因培训产生的用于该劳动者的其他直接费用。

（2）劳动者违反服务期约定的，应按约向用人单位支付违约金。

违约金的数额不得超过用人单位提供的培训费用，不得超过服务期尚未履行部分所应分摊的培训费用。

（3）劳动合同期满，但用人单位与劳动者约定的服务期尚未到期的，劳动合同应续延至服务期满，另有约定除外。

（4）服务期内的解除

A. 劳动者因用人单位过错单方解除劳动合同的，不属于违反服务期的约定，劳动者不支付违约金。

B. 用人单位因劳动者过错单方解除劳动合同的，劳动者应支付违约金。

【经典习题】

王小二与甲公司的劳动合同2007年到期，但是由于甲公司派其到法律教育网培训学校进行司考培训，又从2006年起约定了3年的服务期。下列正确的选项是？[1]

A. 劳动合同自动顺延到2009年到期

B. 如果在此服务期间，王小二因为违反规章制度，擅离职守，造成火灾，并造成公司经济损失20万，甲公司可解除其劳动合同，并要求王小二支付违约金

C. 培训费用，包括甲公司为了对劳动者进行专业技术培训而支付的有凭证的培训费用、培训期间的差旅费用以及因培训产生的用于该劳动者的其他直接费用

D. 在服务期内，由于甲公司拖欠工资，王小二解除劳动合同，但应当支付服务期不能履行的违约金

2. 保守秘密条款和竞业限制约定（F23）

（1）用人单位与劳动者可约定保守用人单位的商业秘密和与知识产权相关的保密事项。

（2）竞业限制期：对负有保密义务的劳动者，用人单位可在劳动合同或保密协议中与劳动者约定竞业限制条款，并约定在解除或终止劳动合同后，在竞业限制期限内按月给予劳动者经济补偿，竞业限制不得超过二年。

劳动者违反竞业限制约定的，应按约定支付违约金。

---

[1] ABC【解析】劳动合同期满，服务期未届满的，劳动合同顺延到服务期届满终止；服务期内，单位因为劳动者过错解除的，劳动者承担违约责任，劳动者因单位过错被解除的，不需要承担服务期未履行的违约责任。

1. 约定竞业限制，未约定经济补偿——劳动者履约的，可请求补偿

当事人在劳动合同或者保密协议中约定了竞业限制，但未约定解除或者终止劳动合同后给予劳动者经济补偿，劳动者履行了竞业限制义务，要求用人单位按照劳动者在劳动合同解除或者终止前十二个月平均工资的30%按月支付经济补偿的，人民法院应予支持。

前款规定的月平均工资的30%低于劳动合同履行地最低工资标准的，按照劳动合同履行地最低工资标准支付。

2. 竞业限制期内，单位可请求解除竞业限制协议——解约损害赔偿：劳动者可请求单位额外支付三个月经济补偿

在竞业限制期限内，用人单位请求解除竞业限制协议的，人民法院应予支持。

在解除竞业限制协议时，劳动者请求用人单位额外支付劳动者三个月的竞业限制经济补偿的，人民法院应予支持。

3. 劳动者违反竞业限制约定——违约金＋继续履行

劳动者违反竞业限制约定，向用人单位支付违约金后，用人单位要求劳动者按照约定继续履行竞业限制义务的，人民法院应予支持。

【经典真题】

甲厂与工程师江某签订了保密协议。江某在劳动合同终止后应聘至同行业的乙厂，并帮助乙厂生产出与甲厂相同技术的发动机。甲厂认为保密义务理应包括竞业限制义务，江某不得到乙厂工作，乙厂和江某共同侵犯其商业秘密。关于此案，下列哪些选项是正确的？（2013－1－65）[1]

A. 如保密协议只约定保密义务，未约定支付保密费，则保密义务无约束力

B. 如双方未明确约定江某负有竞业限制义务，则江某有权到乙厂工作

C. 如江某违反保密协议的要求，向乙厂披露甲厂的保密技术，则构成侵犯商业秘密

D. 如乙厂能证明其未利诱江某披露甲厂的保密技术，则不构成侵犯商业秘密

【特别提示】劳动合同可以约定劳动者承担违约的情形只有两种：

1. 用人单位为劳动者提供培训费，劳动者违反服务期约定。

2. 劳动者有保密义务，劳动者违反竞业限制约定。

3. 试用期条款（F19－F21、F83）

①试用期限制：

A. 以完成一定工作任务为期限的劳动合同或劳动合同期限不满三个月的，不得约定试用期；

B. 劳动合同期限三个月以上不满一年的，试用期不得超过一个月；

C. 劳动合同期限一年以上不满三年的，试用期不得超过二个月；

D. 三年以上固定期限和无固定期限的劳动合同，试用期不得超过六个月。

---

[1] BC【解析】合同约定的保密义务自成立时生效，是否支付保密费不影响合同效力，A错误。

如果合同未约定竞业限制条款，则没有竞业限制，B正确。

江某违约披露甲厂的商业秘密，构成侵犯甲厂的商业秘密，C正确。

证明侵害商业秘密需要证明：该信息是商业秘密、侵害人是恶意、使用或披露的信息与该信息相同。第三人明知或者应知前款所列违法行为，获取、使用或者披露他人的商业秘密，视为侵犯商业秘密，乙厂需要证明其不知道或不应当知道，仅仅证明其未利诱不能说明其不侵犯商业秘密，D错误。

违法约定的试用期已经履行的，由用人单位以劳动者试用期满月工资为标准，按已经履行的超过法定试用期的期间向劳动者支付赔偿金。

②试用期包含在劳动合同期限内。仅约定试用期的，试用期不成立，该期限为劳动合同期限。

③同一用人单位与同一劳动者只能约定一次试用期。劳动者在试用期的工资不得低于本单位相同岗位最低档工资或劳动合同约定工资的80%，也不得低于单位当地的最低工资标准。

④在试用期中，除劳动者有过错或不能胜任工作外，用人单位不得解除劳动合同。

【经典习题】

小张到甲公司工作，订立了2年的劳动合同，约定试用期3个月，试用期月工资2000元，试用期满后月工资5000元，当地最低月工资1800元。下列错误的是？[1]

A. 试用期的期限约定合法

B. 试用期工资约定不低于最低工资标准，合法

C. 如试用期已经履行，甲公司应当向小张按2000元的标准支付赔偿金

D. 在试用期内，因发生经营困难，甲公司可解除与小张的劳动合同

【经典真题】

1. 某公司聘用首次就业的王某，口头约定劳动合同期限2年，试用期3个月，月工资1200元，试用期满后1500元。2012年7月1日起，王某上班，不久即与同事李某确立恋爱关系。9月，由经理办公会讨论决定并征得工会主席同意，公司公布施行《工作纪律规定》，要求同事不得有恋爱或婚姻关系，否则一方必须离开公司。公司据此解除王某的劳动合同。经查明，当地月最低工资标准为1000元，公司与王某一直未签订书面劳动合同，但为王某买了失业保险。

关于双方约定的劳动合同内容，下列符合法律规定的说法是：（2013-1-94）[2]

A. 试用期超过法定期限

B. 试用期工资符合法律规定

C. 8月1日起，公司未与王某订立书面劳动合同，应每月付其两倍的工资

D. 8月1日起，如王某拒不与公司订立书面劳动合同，公司有权终止其劳动关系，且无需支付经济补偿

2. 下列哪些说法违反劳动法的规定？（2010-1-73）[3]

A. 我国公民未满十六岁的，用人单位一律不得招用

B. 双方当事人不可以约定周六加班

---

〔1〕 ABCD【解析】2年劳动合同，试用期不超过2个月；试用期工资不得低于劳动合同约定工资的80%和最低工资；超期试用期已经履行的，超期履行部分，按照试用期满后的正式工资标准额外支付赔偿金；试用期内，除非劳动者有过错或不能胜任，不能解除劳动合同。

〔2〕 ABC【解析】劳动合同2年，试用期不能超过2个月，A正确。

劳动者在试用期的工资不得低于本单位相同岗位最低档工资或者劳动合同约定工资的百分之八十，并不得低于用人单位所在地的最低工资标准，该试用期工资合法，B正确。

用人单位满一个月不与劳动者订立书面合同，自满一个月之日起，用人单位应当向劳动者支付双倍工资，C正确。

劳动者拒不与用人单位订立书面合同而期满一个月的，公司有权终止劳动关系，但是应当支付经济补偿，还应当支付双倍工资，D错误。

〔3〕 ACD【解析】文艺、体育和特种工艺单位可以依法招用未满十六周岁的未成年人，《劳动法》F15，A要选；用人单位由于生产经营需要，经与工会和劳动者协商后可以延长工作时间，《劳动法》F41，B不选；劳动合同期限一年以上不满三年的，试用期不得超过二个月，《劳动合同法》F19，C要选；用人单位只有在服务期条款和竞业限制条款上可约定劳动者的违约金责任，《劳动合同法》F25，D要选。

C. 劳动合同期限约定为二年的，试用期应在半年以上

D. 双方当事人可就全部合同条款作出违约金约定

（五）劳动合同履行和变更

1. 用人单位变更名称、法定代表人、主要负责人或者投资人等事项，不影响劳动合同的履行。

2. 用人单位发生合并或者分立等情况，原劳动合同继续有效，劳动合同由承继其权利和义务的用人单位继续履行。

（1）用人单位与其他单位合并的，合并前发生的劳动争议，由合并后的单位为当事人；

（2）用人单位分立为若干单位的：

其分立前发生的劳动争议，由分立后的实际用人单位为当事人。

对承受劳动权利义务的单位不明确的，分立后的单位均为当事人。

3. 用人单位与劳动者协商一致，可以变更劳动合同约定的内容。

（1）变更劳动合同，应采用书面形式；

（2）未采用书面形式，但已经实际履行了口头变更的劳动合同超过一个月，且变更后内容不违法，变更有效。

【经典习题】

关于劳动合同履行变更，下列错误的是？[1]

A. 甲公司的名称、股东等重大事项发生变更，劳动合同应当中止

B. 乙公司被戊公司吸收合并，张某与乙公司的劳动合同自动终止

C. 丙公司新设分立为庚公司和卯公司，丙公司职工王某的实际用人单位变更为庚公司。分立前王某与丙公司的劳动争议，王某可以庚公司和卯公司为当事人提起劳动仲裁

D. 丁公司未足额支付劳动报酬的，丁公司职工刘某可直接向法院申请支付令

E. 合同变更未采取书面形式的，虽然实际履行了变更，依然无效

（六）劳动合同的解除和经济补偿（F36 - F48）★★★

双方协商解除		
劳动者单方解除	过错解除——单方解除权：基于单位的过错	
	无过错解除——任意解除权，预告（30日、3日）	
用人单位单方解除	过错解除——单方解除权：基于劳动者的过错	
	无过错解除——单方解除权：基于履行不能（病4期155不适用：老弱病残孕）	小规模：不胜任、情势变更——无法履行
		大规模：经济性裁员——无法履行

【特别提示】 劳动合同解除仅仅是免除当事人之给付义务，回复到合同订立时的原初状态，不影响各种损害赔偿请求权之行使。劳动合同解除是历年法考必考的考点，考生必须重点深入复习。

---

[1] ABCE【解析】用人单位名称、投资人、地址的变更，不影响劳动合同履行；用人单位合并分立的，原劳动合同继续有效，发生劳动争议的，合并后的单位为当事人；分立的，分立后的实际用人单位为当事人，分立后承受单位不明确的，分立后的单位均为当事人。实际履行口头变更劳动合同超过一个月且内容合法的，有效。

1. 双方协商解除劳动合同——单位提出解除的，补偿。
2. 劳动者单方解除劳动合同（F37、F38）
（1）过错解除——单位有过错——补偿
①未按照劳动合同约定提供劳动保护或者劳动条件的；
②未及时足额支付劳动报酬的；
③未依法为劳动者缴纳社会保险费的；
④用人单位的规章制度违反法律、法规的规定，损害劳动者权益的；
⑤用人单位以欺诈、胁迫的手段或者乘人之危，使劳动者在违背真实意思的情况下订立或者变更劳动合同致使劳动合同无效的；
⑥用人单位以暴力、威胁或者非法限制人身自由的手段强迫劳动者劳动的（无需通知）；
⑦用人单位违章指挥、强令冒险作业危及劳动者人身安全的（无需通知）。
（2）无过错解除——不补偿；造成损害的，要赔偿；
①劳动者提前三十日以书面形式通知用人单位，可以解除劳动合同；
②劳动者在试用期内提前三日通知用人单位，可以解除劳动合同。
3. 用人单位单方解除劳动合同
（1）过错解除——劳动者有过错——不补偿
①在试用期间被证明不符合录用条件的；
②严重违反用人单位规章制度的；
③严重失职，营私舞弊，给用人单位造成重大损害的；
④劳动者同时与其他用人单位建立劳动关系，对完成本单位的工作任务造成严重影响，或者经用人单位提出，拒不改正的；
⑤劳动者以欺诈、胁迫的手段或者乘人之危，使用人单位在违背真实意思的情况下订立或者变更劳动合同致使劳动合同无效的；
⑥被依法追究刑事责任的。

【经典真题】

2012 年 7 月 1 日起，王某上班，不久即与同事李某确立恋爱关系。9 月，由经理办公会讨论决定并征得工会主席同意，公司公布施行《工作纪律规定》，要求同事不得有恋爱或婚姻关系，否则一方必须离开公司。公司据此解除王某的劳动合同。

关于该《工作纪律规定》，下列说法正确的是：（2013－1－95）[1]

A. 制定程序违法

B. 有关婚恋的规定违法

C. 依据该规定解除王某的劳动合同违法

D. 该公司执行该规定给王某造成损害的，应承担赔偿责任

（2）无过错解除——因主客观情况解除——补偿

①预告（或发一个月工资）解除——小规模

---

[1]　ABCD【解析】用人单位规章的制定程序违法，用人单位在制定、修改或者决定有关劳动报酬、工作时间、休息休假、劳动安全卫生、保险福利、职工培训、劳动纪律以及劳动定额管理等直接涉及劳动者切身利益的规章制度或者重大事项时，应当经职工代表大会或者全体职工讨论，提出方案和意见，与工会或者职工代表平等协商确定，A正确。

用人单位关于婚恋的规定显然损害了劳动者的婚姻恋爱自由，违法，B正确。

用人单位规章制度违法，基于该规定解除劳动合同显然违法，C正确。

用人单位违法解除劳动合同，造成损失的，应当承担赔偿责任，D正确。

有下列情形之一的，用人单位提前 30 日以书面形式通知劳动者本人或者额外支付劳动者一个月工资后（应按照该劳动者上一个月的工资标准确定），可以解除劳动合同：

A. 劳动者患病或非因工负伤，在规定的医疗期满后不能从事原工作，也不能从事由用人单位另行安排的工作的；

B. 劳动者不能胜任工作，经过培训或者调整工作岗位，仍不能胜任工作的；

C. 劳动合同订立时所依据的客观情况发生变化，致使原劳动合同无法履行，经当事人协商不能就变更劳动合同达成协议的。

②经济性裁员的解除——大规模

A. 依照企业破产法规定进行重整的；

B. 生产经营发生严重困难的；

C. 企业转产、重大技术革新或经营方式调整，经变更劳动合同后，仍需裁减人员的；

D. 其他因劳动合同订立时所依据客观经济情况发生重大变化，致使劳动合同无法履行。

人数要件：

需裁减人员 20 人以上或裁减不足 20 人但占企业职工总数 10% 以上。

程序要件：

用人单位提前 30 日向工会或者全体职工说明情况，听取工会或者职工的意见后，裁减人员方案经向劳动行政部门报告，可以裁减人员。

限制条件：

第一，优先留用——裁减人员时，应当优先留用下列人员：A. 与本单位订立较长期限的固定期限劳动合同的；B. 与本单位订立无固定期限劳动合同的；C. 家庭无其他就业人员，有需要扶养的老人或者未成年人的。

第二，优先招用——用人单位依照本条第 1 款规定裁减人员，在六个月内重新招用人员的，应当通知被裁减的人员，并在同等条件下优先招用被裁减的人员。

③用人单位无过错解除权的限制：

A. 从事接触职业病危害作业的劳动者未进行离岗前职业健康检查，或者疑似职业病病人在诊断或者医学观察期间的；

B. 在本单位患职业病或者因工负伤并被确认丧失或者部分丧失劳动能力的；

C. 患病或者非因工负伤，在规定的医疗期内的；

D. 女职工在孕期、产期、哺乳期的；

E. 在本单位连续工作满十五年，且距法定退休年龄不足五年的。

（3）工会要求权：

单位单方解除劳动合同，应先将理由通知工会。工会有权要求单位纠正。单位应将处理结果书面通知工会。

【经典真题】

1. 某公司从事出口加工，有职工 500 人。因国际金融危机影响，订单锐减陷入困境，拟裁减职工 25 人。公司决定公布后，职工提出异议。下列哪些说法缺乏法律依据？（2011 - 1 - 68 改）[1]

A. 职工甲：公司裁减决定没有经过职工代表大会批准，无效

B. 职工乙：公司没有进入破产程序，不能裁员

C. 职工丙：我一家 4 口，有 70 岁老母和 10 岁女儿，全家就我有工作，我应当优先留用

---

[1] ABD【解析】家庭无其他就业人员，有需要扶养的老人或者未成年人的，优先留用。

D. 职工丁：我在公司销售部门曾连续 3 年被评为优秀，对公司贡献大，公司不能裁减我

2. 朝阳公司孕期女工江某在商店行窃时被抓获，后被法院判处有期徒刑 1 年。关于解除江某劳动合同，下列选项正确的是？[1]

A. 因为江某被判刑，公司不得解除劳动合同

B. 因为江某正处于孕期，公司不得解除劳动合同

C. 若依法可解除劳动合同，公司应支付经济补偿

D. 若公司建立了工会，公司应将解除决定通知工会

【法条】

《劳动合同法》第 39、43、46 条

（七）劳动合同终止

1. 劳动合同终止的情形（F44）：期满、退休、死亡、法定

（1）劳动合同期满的；

以完成一定工作任务为期限的劳动合同因任务完成而终止的，应依法支付经济补偿。

（2）劳动者开始依法享受基本养老保险待遇的；

劳动者达到法定退休年龄的，劳动合同终止。

（3）劳动者死亡，或被宣告死亡或宣告失踪的；

（4）用人单位被依法宣告破产的；

（5）用人单位被吊销营业执照、责令关闭、撤销或用人单位决定提前解散的；

（6）法律、行政法规规定的其他情形。

用人单位与劳动者不得在该劳动合同终止情形之外约定其他的劳动合同终止条件。

2. 劳动合同期满的自动顺延

（1）有用人单位无过错解除禁止的情形之一的（病 4 期 155），劳动合同应续延至相应的情形消失时终止。

（2）因工伤丧失或部分丧失劳动能力劳动者的劳动合同的终止，按照国家有关工伤保险的规定执行。

（3）用人单位依法终止工伤职工的劳动合同的，除依法支付经济补偿外，还应依照国家有关工伤保险的规定支付一次性工伤医疗补助金和伤残就业补助金。

【特别提示】

1. 劳动合同期满后，劳动者仍在原用人单位工作，原用人单位未表示异议的，视为双方同意以原条件继续履行劳动合同。一方提出终止劳动关系的，人民法院应予支持。

2. 用人单位应当与劳动者签订无固定期限劳动合同而未签订的，人民法院可以视为双方之间存在无固定期限劳动合同关系，并以原劳动合同确定双方的权利义务关系。

---

〔1〕 D【解析】依据《劳动合同法》第 39 条第 1 款第 6 项，劳动者被追究刑事责任的，用人单位可解除合同，A 错误。

依据《劳动合同法》第 39 条第 1 款第 6 项，第 42 条的规定，对于孕期的劳动者，不能无过错解除劳动合同，其他解除依然是可以的，如协商解除，过错解除，劳动者的单方解除，B 错误。

依据《劳动合同法》第 46 条，由于劳动者原因导致合同解除或终止的，用人单位无需支付经济补偿。如果劳动者提出协商解除、劳动者单方解除、因劳动者过错被用人单位解除，C 错误。

依据《劳动合同法》第 43 条，用人单位单方解除的，需要通知工会，D 正确。

下列符合劳动合同终止的情形是？[1]

A. 劳动者甲的劳动合同期满，甲在孕期内

B. 劳动者乙的劳动合同期满，乙疑似职业病病人在医学观察期间

C. 劳动者丙被法院宣告失踪

D. 劳动者丁的劳动合同期满，丁因工负伤，丧失劳动能力

E. 劳动者戊所在的用人单位的破产申请被法院受理

（八）经济补偿、违法解除终止的补偿标准 2 倍的赔偿金

1. 有下列情形之一的，用人单位应向劳动者支付经济补偿：

（1）劳动者因用人单位过错单方解除劳动合同；

（2）双方协商解除，用人单位提出的；

（3）用人单位单方无过错解除劳动合同的（包括个别解除、经济性裁员）；

（4）依法终止固定期限劳动合同的，用人单位维持或提高合同约定条件续订，劳动者不续订的除外；

（5）用人单位被依法宣告破产、被吊销营业执照、责令关闭、撤销或用人单位决定提前解散而终止劳动合同；

（6）因用人单位经营期限届满不再继续经营导致劳动合同不能继续履行，劳动者请求支付经济补偿的，法院应予支持；

（7）法律、行政法规规定的其他情形。

> 【特别提示】用人单位支付经济补偿的情形：因为用人单位原因导致合同解除的——用人单位的过错导致合同解除、用人单位提出协商解除、用人单位在劳动者无过错时解除、用人单位被宣告破产或撤销关闭导致合同终止、劳动合同期满终止的（用人单位维持或提高待遇续约，劳动者拒绝续约的，除外）。

【经典真题】

某企业与职工解除劳动关系时，在经济补偿方面的下列哪些做法不符合《劳动法》的规定？（2006－1－66）[2]

A. 李某的试用期刚过一半，被发现不符合录用条件，企业决定在解除劳动合同时支付试用期的全部工资，但不支付经济补偿金

B. 张某尚未达到退休年龄，但决定提前办理退休手续，企业告知，此情况下只支付养老金而不支付经济补偿金

C. 吴某在劳动合同解除后，根据有关规定将领取失业救济金，企业决定从经济补偿金中作适当扣除

D. 肖某因患病被解除劳动合同，企业发给经济补偿金，同时发给不低于 6 个月工资的医疗补助费并在经济补偿金中作相应抵偿

---

〔1〕 C【解析】劳动合同终止：期满、退休、死亡（含劳动者宣告死亡和宣告失踪）；例外：劳动期满的，但劳动者属于职业病或职业病疑似、四期内、连续工作满 15 年且距离退休不到 5 年、工伤的，除外。

劳动合同终止：客观事件；劳动合同解除：主观行为（解除行为）。

〔2〕 CD【解析】不能在经济补偿中扣除失业救济金和医疗补助费。

2. 经济补偿标准：1 年补 1 月，不满 6 个月，补半个月

（1）经济补偿按劳动者在本单位工作的年限，每满一年支付一个月工资的标准向劳动者支付。六个月以上不满一年的，按一年计算；不满六个月的，向劳动者支付半个月工资的经济补偿。

（2）劳动者月工资高于用人单位所在直辖市、设区的市级政府公布的本地区上年度职工月平均工资 3 倍的，向其支付经济补偿的标准按职工月平均工资 3 倍的数额支付，向其支付经济补偿的年限最高不超过 12 年。

（3）经济补偿的月工资按照劳动者应得工资计算，包括计时工资或计件工资以及奖金、津贴和补贴等货币性收入。

（4）月工资是指劳动者在劳动合同解除或终止前十二个月（工作不满 12 个月的，按实际工作的月数计算）的平均工资，低于当地最低工资标准的，按照当地最低工资标准计算。

3. 工作年限合并计算

（1）劳动者非因本人原因从原用人单位被安排到新用人单位工作的，劳动者在原用人单位的工作年限合并计算为新用人单位的工作年限。

A. 新用人单位计算支付经济补偿或赔偿金的工作年限时，劳动者请求把在原用人单位的工作年限合并计算为新用人单位工作年限的，法院应予支持。

B. 原用人单位已经向劳动者支付经济补偿的，新用人单位在依法解除、终止劳动合同计算支付经济补偿的工作年限时，不再计算劳动者在原用人单位的工作年限。

（2）非因本人原因从原用人单位被安排到新用人单位工作的情形包括：

A. 劳动者仍在原工作场所、工作岗位工作，劳动合同主体由原用人单位变更为新用人单位；

B. 用人单位以组织委派或任命形式对劳动者进行工作调动；

C. 因用人单位合并、分立等原因导致劳动者工作调动；

D. 用人单位及其关联企业与劳动者轮流订立劳动合同；

E. 其他合理情形。

【经典习题】

张三在甲公司工作了 5 年，后被甲公司委派到甲公司的全资子公司乙公司工作了 4 年，下列错误的是？[1]

A. 张三在甲公司的工作年限合并计算为在乙公司的工作年限

B. 如甲公司已经向张三支付经济补偿，则在乙公司解除与张三的劳动合同时，不再计算其在甲公司的工作年限

C. 张三月工资高于乙公司所在市级政府公布的本地区上年度职工月平均工资 2 倍的，向其支付经济补偿的标准按职工月平均工资 2 倍的数额支付

D. 经济补偿的月工资按照张三的基本工资计算，不包括奖金、津贴等收入

E. 张三可与甲公司协商解除劳动合同，并与乙公司订立新劳动合同，以替代原劳动合同

4. 用人单位违法解除或终止

（1）劳动者要求继续履行的，应继续履行；

（2）劳动者不要求继续履行或劳动合同不能继续履行的，用人单位应依经济补偿标准的二倍向劳动者支付赔偿金。赔偿金的计算年限自用工之日起计算。但起诉前用人单位已经补正

---

〔1〕 CD【解析】月工资高于当地平均工资的 3 倍的，经济补偿按 3 倍支付；月工资包括奖金、津贴等货币性收入。

有关程序的除外；

（3）用人单位违反《劳动合同法》的规定解除或终止劳动合同，依法支付了赔偿金的，不再支付经济补偿。

5. 劳动者违法解除劳动合同，或违反劳动合同中约定的保密义务或竞业限制，给用人单位造成损失的，应承担赔偿责任。

【经典真题】

1. 李某原在甲公司就职，适用不定时工作制。2012年1月，因甲公司被乙公司兼并，李某成为乙公司职工，继续适用不定时工作制。2012年12月，由于李某在年度绩效考核中得分最低，乙公司根据公司绩效考核制度中"末位淘汰"的规定，决定终止与李某的劳动关系。李某于2013年11月提出劳动争议仲裁申请，主张：原劳动合同于2012年3月到期后，乙公司一直未与本人签订新的书面劳动合同，应从4月起每月支付二倍的工资；公司终止合同违法，应恢复本人的工作。

如李某放弃请求恢复工作而要求其他补救，下列选项正确的是：（2014-1-90）[1]

A. 李某可主张公司违法终止劳动合同，要求支付赔偿金

B. 李某可主张公司规章制度违法损害劳动者权益，要求即时辞职及支付经济补偿金

C. 李某可同时获得违法终止劳动合同的赔偿金和即时辞职的经济补偿金

D. 违法终止劳动合同的赔偿金的数额多于即时辞职的经济补偿金

2. 某厂工人田某体检时被初诊为脑瘤，万念俱灰，既不复检也未经请假就外出旅游。该厂以田某连续旷工超过15天，严重违反规章制度为由解除劳动合同。对于由此引起的劳动争议，下列哪些说法是正确的？（2015-1-70）[2]

A. 该厂单方解除劳动合同，应事先将理由通知工会

B. 因田某严重违反规章制度，无论是否在规定的医疗期内该厂均有权解除劳动合同

C. 如该厂解除劳动合同的理由成立，无需向田某支付经济补偿金

D. 如该厂解除劳动合同的理由违法，田某有权要求继续履行劳动合同并主张经济补偿金2倍的赔偿金

（九）法律责任

1. 用人单位招用与其他用人单位尚未解除或终止劳动合同的劳动者，给其他用人单位造成损失的，应承担连带赔偿责任。

2. 对不具备合法经营资格的用人单位的违法犯罪行为，依法追究法律责任；劳动者已经

---

[1] **ABD**【解析】该公司违法终止劳动合同，李某可主张公司按照经济补偿金的2倍标准支付赔偿金，A正确，要选。

该公司规章制度违法，李某可行使任意解除权，解除劳动合同，并要求公司支付经济补偿金，B正确，要选。

劳动者无法兼得劳动者单方解除和用人单位违法终止的补偿金和赔偿金，C错误，不选。

赔偿金是2倍经济补偿金的标准，赔偿金的数额多于经济补偿金，D正确，要选。

[2] **ABC**【解析】依据《劳动合同法》第43条的规定，所有用人单位的单方解除，用人单位都必须事先将理由通知工会，A正确。

依据《劳动合同法》第39条的规定，因劳动者有过错，用人单位可依法单方解除，无论劳动者是否在医疗期内。劳动者在医疗期内的，用人单位不能无过错解除，其他解除依然可以。因此，田某严重违反规章制度的，该厂可以依法解除，B正确。

依据《劳动合同法》第39条的规定，因劳动者有过错，用人单位依法单方解除的，无需向劳动者支付经济补偿，C正确。

依据《劳动合同法》第48条、第87条的规定，用人单位违法解除的，劳动者可主张继续履行，无法继续履行的，劳动者可主张经济补偿2倍的赔偿金。继续履行和支付赔偿金是选择关系，而不是并用关系，D错误。

付出劳动的，该单位或其出资人应依法支付劳动报酬、经济补偿、赔偿金；给劳动者造成损害的，应当承担赔偿责任。

3. 逾期不支付的加付赔偿金：

用人单位有下列情形之一的，由劳动行政部门责令限期支付劳动报酬、加班费或经济补偿；劳动报酬低于当地最低工资标准的，应支付其差额部分：

（1）未按照劳动合同的约定或者国家规定及时足额支付劳动者劳动报酬的；

（2）低于当地最低工资标准支付劳动者工资的；

（3）安排加班不支付加班费的；

（4）解除或者终止劳动合同，未依法向劳动者支付经济补偿的。

逾期不支付的，责令用人单位按应付金额50%～100%的标准向劳动者加付赔偿金。

【经典习题】

关于违反劳动合同法的法律责任，下列错误的是？[1]

A. 甲公司招聘尚未与乙公司解除劳动合同的马某，造成乙公司损失的，甲公司须对该损失承担连带责任

B. 丙公司因无照经营被依法取缔撤销，并被追究刑事责任，与丙公司订立劳动合同的员工林某已经付出劳动，丙公司应依法支付劳动报酬、经济补偿、赔偿金

C. 丁公司未按约向劳动者支付劳动报酬的，应当按照应付金额加付100%的赔偿金

D. 戊公司安排加班不支付加班费的，劳动局责令其限期支付，逾期不支付的，劳动局可责令其按照应付金额50%的标准加付赔偿金

（十）劳务派遣制度（F57－F67）

1. 概述

（1）劳动合同用工是我国的企业基本用工形式。用工单位应控制派遣用工数量，不得超过其用工总量的一定比例。

（2）劳务派遣用工是补充形式，只能在临时性、辅助性或者替代性的工作岗位上实施。

A. 临时性工作岗位是指存续时间不超过六个月的岗位；

B. 辅助性工作岗位是指为主营业务岗位提供服务的非主营业务岗位；

C. 替代性工作岗位是指用工单位的劳动者因脱产学习、休假等原因无法工作的一定期间内，可以由其他劳动者替代工作的岗位。

【经典真题】

甲公司与梁某签订劳动合同后，与乙公司签订劳务派遣协议，派梁某到乙公司做车间主任，派遣期3个月。2012年1月至2013年7月，双方已连续6次续签协议，梁某一直在乙公司工作。2013年6月，梁某因追索上一年加班费与乙公司发生争议，申请劳动仲裁。下列哪些选项是正确的？（2013－1－71）[2]

A. 乙公司是在辅助性工作岗位上使用梁某，符合法律规定

B. 乙公司是在临时性工作岗位上使用梁某，符合法律规定

C. 梁某申请仲裁不受仲裁时效期间的限制

---

[1] C【解析】欠薪欠加班费欠经济补偿，责令限期支付，逾期不支付的，加付50%～100%的赔偿金。

[2] CD【解析】车间主任不是辅助性岗位，该劳务派遣不符合法律规定，A错误。

车间主任不是临时性岗位，时间超过了6个月，该劳务派遣不符合法律规定，B错误。

劳动关系存续期间因拖欠劳动报酬发生争议，劳动者申请仲裁不受《劳动争议调解仲裁法》第27条第1款规定的仲裁时效期间的限制；但是，劳动关系终止的，应当自劳动关系终止之日起一年内提出，C正确。

劳务派遣单位或者用工单位与劳动者发生劳动争议的，劳务派遣单位和用工单位为共同当事人，D正确。

D. 梁某申请仲裁时应将甲公司和乙公司作为共同当事人

2. 劳务派遣单位（用人单位）

（1）经营劳务派遣业务应先向劳动行政部门依法申请行政许可，并应具备下列条件：

A. 注册资本不得少于人民币 200 万元；

B. 有与开展业务相适应的固定的经营场所和设施；

C. 有符合法律、行政法规规定的劳务派遣管理制度；

D. 法律、行政法规规定的其他条件。

（2）劳动合同

A. 派遣单位应履行用人单位对劳动者的义务。

B. 派遣单位与劳动者订立劳动合同，应载明劳动者的用工单位及派遣期限、工作岗位等情况。

C. 派遣单位应与劳动者订立 2 年以上的固定期限劳动合同，按月支付劳动报酬；派遣单位不得以非全日制用工形式招用被派遣劳动者。

D. 被派遣劳动者在无工作期间，劳务派遣单位应按所在地政府规定的最低工资标准，向其按月支付报酬。

（3）劳务派遣协议

A. 派遣单位应与用工单位订立劳务派遣协议，约定派遣岗位和人员数量、派遣期限、劳动报酬和社会保险费的数额与支付方式以及违反协议的责任。

B. 派遣单位应将派遣协议的内容告知劳动者。

（4）劳动报酬

A. 派遣单位不得克扣用工单位按照派遣协议支付给劳动者的劳动报酬。

B. 派遣单位和用工单位不得向劳动者收取费用。

C. 派遣单位跨地区派遣劳动者的，劳动者享有的劳动报酬和劳动条件，按用工单位所在地的标准执行。

（5）自我派遣禁止

用人单位不得设立劳务派遣单位，或通过用人单位或其所属单位出资或合伙设立的劳务派遣单位，向本单位或者所属单位派遣劳动者。

3. 用工单位

用工单位应当履行下列义务：

（1）执行国家劳动标准，提供相应的劳动条件和劳动保护；

（2）告知被派遣劳动者的工作要求和劳动报酬；

（3）支付加班费、绩效奖金，提供与工作岗位相关的福利待遇；

（4）对在岗被派遣劳动者进行工作岗位所必需的培训；

（5）连续用工的，实行正常的工资调整机制；

（6）不得将被派遣劳动者再派遣到其他用人单位；

（7）应根据工作岗位的实际需要与劳务派遣单位确定派遣期限，不得将连续用工期限分割订立数个短期劳务派遣协议。

4. 劳动者

（1）劳动者享有与用工单位的劳动者同工同酬的权利。用工单位应按照同工同酬原则，对劳动者与本单位同类岗位的劳动者实行相同的劳动报酬分配办法，无同类岗位劳动者的，参照用工单位所在地相同或相近岗位劳动者的劳动报酬确定。

（2）劳动者有权在派遣单位或用工单位依法参加或组织工会。

（3）劳动者可依法与派遣单位解除劳动合同。

（4）劳动者有过错或不胜任的，用工单位可以将劳动者退回劳务派遣单位，劳务派遣单位依法可以与劳动者解除劳动合同。

【经典习题】

甲公司与李某签订《劳动合同》后，与乙高校签订《劳务派遣协议》，派李某到乙高校做司机，派遣期3个月。下列哪些是正确的？[1]

A. 司机属于辅助性岗位，该劳务派遣合法

B. 李某系甲公司以非全日制用工形式招用

C. 乙高校应当向李某支付绩效奖金

D. 李某可加入乙高校的工会组织

5. 法律责任与争议处理（F92、《劳动合同法实施条例》F35）

（1）用工单位给被派遣劳动者造成损害的，劳务派遣单位与用工单位承担连带赔偿责任。

（2）劳务派遣期间，被派遣的工作人员因执行工作造成他人损害的，由接受劳务派遣的用工单位承担侵权责任；劳务派遣单位有过错的，承担相应的责任。（民法典第1191条第2款第2分句）

（3）派遣单位或用工单位与劳动者发生劳动争议的，派遣单位和用工单位为共同当事人。

（4）违法未经许可，擅自经营劳务派遣业务的，由劳动行政部门责令停止违法行为，没收违法所得，并处违法所得一倍以上五倍以下的罚款；没有违法所得的，可以处五万元以下的罚款。

（5）派遣单位、用工单位违反劳务派遣规定的，由劳动行政部门责令限期改正；逾期不改正的，以每人五千元以上一万元以下的标准处以罚款，对劳务派遣单位，吊销其劳务派遣业务经营许可证。

【经典真题】

2008年5月，松园劳务派遣有限责任公司（简称"松园公司"）与天利房地产开发有限责任公司（简称"天利公司"）签订劳务派遣协议，将李某派遣到天利公司工作。根据有关法律规定，请回答第95、96题。（2008-1-95~97）

95. 松园公司与天利公司协商劳务派遣协议的下列条款中，不符合法律规定的有：[2]

A. 李某在天利公司的工作岗位，可不在劳务派遣协议中约定，由天利公司根据需要灵活决定

B. 李某在天利公司的工作期限，可以在劳务派遣协议中约定为四个周期，每个周期为半年，每个周期结束前订立新的劳务派遣协议

C. 李某在天利公司的劳动报酬，应当在劳务派遣协议中约定

D. 双方对劳务派遣协议的内容负保密义务，不得向包括李某在内的任何人披露

96. 松园公司和天利公司对李某的下列做法中，不符合法律规定的有：[3]

A. 松园公司与李某签订到期可续签的一年期劳动合同

B. 松园公司从李某每月工资中提取5%作为员工集体福利费

C. 天利公司要求李某缴纳5000元岗位责任保证金

---

〔1〕 CD【解析】劳动者有权在派遣单位或用工单位参加或组织工会。

〔2〕 ABD【解析】劳务派遣协议应当载明劳动者的工作岗位、劳动报酬，并应告知劳动者；用工单位不得将连续用工期限分割订立数个短期劳务派遣协议。

〔3〕 ABCD【解析】派遣单位应当与劳动者订立2年以上的劳动合同；不向劳动者收费，劳动者有权参加派遣单位或用工单位的工会。

D. 天利公司告知李某无权参加本公司工会

（十一）非全日制用工（F68－F72）

非全日制用工，是指以小时计酬为主，劳动者在同一用人单位一般平均每日工作时间不超过 4 小时，每周工作时间累计不超过 24 小时的用工形式。

1. 非全日制用工双方当事人可以订立口头协议。

2. 非全日制用工双方当事人不得约定试用期。

3. 非全日制用工双方当事人任何一方都可以随时通知对方终止用工。终止用工，用人单位不向劳动者支付经济补偿。

4. 非全日制用工劳动报酬结算支付周期最长不得超过 15 日。

5. 从事非全日制用工的劳动者可以与一个或一个以上用人单位订立劳动合同；后订立的劳动合同不得影响先订立的劳动合同的履行。

【经典真题】

关于非全日制用工的说法，下列哪一选项不符合《劳动合同法》规定？（2010－1－27）[1]

A. 从事非全日制用工的劳动者与多个用人单位订立劳动合同的，后订立的合同不得影响先订立合同的履行

B. 非全日制用工合同不得约定试用期

C. 非全日制用工终止时，用人单位应当向劳动者支付经济补偿

D. 非全日制用工劳动报酬结算支付周期最长不得超过十五日

---

[1] C【解析】非全日制用工，不试用、不补偿、不书面。

第二章　劳动基准法

1. 新建、改建、扩建工程的劳动安全卫生设施必须与主体工程同时设计、同时施工、同时投入生产和使用。

2. 用人单位必须为劳动者提供符合国家规定的劳动安全卫生条件和必要的劳动防护用品，对从事有职业危害作业的劳动者应当定期进行健康检查。

3. 从事特种作业的劳动者必须经过专门培训并取得特种作业资格。

【经典真题】

东星公司新建的化工生产线在投入生产过程中，下列哪些行为违反《劳动法》规定？（2009 - 1 - 72）[1]

A. 安排女技术员参加公司技术攻关小组并到位于地下的设备室进行检测

B. 在防止有毒气体泄漏的预警装置调试完成之前，开始生产线的试运行

C. 试运行期间，从事特种作业的操作员已经接受了专门培训，但未取得相应的资格证书

D. 试运行开始前，未对生产线上的员工进行健康检查

---

[1]　BC【解析】禁止安排女职工从事矿山井下、第四级体力劳动强度的劳动，而非禁止女职工去地下工作。劳动安全卫生设施同时设立、施工、使用。特种作业的劳动者应当取得特种作业资格；健康检查是定期，并非是生产前。

第三章　社会保险法

（一）基本养老保险

1. 缴费（部分积累制，实现社会互助与个人责任的结合）

职工应当参加基本养老保险，由用人单位和职工共同缴纳基本养老保险费。（F10、F12）

（1）用人单位应当按照国家规定的本单位职工工资总额的比例缴纳基本养老保险费，记入基本养老保险统筹基金。

（2）职工应当按照国家规定的本人工资的比例缴纳基本养老保险费，记入个人账户。

（3）无雇工的个体工商户、未在用人单位参加基本养老保险的非全日制从业人员以及其他灵活就业人员参加基本养老保险的，应当按照国家规定缴纳基本养老保险费，分别记入基本养老保险统筹基金和个人账户。

2. 基本养老保险基金

基本养老保险实行社会统筹与个人账户相结合。

（1）基本养老保险基金由用人单位和个人缴费以及政府补贴等组成（F11）。

（2）个人账户不得提前支取，记账利率不得低于银行定期存款利率，免征利息税。个人死亡的，个人账户余额可以继承（F14）。

3. 基本养老金

（1）基本养老金由统筹养老金和个人账户养老金组成。

（2）参加基本养老保险的个人，达到法定退休年龄时累计缴费满十五年的，按月领取基本养老金。

（3）参加基本养老保险的个人，达到法定退休年龄时累计缴费不足十五年的，可以缴费至满十五年，按月领取基本养老金。也可以转入新型农村社会养老保险或城镇居民社会养老保险，按照国务院规定享受相应的养老保险待遇。

4. 丧葬补助金和抚恤金、病残津贴

参加基本养老保险的个人，因病或非因工死亡的，其遗属可以领取丧葬补助金和抚恤金；在未达到法定退休年龄时因病或者非因工致残完全丧失劳动能力的，可以领取病残津贴。所需资金从基本养老保险基金中支付。

5. 全国统筹

个人跨统筹地区就业的，其基本养老保险关系随本人转移，缴费年限累计计算。个人达到法定退休年龄时，基本养老金分段计算、统一支付。

【经典真题】

关于基本养老保险的个人账户，下列哪些选项是正确的？（2012－1－70）[1]

A. 职工个人缴纳的基本养老保险费全部记入个人账户

B. 用人单位缴纳的基本养老保险费按规定比例记入个人账户

C. 个人死亡的，个人账户余额可以继承

---

[1]　ACD【解析】用人单位应当按照国家规定的本单位职工工资总额的比例缴纳基本养老保险费，记入基本养老保险统筹基金。

D. 个人账户不得提前支取

职工应当参加工伤保险，由用人单位缴纳工伤保险费，职工不缴纳工伤保险费。

1. 职工因第三人的原因受到伤害

（1）社保行政部门不得以职工或其近亲属已对第三人起诉或获得赔偿为由，不受理工伤认定申请或不予认定工伤。

（2）社保行政部门已经作出工伤认定：职工或其近亲属不对第三人起诉或未获赔偿，可起诉要求社保经办机构支付工伤保险待遇；职工或其近亲属已对第三人起诉，社保经办机构不得以此为由拒付工伤保险待遇，但第三人已支付的医疗费用除外。

【经典习题】

林某在甲公司工作，在工作期间，因同事王某操作失误，导致肋骨骨折，下列错误的是？[1]

A. 如林某已向王某起诉并获得赔偿，则应当不予认定工伤

B. 如劳动局已经作出工伤认定，林某应当先向王某起诉，王某不足赔偿的部分，由工伤保险基金负担

C. 如劳动局已经作出工伤认定，林某已经对王某起诉，则林某不再享受工伤保险待遇

D. 由用人单位和职工共同缴纳工伤保险费

2. 下列单位为承担工伤保险责任单位

（1）职工与两个或两个以上单位建立劳动关系，工伤事故发生时，职工为之工作的单位为承担工伤保险责任的单位；

（2）劳务派遣单位派遣的职工在用工单位工作期间因工伤亡的，派遣单位为承担工伤保险责任的单位；

（3）单位指派到其他单位工作的职工因工伤亡的，指派单位为承担工伤保险责任的单位；

（4）用工单位违反法律、法规规定将承包业务转包给不具备用工主体资格的组织或者自然人，该组织或自然人聘用的职工从事承包业务时因工伤亡的，用工单位为承担工伤保险责任的单位；该单位赔偿后有权向相关组织、单位和个人追偿；

（5）个人挂靠其他单位对外经营，其聘用的人员因工伤亡的，被挂靠单位为承担工伤保险责任的单位。该单位赔偿后有权向相关组织、单位和个人追偿。

3. 对社会保险行政部门认定下列情形为"上下班途中"的，人民法院应予支持

（1）在合理时间内往返于工作地与住所地、经常居住地、单位宿舍的合理路线的上下班途中；

（2）在合理时间内往返于工作地与配偶、父母、子女居住地的合理路线的上下班途中；

（3）从事属于日常工作生活所需要的活动，且在合理时间和合理路线的上下班途中；

（4）在合理时间内其他合理路线的上下班途中。

4. 不认定工伤的情形

职工因下列情形之一导致本人在工作中伤亡的，不认定为工伤：

（1）故意犯罪；

（2）醉酒或者吸毒；

---

[1] ABCD【解析】因第三人原因发生工伤，应依法认定，与是否向第三人主张权利无关；认定工伤的，职工可以向社保经办机构主张工伤保险待遇，也可以向第三人主张权利。社保经办机构不得拒付工伤保险待遇，第三人已经支付的医药费用除外。用人单位缴纳工伤保险费，职工不缴纳。

（3）自残或者自杀；

（4）法律、行政法规规定的其他情形。

【经典习题】

下列关于工伤认定和应当承担工伤保险责任的单位的表述正确的是？[1]

A. 甲同时在顺丰公司与顺达公司工作，甲在顺丰公司工作期间在下班路上买菜时被汽车撞伤，该事故可认定工伤，顺丰公司与顺达公司是承担工伤保险责任的单位

B. 保安公司将保安乙派遣到某检察院工作，乙在下班后去父母家的路上被行人撞伤，该事故可认定工伤事故，检察院是承担工伤保险责任的单位

C. 光明公司指派丙到鑫富公司工作，丙在鑫富公司工作期间发生工伤事故，鑫富公司是承担工伤保险责任的单位

D. 在某建设工程的施工过程中，日昌建筑公司擅自将其承包业务转包给某包工头张伟，张伟聘用的职工丁在施工时因工受伤，日昌建筑公司是承担工伤保险责任的单位

E. 某包工头李强挂靠宇达建筑公司招聘农民工戊从事某装饰工程建设，戊在施工过程中受伤，宇达建筑公司是承担工伤保险责任的单位

---

[1] DE【解析】上下班途中发生交通事故的，认定工伤；派遣单位、指派单位、被挂靠单位、发生工伤事故的工作单位、违法转包的用工单位是承担工伤保险责任的单位。

第四章　劳动争议

一、劳动争议的范围

（一）劳动者与用人单位之间发生的下列纠纷，属于劳动争议，当事人不服劳动争议仲裁机构作出的裁决，依法提起诉讼的，人民法院应予受理：

1. 劳动合同争议

（1）劳动者与用人单位在履行劳动合同过程中发生的纠纷；

（2）劳动者与用人单位之间没有订立书面劳动合同，但已形成劳动关系后发生的纠纷；

（3）劳动者与用人单位因劳动关系是否已经解除或者终止，以及应否支付解除或者终止劳动关系经济补偿金发生的纠纷；

（4）劳动者与用人单位解除或者终止劳动关系后，请求用人单位返还其收取的劳动合同定金、保证金、抵押金、抵押物发生的纠纷，或者办理劳动者的人事档案、社会保险关系等移转手续发生的纠纷；

（5）劳动者依据《劳动合同法》第 85 条规定，要求用人单位支付加付赔偿金发生的纠纷。

2. 社会保险争议

（1）劳动者以用人单位未为其办理社会保险手续，且社会保险经办机构不能补办导致其无法享受社会保险待遇为由，要求用人单位赔偿损失发生的纠纷；

（2）劳动者退休后，与尚未参加社会保险统筹的原用人单位因追索养老金、医疗费、工伤保险待遇和其他社会保险待遇而发生的纠纷；

（3）劳动者因为工伤、职业病，请求用人单位依法给予工伤保险待遇发生的纠纷。

3. 企业改制纠纷

因企业自主进行改制发生的纠纷。

（二）下列纠纷不属于劳动争议

1. 行政争议

（1）劳动者请求社会保险经办机构发放社会保险金的纠纷；

（2）劳动者对劳动能力鉴定委员会的伤残等级鉴定结论或者对职业病诊断鉴定委员会的职业病诊断鉴定结论的异议纠纷。

2. 民事争议

（1）劳动者与用人单位因住房制度改革产生的公有住房转让纠纷；

（2）家庭或者个人与家政服务人员之间的纠纷；

（3）个体工匠与帮工、学徒之间的纠纷；

（4）农村承包经营户与受雇人之间的纠纷。

二、劳动争议处理方式（《劳动争议调解仲裁法》）

1. 协商（和解）

协商达成一致，应当签订书面和解协议。和解协议对双方当事人有约束力，当事人应当履行。

2. 调解

调解委员会由劳动者代表和企业代表组成，人数由双方协商确定，双方人数应当对等。（《企业劳动争议协商调解规定》F15）

3. 仲裁

（1）组成

劳动争议仲裁委员会不按行政区划层层设立。劳动争议仲裁委员会由劳动行政部门代表、工会代表和企业方面代表组成。劳动争议仲裁委员会组成人员应当是单数。

（2）管辖

劳动争议由劳动合同履行地或者用人单位所在地的劳动争议仲裁委员会管辖。

双方当事人分别向劳动合同履行地和用人单位所在地的劳动争议仲裁委员会申请仲裁的，由劳动合同履行地的劳动争议仲裁委员会管辖。

（3）受理

劳动争议仲裁委员会收到仲裁申请之日起五日内决定是否受理，对劳动争议仲裁委员会不予受理或逾期未作出决定的，申请人可就该劳动争议事项起诉。

（4）仲裁时效（F27）

一年，从当事人知道或者应当知道其权利被侵害之日起计算。

劳动关系存续期间因拖欠劳动报酬发生争议的，不受仲裁时效期间的限制，但劳动关系终止的，应当自劳动关系终止之日起一年内提出。

（5）举证责任倒置（F6）

证据由用人单位掌握的，由单位举证，否则单位承担不利后果。

劳动者主张加班费的，应当就加班事实的存在承担举证责任。但劳动者有证据证明用人单位掌握加班事实存在的证据，用人单位不提供的，由用人单位承担不利后果。

【特别提示】

因用人单位作出的开除、除名、辞退、解除劳动合同、减少劳动报酬、计算劳动者工作年限等决定而发生的劳动争议，用人单位负举证责任。

（6）仲裁裁决（F47、F48）

下列争议作出的仲裁裁决对用人单位为终局裁决，自作出之日起发生法律效力；劳动者对该仲裁裁决不服的，可以自收到仲裁裁决书之日起 15 日内向人民法院提起诉讼：

A. 追索劳动报酬、工伤医疗费、经济补偿或者赔偿金，不超过当地月最低工资标准 12 个月金额的争议；

B. 因执行国家劳动标准在工作时间、休息休假、社会保险方面发生的争议。

用人单位可以自收到仲裁裁决书之日起 30 日内依法向劳动争议仲裁委员会所在地的中院申请撤销裁决。

【特别提示】

1. 用人单位与其招用的已经依法享受养老保险待遇或者领取退休金的人员发生用工争议而提起诉讼的，人民法院应当按劳务关系处理。

2. 企业停薪留职人员、未达到法定退休年龄的内退人员、下岗待岗人员以及企业经营性停产放长假人员，因与新的用人单位发生用工争议而提起诉讼的，人民法院应当按劳动关系处理。

4. 诉讼

劳动人事争议仲裁委员会作出的同一仲裁裁决同时包含终局裁决事项和非终局裁决事项，当事人不服该仲裁裁决向人民法院提起诉讼的，应当按照非终局裁决处理。

【经典真题】

1. 李某因追索工资与所在公司发生争议，遂向律师咨询。该律师提供的下列哪些意见是合法的？（2012－1－71）[1]

A. 解决该争议既可与公司协商，也可申请调解，还可直接申请仲裁

B. 应向劳动者工资关系所在地的劳动争议仲裁委提出仲裁请求

C. 如追索工资的金额未超过当地月最低工资标准12个月金额，则仲裁裁决对用人单位为终局裁决，用人单位不得再起诉

D. 即使追索工资的金额未超过当地月最低工资标准12个月金额，只要李某对仲裁裁决不服，仍可向法院起诉

2. 李某原在甲公司就职，适用不定时工作制。2012年1月，因甲公司被乙公司兼并，李某成为乙公司职工，继续适用不定时工作制。2012年12月，由于李某在年度绩效考核中得分最低，乙公司根据公司绩效考核制度中"末位淘汰"的规定，决定终止与李某的劳动关系。李某于2013年11月提出劳动争议仲裁申请，主张：原劳动合同于2012年3月到期后，乙公司一直未与本人签订新的书面劳动合同，应从4月起每月支付二倍的工资；公司终止合同违法，应恢复本人的工作。

关于李某申请仲裁的有关问题，下列选项正确的是：（2014－1－86）[2]

A. 因劳动合同履行地与乙公司所在地不一致，李某只能向劳动合同履行地的劳动争议仲裁委员会申请仲裁

B. 申请时应提交仲裁申请书，确有困难的也可口头申请

C. 乙公司对终止劳动合同的主张负举证责任

D. 对劳动争议仲裁委员会逾期未作出是否受理决定的，李某可就该劳动争议事项向法院起诉

---

〔1〕 ACD【解析】劳动争议由劳动合同履行地或者用人单位所在地的劳动争议仲裁委员会管辖。

〔2〕 BCD【解析】劳动争议由劳动合同履行地或者用人单位所在地的劳动争议仲裁委员会管辖。双方当事人分别向劳动合同履行地和用人单位所在地的劳动争议仲裁委员会申请仲裁的，由劳动合同履行地的劳动争议仲裁委员会管辖，而不是只能向劳动合同履行地的劳动争议仲裁委员会申请仲裁。一般"只能""只有"这些比较绝对的表述都存在瑕疵。A错误，不选。

书写仲裁申请确有困难的，可以口头申请，由劳动争议仲裁委员会记入笔录，并告知对方当事人。B正确，要选。

劳动者无法提供由用人单位掌握管理的与仲裁请求有关的证据，仲裁庭可以要求用人单位在指定期限内提供。用人单位在指定期限内不提供的，应当承担不利后果。关于劳动合同终止的证据由用人单位掌握，应当由用人单位承担举证责任。C正确，要选。

对劳动争议仲裁委员会不予受理或者逾期未作出决定的，申请人可以就该劳动争议事项向人民法院提起诉讼。D正确，要选。

第五章　军人保险法

(一) 总则

1. 军人保险 (F2)

军人保险包括军人伤亡保险、退役养老保险、退役医疗保险和随军未就业的军人配偶保险。

2. 军人的权利 (F6)

军人有权查询、核对个人缴费记录和个人权益记录，要求军队后勤（联勤）机关财务部门和地方社会保险经办机构依法办理养老、医疗等保险关系转移接续手续，提供军人保险和社会保险咨询等相关服务。

(二) 军人伤亡保险

1. 死亡保险金 (F7)

军人因战、因公死亡的，按照认定的死亡性质和相应的保险金标准，给付军人死亡保险金。

2. 残疾保险金 (F8)

军人因战、因公、因病致残的，按照评定的残疾等级和相应的保险金标准，给付军人残疾保险金。

3. 伤亡保险除外 (F10)

军人因下列情形之一死亡或者致残的，不享受军人伤亡保险待遇：

(1) 故意犯罪的；

(2) 醉酒或者吸毒的；

(3) 自残或者自杀的；

(4) 法律、行政法规和军事法规规定的其他情形。

4. 退役后旧伤复发 (F11)

已经评定残疾等级的因战、因公致残的军人退出现役参加工作后旧伤复发的，依法享受相应的工伤待遇。

5. 国家负担伤亡保险资金 (F12)

军人伤亡保险所需资金由国家承担，个人不缴纳保险费。

(三) 退役养老保险

1. 退役养老保险补助 (F13)

军人退出现役参加基本养老保险的，国家给予退役养老保险补助。

2. 入伍前参加基本养老保险 (F15)

军人入伍前已经参加基本养老保险的，由地方社会保险经办机构和军队后勤（联勤）机关财务部门办理基本养老保险关系转移接续手续。

3. 退役后参加养老保险 (F16)

(1) 军人退出现役后参加职工基本养老保险的，由军队后勤（联勤）机关财务部门将军人退役养老保险关系和相应资金转入地方社会保险经办机构，地方社会保险经办机构办理相应的转移接续手续。

(2) 军人服现役年限与入伍前和退出现役后参加职工基本养老保险的缴费年限合并计算。

（四）退役医疗保险

1. 缴纳退役医疗保险费（F20）

（1）参加军人退役医疗保险的军官、文职干部和士官应当缴纳军人退役医疗保险费，国家按照个人缴纳的军人退役医疗保险费的同等数额给予补助。

（2）义务兵和供给制学员不缴纳军人退役医疗保险费，国家按照规定的标准给予军人退役医疗保险补助。

2. 退役后参加医保（F23）

（1）军人退出现役后参加职工基本医疗保险的，由军队后勤（联勤）机关财务部门将军人退役医疗保险关系和相应资金转入地方社会保险经办机构，地方社会保险经办机构办理相应的转移接续手续。

（2）军人服现役年限视同职工基本医疗保险缴费年限，与入伍前和退出现役后参加职工基本医疗保险的缴费年限合并计算。

（五）随军未就业的军人配偶保险

1. 随军配偶的养老保险、医疗保险（F25）

国家为随军未就业的军人配偶建立养老保险、医疗保险等。

随军未就业的军人配偶参加保险，应当缴纳养老保险费和医疗保险费，国家给予相应的补助。

2. 退役时的转接（F27）

（1）随军未就业的军人配偶实现就业或者军人退出现役时，由军队后勤（联勤）机关财务部门将其养老保险、医疗保险关系和相应资金转入地方社会保险经办机构，地方社会保险经办机构办理相应的转移接续手续。

（2）军人配偶在随军未就业期间的养老保险、医疗保险缴费年限与其在地方参加职工基本养老保险、职工基本医疗保险的缴费年限合并计算。

3. 就业指导和培训（F29）

（1）地方人民政府和有关部门应当为随军未就业的军人配偶提供就业指导、培训等方面的服务。

（2）随军未就业的军人配偶无正当理由拒不接受当地人民政府就业安置，或者无正当理由拒不接受当地人民政府指定部门、机构介绍的适当工作、提供的就业培训的，停止给予保险缴费补助。

（六）军人保险基金

1. 种类（F30）

军人保险基金包括军人伤亡保险基金、军人退役养老保险基金、军人退役医疗保险基金和随军未就业的军人配偶保险基金。

各项军人保险基金按照军人保险险种分别建账，分账核算，执行军队的会计制度。

2. 构成（F31）

军人保险基金由个人缴费、中央财政负担的军人保险资金以及利息收入等资金构成。

3. 缴费（F32）

（1）军人应当缴纳的保险费，由其所在单位代扣代缴。

（2）随军未就业的军人配偶应当缴纳的保险费，由军人所在单位代扣代缴。

4. 管理（F33、34）

（1）中央财政负担的军人保险资金，由国务院财政部门纳入年度国防费预算。

（2）军人保险基金按照国家和军队的预算管理制度，实行预算、决算管理。

（七）保险经办与监督

1. 保险档案和咨询服务（F39）

（1）军队后勤（联勤）机关财务部门应当为军人及随军未就业的军人配偶建立保险档案，及时、完整、准确地记录其个人缴费和国家补助，以及享受军人保险待遇等个人权益记录，并定期将个人权益记录单送达本人。

（2）军队后勤（联勤）机关财务部门和地方社会保险经办机构应当为军人及随军未就业的军人配偶提供军人保险和社会保险咨询等相关服务。

2. 监督（F41）

中国人民解放军总后勤部财务部门和中国人民解放军审计机关按照各自职责，对军人保险基金的收支和管理情况实施监督。

（八）法律责任和附则

1. 法律责任（F45）

军队后勤（联勤）机关财务部门、社会保险经办机构，有下列情形之一的，由军队后勤（联勤）机关或者社会保险行政部门责令改正；对直接负责的主管人员和其他直接责任人员依法给予处分；造成损失的，依法承担赔偿责任：

（1）不按照规定建立、转移接续军人保险关系的；

（2）不按照规定收缴、上缴个人缴纳的保险费的；

（3）不按照规定给付军人保险金的；

（4）篡改或者丢失个人缴费记录等军人保险档案资料的；

（5）泄露军队单位和军人的信息的；

（6）违反规定划拨、存储军人保险基金的；

（7）有违反法律、法规损害军人保险权益的其他行为的。

2. 退役后参加失业保险（F49）

军人退出现役后参加失业保险的，其服现役年限视同失业保险缴费年限，与入伍前和退出现役后参加失业保险的缴费年限合并计算。

【经典习题】

依据我国《军人保险法》的规定，下列表述错误的是？[1]

A. 军人保险包括军人伤亡保险、退役养老保险、退役医疗保险和随军未就业的军人配偶保险以及退役军人失业保险；军人保险基金包括军人伤亡保险基金、军人退役养老保险基金、军人退役医疗保险基金和随军未就业的军人配偶保险基金以及军人退役失业保险基金

B. 军人因醉酒而死亡的，不享受军人伤亡保险待遇

C. 军人退出现役后参加职工基本养老保险的，其服现役年限与入伍前和退出现役后参加职工基本养老保险的缴费年限合并计算

D. 军人退出现役后参加失业保险的，其服现役年限视同失业保险缴费年限，与入伍前和退出现役后参加失业保险的缴费年限合并计算

【法条】

《军人保险法》第2、10、16、30、49条。

---

[1] A【解析】军人保险目前未包括失业保险。

知识产权法

第一章 著作权法

【复习指南】

　　以著作权的权利内容为框架，具体明确记忆和理解每一项权利的内容，重点理解人身权中的发表权、署名权、修改权和保护作品完整权，以及财产权中的复制权、发行权、信息网络传播权、广播权、表演权、出租权和翻译权。重点记忆和理解邻接权人的各项权利，尤其需要重点理解和掌握表演者享有的各项权利，以及录音录像者享有的各项权利。

【知识框架】

著作权	客体	作品
	主体	一般主体 + 特殊主体
	内容	人身权、财产权
	限制	合理使用、法定许可
邻接权	内容	出版者权、表演者权、录制者权、广播者权

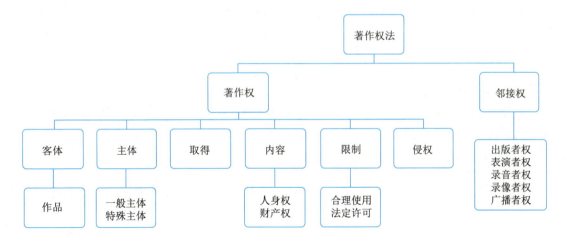

第一节　著作权

一、著作权的客体

（一）作品 ［《中华人民共和国著作权法》（以下简称《著作权法》）F3，《中华人民共和国著作权法实施条例》（以下简称《著作权法实施条例》）F2］ ★

1. 作品是指文学、艺术和科学领域内具有独创性并能以一定形式表现的智力成果。

（1）作品系独立创作完成，非剽窃。

（2）作品必须体现作者的个性特征，节目单不是作品，不具有独创性。

2. 著作权法保护作品的表达，不保护作品所包含的思想和主题。

3. 作品包括：

（1）文字作品；

（2）口述作品；

（3）音乐、戏剧、曲艺、舞蹈、杂技艺术作品；

（4）美术、建筑作品；

（5）摄影作品；

（6）视听作品；

（7）工程设计图、产品设计图、地图、示意图等图形作品和模型作品；

（8）计算机软件；

（9）符合作品特征的其他智力成果。

【经典习题】

下列不属于作品的是？[1]

A. 公安局为李某拍摄的身份证照片

B. 王某给刘某写的一封短信，告知刘某自己一切安好

C. 某地方电视台的节目单

D. 汪先生给章女士写的一首歌曲

（二）不予保护的对象 （《著作权法》F5）

1. 官方法律、决议、文件、译文

法律、法规，国家机关的决议、决定、命令和其他具有立法、行政、司法性质的文件，及其官方正式译文；

2. 单纯事实消息

3. 通用数表公式

历法、通用数表、通用表格和公式。欠缺作品实质要件，其形式具有唯一表达的特点。

---

〔1〕　ABC【解析】作品应当具有独创性，体现作者的个性特征。大象创作的一幅画、大猩猩自拍的照片、人工智能创作的诗歌都不是作品，一般认为作品的创作人应当是自然人，而不能是动物或人工智能。

【经典真题】

我国《著作权法》不适用于下列哪些选项？（2011 - 3 - 61）[1]

A. 法院判决书

B. 《与贸易有关的知识产权协定》的官方中文译文

C. 《伯尔尼公约》成员国国民的未发表且未经我国有关部门审批的境外影视作品

D. 奥运会开幕式火炬点燃仪式的创意

（三）著作权集体管理组织

1. 根据授权行使权利——参与诉讼、仲裁、调解

（1）著作权人可以授权著作权集体管理组织行使权利。

（2）著作权集体管理组织是非营利法人，被授权后可以以自己的名义为著作权人主张权利，并可以作为当事人进行涉及著作权的诉讼、仲裁、调解活动。

2. 根据授权向使用者收费——协商确定——协商不成，申请裁决或起诉

（1）著作权集体管理组织根据授权向使用者收取使用费。

（2）使用费的收取标准由著作权集体管理组织和使用者代表协商确定，协商不成的，可以向国家著作权主管部门申请裁决，对裁决不服的，可以向人民法院提起诉讼；当事人也可以直接向人民法院提起诉讼。

3. 使用费公示、建立权利信息查询系统

（1）著作权集体管理组织应当将使用费的收取和转付、管理费的提取和使用、使用费的未分配部分等总体情况定期向社会公布，并应当建立权利信息查询系统，供权利人和使用者查询。

（2）国家著作权主管部门应当依法对著作权集体管理组织进行监督、管理。

二、著作权的主体

作品类型	著作权归属	行使和保护规则
一般作品	作者	
演绎作品	演绎人	使用演绎作品，需要原作者和演绎人许可
委托作品	受托人	委托人有使用权（狭义）
视听作品	制片人	
合作作品	作者共有	除转让以外的权利，作者可单独享有，利益分享
职务作品	1. 一般：作者	单位享有使用权
	2. 特殊（四图一件）：单位	
美术作品	作者	原件合法持有人有展览权

---

[1] ABD【解析】法院判决书属于国家机关司法性质的文件，《著作权法》不予保护。《与贸易有关的知识产权协定》的官方中文译文属于官方正式译文，《著作权法》不予保护。奥运会开幕式火炬点燃仪式的创意属于思想范畴，不是一种有形的表达方式。《著作权法》不保护思想和主题，而保护对思想和主题进行表达而形成的具有独创性并能以某种有形形式复制的作品。我国加入了《伯尔尼公约》，《伯尔尼公约》成员国国民适用国民待遇，即在作品创作完成时自动获得著作权。所以《伯尔尼公约》成员国国民的未发表且未经我国有关部门审批的境外影视作品适用我国《著作权法》。

（一）著作权的一般主体（《著作权法》F11）

1. 作者

（1）创作作品的自然人是作者。

（2）由法人或非法人组织主持，代表法人或非法人组织意志创作，并由法人或非法人组织承担责任的作品，法人或非法人组织视为作者。

（3）创作是事实行为，不是法律行为。

小刘从小就显示出很高的文学天赋，九岁时写了小说《隐形翅膀》，并将该小说的网络传播权转让给某网站。小刘的父母反对该转让行为。小刘可以成为作者，但其行为能力受到限制，无法转让该作品的网络传播权。

【特别提示】创作是事实行为，不考虑行为能力，也不考虑是否合法。儿童、精神病人都可以成为作者。侵权的创作行为也不影响侵权人成为作者，但侵权人需要承担侵权责任。

2. 继受人

因继承、赠与、遗赠或受让等法律事实取得著作财产权的人。

3. 外国人（《著作权法》F2）★

（1）"国民待遇"取得：

外国人、无国籍人的作品根据其作者所属国或经常居住地国同中国签订的协议或共同参加的国际条约享有的著作权。

（2）出版取得：

A. 中国出版：

外国人、无国籍人的作品首先在中国境内出版的，依法享有著作权。

B. 成员国出版：

未与中国签订协议或共同参加国际条约的国家的作者以及无国籍人的作品首次在中国参加的国际条约的成员国出版的，或者在成员国和非成员国同时出版的，依法享有著作权。

【经典真题】

甲无国籍，经常居住地为乙国，甲创作的小说《黑客》在丙国首次出版。我国公民丁在丙国购买了该小说，未经甲同意将其翻译并在我国境内某网站传播。《黑客》要受我国著作权法保护，应当具备下列哪一条件？（2010－3－15）[1]

A. 《黑客》不应当属于我国禁止出版或传播的作品

B. 甲对丁翻译《黑客》并在我国境内网站传播的行为予以追认

C. 乙和丙国均加入了《保护文学艺术作品伯尔尼公约》

D. 乙或丙国加入了《保护文学艺术作品伯尔尼公约》

（二）演绎作品的著作权（《著作权法》F13）★★★

演绎作品是指在已有作品基础上，经过改编、翻译、注释、整理等创造性劳动而产生的作品。

（拍电影电视剧不是演绎!!）

1. 演绎作品的著作权由演绎者享有，但其对著作权的行使，不得侵犯原作品的著作权。

2. 使用演绎作品需要得到双重许可。

---

〔1〕 D【解析】无国籍人可适用国民待遇取得和出版取得。经常居住国加入《伯尔尼公约》，可适用国民待遇取得。出版国加入《伯尔尼公约》，可适用出版取得。

居住在 A 国的我国公民甲创作一部英文小说，乙经许可将该小说翻译成中文小说，丙经许可将该翻译的中文小说改编成电影文学剧本，并向丁杂志社投稿。下列哪些说法是错误的？(2012 - 3 - 63)〔1〕

A. 甲的小说必须在我国或 A 国发表才能受我国著作权法保护

B. 乙翻译的小说和丙改编的电影文学剧本均属于演绎作品

C. 丙只需征得乙的同意并向其支付报酬

D. 丁杂志社如要使用丙的作品还应当分别征得甲、乙的同意，但只需向丙支付报酬

（三）合作作品的著作权（《著作权法》F14）★★★

合作作品是两人以上合作创作的作品。

作者之间存在创作合意和共同创作的行为。

为他人已有词谱曲，例如张某为岳飞的《满江红》谱曲，是结合作品。

1. 归属：

合作作品的著作权属于全体作者。

2. 行使：

对于不可分割使用的，由合作作者协商一致行使；

协商不成的，无正当理由任何一方不得阻止他方行使除转让许可他人专有使用、出质以外的其他权利，所得收益应合理分配给所有合作作者。

【特别提示】合作作品可以分割使用的，作者对各自创作的部分可以单独享有著作权，但行使著作权时不得侵犯合作作品整体的著作权。

【经典真题】

1. 甲、乙合作创作了一部小说，后甲希望出版小说，乙无故拒绝。甲把小说上传至自己博客并保留了乙的署名。丙未经甲、乙许可，在自己博客中设置链接，用户点击链接可进入甲的博客阅读小说。丁未经甲、乙许可，在自己博客中转载了小说。戊出版社只经过甲的许可就出版了小说。下列哪一选项是正确的？(2015 - 3 - 16)〔2〕

A. 甲侵害了乙的发表权和信息网络传播权

B. 丙侵害了甲、乙的信息网络传播权

C. 丁向甲、乙寄送了高额报酬，但其行为仍然构成侵权

D. 戊出版社侵害了乙的复制权和发行权

2. 甲作曲、乙填词，合作创作了歌曲《春风来》。甲拟将该歌曲授权歌星丙演唱，乙坚决反对。甲不顾反对，重新填词并改名为《秋风起》，仍与丙签订许可使用合同，并获报酬 10 万

---

〔1〕 ACD【解析】著作权保护适用创造完成时自动保护原则；对演绎作品的使用需要原作品与演绎作品著作权人的许可。

〔2〕 C【解析】依据《著作权法实施条例》第 9 条的规定，合作作品不能分割使用的，合作作者可行使除了转让以外的其他权利，即可以单独行使发表权和信息网络传播权，甲可以将合作作品发表和进行网络传播，A 错误。

丙并未将该作品进行网络传播，而仅仅是设置链接，其他读者依然是在作者甲的博客上阅读，该行为没有侵害作者甲的信息网络传播权，B 错误。

丁擅自在自己博客中转载该小说，其行为构成对该作品的信息网络传播权的侵害，侵权行为的构成与是否支付报酬没有关系，C 正确。

合作作品除了转让以外的权利，合作作者可单独行使。甲可单独将小说许可出版社复制发行（即出版），甲的许可行为和出版社的出版行为均合法，D 错误。

元。对此，下列哪些选项是正确的？（2016－3－63）[1]

    A. 《春风来》的著作权由甲、乙共同享有

    B. 甲侵害了《春风来》歌曲的整体著作权

    C. 甲、丙签订的许可使用合同有效

    D. 甲获得的10万元报酬应合理分配给乙

（四）汇编作品的著作权（《著作权法》F15）

汇编作品是指汇编若干作品、作品的片段或者不构成作品的数据或者其他材料，对其内容的选择或者编排体现独创性的作品。如辞书、选集、期刊、杂志、数据库。

汇编作品受到双重的著作权保护，即原作品的著作权和汇编作品的著作权。

> 【特别提示】使用改编、翻译、注释、整理、汇编已有作品而产生的作品进行出版、演出和制作录音录像制品，应当取得该作品的著作权人和原作品的著作权人许可，并支付报酬。

【经典真题】

某出版社出版了一本学术论文集，专门收集国内学者公开发表的关于如何认定和处理侵犯知识产权行为的有关论文或论文摘要。该论文集收录的论文受我国著作权法保护，其内容选择和编排具有独创性。下列哪一说法是正确的？（2012－3－17）[2]

    A. 被选编入论文集的论文已经发表，故出版社不需证得论文著作权人的同意

    B. 该论文集属于学术著作，具有公益性，故出版社不需向论文著作权人支付报酬

    C. 他人复制该论文集只需证得出版社同意并支付报酬

    D. 如出版社未经论文著作权人同意而将有关论文收录，出版社对该论文集享有著作权

（五）视听作品的著作权（《著作权法》F17）★★★

1. 视听作品是指电影作品和以类似摄制电影的方法创作的作品。

2. 视听作品的著作权

（1）视听作品中的影视作品——制片者；但编剧、导演、摄影、作词、作曲等作者享有署名权，并有权按约获酬

视听作品中的电影作品、电视剧作品的著作权由制作者享有，但编剧、导演、摄影、作词、作曲等作者享有署名权，并有权按照与制作者签订的合同获得报酬。

（2）视听作品中的其他作品——约定——制片者，作者享有署名权和获酬权

上述以外的视听作品的著作权归属由当事人约定；没有约定或者约定不明确的，由制作者享有，但作者享有署名权和获得报酬的权利。

---

〔1〕 AC【解析】《著作权法》第14条第1款规定："两人以上合作创作的作品，著作权由合作作者共同享有。"因此《春风来》的著作权由甲、乙共同享有，所以A正确。

《著作权法》第14条第3款规定："合作作品可以分割使用的，作者对各自创作的部分可以单独享有著作权，但行使著作权时不得侵犯合作作品整体的著作权。"甲重新填词的行为，属于各自创作部分的权利的合法行使，未侵害合作作品整体的著作权，而是属于创作新作品的行为，所以B错误。

依据《著作权法实施条例》第3条、第6条的规定，基于甲重新填词，重新创作的事实，甲依法享有《秋风起》的著作权，甲当然可以与丙订立许可合同，该合同有效，所以C正确。

依据《著作权法实施条例》第3条、第6条的规定，甲是《秋风起》的独立作者，当然可以独享该作品的财产权，不需要将收益分配给乙，所以D错误。

〔2〕 D【解析】汇编属于事实行为，行为完成时即自动获得著作权。

（3）剧本、音乐作品的作者单独行使著作权

视听作品中的剧本、音乐等可以单独使用的作品的作者有权单独行使其著作权。

3. 录像制品（非作品）：

视听作品以外的任何有无伴音的连续形象的原始录制品，如对讲课进行录像。

【举例说明】

北京市电视台播放《建党伟业》需要经过几份许可？

一份许可，制片人。

【经典真题】

某电影公司委托王某创作电影剧本，但未约定该剧本著作权的归属，并据此拍摄电影。下列哪一未经该电影公司和王某许可的行为，同时侵犯二者的著作权？（2017-3-14）[1]

A. 某音像出版社制作并出版该电影的 DVD

B. 某动漫公司根据该电影的情节和画面绘制一整套漫画，并在网络上传播

C. 某学生将该电影中的对话用方言配音，产生滑稽效果，并将配音后的电影上传网络

D. 某电视台在"电影经典对话"专题片中播放 30 分钟该部电影中带有经典对话的画面

【法条】

《著作权法》第10、17、19条

（六）职务作品的著作权（《著作权法》F18）

职务作品是指公民为完成法人或其他组织的工作任务所创作的作品。

1. 单位作品：

单位视为作者。

2. 普通职务作品：

（1）著作权由作者享有，但单位有权在其业务范围内优先使用。

（2）作品完成两年内（作品完成两年的期限，自作者向单位交付作品之日起计算），未经单位同意，作者不得许可第三人以与单位使用的相同方式使用该作品。经单位同意的，由作者与单位按约定的比例分配收益。

【经典真题】

职业作家甲是某市作协成员，于 1998 年完成职务作品中篇纪实报告文学。关于该作品的

---

[1] B【解析】该题的解析焦点是如何认定同时侵犯剧本作者和视听作品作者的著作权的行为。

《著作权法》第17条第1款规定："视听作品中的电影作品、电视剧作品的著作权由制作者享有"，即该电影的著作权由制片人电影公司享有，音像出版社擅自制作并出版该电影的 DVD 的行为，侵犯了制片者的著作权。

《著作权法》第17条第3款规定："视听作品中的剧本、音乐等可以单独使用的作品的作者有权单独行使其著作权。"音像出版社没有复制出版王某的电影剧本，未侵害王某针对剧本的著作权。因此，音像出版社未同时侵害二者的著作权，A 选项错误。

依据《著作权法》第17条、第10条第1款第5项、第14项的规定，电影作品的著作权由制片者享有，电影剧本的著作权由编剧人享有，因此，动漫公司根据该电影的情节绘制漫画的行为侵害了编剧人王某针对剧本的复制权、改编权，该行为涉嫌抄袭。动漫公司根据该电影的画面绘制漫画的行为侵害了制片人电影公司对该电影作品享有的复制权、改编权。依据《著作权法》第10条第1款第12项的规定，动漫公司将该漫画在网络上传播，同时侵害了编剧人和制片人的信息网络传播权，因此 B 选项正确。

依据《著作权法》第10条、第17条的规定，某学生将该电影的对话用方言配音，并将其上传网络的行为，侵害了该视听作品作者的改编权。但其行为仅仅针对该电影作品，而未针对剧本，未侵害剧本作者的著作权，C 选项错误。

依据《著作权法》第10条第1款第11项的规定，电视台不是为了报道时事新闻，擅自播放他人的视听作品，侵害了制片人的广播权。但是电视台的播放行为仅仅针对视听作品，而未针对编剧人针对剧本的著作权，因此 D 选项错误。

使用，下列哪些选项是正确的？[1]

    A. 著作权由甲方享有，作协在业务范围内有优先使用

    B. 两年内，未经作协同意，甲不得许可第三人以与作协相同的方式使用

    C. 两年后，甲可以自由许可第三人使用

    D. 两年后，作协可在其业务范围内继续使用

3. 特殊职务作品：

下列的职务作品，作者享有署名权，著作权的其他权利由法人或者非法人组织享有，法人或者非法人组织可以给予作者奖励：

（1）四图一件

主要是利用法人或者非法人组织的物质技术条件创作，并由法人或者非法人组织承担责任的工程设计图、产品设计图、地图、示意图、计算机软件等职务作品；

（2）传媒工作人员作品

报社、期刊社、通讯社、广播电台、电视台的工作人员创作的职务作品；

（3）法定或约定的单位享有著作权的职务作品

法律、行政法规规定或者合同约定著作权由法人或者非法人组织享有的职务作品。

（七）委托作品的著作权（《著作权法》F19）★★★

委托作品是指作者接受他人委托而创作的作品。

1. 没有订立合同或合同没有明确约定的，著作权属于受托人；

2. 委托人有使用权（狭义）：

委托人有在约定的使用范围内使用作品的权利；

没有约定的，委托人在委托创作的特定目的的范围内免费使用该作品。

【举例说明】

甲为摄影家乙充当模特，双方未对照片的发表和使用作出约定。后乙将甲的裸体照片以人体艺术照的形式出版发行，致使甲受到亲朋好友的指责。

虽然乙享有照片的著作权，但是不能侵犯甲的隐私权和肖像权。

【经典真题】

甲公司委托乙公司开发印刷排版系统软件，付费20万元，没有明确约定著作权的归属。后甲公司以高价向善意的丙公司出售了该软件的复制品。丙公司安装使用5年后，乙公司诉求丙公司停止使用并销毁该软件。下列哪些表述是正确的？（2013－3－63）[2]

    A. 该软件的著作权属于甲公司   B. 乙公司的起诉已超过诉讼时效

    C. 丙公司可不承担赔偿责任   D. 丙公司应停止使用并销毁该软件

（八）美术作品的著作权（《著作权法》F20）——摄影作品也适用★

美术作品是指绘画、书法、雕塑等以线条、色彩或者其他方式构成的有审美意义的平面或者立体的造型艺术作品。

1. 美术作品的著作权由作者享有；

2. 但美术作品原件的所有人享有原件所有权和原件展览权，其他权利仍由著作权人享有。

---

[1]　ABCD【解析】一般职务作品著作权属于作者，单位享有长期优先使用权、2年内的排他性使用权。2年内，单位同意作者许可第三人使用的，单位可以分得收益。

[2]　CD【解析】《计算机软件保护条例》第30条规定："软件的复制品持有人不知道也没有合理理由应当知道该软件是侵权复制品的，不承担赔偿责任；但是，应当停止使用、销毁该侵权复制品。"即善意侵权，免除赔偿责任，但应当停止侵害行为。

例如：画家甲将其未发表的一幅绘画作品原件赠与好友乙。乙将其挂于室内。丙在乙家中做客时，向乙提出欲租该画展出30日，愿支付报酬500元，乙同意。

（九）摄影作品的著作权（《著作权法实施条例》F4，《民法典》F990）

借助器械在感光材料或者其他介质上记录客观物体形象的艺术作品；

身份证照片、工作证照片等非独创性的照片除外。

1. 摄影人享有著作权，约定除外。

2. 照片上的顾客享有肖像权、隐私权等，作品使用应当取得顾客同意。（《民法典》F990）

（十）作者身份不明的作品（《著作权法实施条例》F13）

1. 身份不明的作品由作品原件合法持有人行使除署名权外的著作权。

2. 作者身份确定后，由作者或其继承人行使著作权。

【经典习题】

甲在北京潘家园古玩市场购买了一幅身份不明的山水画，甲对该画享有哪些权利？[1]

A. 所有权　　　　B. 复制权　　　　C. 修改权　　　　D. 署名权

（十一）其他作品

（1）自传体作品［《最高人民法院关于审理著作权民事纠纷案件适用法律若干问题的解释》（以下简称《著作权解释》）F14］

自传体作品著作权约定优先；没有约定，归特定人物，执笔人或整理人获得报酬。

【举例说明】

国画大师李某欲将自己的传奇人生记录下来，遂请作家王某执笔，其助手张某整理素材。王某以李某的人生经历为素材完成了自传体小说《我的艺术人生》。李某向王某支付了5万元，但未约定著作权的归属。该小说的著作权应当归谁所有？

该小说著作权属于国画大师李某。

（2）报告讲话作品（《著作权解释》F13）

报告、讲话等作品著作权归报告人或讲话人。执笔人得报酬。

【经典真题】

牛博朗研习书法绘画30年，研究出汉字的独特写法牛氏"润金体"。"润金体"借鉴了"瘦金体"，但在布局、线条、勾画、落笔以及比例上自成体系，多出三分圆润，审美价值很高。牛博朗将其成果在网络上发布，并注明"版权所有，未经许可，不得使用"。羊阳洋公司从该网站下载了九个"润金体"字，组成广告词"小绵羊、照太阳、过海洋"，为其从国外进

---

〔1〕　ABC【解析】除了署名权，甲享有针对该画的其他著作权。

口的羔羊肉做广告。关于"润金体"及羊阳洋公司的行为，下列哪些选项是正确的？（2017 - 3 - 63）[1]

A. 字体不属于著作权保护的范围，故羊阳洋公司不构成侵权

B. "润金体"具有一定的独创性，可认定为美术作品而受著作权法保护

C. 羊阳洋公司只是选取了有限的数个汉字，不构成对"润金体"整体著作权的侵犯

D. 羊阳洋公司未经牛博朗同意，擅自使用"润金体"汉字，构成对牛博朗著作权的侵犯

【法条】

《著作权法》第3、10条

三、著作权的内容

（一）著作人身权（《著作权法》F10）

著作人身权是指著作权中基于作品依法享有的以人格利益为内容的权利。

它与作者的人身不可分离，一般不能继承、转让。

1. 发表权★★

即决定作品是否公之于众的权利。

（1）一次性权利

（2）发表权与财产权关系密切

通过发行、广播、网络传播、表演、展览、放映等使用作品的方式来行使。

（3）推定同意发表

作者生前未发表的作品，如果作者未明确表示不发表，作者死亡后50年内，其发表权可由继承人或者受遗赠人行使；

没有继承人又无人受遗赠的，由作品原件的所有人行使。

【举例说明】

甲写作完成一篇小说《我爱法考》后，未做任何表示即去世了，甲的继承人小甲是否可发表该小说？

可以。针对作者生前未发表之作品，作者未明示不发表的，推定同意发表。

2. 署名权★★

（1）即表明作者身份，在作品上署名的权利；

（2）署名推定：

如无相反证明，在作品上署名的公民、法人或者其他组织为作者，且该作品上存在相应权利。

> 【特别提示】作者等著作权人可以向国家著作权主管部门认定的登记机构办理作品登记。

---

[1] BD【解析】《著作权法》第3条第1款第4项、《著作权法实施条例》第4条第1款第8项规定："美术作品，是指绘画、书法、雕塑等以线条、色彩或者其他方式构成的有审美意义的平面或者立体的造型艺术作品。"字体，具有一定的独创性，属于著作权保护的范围，可以认定其受到著作权法的保护，羊阳洋公司擅自复制该字体的行为构成侵权，A选项错误。

依据《著作权法》第3条第1款第4项、《著作权法实施条例》第4条第1款第8项的规定，润金体具有独创性，受到著作权法保护，B选项正确。

依据《著作权法》第10条第1款第5项的规定，羊阳洋公司选取数个润金体汉字的行为属于复制行为，侵害了字体作者的复制权，C选项错误。

依据《著作权法》第10条第1款第5项的规定，羊阳洋公司的行为构成对牛博朗著作权的侵犯，D选项正确。

(3) 与姓名（名称）权结合：

擅自署第三人姓名，侵害第三人姓名权和作者的署名权。

3. 修改权

即修改或者授权他人修改作品的权利；

报社、期刊社可以对作品做文字性修改、删节。

4. 保护作品完整权

即保护作品不受歪曲、篡改的权利；

禁止丑化权，即作者享有禁止他人以歪曲、割裂、篡改或其他方法改变其作品之内容、形式或名目致损害其名誉之权利。

著作权人许可他人将其作品摄制成电影作品和以类似摄制电影的方法创作的作品的，视为已同意对其作品进行必要的改动，但是这种改动不得歪曲篡改原作品（《条例》F10）。

【经典真题】

应出版社约稿，崔雪创作完成一部儿童题材小说《森林之歌》。为吸引儿童阅读，增添小说离奇色彩，作者使用笔名"吹雪"，特意将小说中的狗熊写成三只腿的动物。出版社编辑在核稿和编辑过程中，认为作者有笔误，直接将"吹雪"改为"崔雪"、将狗熊改写成四只腿的动物。出版社将《森林之歌》批发给书店销售。下列哪些说法是正确的？（2015 − 3 − 62）[1]

A. 出版社侵犯了作者的修改权　　　　　　B. 出版社侵犯了作者的保护作品完整权

C. 出版社侵犯了作者的署名权　　　　　　D. 书店侵犯了作者的发行权

（二）著作财产权（《著作权法》F10）

1. 使用权

著作财产权的主要内容	
复制传播权	复制、发行、网络传播、广播
	出租（限于视听作品 + 软件）、 展览（限于美术作品 + 摄影作品）、 放映（限于视听作品 + 美术作品 + 摄影作品）、 表演（主要是音乐、戏剧、文字、曲艺、舞蹈、杂技等作品）
改造权	摄制、翻译、改编、汇编

其一，复制传播权

（1）复制权 ★★★

即以印刷、复印、拓印、录音、录像、翻录、翻拍、数字化等方式将作品制作一份或者多份的权利；

音乐作品的录音权的法定许可——录音者制作录音制品（翻唱）

录音制作者使用他人已经合法录制为录音制品的音乐作品制造录音制品，著作权人声明不

---

〔1〕　ABC【解析】依据《著作权法》第10条第1款第3项的规定，出版社擅自修改他人作品的内容，侵犯了作者对作品的修改权，A正确。

依据《著作权法》第10条第1款第4项的规定，出版社擅自修改他人的作品，导致该作品受到歪曲和篡改，导致作品的主题受到歪曲，该行为侵害了作者的保护作品完整权，B正确。

依据《著作权法》第10条第1款第2项的规定，出版社擅自修改作品的署名，将署名擅自改为"崔雪"，侵害了作者的署名权，C正确。

出版社依据其与作者的约定发行该作品，没有侵犯作者的发行权，D错误。

得使用的除外。

（2）发行权

即以出售或赠与方式向公众提供作品的原件或复制件的权利，如：出版。

（3）信息网络传播权 ★ ★ ★

即以有线或者无线方式向公众提供作品，使公众可以在其选定的时间和地点获得作品的权利；

①故意避开技术措施的，侵权

未经著作权人或者与著作权有关的权利人许可，故意避开或者破坏技术措施的，是侵权行为（F53）。

②例外（《信息网络传播权保护条例》F12）

下列情形可避开技术措施，但不得向他人提供避开技术措施的技术、装置或部件，不得侵犯权利人依法享有的其他权利：

A. 教研：

为学校课堂教学或科学研究，通过信息网络向少数教学、科研人员提供已经发表的作品、表演、录音录像制品，而该作品、表演、制品只能通过信息网络获取；

B. 盲人：

不以营利为目的，通过信息网络以盲人能够感知的独特方式向盲人提供已经发表的文字作品，而该作品只能通过信息网络获取；

C. 公务：

国家机关依照行政、司法程序执行公务；

D. 测试：

在信息网络上对计算机及其系统或者网络的安全性能进行测试。

【经典习题】

下列允许避开技术措施而不构成著作权侵权的行为是？[1]

A. 某司考培训机构为教学需要，避开技术措施，向学员提供其他司考辅导机构的视频资料

B. 某聋哑学校通过信息网络为盲人提供某作家已经发表的网络小说，该作品已经在各大书店销售

C. 某省公安厅为打击网络犯罪搜集证据，避开技术措施，获得他人的录音制品

D. 某商业银行对银行网络的安全性能进行测试，避开了某著作权人的网页上的技术保护措施

【经典真题】

著作权人 Y 认为网络服务提供者 Z 的服务所涉及的作品侵犯了自己的信息网络传播权，向

---

〔1〕 CD【解析】依据《信息网络传播权保护条例》第 12 条的规定，公务和测试使用，可以避开技术措施，不构成侵权。

Z提交书面通知要求其删除侵权作品。对此，下列哪些选项是正确的？（2016－3－62）[1]

A．Y的通知书应当包含该作品构成侵权的初步证明材料

B．Z接到书面通知后，可在合理时间内删除涉嫌侵权作品，同时将通知书转送提供该作品的服务对象

C．服务对象接到Z转送的书面通知后，认为提供的作品未侵犯Y的权利的，可以向Z提出书面说明，要求恢复被删除作品

D．Z收到服务对象的书面说明后应即恢复被删除作品，同时将服务对象的说明转送Y的，则Y不得再通知Z删除该作品

（4）广播权★★★

即以有线或者无线方式公开传播或者转播作品，以及通过扩音器或者其他传送符号、声音、图像的类似工具向公众传播广播的作品的权利。不包括网络传播。

A．一般已发表作品的广播权：法定许可

广播电台、电视台播放他人已发表的作品，法定许可。

B．视听作品：制片人许可并付酬

电视台播放他人的视听作品，应取得制片者许可，并付酬。

C．录像制品：录像者、作者许可并付酬

电视台播放他人的录像制品，应取得录像制作者、著作权人许可，并付酬。

（5）出租权——限于视听作品、软件★★★

即有偿许可他人临时使用视听作品、计算机软件的权利。

计算机软件不是出租的主要标的的除外。

（6）展览权——限于美术作品、摄影作品

即公开陈列美术作品、摄影作品的原件或者复制件的权利，包括营利性展出。

（7）表演权——比较典型的如：音乐作品、文学作品★

即公开表演作品，以及用各种手段公开播送作品的表演的权利。

A．现场表演权：

直接现场公开表演作品的权利。如：现场演唱、弹奏、舞蹈等。

B．机械表演权：

用机械的方式公开播放作品的表演的权利，即使用机械设备（录音机、录像机）公开播放录有表演的录音录像制品（DVD、VCD、CD）。

---

[1]　ACD【解析】依据《信息网络传播权保护条例》第14条的规定，权利人认为网络服务提供者的服务所涉及的作品侵犯自己的信息网络传播权的，可以向该网络服务提供者提交书面通知。通知书应当包含下列内容：（一）权利人的姓名（名称）、联系方式和地址；（二）要求删除或者断开链接的侵权作品、表演、录音录像制品的名称和网络地址；（三）构成侵权的初步证明材料。因此，权利人的通知书应当包括该作品构成侵权的初步证据材料，所以A正确。

《信息网络传播权保护条例》第15条规定："网络服务提供者接到权利人的通知书后，应当立即删除涉嫌侵权的作品、表演、录音录像制品，或者断开与涉嫌侵权的作品、表演、录音录像制品的链接，并同时将通知书转送提供作品、表演、录音录像制品的服务对象；服务对象网络地址不明、无法转送的，应当将通知书的内容同时在信息网络上公告。"因此，网络服务提供者应当立即删除，而不是在合理时间内删除，所以B错误。

《信息网络传播权保护条例》第16条规定："服务对象接到网络服务提供者转送的通知书后，认为其提供的作品未侵犯他人权利的，可以向网络服务提供者提交书面说明，要求恢复被删除的作品、表演、录音录像制品，或者恢复与被断开的作品、表演、录音录像制品的链接。"所以C正确。

依据《信息网络传播权保护条例》第17条的规定，网络服务提供者接到服务对象的书面说明后，应当立即恢复被删除的作品，同时将服务对象的书面说明转送权利人。权利人不得再通知网络服务提供者删除该作品，所以D正确。

如：在饭店公开播放；作为背景音乐拍摄电视剧。

【经典真题】

某影视中心在一电视连续剧中为烘托剧情，使用播放了某正版唱片中的部分音乐作品作为背景音乐。中国音乐著作权协会（音乐作品著作权人授权的集体管理组织）以该使用行为未经许可为由要求制片人支付报酬。该协会的要求被拒绝后，遂向法院起诉。下列说法哪些是错误的？（2004-3-63）[1]

A. 播放行为是合理使用行为

B. 播放行为侵犯了音乐作品著作权人的表演权

C. 播放行为侵犯了录音制品制作者的播放权

D. 中国音乐著作权协会不是正当原告

（8）放映权——限于美术作品、摄影作品、视听作品

即通过幻灯片、放映机等技术再现美术作品、摄影作品和视听作品的权利。

其二，改造权

（1）摄制权

以摄制视听作品的方法将作品固定在载体上的权利。

（2）翻译权

将作品从一种文字转换成另一种文字的权利。

（3）改编权

改编作品，创作出具有独创性的新作品的权利。

（4）汇编权

将作品或作品的片段通过选择或编排，汇集成新作品的权利。

> 【特别提示】在编写国家九年制义务教育和国家教育规划教材中，对他人作品（文字作品、音乐作品、美术作品、摄影作品）的汇编权实行法定许可。

2. 许可使用权（《著作权法》F26）

著作权人许可他人使用作品并获得报酬的权利。

3. 转让权

著作权人转让使用权中一项或多项权利并获得报酬的权利。

> 【特别提示】
> 以著作权中的财产权出质的，由出质人和质权人依法办理出质登记。

4. 获得报酬权

> 【特别提示】获得报酬权是一项权利，未依法支付报酬，构成侵害获得报酬权的侵权行为。

【经典真题】

甲、乙、丙、丁相约勤工俭学。下列未经著作权人同意使用他人受保护作品的哪一行为没

---

[1]　ACD【解析】录音者没有播放权。

有侵犯著作权？（2015 - 3 - 17）[1]

    A. 甲临摹知名绘画作品后廉价出售给路人

    B. 乙收购一批旧书后廉价出租给同学

    C. 丙购买一批正版录音制品后廉价出租给同学

    D. 丁购买正版音乐 CD 后在自己开设的小餐馆播放

四、著作权的限制

（一）著作权的合理使用（《著作权法》F24）★★★

是指针对他人已经发表的作品，在不必征得著作权人同意的情况下，而无偿使用其作品的行为，但应指明作者姓名或者名称、作品名称，并且不得影响该作品的正常使用，也不得不合理地损害著作权人的合法权益。

特征：

（1）一般针对已经发表的作品；

（2）不必权利人同意的无偿使用；

（3）不得影响作品的正常使用。

类型：

其一，个人学习使用

1. 个人学习

为个人学习、研究或欣赏，使用他人已经发表的作品；

2. 适当引用

为介绍、评论某一作品或说明某一问题，在作品中适当引用他人已经发表的作品。

其二，媒体使用

1. 时事新闻

为报道新闻，在报纸、期刊、广播电台、电视台等媒体中不可避免地再现或者引用已经发表的作品；

2. 政治经济宗教的时事性文章

报纸、期刊、广播电台、电视台等媒体刊登或者播放其他报纸、期刊、广播电台、电视台等媒体已经发表的关于政治、经济、宗教问题的时事性文章，但著作权人声明不许刊登、播放的除外；

3. 公众集会讲话

报纸、期刊、广播电台、电视台等媒体刊登或者播放在公众集会上发表的讲话，但作者声明不许刊登、播放的除外。

---

[1] B【解析】依据《著作权法》第10条的规定和著作权法的原理，临摹不属于创作，属于机械性的复制，临摹的成果也不属于创造性的智力成果。甲在临摹该作品后又将该作品销售，该行为侵害了作者的复制权和发行权，A构成侵权，不选。

依据《著作权法》第10条第1款第7项的规定，作品出租权的标的仅限于视听作品和软件，而不包括图书，乙出租旧书的行为合法，B不构成侵权，要选。

依据《著作权法》第44条的规定，录音者对其录制的录音制品享有出租权，丙出租他人录音制品的行为构成侵权，C构成侵权，不选。

依据《著作权法》第10条第1款第9项的规定，作者享有对其作品的机械表演权，即采用机械的方式（CD、光盘、唱片）反复播放其作品表演的权利，丁将他人作品用 CD 在餐馆播放的行为侵害了作者的机械表演权，D构成侵权，不选。

其三，公务使用

国家机关为执行公务在合理范围内使用已经发表的作品。

其四，教育、文化保存、交流使用

1. 教学科研使用

为学校课堂教学或科学研究，翻译或少量复制已经发表的作品，供教学或者科研人员使用，但不得出版发行；

2. "馆" 用

图书馆、档案馆、纪念馆、博物馆、美术馆、文化馆等为陈列或保存版本的需要，复制本馆收藏的作品；（可以是未发表作品）

3. "双免费" 表演

免费表演已经发表的作品，该表演未向公众收取费用，也未向表演者支付报酬，且不以营利为目的。

4. 公共场所艺术品临摹、绘画、摄影、录像

对设置或者陈列在公共场所的艺术作品进行临摹、绘画、摄影、录像；可以对其成果以合理的方式和范围再行使用，不构成侵权。

其五，特殊群体使用

1. 汉译少

将中国公民、法人或者其他组织已经发表的以国家通用语言文字创作的作品翻译成少数民族语言文字作品在国内出版发行；

2. 盲人用

以阅读障碍者能够感知的无障碍方式向其提供已经发表的作品。

对邻接权人也适用

以上规定适用于对出版者、表演者、录音录像制作者、广播电台、电视台的权利的限制。

【经典真题】

甲展览馆委托雕塑家叶某创作了一座巨型雕塑，将其放置在公园入口，委托创作合同中未约定版权归属。下列行为中，哪一项不属于侵犯著作权的行为？（2014－3－17）[1]

A. 甲展览馆许可乙博物馆异地重建完全相同的雕塑

B. 甲展览馆仿照雕塑制作小型纪念品向游客出售

C. 个体户冯某仿照雕塑制作小型纪念品向游客出售

D. 游客陈某未经著作权人同意对雕塑拍照纪念

（二）法定许可使用（《著作权法》F35、F42、F46、F25）★★

传播者在使用他人已经发表但没有著作权保留声明的作品时，可以不经著作权人许可，但应向其支付报酬。

特征：法定许可与合理使用区别

（1）主要是作品传播者的使用；

（2）著作权人事先声明不许使用的，不适用法定许可；

（3）有偿。

类型

1. 报刊转载（《著作权法》F35）

报刊社可转载或刊登其他报刊刊登的作品，著作权人声明不得转载、摘编的除外。

---

[1] D【解析】室外艺术品的拍照属于合理使用。

2. 录音者制作录音制品（翻唱）（《著作权法》F42）

录音制作者使用他人已经合法录制为录音制品的音乐作品制作录音制品，著作权人声明不得使用的除外。

3. 两台播放已发表的作品（《著作权法》F46）

广播电台、电视台播放他人已发表的作品。

4. 编写出版教科书（《著作权法》F25）

为实施义务教育或国家教育规划而编写出版教科书，在教科书中汇编已经发表的作品片断或短小的文字作品、音乐作品或美术、摄影作品、图形作品。但应当按照规定向著作权人支付报酬，指明作者姓名或者名称、作品名称，并且不得侵犯著作权人依法享有的其他权利。

【经典习题】

某诗人署名"漫动的音符"，在甲网站发表题为"天堂向左"的诗作，乙出版社的《现代诗集》收录该诗，丙教材编写单位将该诗作为范文编入《语文》教材，丁文学网站转载了该诗。下列哪一说法是正确的？[1]

A. 该诗人在甲网站署名方式不合法

B. "天堂向左"在《现代诗集》中被正式发表

C. 丙可以不经该诗人同意使用"天堂向左"，但应当按照规定支付报酬

D. 丁网站的行为属于合理使用

第二节　邻接权

邻接权是指作品传播者对在作品传播中产生的劳动成果依法享有的权利。

（一）出版者权

出版者（出版社）的权利：版式设计权。

（二）表演者权★★★

演员、歌唱家、演奏者、舞蹈家、朗诵者的针对其表演活动的权利。

1. 权利

（1）人身权：

表明表演者身份的权利；

保护表演形象不受歪曲的权利。

（2）财产权：两播、两录、复制发行出租

许可他人对表演的现场直播和公开传送、录音录像、复制和发行出租录有表演的音像制品以及通过信息网络传播，并获得报酬。

2. 义务

（1）使用他人作品演出，表演者应当取得著作权人许可，并支付报酬。演出组织者组织演出，由该组织者取得著作权人许可，并支付报酬。

（2）使用改编、翻译、注释、整理已有作品而产生的作品进行演出，应当取得改编、翻译、注释、整理作品的著作权人和原作品的著作权人许可，并支付报酬。

---

〔1〕 C【解析】国家规划教科书可以法定许可使用他人的作品。

3. 职务表演

（1）演员享有人身权，其他权利，约定——无约定，演出单位享有

演员为完成本演出单位的演出任务进行的表演为职务表演，演员享有表明身份和保护表演形象不受歪曲的权利，其他权利归属由当事人约定。当事人没有约定或者约定不明确的，职务表演的权利由演出单位享有。

（2）演员享有表演者权利的——演出单位在业务范围内有免费使用权

职务表演的权利由演员享有的，演出单位可以在其业务范围内免费使用该表演。

【经典真题】

甲电视台经过主办方的专有授权，对篮球俱乐部联赛进行了现场直播，包括在比赛休息时舞蹈演员跳舞助兴的场面。乙电视台未经许可截取电视信号进行同步转播。关于乙电视台的行为，下列哪一表述是正确的？（2014-3-18）[1]

A. 侵犯了主办方对篮球比赛的著作权
B. 侵犯了篮球运动员的表演者权
C. 侵犯了舞蹈演员的表演者权
D. 侵犯了主办方的广播组织权

（三）录音录像制作者权 ★★★

录制者（唱片公司、录像公司）针对录音录像制品的权利。

1. 权利

（1）录音者权：

录音者对其制作的录音制品，享有许可他人复制、发行、网络传播、出租并获取报酬的权利。

> 【特别提示】录音者广播权的法定许可：
> 将录音制品用于有线或者无线公开传播，或者通过传送声音的技术设备向公众公开播送的，应当向录音制作者支付报酬。

（2）录像者权：

录像者对其制作的录像制品，享有许可他人复制、发行、网络传播、出租并获取报酬的权利，还享有针对电视台的广播权。

2. 义务

（1）使用他人的作品制作音像制品，应当取得著作权人的许可，并支付报酬；
（2）若为演绎作品，还须征得原著作权人的许可；
（3）录制表演活动的，还须同表演者签订合同，并支付报酬。

【经典真题】

王某创作歌曲《唱来唱去》，张某经王某许可后演唱该歌曲并由花园公司合法制作成录音制品后发行。下列哪些未经权利人许可的行为属于侵权行为？（2012-3-62）[2]

A. 甲航空公司购买该正版录音制品后在飞机上播放供乘客欣赏
B. 乙公司购买该正版录音制品后进行出租
C. 丙学生购买正版的录音制品后用于个人欣赏
D. 丁学生购买正版录音制品试听后将其上传到网络上传播

（四）播放者权 ★★★

播放者（电台、电视台）针对其播放的广播电视节目的权利。

---

[1] C【解析】主办方没有广播组织权。广播组织权是理论上的播放者权，属于电视台电台。
[2] ABD【解析】个人欣赏属于合理使用。

1. 权利

许可他人转播、录制和复制、网络传播其广播电视节目。

2. 义务

（1）播放视听作品：制片者许可并付酬

电视台播放他人的视听作品，应取得制片者或者录像制作者许可，并付酬。

（2）播放录像制品：录像者作者许可并付酬

电视台播放他人的录像制品，应当取得录像制作者、著作权人许可，并付酬。

录音制品中的权利

主体	著作权人	表演者	录音者	法定许可
权利内容	复制 发行 网络传播 录音录像 机械表演权 广播	复制 发行 网络传播 现场直播 录音录像 出租	复制 发行 网络传播 出租 广播	1. 翻唱，著作权人法定许可 2. 录音者广播权的法定许可

【举例说明】

李宗盛创作的歌曲《我爱》，高晓松在个人演唱会演唱，唱片公司录制并发行该唱片。北京音乐台可否在该唱片出版后立即播放？

可以，但应当向作者付酬。

录像制品中的权利

主体	著作权人	表演者	录像者	著作权人、录像者的许可
权利内容	复制 发行 网络传播 录音录像 机械表演权 广播	复制 发行 网络传播 现场直播 录音录像 出租	复制 发行 网络传播 出租 广播	电视台播放录像制品，要著作权人、录像者同意，并付酬。

【举例说明】

张爱家的独创短篇剧本《南园北路》，由甲剧团以话剧的方式演出，该话剧被乙公司录像并制作成光盘发售。南京电视台可否直接播放该光盘？

不可以，需经过录像者和作者同意。

【经典习题】

叶某创作《阳光灿烂》词曲并发表于音乐杂志，郝某在个人举办的赈灾义演中演唱该歌曲，甲电视台获得了郝某演唱会的现场直播权，乙电视台未经许可对甲电视台直播的演唱会实况进行转播，飞翔唱片公司录制并发行郝某的演唱会唱片，北广电台购买该唱片并播放了该歌曲，丁音像店从正规渠道购买到 CD 用于出租，戊未经许可将北广电台播放的演唱会录音录下后上传到网站上传播。下列正确的是？[1]

---

〔1〕 ABCDG【解析】表演他人作品需要经过著作权人同意。播放者享有播放权。表演者享有现场直播权和录制权。电台电视台播放录音制品属于法定许可。在录音制品中，只有录音者享有出租权，出租唱片只需要录音者唱片公司许可即可。将录音制品进行网络传播，需要经过著作权人、表演者、录音者三方许可。

A. 郝某演唱《阳光灿烂》应征得叶某同意并支付报酬

B. 甲电视台有权禁止乙电视台的转播

C. 乙电视台侵犯了该歌星的表演者权

D. 飞翔唱片公司录制该歌曲应当征得郝某同意并支付报酬

E. 北广电台播放该歌曲应征得郝某同意

F. 丁音像店应取得该歌星或飞翔唱片公司的许可并向其支付报酬

G. 戊的行为应取得飞翔唱片公司的许可并应向其支付报酬

【经典真题】

1. 甲创作了一首歌曲《红苹果》，乙唱片公司与甲签订了专有许可合同，在聘请歌星丙演唱了这首歌曲后，制作成录音制品（CD）出版发行。下列哪些行为属于侵权行为？（2014－3－62）[1]

A. 某公司未经许可翻录该 CD 后销售，向甲、乙、丙寄送了报酬

B. 某公司未经许可自聘歌手在录音棚中演唱了《红苹果》并制作成 DVD 销售，向甲寄送了报酬

C. 某商场购买 CD 后在营业时间作为背景音乐播放，经过甲许可并向其支付了报酬

D. 某电影公司将 CD 中的声音作为电影的插曲使用，只经过了甲许可

2. 未名公司是《九月野花》的录音制作者，关于未名公司的权利与义务，下列表述错误的是？[2]

A. 未名公司应当取得著作权人许可，并支付报酬

B. 如果未名公司使用他人已经合法录制为录音制品的音乐作品制作录音制品，可以不经著作权人许可，但应当按照规定支付报酬，著作权人声明不许使用的不得使用

C. 未名公司应该与歌手水木订立合同，并支付报酬

D. 未名公司许可天籁网通过信息网络向公众传播《九月野花》，天籁网无须取得著作权人、表演者许可，但应当支付报酬

【法条】

《著作权法》第 10、39、42、44 条。

第三节　权利保护

一、技术措施

（一）概念

1. 为保护著作权和与著作权有关的权利，权利人可以采取技术措施。

2. 技术措施是指用于防止、限制未经权利人许可浏览、欣赏作品、表演、录音录像制品

---

[1]　AD【解析】录制 CD 需要三份事先许可，只寄送报酬显然构成侵权。将他人作品作为背景音乐制作电影，侵害作者的机械表演权，应当经许可，还应当付酬。

[2]　D【解析】依据《著作权法》第 10 条第 1 款第 5 项的规定，作者享有复制权，其包括录音，A 正确，不选。

依据《著作权法》第 42 条第 2 款的规定，翻唱属于法定许可，作者声明不许使用的除外，B 正确，不选。

依据《著作权法》第 39 条第 1 款第 4 项的规定，表演者享有录音权，C 正确，不选。

依据《著作权法》第 10、39、44 条的规定，录音制品中的作者、表演者、录音者都享有信息网络传播权，录音制品的网络传播，须经录音者、作者、表演者许可，D 错误，要选。

或者通过信息网络向公众提供作品、表演、录音录像制品的有效技术、装置或者部件。

（二）不得擅自故意避开或破坏技术措施

1. 未经权利人许可，任何组织或者个人不得故意避开或者破坏技术措施，不得以避开或者破坏技术措施为目的制造、进口或者向公众提供有关装置或者部件，不得故意为他人避开或者破坏技术措施提供技术服务。

2. 但是，法律、行政法规规定可以避开的情形除外。

3. 未经权利人许可，不得进行下列行为：

（1）故意删改权利管理信息

故意删除或者改变作品、版式设计、表演、录音录像制品或者广播、电视上的权利管理信息，但由于技术上的原因无法避免的除外；

（2）恶意提供

知道或者应当知道作品、版式设计、表演、录音录像制品或者广播、电视上的权利管理信息未经许可被删除或者改变，仍然向公众提供。

二、可以避开技术措施的情形

下列情形可以避开技术措施，但不得向他人提供避开技术措施的技术、装置或者部件，不得侵犯权利人依法享有的其他权利：

（一）教学科研

为学校课堂教学或者科学研究，提供少量已经发表的作品，供教学或者科研人员使用，而该作品无法通过正常途径获取；

（二）盲人使用

不以营利为目的，以阅读障碍者能够感知的无障碍方式向其提供已经发表的作品，而该作品无法通过正常途径获取；

（三）执行公务

国家机关依照行政、监察、司法程序执行公务；

（四）性能测试

对计算机及其系统或者网络的安全性能进行测试；

（五）加密研究或反向工程

进行加密研究或者计算机软件反向工程研究。

三、民事责任

有下列侵权行为的，应当根据情况，承担停止侵害、消除影响、赔礼道歉、赔偿损失等民事责任：

（一）侵害发表权

1. 未经著作权人许可，发表其作品的；

2. 未经合作作者许可，将与他人合作创作的作品当作自己单独创作的作品发表的。

（二）侵害署名权

没有参加创作，为谋取个人名利，在他人作品上署名的；

（三）侵害完整权

歪曲、篡改他人作品的；

（四）侵害复制权

剽窃他人作品的；

（五）侵害使用权

未经著作权人许可，以展览、摄制视听作品的方法使用作品，或者以改编、翻译、注释等方式使用作品的，本法另有规定的除外；

（六）侵害获酬权

使用他人作品，应当支付报酬而未支付的；

（七）侵害出租权

未经视听作品、计算机软件、录音录像制品的著作权人、表演者或者录音录像制作者许可，出租其作品或者录音录像制品的原件或者复制件的，本法另有规定的除外；

（八）侵害版式设计权

未经出版者许可，使用其出版的图书、期刊的版式设计的；

（九）侵害表演者权

未经表演者许可，从现场直播或者公开传送其现场表演，或者录制其表演的；

（十）其他侵权行为

其他侵犯著作权以及与著作权有关的权利的行为。

四、行政责任和刑事责任

有下列侵权行为的，应当根据情况，依法承担民事责任；

侵权行为同时损害公共利益的，由主管著作权的部门责令停止侵权行为，予以警告，没收违法所得，没收、无害化销毁处理侵权复制品以及主要用于制作侵权复制品的材料、工具、设备等，违法经营额五万元以上的，可以并处违法经营额一倍以上五倍以下的罚款；

没有违法经营额、违法经营额难以计算或者不足五万元的，可以并处二十五万元以下的罚款；

构成犯罪的，依法追究刑事责任。

（一）侵害使用权

未经著作权人许可，复制、发行、表演、放映、广播、汇编、通过信息网络向公众传播其作品的，本法另有规定的除外；

（二）侵害出版权

出版他人享有专有出版权的图书的；

（三）侵害复制、发行、网络传播权

1. 未经表演者许可，复制、发行录有其表演的录音录像制品，或者通过信息网络向公众传播其表演的，本法另有规定的除外；

2. 未经录音录像制作者许可，复制、发行、通过信息网络向公众传播其制作的录音录像制品的，本法另有规定的除外。

（四）侵害两台的播放者权

未经许可，播放、复制或者通过信息网络向公众传播广播、电视的，本法另有规定的除外；

（五）故意避开技术措施、故意删改权利管理信息

1. 未经著作权人或者与著作权有关的权利人许可，故意避开或者破坏技术措施的，故意制造、进口或者向他人提供主要用于避开、破坏技术措施的装置或者部件的，或者故意为他人避开或者破坏技术措施提供技术服务的，法律、行政法规另有规定的除外；

2. 未经著作权人或者与著作权有关的权利人许可，故意删除或者改变作品、版式设计、表演、录音录像制品或者广播、电视上的权利管理信息的，知道或者应当知道作品、版式设

计、表演、录音录像制品或者广播、电视上的权利管理信息未经许可被删除或者改变，仍然向公众提供的，法律、行政法规另有规定的除外。

（六）侵害复制发行权

制作、出售假冒他人署名的作品的。

五、损害赔偿

1. 实际损失——违法所得——参照权利使用费；故意侵权的、情节严重的，按照上述数额 1 倍以上 5 倍以下赔偿

侵犯著作权或者与著作权有关的权利的，侵权人应当按照权利人因此受到的实际损失或者侵权人的违法所得给予赔偿；权利人的实际损失或者侵权人的违法所得难以计算的，可以参照该权利使用费给予赔偿。对故意侵犯著作权或者与著作权有关的权利，情节严重的，可以在按照上述方法确定数额的一倍以上五倍以下给予赔偿。

2. 实际损失、侵权人的违法所得、权利使用费难以计算——500 元 ~ 500 万元的赔偿

（1）权利人的实际损失、侵权人的违法所得、权利使用费难以计算的，由人民法院根据侵权行为的情节，判决给予五百元以上五百万元以下的赔偿；

（2）赔偿数额还应当包括权利人为制止侵权行为所支付的合理开支。

3. 举证责任倒置：侵权人掌握资料，拒不提供的——参考权利人主张确定赔偿数额

（1）人民法院为确定赔偿数额，在权利人已经尽了必要举证责任，而与侵权行为相关的账簿、资料等主要由侵权人掌握的，可以责令侵权人提供与侵权行为相关的账簿、资料等；

（2）侵权人不提供，或者提供虚假的账簿、资料等的，人民法院可以参考权利人的主张和提供的证据确定赔偿数额。

4. 销毁制造侵权复制品的材料、工具和设备

（1）人民法院审理著作权纠纷案件，应权利人请求，对侵权复制品，除特殊情况外，责令销毁；对主要用于制造侵权复制品的材料、工具、设备等，责令销毁，且不予补偿；

（2）或者在特殊情况下，责令禁止前述材料、工具、设备等进入商业渠道，且不予补偿。

第二章　专利法

> 【复习指南】

专利法的学习可以专利申请——授予——专利权的内容——专利权的许可——专利权的限制——专利侵权——专利宣告无效为主线，以专利权的内容为框架，具体学习掌握专利权的各项内容，以及专利侵权认定的具体规则。重点理解发明、实用新型和外观设计的基本概念，并明确三者之间区分和不同的规则适用。

> 【知识框架】

专利权的客体	发明、实用新型、外观设计
专利权的取得	申请、临时保护、无效宣告
专利权的内容	发明、实用新型：制造权、使用权、销售权（含许诺销售权）、进口权
	外观设计：制造权、销售权（含许诺销售权）、进口权
专利权的限制	合理使用
专利侵权	善意侵害免赔

专利法

客体	取得	内容	限制	侵权
• 1. 发明 • 2. 实用新型 • 3. 外观设计	• 1. 发明 • 实质审查 • 申请日 • 公告日 • 授权日 • 2. 实用新型和外观设计 • 形式审查	• 1. 发明、实用新型： • 制造权 • 使用权 • 销售权 • 许诺销售权 • 进口权 • 2. 外观设计 • 无使用权	• 合理使用： • 1. 权利用尽 • 2. 先用权 • 3. 临时过境 • 4. 科学实验 • 5. 行政审批	• 帮助侵权 • 教唆侵权 • 善意侵权 • 侵权损害赔偿

第一节　专利权

一、专利权的客体

（一）发明

对产品、方法或者其改进所提出的新的技术方案。

1. 产品发明

电灯、电话。

2. 方法发明

一种海水净化方法。

3. 改进发明

某产品的能耗的方法。

（二）实用新型

对产品的形状、构造或其结合所提出的适于实用的新的技术方案。

如：六角铅笔、节水水龙头、调颜色的开关。

（三）外观设计

对产品整体或者局部的形状、图案或者其结合以及色彩与形状、图案的结合所作出的富有美感并适于工业应用的新设计。

如：塔尔寺香包、电视屏幕的流线型设计、家具的波浪形设计、手机的流线型设计。

外观设计只保护外观造型，没有使用权，其针对美学问题，不针对实用问题。

（四）专利法不予保护的对象［《中华人民共和国专利法》（以下简称《专利法》）F5、F25］★★

1. 违法的发明创造，不授予专利

（1）对违反法律、社会公德或者妨害公共利益的发明创造，不授予专利权。

（2）对违反法律、行政法规的规定获取或者利用遗传资源，并依赖该遗传资源完成的发明创造，不授予专利权。

2. 对于不属于发明创造的，不授予专利权

（1）科学发现；

（2）智力活动的规则和方法；

如游戏规则、比赛计分规则、速记方法。

（3）疾病的诊断和治疗方法；

药品、医疗器械可授予专利。

（4）对平面印刷品的图案、色彩或者二者的结合作出的主要起标识作用的设计。

3. 属于特定领域的发明创造，不授予专利

（1）动物和植物品种；

动植物品种的生产方法，可授予专利权。

（2）原子核变换方法以及用原子核变换方法获得的物质。（出于国家核安全的考虑）

【经典真题】

关于下列成果可否获得专利权的判断，哪一选项是正确的？（2017－3－15）[1]

---

[1] D【解析】依据《专利法》第25条第1款第2项的规定，智力活动的规则和方法不授予专利。交通规则属于人类思维活动的规则和方法，纯粹属于人类的思想活动，不授予专利。A选项错误。

依据《专利法》第25条第1款第3项的规定，疾病的诊断和治疗方法不授予专利，但是依据该方法获得的产品可以授予专利，因此心脏起搏器可以被授予专利，B选项错误。

依据《专利法》第25条第1款第4项的规定，动物和植物品种不授予专利，但是微生物可以授予专利，其获得专利的依据与药品和化学物质相同。可以授予专利的微生物包括：细菌、放线菌、真菌、动植物细胞、病毒、质粒、原生物、藻类，等等。微生物只要经过分离成为纯培养物，并具有特定的工业用途时，就能被授予专利。因此C选项错误。

《专利法》第2条规定："实用新型，是指对产品的形状、构造或其结合所提出的适于实用的新的技术方案。外观设计，是指对产品的整体或者局部的形状、图案或者其结合以及色彩与形状、图案的结合所作出的富有美感并适于工业应用的新设计。"水杯的形状适于实用，能防止滑落，可以授予实用新型专利。水杯的外观设计富有美感，可以授予外观设计专利。D选项正确。

A. 甲设计的新交通规则，能缓解道路拥堵，可获得方法发明专利权

B. 乙设计的新型医用心脏起搏器，能迅速使心脏重新跳动，该起搏器不能被授予专利权

C. 丙通过转基因方法合成一种新细菌，可过滤汽油的杂质，该细菌属动物新品种，不能被授予专利权

D. 丁设计的儿童水杯，其新颖而独特的造型既富美感，又能防止杯子滑落，该水杯既可申请实用新型专利权，也可申请外观设计专利权

【法条】
《专利法》第 2、25 条

二、专利权的取得

（一）授予条件和程序（《专利法》F22 – 24）★★★

1. 发明和实用新型

应当具备新颖性（国内外无公开发表、无公开使用）、创造性和实用性。

（1）新颖性保留：不视为丧失新颖性

申请专利的发明创造在申请日前 6 个月内，不丧失新颖性的情形：

①在国家出现紧急状态或者非常情况时，为公共利益目的首次公开的；

②在中国政府主办或承认的国际展览会上首次展出的；

③在国务院有关主管部门和全国性学术团体组织召开的学术会议或技术会议上首次发表的；

④他人未经申请人同意而泄漏其内容的。

（2）新颖性保留的有限保护

不排除第三人申请的效力，第三人申请公开后，导致其完全丧失新颖性，而无法获得专利。

2. 外观设计

只有新颖性要求，但不得与他人在先的合法权利冲突。

如：商标权、著作权、企业名称权、肖像权、知名商品的特有包装装潢使用权等等。

（二）专利的申请（《专利法》F26 – 47）★★

1. 发明专利（早期公开、迟延实质审查）

申请日以前：秘密使用的，享有先用权；公开使用、公开发表的，属于现有技术。

| 商业秘密保护 | 临时保护 | 专利保护 |

——申请日————公布日————授权日——

【特别提示】 在申请日以前：

1. 秘密使用的技术方案——使用人有先用权，可以在原范围内继续制造、使用。

2. 公开使用、公开发布的技术方案——属于现有技术，可以申请专利无效；也可以继续任意制造、销售和使用。

（1）初步审查

形式审查。

（2）早期公开

自申请日 18 个月内，公布；专利局可根据申请人的请求早日公布其申请。

（3）实质审查

自申请日 3 年内，根据申请人请求，进行实质审查；专利局认为必要的时候，可自行实质

审查。

（4）授权登记公告

公告之日发明专利权生效。

2. 实用新型与外观设计专利

经初步审查没有发现驳回理由的，授予专利。

【经典真题】

甲公司开发了一种汽车节能环保技术，并依法获得了实用新型专利证书。乙公司拟与甲公司签订独占实施许可合同引进该技术，但在与甲公司协商谈判过程中，发现该技术在专利申请日前已经属于现有技术。乙公司的下列哪一做法不合法？（2013-3-18）[1]

A. 在该专利技术基础上继续开发新技术　　B. 诉请法院判决该专利无效

C. 请求专利复审委员会宣告该专利无效　　D. 无偿使用该技术

（三）发明专利的临时保护 [《最高人民法院关于审理侵犯专利权纠纷案件应用法律若干问题的解释（二）》（以下简称《专利法解释二》）F18] ★★

1. 公布日至授权日的临时保护

（1）参照专利许可费确定使用费

发明专利申请公布后，申请人可以要求实施其发明的单位或者个人支付适当的费用，法院可参照有关专利许可使用费合理确定。

（2）诉讼时效 3 年，专利授权日前已知的，自授权日起算

专利申请公布后至授权日使用该专利的，专利权人请求支付使用费的诉讼时效是 3 年，从明知或应知开始计算，专利权人在专利授权日以前已知的，从专利授权日开始计算。

2. 源于临时保护的"权利用尽"

发明专利公告授权后，未经专利权人许可，为生产经营目的使用、许诺销售、销售在发明专利申请公布日至授权公告日期间内已由他人制造、销售、进口的产品，且该他人已支付或书面承诺支付适当费用的，不侵权。

【经典真题】

2010 年 3 月，甲公司将其研发的一种汽车零部件向国家有关部门申请发明专利。该专利申请于 2011 年 9 月公布，2013 年 7 月 3 日获得专利权并公告。2011 年 2 月，乙公司独立研发出相同零部件后，立即组织生产并于次月起持续销售给丙公司用于组装汽车。2012 年 10 月，甲公司发现乙公司的销售行为。2015 年 6 月，甲公司向法院起诉。下列哪一选项是正确的？（2015-

---

[1] B【解析】现有技术，是指申请日以前在国内外为公众所知的技术，即在申请日以前公开发表或公开使用的技术，在该基础上继续研发和无偿使用都是当然合法，A、D 合法，不选。

该专利属于现有技术，没有新颖性，任何人都可请求专利复审委员会宣告无效，如果专利复审委员会维持有效，则可以向法院起诉，B 不合法，要选。C 合法，不选。

A. 甲公司可要求乙公司对其在 2013 年 7 月 3 日以前实施的行为支付赔偿费用

B. 甲公司要求乙公司支付适当费用的诉讼时效已过

C. 乙公司侵犯了甲公司的专利权

D. 丙公司没有侵犯甲公司的专利权

（四）专利宣告无效

1. 宣告专利无效

任何单位或个人可请求专利复审委宣告无效——专利复审委宣告无效或维持——不服的，三个月内向法院起诉——法院应通知无效宣告程序的对方当事人作为第三人。

2. 宣告无效的后果

（1）自始无效

宣告无效的专利权视为自始即不存在。

（2）已经执行的判决、调解书、决定、已经履行的合同继续有效，恶意的，赔偿

宣告专利权无效的决定，对在宣告专利权无效前人民法院作出并已执行的专利侵权的判决、调解书，已经履行或者强制执行的专利侵权纠纷处理决定，以及已经履行的专利实施许可合同和专利权转让合同，不具有追溯力。但是因专利权人的恶意给他人造成的损失，应当给予赔偿。

（3）显失公平的，返还

不返还专利侵权赔偿金、专利使用费、专利权转让费，明显违反公平原则的，应当全部或部分返还。

3. 专利侵权诉讼中——专利被宣告无效（《专利法解释二》F2）

（1）权利要求被宣告无效的，裁定驳回起诉——宣无效，可裁驳

权利人在专利侵权诉讼中主张的权利要求被专利复审委员会宣告无效的，审理侵犯专利权纠纷案件的法院可裁定驳回权利人基于该无效权利要求的起诉。

（2）无效决定被撤销的，可另行起诉，诉讼时效从撤销判决送达之日计算——撤无效，另起诉

有证据证明宣告该权利要求无效的决定被生效的行政判决撤销的，权利人可另行起诉。

另行起诉的，诉讼时效期间从该行政判决书送达之日起计算。

4. 专利侵权判决、调解书生效后——专利被宣告无效（《专利法解释二》F29）

（1）申请再审、撤销未执行的判决、调解书——法院可中止再审审查、中止执行

专利复审委员会宣告专利权无效的决定作出后，当事人根据该决定依法申请再审，请求撤销无效决定前法院作出但未执行的专利侵权的判决、调解书的，法院可裁定中止再审审查，并

---

〔1〕 C【解析】依据《专利法》第 13 条的规定，专利权人针对专利授权日以前的非法行为，可要求非法行为人支付适当的费用，而不是支付赔偿费用，A 错误。

《专利法》第 74 条第 2 款规定："发明专利申请公布后至专利权授予前使用该发明未支付适当使用费的，专利权人要求支付使用费的诉讼时效为 3 年，自专利权人知道或者应当知道他人使用其发明之日起计算，但是，专利权人于专利权授予之日前即已知道或者应当知道的，自专利权授予之日计算。"甲公司得知在专利授权日之前已经知道该侵权行为，其诉讼时效自专利授权日开始计算，即 2013 年 7 月 3 日开始计算，直到 2015 年 7 月 3 日。甲公司于 2015 年 6 月起诉，并没有超过诉讼时效期间，B 错误。

依据《专利法》第 11 条，以生产经营为目的，制造、销售（含许诺销售）、使用、进口他人专利产品均构成侵权。基于本题干事实，乙公司持续销售该专利产品，一直持续到专利授权日以后，则乙公司的销售行为构成侵权，C 正确。

丙公司的行为属于以生产经营为目的使用他人专利产品，当然构成侵权，D 错误。

中止原判决、调解书的执行。

（2）**专利权人提供担保，请求继续执行——专利确定无效的，赔偿——确有效，执行**

专利权人向法院提供充分、有效的担保，请求继续执行前款所称判决、调解书的，法院应继续执行；法院生效裁判未撤销无效的决定的，专利权人应赔偿因继续执行给对方造成的损失。

（3）**侵权人提供反担保，请求中止执行——专利确定有效的，执行反担保财产**

侵权人向法院提供充分、有效的反担保，请求中止执行的，法院应准许。

法院生效裁判撤销无效的决定，专利权仍有效的，法院可依据该判决、调解书直接执行上述反担保财产。

5. 专利确定无效的法律效果（《专利法解释二》F30）

在法定期限内对无效的决定不起诉或起诉后生效裁判未撤销该无效决定：

（1）**再审**

当事人根据该无效决定依法申请再审，请求撤销无效前法院作出但未执行的专利侵权的判决、调解书的——法院应再审。

（2）**终结执行**

当事人根据该决定，依法申请终结执行无效前法院作出但未执行的专利侵权的判决、调解书的——法院应裁定终结执行。

【经典习题】

发明专利权人甲诉乙专利侵权至甲法院，在诉讼过程中，甲的专利被专利复审委员会宣告无效，依据相关法律和司法解释，下列错误的是？[1]

A. 甲法院可驳回甲的起诉

B. 甲的起诉被驳回后，如果该宣告专利无效的决定被乙法院的行政判决撤销的，甲可另行起诉

C. 如果甲另行起诉，则其请求权的诉讼时效从该行政判决作出之日起计算

D. 如果甲乙的专利侵权纠纷，甲法院已经作出生效的民事判决，但尚未执行，此时乙可根据该无效决定依法申请再审，请求撤销该专利侵权的判决，法院可裁定中止再审审查，并中止原判决的执行

三、专利权的内容

（一）独占的实施权（《专利法》F11）★★★

1. 发明和实用新型

（1）**基本内容**

除专利法另有规定除外，任何单位或者个人未经专利权人许可，不得为==生产经营目的制造==、==使用==、==许诺销售==、==销售==、==进口==其专利产品，使用其专利方法。

（2）**延伸保护**

不得==使用==、==许诺销售==、==销售==、==进口==依照该专利方法**直接获得**的产品。

许诺销售是指以做广告、在商店橱窗中陈列或者在展销会上展出等方式作出销售商品的意思表示。

A. 制造权：不论多少、不论作为产品还是产品的零部件；将废旧产品组装成专利产品构成侵权。

---

[1] C【解析】另行起诉的，诉讼时效从行政判决书送达之日起算。

B. **销售权**：赠与、出租不构成侵权；

C. **许诺销售权**：以做广告、在商店橱窗中陈列或者在展销会上展出等方式作出销售商品的意思表示。销售预备，要约邀请；

D. **使用权（使用专利产品和专利方法）**：与专利产品使用目的相同；将专利药品作为涂料使用不侵权。

E. **进口权**：基于专利权的区域性和独立性，本国专利权人当然可禁止未经许可的专利产品进入本国。

2. 外观设计

任何单位或者个人未经专利权人许可不得为生产经营目的**制造、销售、许诺销售、进口**其外观设计专利产品。

【经典真题】

1. 甲公司获得了某医用镊子的实用新型专利，不久后乙公司自行研制出相同的镊子，并通过丙公司销售给丁医院使用。乙、丙、丁都不知道甲已经获得该专利。下列正确的是？（2007-3-15）[1]

　A. 乙的制造行为不构成侵权

　B. 丙的销售行为不构成侵权

　C. 丁的使用行为不构成侵权

　D. 丙和丁能证明其产品的合法来源，不承担赔偿责任

2. 奔马公司就其生产的一款高档轿车造型和颜色组合获得了外观设计专利权，又将其设计的"飞天神马"造型注册为汽车的立体商标，并将该造型安装在车头。某车行应车主陶某请求，将陶某低价位的旧车改装成该高档轿车的造型和颜色，并从报废的轿车上拆下"飞天神马"标志安装在改装车上。陶某使用该改装车提供专车服务，收费高于普通轿车。关于上述行为，下列哪一说法**是错误的**？（2016-3-15）[2]

　A. 陶某的行为侵犯了奔马公司的专利权　　B. 车行的行为侵犯了奔马公司的专利权

　C. 陶某的行为侵犯了奔马公司的商标权　　D. 车行的行为侵犯了奔马公司的商标权

（二）许可实施权（《专利法》F12、13）

1. **独占实施**许可合同的被许可人可以**单独**向人民法院提起诉讼；

2. **排他实施**许可合同的被许可人可以和权利人**共同起诉**，也可以在权利人**不起诉**时，**自行**提起诉讼；

3. **普通实施**许可合同的被许可人经权利人明确**授权**，可以提起诉讼。

---

〔1〕 D【解析】实用新型专利的独占实施权包括制造、使用、销售、许诺销售、进口权。善意的侵害行为构成侵权，免除赔偿责任。

《专利法解释二》第25条第1款规定："被诉侵权产品的使用者举证证明其已支付该产品的合理对价的除外。"如果丁证明其支付合理对价的，可继续使用。

〔2〕 A【解析】《专利法》第11条第2款规定："外观设计专利权被授予后，任何单位或者个人未经专利权人许可，都不得实施其专利，即不得为生产经营目的制造、许诺销售、销售、进口其外观设计专利产品。"外观设计专利没有使用权，因此陶某使用奔马公司的外观设计专利的行为不侵权，所以A的表述错误，要选。

依据《专利法》第11条第2款的规定，外观设计专利包括制造权，车行以生产经营为目的，擅自制造他人的外观设计专利，构成制造侵权，所以B的表述正确，不选。

依据《商标法》第57条的规定，未经商标注册人的许可，在同一种商品上使用与其注册商标相同的商标的，属于侵犯注册商标专用权，陶某的行为属于假冒他人商标，构成商标侵权，所以C的表述正确，不选。

依据《商标法》第57条的规定，故意为侵犯他人商标专用权行为提供便利条件，帮助他人实施侵犯商标专用权行为的，属于商标侵权行为，车行帮助陶某安装他人的商标标识，构成商标侵权，所以D的表述正确，不选。

(三) 转让权 (《专利法》F10)

专利申请权或专利权的**转让**自**登记之日起生效**。

四、专利权的限制

专利权的合理使用 (《专利法》F75) ★★★

1. 首次出售后专利权**一次用尽**

(1) 国内用尽

产品售出后，使用、许诺销售、销售该产品的。

(2) 国际用尽

产品售出后，使用、进口该产品的。

2. 先用权人的实施权

(1) 在专利申请日前已经制造相同产品、使用相同方法或者已经作好制造、使用的必要准备，并且仅在原有范围内继续制造、使用的。

(2) 先用权人在专利申请日后将其已经实施或作好实施必要准备的技术或设计**转让或许可他人实施，不属于原范围**，但该技术或设计与原有企业一并转让或承继的除外。

3. 临时过境

临时通过中国领陆、领水、领空的外国运输工具，依照其所属国同中国签订的协议或者共同参加的国际条约，或者依照互惠原则，为运输工具自身需要而在其装置和设备中使用有关专利的。

4. 非营利实施

专为科学研究和实验而使用有关专利的。

> 【特别提示】包括从技术角度判断专利技术是否可行、确定实施专利技术的最佳方案、探讨如何对专利技术作出改进等；而不包括利用专利技术进行另外的研究实验、不包括为了改造其他设备、或者做其他工艺流程的实验。

5. 行政审批需要

为提供行政审批所需的信息，制造、使用、进口专利药品或者专利医疗器械的，以及专门为其制造、进口专利药品或者专利医疗器械的。

【经典真题】

1. 中国甲公司的一项发明在中国和 A 国均获得了专利权。中国的乙公司与甲公司签订了中国地域内的专利独占实施合同。A 国的丙公司与甲公司签订了在 A 国地域内的专利普通实施合同并制造专利产品，A 国的丁公司与乙公司签订了在 A 国地域内的专利普通实施合同并制造专利产品。中国的戊公司、庚公司分别从丙公司和丁公司进口这些产品到中国使用。下列哪些说法是正确的? (2014 - 3 - 63) [1]

A. 甲公司应向乙公司承担违约责任

B. 乙公司应向甲公司承担违约责任

C. 戊公司的行为侵犯了乙公司的专利独占实施权

D. 庚公司的行为侵犯了甲公司的专利权

2. W 研究所设计了一种高性能发动机，在我国和《巴黎公约》成员国 L 国均获得了发明

---

[1] BD【解析】专利产品合法售出后，将该产品进口到中国使用，属于专利权的国际用尽，合法。

专利权，并分别给予甲公司在我国、乙公司在 L 国的独占实施许可。下列哪一行为在我国构成对该专利的侵权？（2016－3－16）[1]

　　A. 在 L 国购买由乙公司制造销售的该发动机，进口至我国销售

　　B. 在我国购买由甲公司制造销售的该发动机，将发动机改进性能后销售

　　C. 在我国未经甲公司许可制造该发动机，用于各种新型汽车的碰撞实验，以测试车身的防撞性能

　　D. 在 L 国未经乙公司许可制造该发动机，安装在 L 国客运公司汽车上，该客车曾临时通过我国境内

第二节　专利侵权

（一）专利权保护

1. 买卖合同成立即销售（《专利法解释二》F19）

产品买卖合同依法成立的，法院应认定属于专利法第 11 条规定的销售。不考虑合同是否履行。

【经典真题】

甲公司与乙公司签订买卖合同，以市场价格购买乙公司生产的设备一台，双方交付完毕。设备投入使用后，丙公司向法院起诉甲公司，提出该设备属于丙公司的专利产品，乙公司未经许可制造并销售了该设备，请求法院判令甲公司停止使用。经查，乙公司侵权属实，但甲公司

---

　　[1] C【解析】依据《专利法》第 75 条第 4 项的规定，专利产品或者依照专利方法直接获得的产品，由专利权人或者经其许可的单位、个人售出后，进口该产品的，不视为专利侵权，因此，在 L 国购买由乙公司制造销售的该发动机，进口至我国销售，属于专利权的"国际用尽"，对合法出售的该专利产品，买受人对其享有所有权，可以自由处分，当然也可以进口到我国销售，所以 A 不构成侵权，不选。

　　依据《专利法》第 75 条第 4 项的规定，专为科学研究和实验而使用有关专利的，不视为侵犯专利权。在我国购买由甲公司制造销售的该发动机，将发动机改进性能属于针对专利技术本身进行的研究实验行为，属于专利权的合理使用，获得改进后的产品并销售的，合法。该行为恰恰是专利法的立法目的之一，通过公布专利技术，便利技术交流和进步，所以 B 不构成侵权，不选。

　　依据《专利法》第 75 条第 4 项的规定，专为科学研究和实验而使用有关专利的，不视为侵犯专利权。

　　专为科研实验的使用是指对获得专利权发明主题的科研实验，包括从技术角度判断专利技术是否可行、确定实施专利技术的最佳方案、探讨如何对专利技术作出改进等。而不包括利用专利技术进行另外的研究实验、不针对获得专利技术本身而是为了改造其他设备，或者改造其他工艺流程，或者为了培训技术人员，或者为实施该专利技术的商业前景进行研究实验，这些实验行为都构成侵权。

　　C 题目中的目的不是为了获得该专利技术，而是为了其他目的，为了其他产品的碰撞实验，不属于实验的合理适用范围，构成侵权，所以 C 构成侵权，要选。

　　依据《专利法》第 75 条第 1 款第 3 项的规定，临时通过中国领陆、领水、领空的外国运输工具，依照其所属国同中国签订的协议或者共同参加的国际条约，或者依照互惠原则，为运输工具自身需要而在其装置和设备中使用有关专利的，不视为侵犯专利权。

　　因此 L 国未经乙公司许可制造该发动机，安装在 L 国客运公司汽车上，该客车曾临时通过我国境内的，属于专利"临时过境"的合理使用，不构成专利侵权，所以 D 不构成侵权，不选。

并不知情。关于此案，法院下列哪一做法是正确的？（2016－3－14）[1]

    A. 驳回丙公司的诉讼请求

    B. 判令甲公司支付专利许可使用费

    C. 判令甲公司与乙公司承担连带责任

    D. 判令先由甲公司支付专利许可使用费，再由乙公司赔偿甲损失

2. 对专利方法直接获得的产品加工获得的后续产品进行再加工的，不侵权（《专利法解释二》F20）

对于将依照专利方法直接获得的产品进一步加工、处理而获得的后续产品，进行再加工、处理的（二次加工），法院应认定不属于专利法第 11 条规定的"使用依照该专利方法直接获得的产品"。

【经典真题】

甲公司研发出一种新型培育方法，可以培育出 A 型对虾，乙公司未获得授权，私自采用该方法培育 A 型对虾，并将对虾卖给丙公司生产虾酱，丁超市向丙公司批发大量虾酱用于销售，戊科学研究所运用甲公司的培育方法培育对虾后，发现对虾质量不高，所以改良和创新了培育方法，培育出了高质量的 A 型对虾，请问哪些主体侵犯了甲公司的专利权？[2]

    A. 乙公司   B. 丙公司

    C. 丁超市   D. 戊科学研究所

【法条】

《专利法》第 11 条、《专利纠纷解释》第 13 条、《专利纠纷解释二》第 20 条

3. 帮助侵权和教唆侵权（《专利法解释二》F21）

（1）帮助侵权

明知有关产品系专门用于实施专利的材料、设备、零部件、中间物等，未经专利权人许可，为生产经营目的将该产品提供给他人实施了侵犯专利权的行为，权利人可主张该提供者的行为属于帮助他人实施侵权行为。

（2）教唆侵权

明知有关产品、方法被授予专利权，未经专利权人许可，为生产经营目的积极诱导他人实施了侵犯专利权的行为，权利人可主张该诱导者的行为属于教唆他人实施侵权行为。

---

[1] A【解析】依据《专利法解释二》第 25 条的规定，善意的支付了合理对价的被侵权产品的使用者可以继续善意使用，因为甲公司系善意，而且支付了合理对价，因此可以继续使用，所以 A 正确。

依据《专利法解释二》第 25 条的规定，甲公司可以适用善意使用规则，因此，不需要支付专利许可使用费，所以 B 错误。

依据《专利法解释二》第 25 条的规定，甲公司不需要承担连带责任，所以 C 错误

依据《专利法解释二》第 25 条的规定，甲公司不需要再支付专利许可使用费，所以 D 错误。

[2] ABC【解析】依据《专利法》第 11 条第 1 款的规定，使用其专利方法以及使用、许诺销售、销售、进口依照该专利方法直接获得的产品，构成专利侵权，即方法专利权包括使用权、针对依据专利方法直接获得产品的使用权、销售权、许诺销售权、进口权等，乙擅自使用他人专利方法培育对虾，构成侵权，A 正确。

依据《专利法》第 11 条第 1 款的规定，丙擅自使用他人专利方法，构成侵权，C 正确。

依据《最高人民法院关于审理侵犯专利权纠纷案件应用法律若干问题的解释》第 13 条第 2 款的规定，对于直接依据专利方法获得的原始产品进一步加工、处理而获得后续产品的行为，属于使用依照该专利方法直接获得的产品。丙公司出售依据专利方法直接获得的产品制作虾酱，构成侵权，丁超市出售该虾酱，也构成侵权，C 正确。

依据《专利法》第 75 条第 4 项的规定，专为科学研究和实验而使用有关专利的，不构成专利侵权，D 错误。

4. 国家、行业、地方标准所涉专利（《专利法解释二》F24）

（1）实施该标准须经许可

推荐性国家、行业或地方标准明示所涉必要专利的信息，被诉侵权人以实施该标准无需专利权人许可为由抗辩不侵犯该专利权的，法院一般不予支持。

（2）专利权人故意违反承诺，导致无法许可，且侵权人无过错，不停止该标准实施

推荐性国家、行业或地方标准明示所涉必要专利的信息，专利权人、被诉侵权人协商实施许可条件时，专利权人故意违反其在标准制定中承诺的公平、合理、无歧视的许可义务，导致无法达成专利实施许可合同，且被诉侵权人无明显过错的，法院一般不予支持权利人请求停止标准实施行为的主张。

（3）实施许可条件——协商——法院确定

实施许可条件，应由专利权人、被诉侵权人充分协商确定，无法达成一致的，可请求法院确定。

法院在确定上述实施许可条件时，应根据公平、合理、无歧视的原则，综合考虑专利的创新程度及其在标准中的作用、标准所属的技术领域、标准的性质、标准实施的范围和相关的许可条件等因素。

法律、行政法规另有规定的除外。

5. 善意侵权（《专利法解释二》F25）

（1）善意侵权的——停止侵害行为

为生产经营目的使用、许诺销售或销售不知道是未经专利权人许可而制造并售出的专利侵权产品，且举证证明该产品合法来源的，权利人可请求停止上述使用、许诺销售、销售行为的主张。

（2）善意使用者证明支付合理对价的，可继续使用

被诉侵权产品的使用者举证证明其已支付该产品的合理对价的除外。

（3）不知道

是指实际不知道且不应知道。

（4）合法来源

是指通过合法的销售渠道、通常的买卖合同等正常商业方式取得产品。对于合法来源，使用者、许诺销售者或销售者应提供符合交易习惯的相关证据。

6. 国益、公益侵权可付费使用（《专利法解释二》F26）

基于国家利益、公共利益的考量，法院可不判令被告停止被诉行为，而判令其支付相应的合理费用。

【经典习题】

关于专利侵权的判断，依据相关法律和司法解释，下列错误的是？[1]

A. 出卖人甲与买受人乙订立了买卖某批非法制造的专利产品的合同，因该合同尚未履行，甲的行为不是销售行为

B. 丙擅自将某依据专利制造方法直接获得的乙烯做进一步的加工获得的聚苯乙烯，制造成化工产品，丙的行为不构成专利侵权

C. 不知情的丁医院使用某非法销售的专利医疗器械，但因丁医院已经支付了合理的对价，故可继续使用

D. 因抗险救灾，庚医院擅自使用了专利权人戊的专利药品，戊请求庚停止使用该药品，

---

〔1〕 A【解析】产品买卖合同依法成立的，法院应认定属于专利法上的销售。

法院基于公共利益的考量，可不判令被告停止使用，而判令其支付相应的合理费用

（二）侵权损害赔偿

1. 获益举证责任（《专利法解释二》F27）

（1）损失——获益（权利人举证）

权利人因被侵权所受到的实际损失难以确定的，法院应依法要求权利人对侵权人因侵权所获得的利益进行举证。

（2）权利人提供初步证据——侵权人掌握账簿资料，法院责令其提供，其拒绝——法院根据权利人主张认定获益

在权利人已经提供侵权人所获利益的初步证据，而与专利侵权行为相关的账簿、资料主要由侵权人掌握的情况下，法院可责令侵权人提供该账簿、资料；侵权人无正当理由拒不提供或提供虚假的账簿、资料的，法院可根据权利人的主张和提供的证据认定侵权人因侵权所获得的利益。

2. 约定赔偿（《专利法解释二》F28）

权利人、侵权人可依法约定专利侵权的赔偿数额或赔偿计算方法，并可在专利侵权诉讼中主张依据该约定确定赔偿数额。

【经典真题】

甲、乙两公司各自独立发明了相同的节水型洗衣机。甲公司于 2013 年 6 月申请发明专利权，专利局于 2014 年 12 月公布其申请文件，并于 2015 年 12 月授予发明专利权。乙公司于 2013 年 5 月开始销售该种洗衣机。另查，本领域技术人员通过拆解分析该洗衣机，即可了解其节水的全部技术特征。丙公司于 2014 年 12 月看到甲公司的申请文件后，立即开始制造并销售相同的洗衣机。2016 年 1 月，甲公司起诉乙、丙两公司侵犯其发明专利权。关于甲公司的诉请，下列哪些说法是正确的？（2017 - 3 - 64）[1]

A. 如甲公司的专利有效，则丙公司于 2014 年 12 月至 2015 年 11 月使用甲公司的发明构成侵权

B. 如乙公司在答辩期内请求专利复审委员会宣告甲公司的专利权无效，则法院应中止诉讼

C. 乙公司如能证明自己在甲公司的专利申请日之前就已制造相同的洗衣机，且仅在原有制造能力范围内继续制造，则不构成侵权

D. 丙公司如能证明自己制造销售的洗衣机在技术上与乙公司于 2013 年 5 月开始销售的洗衣机完全相同，法院应认定丙公司的行为不侵权

【法条】

《专利法》第 39、42、67、75 条

---

[1] CD【解析】《专利法》第 39 条规定："发明专利权自公告之日起生效。"在公告之日后，才适用专利侵权规则。依据《专利法》第 42 条第 1 款的规定，发明专利权的期限为二十年，均自申请日起计算，从申请日到时公告日这一段适用临时保护规则，因此 A 选项错误。

发明专利的保护：

申请日————公开日————授权日（公告日）

《最高人民法院关于审理专利纠纷案件适用法律问题的若干规定》第 11 条规定："人民法院受理的侵犯发明专利权纠纷案件，被告在答辩期间内请求宣告该项专利权无效的，人民法院可以不中止诉讼。"因为发明专利经过实质审查，其有效的程度更高，因此 B 选项错误。

依据《专利法》第 75 条第 1 款第 2 项的规定，在专利申请日前已经制造相同产品、使用相同方法或者已作好制造、使用的必要准备，并且仅在原有范围内继续制造、使用的，不构成专利侵权，C 选项正确。

《专利法》第 67 条规定："在专利侵权纠纷中，被控侵权人有证据证明其实施的技术或者设计属于现有技术或者现有设计的，不构成侵犯专利权。"丙公司在专利申请日以前公开使用该技术的，属于现有技术，不构成专利侵权，D 选项正确。

第三章　商标法

> 【复习指南】

商标法的学习可以注册商标权的取得——注册申请——内容——许可——转让——消灭（无效、撤销、注销）为主线，重点学习商标的注册及其与在先权利的冲突。重点理解商标法与反不正当竞争法侵权的关联，重点掌握商标侵权认定和损害赔偿的具体规则。

考生应当重点学习商标法新修改之内容。

> 【知识框架】

注册商标权	取得
	内容
	消灭：无效、撤销、注销
商标侵权	一般注册商标保护
	驰名商标保护

取得	内容	限制	消灭	侵权
• 1. 禁止作为商标使用的标志 • 2. 禁止商标注册的标志 • 3. 不得与在先权利冲突 • 4. 不以使用为目的之恶意注册的处理 • 5. 优先权	• 1. 使用权 • 2. 制造权 • 3. 销售权 • 4. 许可使用权 • 5. 转让权 • 6. 禁止权	• 合理使用 • 1. 通用元素使用 • 2. 通用形状使用 • 3. 先用权 • 4. 指示性使用	• 1. 商标注册无效 • 2. 商标因违反使用而撤销 • 3. 商标注销	• 1. 一般注册商标 • 假冒 • 仿冒 • 制造、销售商标标识 • 销售侵犯商标权的商品 • 将商标做装潢、字号、域名 • 帮助侵权 • 2. 驰名商标

第一节　商标注册

商标是指经营者在商品或服务上使用的，将自己经营的商品或提供的服务与其他经营者经营的商品或提供的服务区别开来的一种商业识别标志。

任何能够将自然人、法人或其他组织的商品与他人的商品区别开的标志（显著性），包括文字、图形、字母、数字、三维标志、颜色组合和声音等，以及上述要素的组合，均可作为商标申请注册。

商标应当具有显著性，标志本身固有的显著性或者通过使用获得显著性。

（一）下列标志不得作为商标使用［《中华人民共和国商标法》（以下简称《商标法》）F10、F16］★★★

1. 国家、国际组织标识、官方标志

（1）国家标识

同中华人民共和国的国家名称、国旗、国徽、国歌、军旗、军徽、军歌、勋章等相同或近似的，以及同中央国家机关的名称、标志、所在地特定地点的名称或标志性建筑物的名称、图形相同的；

（2）外国国家标识

同外国的国家名称、国旗、国徽、军旗等相同或近似的，但经该国政府同意的除外；

（3）国际组织标识

同政府间国际组织的名称、旗帜、徽记等相同或近似的，但经该组织同意或不易误导公众的除外；

（4）官方标志

与表明实施控制、予以保证的官方标志、检验印记相同或近似的，但经授权的除外；

（5）红十字

同"红十字""红新月"的名称、标志相同或近似的。

2. 社会利益、公共利益

（1）民族歧视

带有民族歧视性的；

（2）欺骗性

带有欺骗性，容易使公众对商品的质量等特点或产地产生误认的；

（3）有害良俗和不良影响

有害于社会主义道德风尚或有其他不良影响的。

3. 地名限制

县级以上行政区划的地名或公众知晓的外国地名，不得作为商标。

（1）地名具有其他含义的，除外；

（2）地名作为集体商标、证明商标组成部分的除外；

A. 集体商标

是指以团体、协会或者其他组织名义注册，供该组织成员在商事活动中使用，以表明使用者在该组织中的成员资格的标志。

如：南京云景；云南白药；景德镇瓷器。

B. 证明商标

是指由对某种商品或者服务具有监督能力的组织所控制，而由该组织以外的单位或者个人使用于其商品或者服务，用以证明该商品或者服务的原产地、原料、制造方法、质量或者其他特定品质的标志。

如：纯羊毛标志；真皮标志；绿色食品标志等。

（3）已经注册的使用地名的商标继续有效。

【经典真题】

河川县盛产荔枝，远近闻名。该县成立了河川县荔枝协会，申请注册了"河川"商标，核定使用在荔枝商品上，许可本协会成员使用。加入该荔枝协会的农户将有"河川"商标包装的荔枝批发给盛联超市销售。超市在销售该批荔枝时，在荔枝包装上还加贴了自己的注册商

标"盛联"。下列哪些说法是正确的？（2015 - 3 - 64）[1]

A. "河川"商标是集体商标

B. "河川"商标是证明商标

C. "河川"商标使用了县级以上行政区划名称，应被宣告无效

D. 盛联超市的行为没有侵犯商标权

（二）下列标志不得作为商标注册——可以作为商标使用（《商标法》F11、F12）★★★

1. 商品的通用元素

仅有本商品的通用名称、图形、型号的；

2. 直接表示商品的特点

仅直接表示商品的质量、主要原料、功能、用途、重量、数量及其他特点的；

3. 商品自身形状

以三维标志申请注册商标的，仅由商品自身的性质产生的形状、为获得技术效果而需有的商品形状或者使商品具有实质性价值的形状，不得注册。

4. 缺乏显著特征的

【经典习题】

商标局受理了一批商标注册申请，审查过程中均未发现在先申请。商标局应当依法驳回下列哪些注册申请？[2]

A. 甲将"红旗"文字商标使用于油漆商品上

B. 乙将"敌尔蚊"文字商标使用于驱蚊商品上

C. 丙将"光明"文字商标使用于灯泡商品上

D. 丁将"红高粱"文字商标使用于高粱酿制的白酒类商品上

（三）不使用却恶意注册（《商标法》F4、19、33、44、68）

1. 驳回

不以使用为目的的恶意商标注册申请，应当予以驳回。

2. 警告、罚款

对恶意申请商标注册的，根据情节给予警告、罚款等行政处罚。

3. 商标申请时——异议

任何人可以此为由商标局提出异议。

4. 商标已注册的——宣告无效

（1）商标已经注册的，由商标局宣告该注册商标无效；

（2）其他单位或者个人可以请求商标评审委员会宣告该注册商标无效。

【经典习题】

甲拟注册"好未来"商标，但不以使用为目的。下列说法正确的是？[3]

A. 甲只要递交了注册申请，并支付了注册费用，商标局应予注册

B. 如甲的商标申请初审通过，在公告期内，任何人都可以甲不以使用为目的恶意注册商标为由提出异议

C. 如甲的该商标已经注册，商标局可宣告该注册商标无效

---

〔1〕 **AD【解析】** 盛联超市系加贴商标行为，属于正常的使用其销售商标的行为，即在自己销售的商品上使用商标，属于合法行为。

〔2〕 **BD【解析】** 直接表示商品用途、原料的商标不能注册。

〔3〕 **BC【解析】** 针对不以使用为目的之恶意抢注商标行为，公告的，异议；注册的，宣告无效；同时可以处以警告、罚款的行政处罚。

· 318 ·

D. 对甲的恶意注册行为，商标局可根据情节给予警告，但不能罚款

【法条】

《商标法》第 4、19、33、44、68 条。

（四）不得和在先权利冲突（《商标法》F15、32、45）★★★

1. **申请商标注册不得损害他人现有的在先权利**，也不得以不正当手段抢先注册他人已经使用并有一定影响的商标。

在先权利包括著作权、肖像权、名称权、商号权、外观设计权、地理标志权、商品化权、商品名称、他人已经使用且有一定影响的商标等。

（1）无权代理（表）人抢注——被代理（表）人的商标

无权代理（表）人擅自以自己的名义抢注将被代理（表）人的商标，被其异议的，不予注册并禁止使用。

（2）业务关系人恶意抢注——在先使用的未注册商标

申请人与他人有合同、业务往来关系或其他关系而明知该他人在先使用的未注册商标存在，就同类商品申请注册与该商标相同或近似的商标的，被其异议的，不予注册。

【经典真题】

营盘市某商标代理机构，发现本市甲公司长期制造销售"实耐"牌汽车轮胎，但一直未注册商标，该机构建议甲公司进行商标注册，甲公司负责人鄢某未置可否。后鄢某辞职新创立了乙公司，鄢某委托该商标代理机构为乙公司进行轮胎类产品的商标注册。关于该商标代理机构的行为，下列哪一选项是正确的？（2016 - 3 - 17）[1]

A. 乙公司委托注册"实耐"商标，该商标代理机构不得接受委托

B. 乙公司委托注册"营盘轮胎"商标，该商标代理机构不得接受委托

C. 乙公司委托注册普通的汽车轮胎图形作为商标，该商标代理机构不得接受委托

D. 该商标代理机构自行注册"捷驰"商标，用于转让给经营汽车轮胎的企业

2. 权利人请求宣告商标无效

（1）无效异议期——5 年

与在先权利冲突的，自商标注册之日起五年内，在先权利人或利害关系人可请求商评委宣告该注册商标无效。

（2）针对恶意抢注——驰名商标例外

对恶意注册的，驰名商标所有人不受五年的时间限制。

---

〔1〕 A【解析】《商标法》第 15 条第 1 款、第 19 条第 3 款规定："未经授权，代理人或者代表人以自己的名义将被代理人或者被代表人的商标进行注册，被代理人或者代表人提出异议的，不予注册并禁止使用。""商标代理机构知道或者应当知道委托人申请注册的商标属于上述情形的，不得接受其委托。"乙公司申请注册的"实耐"商标就属于被代表人的未注册商标，乙公司恶意抢注属非法，商标代理机构知道该事实的，不得接受委托，所以 A 正确。

依据《商标法》第 10 条第 2 款、第 19 条的规定，县级以上行政区划的地名或者公众知晓的外国地名，不得作为商标。委托人申请注册的商标可能存在本法规定不得注册情形的，商标代理机构应当明确告知委托人。营盘属于城市的地名，属于商标法规定不能作为商标的情形，商标代理机构应当明确告知委托人情况，而不是不接受委托，所以 B 错误。

依据《商标法》第 11 条、第 19 条的规定，仅有本商品的通用名称、图形、型号的，不得作为商标注册，委托人申请注册的商标可能存在本法规定不得注册情形的，商标代理机构应当明确告知委托人。商标代理机构应当明确告知委托人情况，而不是不接受委托，所以 C 错误。

《商标法》第 19 条第 4 款规定："商标代理机构除对其代理服务申请商标注册外，不得申请注册其他商标。"该商标代理机构自行注册"捷驰"商标的行为违法，所以 D 错误。

1. 甲公司将其生产的白酒独创性地取名为"逍遥乐"，并在该酒的包装、装潢和广告中突出宣传酒名，致"逍遥乐"被消费者熟知，声誉良好。乙公司知道甲公司没有注册"逍遥乐"后，将其作为自己所产白酒的商标使用并抢先注册。该商标注册申请经商标局初步审定并公告。下列哪些说法是错误的？（2012－3－65）[1]

A. 甲公司有权在异议期内向商标局提出异议，反对核准乙公司的注册申请

B. 如"逍遥乐"被核准注册，甲公司有权主张先用权

C. 如"逍遥乐"被核准注册，甲公司有权向商标局请求撤销该商标

D. 甲公司有权向法院起诉请求乙公司停止使用并赔偿损失

2. 2010年，甲饮料厂开始制造并销售"香香"牌果汁并已产生一定影响。甲在外地的经销商乙发现甲尚未注册"香香"商标，就于2014年在果汁和碳酸饮料两类商品上同时注册了"香香"商标，但未实际使用。2015年，乙与丙饮料厂签订商标转让协议，将果汁类"香香"商标转让给了丙。对此，下列哪些选项是正确的？（2016－3－64）[2]

A. 甲可随时请求宣告乙注册的果汁类"香香"商标无效

B. 乙应将注册在果汁和碳酸饮料上的"香香"商标一并转让给丙

C. 乙就果汁和碳酸饮料两类商品注册商标必须分别提出注册申请

D. 甲可在果汁产品上附加区别标识，并在原有范围内继续使用"香香"商标

3. 韦某开设了"韦老四"煎饼店，在当地颇有名气。经营汽车配件的个体户肖某从外地路过，吃过后赞不绝口。当发现韦某尚未注册商标时，肖某就餐饮服务注册了"韦老四"商

---

〔1〕 BCD【解析】在先权利人享有异议权，但不享有法定的先用权；存在权利冲突的，向商评委请求宣告无效。甲公司无请求停止使用和损害赔偿的请求权基础。在我国，只有注册商标才能享有商标专用权，受法律保护。未注册驰名商标的保护也只是禁止他人注册和使用，而没有请求损害赔偿的请求权基础。

〔2〕 BD【解析】依据《商标法》第45条第1款的规定，已经注册的商标，侵害在先权利人的权利的，自商标注册之日起五年内，在先权利人或者利害关系人可以请求商标评审委员会宣告该注册商标无效。对恶意注册的，驰名商标所有人不受五年的时间限制。因此在先权利人甲请求宣告乙恶意抢注的商标无效的异议期是5年，而不是随意请求宣告无效，所以A错误。

《商标法》第42条第2款规定："转让注册商标的，商标注册人对其在同一种商品上注册的近似的商标，或者在类似商品上注册的相同或者近似的商标，应当一并转让。"为防止混淆，乙应将注册在果汁和碳酸饮料上的"香香"商标一并转让给丙，所以B正确。

《商标法》第22条第2款规定："商标注册申请人可以通过一份申请就多个类别的商品申请注册同一商标。"因此乙就果汁和碳酸饮料两类商品注册商标不需要分别提出注册申请，所以C错误。

《商标法》第59条第3款规定："商标注册人申请商标注册前，他人已经在同一种商品或者类似商品上先于商标注册人使用与注册商标相同或者近似并有一定影响的商标的，注册商标专用权人无权禁止该使用人在原使用范围内继续使用该商标，但可以要求其附加适当区别标识。"甲对"香香"商标享有先用权，可在果汁产品上附加区别标识，并在原有范围内继续使用"香香"商标，所以D正确。

标。关于上述行为，下列哪一说法是正确的？（2017－3－16）[1]

A. 韦某在外地开设新店时，可以使用"韦老四"标识

B. 如肖某注册"韦老四"商标后立即起诉韦某侵权，韦某并不需要承担赔偿责任

C. 肖某的商标注册恶意侵犯韦某的在先权利，韦某可随时请求宣告该注册商标无效

D. 肖某注册商标核定使用的服务类别超出了肖某的经营范围，韦某可以此为由请求宣告该注册商标无效

【法条】

《商标法》第32、45、56、59条

（五）优先权（《商标法》F25－26）

1. 外国优先权：6个月——协议、国际条约、相互承认

申请人自其商标在外国第一次提出商标注册申请之日起六个月内，又在中国就相同商品以同一商标申请的，依该外国同中国签订的协议或共同参加的国际条约，或按相互承认优先权的原则，可享有优先权。

2. 国际展览会中的优先权：6个月——中国政府主办或承认

商标在中国政府主办的或承认的国际展览会展出的商品上首次使用的，自该商品展出之日起六个月内，申请人可享有优先权。

【经典真题】

商标注册申请人自其在某外国第一次提出商标注册申请之日起六个月内，又在中国就相同商品以同一商标提出注册申请的，依据下列哪些情形可享有优先权？（2010－3－64）[2]

A. 该外国同中国签订的协议　　　　　B. 该外国同中国共同参加的际条约

C. 该外国同中国相互承认优先权　　　D. 该外国同中国有外交关系

商标程序

1. 商标注册申请
　驳回——商评委复审——起诉
　公告　不注册——商评委复审——起诉
　　　　注册——申请商标注册无效

2. 商标注册无效
　绝对无效　商标局依职权——商评委复审——起诉
　　　　　　其他单位或个人申请商评委宣告无效——起诉
　相对无效→在先权利人或利害关系人申请商评委宣告无效——起诉

3. 商标违法使用撤销
　自行改变商标注册事项——商评委复审——起诉
　违法使用商标——商评委复审——起诉

---

[1] B【解析】依据《商标法》第59条第3款的规定，针对他人已经注册的商标，该商标的在先使用人享有原范围的在先使用权，但不能扩大其使用范围。因肖某已经注册"韦老四"商标，但韦某对该标识享有先用权，不能超越原范围，不能再外地开设新店，使用该标识，因此A项错误。

依据《商标法》第59条第3款的规定，他人已在先使用与注册商标相同或者近似并有一定影响的商标的，注册商标专用权人无权禁止该使用人在原使用范围内继续使用该商标，但可以要求其附加适当区别标识。韦某可以继续使用，不构成侵权，不需要承担赔偿责任，B选项正确。

依据《商标法》第45条第1款的规定，对于违法抢注的商标，自商标注册之日起五年内，在先权利人或者利害关系人可以请求商标评审委员会宣告该注册商标无效。请求商标宣告无效的异议权系形成权，受到除斥期间的限制，而不是随时可主张，C选项错误。

《商标法》第56条规定："注册商标的专用权，以核准注册的商标和核定使用的商品为限。"商标权的全称是注册商标专用权。如果肖某注册商标核定使用的服务类别超出了肖某的经营范围，只是该商标的使用无法得到商标法的保护，而不能被宣告无效，D选项错误。

[2] ABC【解析】依据外国同中国签订的协议或共同参加的国际条约，或按相互承认优先权的原则，可享有优先权。外交关系有很多类型，不一定承认优先权。

4. 商标正常消灭（到期未续展、权利人消亡）——注销

第二节 商标侵权

（一）一般注册商标（《商标法》F57－60） ★★★

在损害混淆商品来源、冲淡商标显著性、毁损商标信誉时认定商标侵权。

1. 一般侵权行为

（1）使用假冒

A. 正向假冒

未经商标注册人的许可，在同一种商品上使用与其注册商标相同的商标的；

B. 反向假冒

未经商标注册人同意，更换其注册商标并将该更换商标的商品又投入市场的；

（2）仿冒

未经商标注册人的许可，在同一种商品上使用与其注册商标近似的商标，或在类似商品上使用与其注册商标相同或近似的商标，容易导致混淆的；

（3）销售

销售侵犯注册商标专用权的商品的；

（4）制造、销售商标标识

伪造、擅自制造他人注册商标标识或销售伪造、擅自制造的注册商标标识的；

（5）故意帮助侵权

故意为侵犯他人商标专用权行为提供便利条件，帮助他人实施侵犯商标专用权行为的；

故意为侵犯他人注册商标专用权行为提供仓储、运输、邮寄、隐匿等便利条件的。

2. 其他侵权行为

给他人的注册商标专用权造成其他损害的，将他人商标作为：

（1）将商标作字号使用

将与他人注册商标相同或者相近似的文字作为企业的字号在相同或者类似商品上突出使用，容易使相关公众产生误认的。

（2）驰名商标的使用

复制、摹仿、翻译他人注册的驰名商标或其主要部分在不相同或者不相类似商品上作为商标使用，误导公众，致使该驰名商标注册人的利益可能受到损害的。

（3）将商标作域名使用

将与他人注册商标相同或者相近似的文字注册为域名，并且通过该域名进行相关商品交易的电子商务，容易使相关公众产生误认的。

【经典真题】

甲公司为其生产的啤酒申请注册了"冬雨之恋"商标，但在使用商标时没有在商标标识上加注"注册商标"字样或注册标记。下列哪一行为未侵犯甲公司的商标权？（2013－3－

19)[1]

A. 乙公司误认为该商标属于未注册商标，故在自己生产的啤酒产品上也使用"冬雨之恋"商标

B. 丙公司不知某公司假冒"冬雨之恋"啤酒而予以运输

C. 丁饭店将购买的甲公司"冬雨之恋"啤酒倒入自制啤酒桶，自制"侠客"牌散装啤酒出售

D. 戊公司明知某企业生产假冒"冬雨之恋"啤酒而向其出租仓库

3. 侵权损害赔偿（《商标法》F63）

（1）赔偿

实际损失——侵权利益——商标许可使用费的倍数（恶意侵犯情节严重的，1 倍以上 5 倍以下，包括权利人为制止侵权行为所支付的合理开支）——500 万元以下。

（2）举证责任倒置

为确定赔偿数额，权利人已经尽力举证，而与侵权行为相关的账簿、资料主要由侵权人掌握的情况下，可以责令侵权人提供；其拒不提供或提供虚假资料的，法院可参考权利人的主张和提供的证据判定赔偿数额。

（3）善意侵权免赔、不承担行政责任

销售不知道是侵犯注册商标专用权的商品，能证明该商品是自己合法取得并说明提供者的，由工商局责令停止销售，不承担赔偿责任。

（4）诉讼时效

侵犯注册商标专用权的诉讼时效为三年，自商标注册人或者利害权利人知道或者应当知道权利受到损害以及义务人之日起计算。

商标注册人或者利害关系人超过三年起诉的，如果侵权行为在起诉时仍在持续，在该注册商标专用权有效期限内，人民法院应当判决被告停止侵权行为，侵权损害赔偿数额应当自权利人向人民法院起诉之日起向前推算三年计算。

（5）未使用的抗辩

被控侵权人以注册商标专用权人未使用注册商标抗辩的，法院可以要求注册商标专用权人提供此前 3 年内使用该注册商标的证据。

其不能证明该使用，也不能证明因侵权行为受到其他损失的，被控侵权人不承担赔偿责任。

4. 应权利人请求：销毁假冒商品（《商标法》F63）

（1）假冒商标之商品——销毁

法院审理商标纠纷案件，应权利人请求，对属于假冒注册商标的商品，除特殊情况外，责令销毁；

（2）材料、工具——销毁

对主要用于制造假冒注册商标的商品的材料、工具，责令销毁，且不予补偿；或者在特殊情况下，责令禁止前述材料、工具进入商业渠道，且不予补偿。

---

[1] B【解析】商标注册人有权标明"注册商标"或者注册标记。商标侵权适用无过错责任归责原则，乙公司只要使用了他人的注册商标，即构成侵权，A 错误。

故意为商标侵权提供便利的，才构成侵权，丙公司并非故意提供便利，不侵权，B 正确。

丁饭店的行为是将别人的商品贴自己的商标而销售，属于反向假冒，构成侵权，C 错误。

戊公司的行为属于故意为商标侵权提供便利，商标侵权，D 错误。

（3）假冒商标之商品——禁止商业流通

假冒注册商标的商品不得在仅去除假冒注册商标后进入商业渠道。

5. 恶意诉讼——处罚（《商标法》F68）

对恶意提起商标诉讼的，由人民法院依法给予处罚。

【经典习题】

甲擅自在其经营的西服上贴上乙公司之注册商标，以销售牟利。下列说法错误的是？[1]

A. 应乙公司之请求，法院可责令甲销毁假冒乙之注册商标的西服

B. 对于主要用于制造假冒注册商标商品的材料和工具，法院可责令甲销毁

C. 甲自撕下乙公司注册商标后，贴上甲公司的商标后，继续销售

D. 如甲恶意向乙公司提起商标诉讼，则法院可依法给予处罚

【法条】

《商标法》第63、68条。

（二）商标的合理使用（《商标法》F59）

1. 通用元素的合理使用

注册商标中含有的本商品的通用名称、图形、型号，或直接表示商品的质量、主要原料、功能、用途、重量、数量及其他特点，或含有的地名，注册商标专用权人无权禁止他人正当使用。

2. 通用形状的合理使用

三维标志注册商标中含有的商品自身的性质产生的形状、为获得技术效果而需有的商品形状或使商品具有实质性价值的形状，注册商标专用权人无权禁止他人正当使用。

3. 先用权

商标注册人申请商标注册前，他人已经在同一种商品或类似商品上先于商标注册人使用与注册商标相同或近似并有一定影响的商标的，注册商标专用权人无权禁止该使用人在原使用范围内继续使用该商标，但可要求其附加适当区别标识。

4. 商标的连带使用（指示性使用）

在商业活动中，使用者为了说明有关的真实信息，在产品或服务上使用他人商标，该使用未引起消费者的误认，未混淆商品或服务的来源，不构成商标侵权。

如戴尔公司生产的电脑使用了英特尔公司的CPU，则其可在电脑机身上标注"intel inside"。

（1）未经商标权人许可，不得将他人商标作为专卖店、专营店的企业名称或营业招牌使用。

（2）可使用本店修理×××产品，本店销售×××产品的叙述性文字，字体应当一致，不得突出其中商标部分。

【经典真题】

佳普公司在其制造和出售的打印机和打印机墨盒产品上注册了"佳普"商标。下列未经

---

[1] C【解析】假冒注册商标的商品不得在仅去除假冒注册商标后进入商业渠道。

该公司许可的哪一行为侵犯了"佳普"注册商标专用权？（2015－3－19）[1]

A. 甲在店铺招牌中标有"佳普打印机专营"字样，只销售佳普公司制造的打印机

B. 乙制造并销售与佳普打印机兼容的墨盒，该墨盒上印有乙的名称和其注册商标"金兴"，但标有"本产品适用于佳普打印机"

C. 丙把购买的"佳普"墨盒装入自己制造的打印机后销售，该打印机上印有丙的名称和其注册商标"东升"，但标有"本产品使用佳普墨盒"

D. 丁回收墨水用尽的"佳普"牌墨盒，灌注廉价墨水后销售

（三）驰名商标保护（《商标法》F13）★

1. 保护

（1）未注册的，同类保护——不予注册、禁止使用

就相同或者类似商品申请注册的商标是复制、摹仿或翻译他人未在中国注册的驰名商标，容易导致混淆的，不予注册并禁止使用。

> 【特别提示】复制、摹仿、翻译他人未在中国注册的驰名商标或其主要部分，在相同或者类似商品上作为商标使用，容易导致混淆的，应当承担停止侵害的民事法律责任。

（2）注册的，跨类保护——可能受害的，不予注册、禁止使用

就不相同或者不相类似商品申请注册的商标是复制、摹仿或翻译他人已经在中国注册的驰名商标，误导公众，致使该驰名商标注册人的利益可能受到损害的，不予注册并禁止使用。

2. 驰名商标认定：个案认定、被动认定、因需认定、事实认定

为相关公众所熟知的商标，持有人认为其权利受到侵害时，可依法请求驰名商标保护，相关部门（商标局、商评委、法院）可对商标驰名情况作出认定。

（1）商标注册审查——商标局

在商标局审查商标申请时，权利人以驰名商标为由提出异议，商标局依法认定。

（2）工商局查处商标违法——商标局

在工商局查处商标违法案件时，当事人以驰名商标为由主张权利的，商标局依法认定。

（3）商标争议处理——商评委

在商标争议处理中，权利人以驰名商标为由请求宣告对方商标无效的，商评委依法认定。

（4）民事、行政案件审理——法院

在商标民事、行政案件审理过程中，当事人以驰名商标为由请求认定对方侵权或宣告对方商标无效的，法院依法认定。

---

[1] D【解析】依据《商标法》第57条以及《最高人民法院关于审理商标民事纠纷案件适用法律若干问题的解释（2002）》第1条的规定，商标侵权行为包括商标假冒、商标仿冒、销售假冒商标的商品、制造或销售假冒商标标识、故意为商标侵权提供便利，将他人商标作装潢字号域名的行为，甲在其店铺招牌中标记"佳普打印机专营"字样，并没有使用"特约经销店""指定专营店"等字样，甲表明其只销售佳普打印机的行为合法，属于合法的商标连带使用，合理的指示性使用，该行为没有混淆商品的来源，不会产生误认，不构成商标侵权，A不侵权，不选。

乙在自己的产品上表明该产品的用途，表明其适用于佳普打印机，属于合法的商标连带使用，没有混淆商品的来源，不构成商标侵权，B不侵权，不选。

丙在自己产品中使用了他人带有注册商标的商品，但说明了他人商品的真实情况，没有欺骗公众，丙在其产品标明"本产品使用佳普墨盒"，属于合法的商标连带使用，没有混淆商品的来源，不会使得消费者产生误认，C不侵权，不选。

丁佳普打印机上注入廉价墨水销售，属于在他人商品上贴上佳普商标进行销售，属于对佳普商标的反向假冒，D侵权，要选。

3. 驰名商标不得使用和宣传

生产、经营者不得将"驰名商标"字样用于商品、商品包装或容器上，或用于广告宣传、展览以及其他商业活动中。

4. 保护的例外

被告使用的注册商标复制、摹仿或者翻译原告驰名商标，构成侵犯商标权的，人民法院应当根据原告的请求，依法判决禁止被告使用该商标，但被告的注册商标有下列情形之一的，人民法院对原告的请求不予支持：

（1）已经超过商标法规定的请求宣告无效期限的；

（2）被告提出注册申请时，原告的商标并不驰名的。

【经典真题】

甲公司生产"美多"牌薰衣草保健枕，"美多"为注册商标，薰衣草为该枕头的主要原料之一。其产品广告和包装上均突出宣传"薰衣草"，致使"薰衣草"保健枕被消费者熟知，其他厂商也推出"薰衣草"保健枕。后"薰衣草"被法院认定为驰名商标。下列哪些表述是正确的？（2013－3－65）[1]

A. 甲公司可在一种商品上同时使用两件商标

B. 甲公司对"美多"享有商标专用权，对"薰衣草"不享有商标专用权

C. 法院对驰名商标的认定可写入判决主文

D. "薰衣草"叙述了该商品的主要原料，不能申请注册

---

[1] AB【解析】在同一种商品上可以使用多个商标，A正确。甲公司注册的是"美多"，而不是"薰衣草"，因此对前者有商标专用权，后者没有商标专用权。B正确。在涉及驰名商标保护的民事纠纷案件中，人民法院对于商标驰名的认定，仅作为案件事实和判决理由，不写入判决主文；以调解方式审结的，在调解书中对商标驰名的事实不予认定，C错误。缺乏显著性的商标，经过长期使用，可以取得显著性，取得显著性之后可以注册，D错误。

中国政法大学（简称法大）是一所以法学为特色和优势，兼有文学、历史学、哲学、经济学、管理学、教育学、理学、工学等学科的"211工程"重点建设大学。

法大的法律资格考试培训历史悠久，全国律师资格考试始于1986年，而1988年法大就开展了法律培训。2005年3月成立了中国政法大学司法考试学院，这是一所集法考研究、教学研究、辅导培训为一体的司法考试学院，2018年正式更名为中国政法大学法律职业资格考试学院。经过多年的积淀，法大法律职业资格考试学院被广大考生称为国家法律职业资格考试考前培训及法考研究、教学研究的大本营。

>>> 2023年法大法考课程体系 — 面授班型 <<<

	班型	上课时间	配套教材	标准学费（元）
主客一体面授班	尊享密训班	3月中旬-10月中旬	通用教材8本 + 金题8本 客观必考点 + 各科主观一本通	99800
	面授精英A班	3月中旬-10月中旬	通用教材8本 + 金题8本 + 客观必考点 主观一本通对应阶段的讲义	59800
	面授精英B班	4月下旬-10月中旬	金题8本 + 客观必考点 主观一本通对应阶段的讲义	49800
	面授集训A班	5月中旬-10月中旬	金题8本 + 客观必考点 主观一本通对应阶段的讲义	39800
	面授集训B班	6月中旬-10月中旬	金题8本+客观必考点 主观一本通对应阶段的讲义	32800
	面授暑假班	7月中旬-10月中旬	金题8本 + 客观必考点 主观一本通对应阶段的讲义	29800
客观面授班	客观面授全程班	3月中旬-9月初	通用教材8本+金题8本+客观必考点	39800
	客观面授冲刺班	8月底-9月初	客观必考点	9800
主观面授班	主观面授集训班	9月中旬-10月中旬	各科主观题一本通+对应阶段的讲义	22800
	主观面授冲刺班	10月上旬-中旬	各科主观题一本通+对应阶段的讲义	11800

更多课程详情联系招生老师 ➡️

📞 010-5890-8131   🌐 http://cuploeru.com

📍 北京市海淀区西土城路25号中国政法大学研究生院东门

法大法考姚老师

法大法考白老师

>>> 2023年法大法考课程体系 — 网络班型 <<<

班型		上课时间	配套教材	标准学费（元）
主客一体网络班	网络协议班	3月中旬-10月中旬	通用教材8本+金题8本+客观必考点 各科主观一本通	42800
	网络高端班	3月中旬-10月中旬	通用教材8本+金题8本+客观必考点 各科主观一本通	32800
	网络全程班	3月中旬-10月中旬	通用教材8本+金题8本+客观必考点 主观一本通对应阶段的讲义	11800
	网络VIP班	3月中旬-10月中旬	通用教材8本+金题8本+客观必考点 主观一本通对应阶段的讲义	19800
	网络预热班	3月中旬-10月中旬	通用教材8本+金题8本+客观必考点 主观一本通对应阶段的讲义	12800
	网络精品班	3月中旬-10月中旬	通用教材8本+客观必考点 主观一本通对应阶段的讲义	9800
	22网络精品回放	随到随学	22年通用教材8本+22客观必考点 22主观一本通	6980
客观网络班	客观网络基础班	3月中旬-9月初	通用教材8本+金题8本+客观必考点	8980
	客观网络强化班	4月下旬-9月初	金题8本+客观必考点	7980
	客观网络提高班	5月中旬-9月初	客观必考点	5980
	客观网络冲刺班	8月底-9月初	客观必考点	4980
主观网络班	主观网络特训班	9月中旬-10月中旬 录播课程随到随学	各科主观题一本通	14800
	主观网络全程班	9月中旬-10月中旬 录播课程随到随学	各科主观题一本通	11800
	主观网络冲刺班	10月上旬-中旬	各科主观题一本通	5580

温馨提示：1、缴纳学费后，因个人原因不能坚持学习的，视为自动退学，学费不予退还。 2、课程有效期内，不限次回放

投诉及建议电话：吴老师17718315650

—— 优质服务 全程陪伴 ——

★历年真题 ★在线模考题库 ★打卡学习 ★错题本 ★课件下载 ★思维导图 ★1V1在线答疑随时咨询

★有效期内不限次数回放 ★上课考试通知 ★报考指导 ★成绩查询 ★认定指导 ★就业服务

★配备专属教辅 ★客观/主观不过退费协议（部分班型） ★免费延期或重修1次（部分班型）

★专属自习室（部分班型） ★小组辅导 ★个人定制化学习通关和职业发展规划 ★颁发法大法考结业证

★共享法大法考校友圈 ★加入法律职业资格考试学院校友群 ★特殊服务 随时跟读